企业产品成本会计核算详解与实务

内容精解 + 实务应用 + 典型案例

企业产品成本会计编审委员会　编著

人 民 邮 电 出 版 社
北京

图书在版编目（CIP）数据

企业产品成本会计核算详解与实务 ： 内容精解+实务应用+典型案例 / 企业产品成本会计编审委员会编著. -- 北京 ： 人民邮电出版社, 2020.6（2024.3重印）
ISBN 978-7-115-53807-9

Ⅰ. ①企… Ⅱ. ①企… Ⅲ. ①企业管理－产品成本－会计实务 Ⅳ. ①F275.3

中国版本图书馆CIP数据核字(2020)第065136号

内 容 提 要

本书严格依据《企业产品成本核算制度（试行）》，全面论述了成本会计的基本理论、基本方法以及各个行业的成本会计核算要点。

本书紧密围绕《企业产品成本核算制度（试行）》内容，精心设计了大量案例，从工业、农业、煤炭业、批发零售业、建筑业、房地产业、钢铁业、交通运输业、文化业、石油石化业等行业入手，对各行业企业的成本会计核算进行详尽分析，便于读者掌握成本会计的基本方法及实务操作技能。

本书既可帮助从事成本核算的会计人员提高业务水平，又可作为相关专业师生教授与学习成本会计课程时的参考读物。

◆ 编　　著　企业产品成本会计编审委员会
责任编辑　李士振
责任印制　周昇亮

◆ 人民邮电出版社出版发行　　北京市丰台区成寿寺路 11 号
邮编　100164　　电子邮件　315@ptpress.com.cn
网址　https://www.ptpress.com.cn
廊坊市印艺阁数字科技有限公司印刷

◆ 开本：787×1092　1/16
印张：19.75　　2020 年 6 月第 1 版
字数：468 千字　　2024 年 3 月河北第 16 次印刷

定价：99.00 元

读者服务热线：(010) 81055296　印装质量热线：(010) 81055316
反盗版热线：(010) 81055315
广告经营许可证：京东市监广登字20170147号

PREFACE 前言

成本会计是会计学科体系中的重要分支。传统的成本会计以历史成本为核算基础，已经不能适应现代企业的发展需求。时代的变革对现代企业成本会计提出了新的要求。现代企业成本会计将成本与管理紧密结合，全面贯通成本管理理念，且与国际成本会计逐渐接轨。

我们为什么写这本书

我国现代企业成本会计的核算与管理水平现状并不乐观，主要存在以下方面的问题：成本会计在企业管理中的重要性仍停留在传统观念上、成本会计在核算方法上仍采用传统计算方法、成本会计在核算标准中受到现有制度的阻碍。我国企业成本会计传统的观念与体系亟待改变，需要变革企业成本会计制度，促使企业使用科学、先进的成本核算方法，进而提高企业利润计算的准确程度。

为了帮助会计从业人员、相关学者及其他读者了解基本的成本会计理论和账务处理的流程，推进我国成本会计发展，促进成本会计体系标准化、技术信息化、核算作业化以及管理国际化，我们特意编写了本书。本书介绍了成本会计的基本理论、核算体系与方法，并详细分析了不同行业的实际操作方法和案例，以便帮助读者更好地了解成本会计的相关理论和核算方法，加深对成本会计操作的了解，在理论学习的基础上达到熟练实操的目的。

本书内容

本书内容共有20章，分为三个部分：成本会计基本概念的界定、成本会计的核算体系以及各行业的成本会计核算实例。第1章～第2章介绍了成本会计的基本概念、核算要求及核算程序；第3章～第10章介绍了成本会计中的费用核算、成本分配方法、报表编制方法和成本分析方法等内容；第11章～第20章介绍了不同行业的成本会计实操方法，详尽分析了农业、煤炭业、批发零售业、建筑业、房地产业、钢铁业、交通运输业、文化业、石油石化业等行业的实操案例。

本书的特点

本书最大的特点就是理论与实践紧密相结合。书中通过对成本会计核算总体流程的介绍以及对重点环节和领域的详细探讨，向读者介绍成本会计的基础和进阶知识；再通过具体行业的案例分析对之前章节的知识进行回顾总结与巩固加深，同时对成本会计核算的具体实操进行了大量的探索。

阅读本书后你的收获

本书第一部分旨在帮助读者了解和熟悉成本会计的基本概念，打好学习成本会计的基础。第一部分内容深入浅出，难度适中，结构安排较为新颖，能加快读者对此部分内容的学习和掌握速度。第二部分对成本会计的核算程序进行详细剖析，将成本和费用界定、成本分配、核算方法和报表编制等内容一一展开，并做详细论述；同时紧密围绕成本会计的新实施细则和规定，帮助读者熟悉成本会计核算的基本操作，提高所学方法的可适用性。在介绍了成本会计的基本理论、核算程序和方法之后，第三部分从实践入手，着重于理论与实际业务操作的结合，以期帮助读者了解不同行业的成本会计核算方法和细节，做到熟能生巧、运用自如，提升会计从业职业能力并丰富知识储备。

通过阅读本书，你将更加全面深入地了解成本会计的各个科目、熟练掌握成本会计业务核算程序、大幅提升会计实际操作的能力，并显著提高自身的会计素养。

在本书的编写过程中，我们参考了大量文献和书籍，同时也查阅了大量的法规和文件，在此基础上进行构思和编写。我们期待能与业界学者和专家进行观点的分享和交流，也希望能为相关单位的学者和工作人员等进一步了解成本会计提供帮助。当然，由于编者专业水平和精力有限，本书还有未能详尽阐述的知识点，也可能存在一些瑕疵。对此，我们期待读者能发现本书的不足之处并热忱欢迎您与我们进行交流和探讨！

编者

CONTENTS 目录

第1章
总论

1.1 成本的一般概念

1.1.1 成本的含义

成本是商品经济的价值范畴，是商品价值的组成部分。它主要有以下几方面的含义。

① 成本是生产和销售一定种类与数量产品而耗费的资源用货币计量的经济价值。人类的“生产行为本身，就它的一切要素来说，也是消费行为”。企业要生产产品，就必然要消耗生产资料和劳动力，在这里成本则是生产产品所消耗的生产资料的价值和所支付的劳动报酬等，用货币计量则表现为材料费用、折旧费用和工资费用等。企业的经营活动不仅包括生产活动，还包括销售活动，因此在销售活动中所发生的费用，也应计入成本。同时，为了管理生产经营活动所发生的费用也具有成本的性质。所以说，成本是由生产和销售一定种类与数量的产品所发生的各项费用构成的。

② 成本是为取得物质资源所应付出的经济价值。企业要进行生产经营活动，必须购置各种生产资料或商品，为此而支付的价款，就是各种生产资料的购置成本或购进商品的采购成本。随着生产经营活动的不断进行，上述成本就转变为生产成本和销售成本。

③ 成本作为达到一定目的而付出资源的价值牺牲，可以是多种资源的价值牺牲，也可以是某些方面资源的价值牺牲。

④ 从更广的含义看，成本是达到一种目的而放弃另一种目的所牺牲的经济价值，在经营决策中所涉及的机会成本就有这种含义。

1.1.2 成本的作用

成本的经济实质决定了成本在经济管理工作中具有十分重要的作用。

1. 成本是补偿生产耗费的尺度

企业为了保证再生产的不断进行，必须对生产耗费即资金耗费进行补偿。企业是自负盈亏的商品生产者和经营者，其生产耗费是用自身的生产成果即销售收入来补偿的。而成本就是衡量这一补偿份额大小的尺度。企业在取得销售收入后，必须把相当于成本的数额划分出来，用以补偿生产经营中的资金耗费，这样才能维持资金周转按原有规模进行。如果企业不能按照成本来补偿生产耗费，企业资金就会短缺，再生产就不能按原有的规模进行。成本也是划分生产经营耗费和企业纯收入的依据，在一定的销售收入中，成本越低，企业纯收入就越高。可见，成本作为衡量生产耗费的尺度，对经济发展有着重要的影响。

2. 成本是综合反映企业工作质量的重要指标

成本是一项综合性的经济指标。企业经营管理中各方面工作的业绩，都可以直接或间接地在成本上反映出来。例如，产品设计的好坏，生产工艺的合理程度，固定资产的利用情况，原材料消耗的节约与浪费，劳动生产率的高低，产品质量的高低，产品产量的增减以及供、产、销各环节的工作是否衔接协调，等等，都可以通过成本直接或间接地反映出来。

成本是综合反映企业工作质量的指标，因此企业可以通过对成本的计划、控制、监督、考核和分析等来促使企业层面以及企业内各单位加强经济核算，努力改进管理方式，不断降低成本，提高经济效益。例如，通过正确制定和认真执行企业层面以及企业内部各单位的成本计划指标，可以事先控制成本水平和监督各项费用的日常开支，促使企业层面及企业内部各单位努力降低各种成本；又如，通过对企业的成本进行对比和分析，可以及时发现在物化劳动和活劳动消耗上的节约或浪费情况，总结经验，找出工作中的薄弱环节，采取措施挖掘潜力，合理地使用人力、物力和财力，从而降低成本，提高经济效益。

3. 成本是企业进行产品价格制定的一项重要因素

在商品经济中，产品价格是产品价值的货币表现，产品价格应大体上符合其价值。无论是国家还是企业，在制定产品价格时都应遵循价值规律的基本要求。但在现阶段，人们还不能直接计算产品的价值，而只能计算产品成本，通过成本间接地、相对地掌握产品的价值。因此，成本就成了影响产品价格的重要因素。

当然，产品的定价是一项复杂的工作，应考虑的因素有很多，如国家的价格政策及其他经济政策、各种产品的比价关系、产品在市场上的供求关系以及市场竞争的态势等。所以产品成本只是影响产品价格的重要因素之一。

4. 成本是企业进行决策的重要依据

努力提高在市场上的竞争能力和经济效益，是对企业的客观要求。而要做到这一点，企业首先必须进行正确的生产经营决策。进行生产经营决策，需要考虑的因素有很多，成本是主要因素之一。这是因为，在价格等因素一定的前提下，成本的高低直接影响着企业盈利的多少，而较低的成本可以使企业在市场竞争中处于有利地位。

1.2 成本会计概述

1.2.1 成本会计的内涵

传统的成本会计是运用会计核算的一般原理、原则和方法，全面系统地记录企业生产产品过程中所发生的各种生产费用，通过一定程序的归集，按一定标准在各类计算对象之间进行分配、汇总，确定各种产品或劳务的总成本和单位成本，以供部门、企业制定产销政策时参考。这种对生产过程实际发生的各项费用的记录、核算，在现代成本会计中仍然是一项重要的内容，但企业仅进行事后的记录与核算，已经不能满足现代成本管理的要求。因此，现代成本会计必须拓宽企业传统成本会计的内涵和外延，所涉及的内容应更为广泛。以我国会计界目前的共识来看，现代成本会计的基本内容是成本预测、成本决策、成本计划、成本控制、成本核算、成本分析与考核。

1. 成本预测

成本预测是指依据成本与各种技术经济因素的依存关系，结合发展前景及采取的各种措施，并利用一定的科学方法，对未来期间成本水平及其变化趋势做出科学的推测和估计。成本预测的主要内容有以下四点。

① 在编制成本计划时，应预测企业计划及目标成本，以及在产品产量、品种、质量、价格等因素发生变化的情况下的总成本水平和成本变化趋势。

② 在生产过程中，根据生产预测和计划，对期中的成本进行预测，从而揭示成本计划的执行情况和完成程度。

③ 根据日常的核算资料和经营管理的状况，预测单位产品成本水平的变化趋势。

④ 运用各项成本指标和有关资料预测企业各项技术经济工作的经济效果。

预测是着眼未来、展望未来，对企业的生产经营前景进行估计，目的在于寻找降低产品成本的途径，挖掘降低成本的潜力，为编制最优成本计划提供科学的依据。

2. 成本决策

成本决策是指用决策理论，根据成本预测及有关成本资料，运用定性与定量的方法，选择最佳成本方案的过程。成本决策可分为宏观成本决策和微观成本决策。宏观成本决策的主要任务是研究扩大再生产的投资方向问题；微观成本决策的主要任务是在宏观计划的指导下，充分研究企业内外的技术经济条件，从成本效益出发，在对多种成本方案比较分析的基础上，做出最有利的选择。

成本决策贯穿企业整个生产经营过程，涉及面广，因此，在每个环节都应选择最优的成本决策方案，才能达到总体的最优效果。企业成本决策的构成内容主要有：① 合理安排生产批量的成本决策；② 零部件自制或外购的成本决策；③ 接受追加独立核算订货的成本决策；④ 亏损产品是否停产的成本决策；⑤ 产品转产的成本决策；⑥ 自制半成品出售或进一步加工的成本决策；⑦ 产品薄利多销的成本决策；等等。做出最优化的成本决策，是制订成本计划的前提，也是实现企业的成本目标和提高经济效益的重要途径。

3. 成本计划

成本计划是指在成本预测和决策的基础上，根据计划期的生产任务、降低成本的要求和其他相关资料，通过一定的程序，运用一定的方法，以货币计量形式表现计划期产品的生产耗费和各种产品的成本水平，并以此作为控制与考核成本的重要依据。企业的成本计划一般包括两部分内容：一是按照生产要素确定的生产耗费，编制生产费用预算，如变动性制造费用预算和固定性制造费用预算；二是按照生产费用的经济用途，即按产品成本项目编制产品单位成本计划和全部产品成本计划。编制成本计划对于做好成本计划工作、提高企业领导和职工降低成本的自觉性、克服盲目性、严格控制生产费用支出、挖掘降低成本的潜力、保证完成成本计划任务、提高产品的经济效益等，都有着重要的意义。

4. 成本控制

成本控制是指在产品成本形成过程中，通过对产品成本形成的监督，及时发现存在的偏差，采取相应的纠正措施，使生产经营过程中发生的各种耗费，被限制在成本计划和费用预算标准的范围内，以达到降低产品成本的目标。成本控制的基本内容是：对各种费用开支进行控制；对各项生产经营活动所消耗的物质资料进行控制；对各项生产经营活动进行控制，以达到提高经济效益的目的。

成本控制过程一般应按成本费用发生的时间先后划分为事前控制、事中控制、事后控制三个阶段，也就是成本控制循环中的设计阶段、执行阶段、考核阶段。设计阶段的主要工作是确定成本目标、制订成本计划、规定成本限额、建立健全经济责任制、实行成本分级管理；执行阶段的主要工作是执行成本计划、控制费用及成本的限额，以保证实现成本目标；考核阶段的主要工作是根据计划执行的情况，分析研究成本差异发生的原因，确定责任归属，借以纠正偏差，评定和考核业绩，修正成本控制的设计和成本限额。

成本控制使企业产品成本按照人们事先测算确定的成本水平进行，防止生产过程中损失和浪费现象的发生；使企业的人力、物力和财力得到合理利用，达到节约各项，耗费、降低产品成本、提高经济效益的目的。

5. 成本核算

成本核算是指对生产费用的发生和产品成本的形成所进行的核算。成本核算是按照企业的生产工艺和生产组织的特点以及对成本管理的要求所确定的核算，它采用与成本计算相适应的成本计算方法，按规定的成本项目，严格划分各种费用的界限，将生产费用进行一系列的归集与分配，从而计算出各种产品或劳务的总成本和单位成本。因此，成本核算过程，既是对生产耗费进行归集、分配及对象化的过程，也是对生产中各种劳动耗费进行信息反馈和控制的过程。通过成本核算所提供的实际成本资料与计划成本等目标成本的比较可以了解成本计划的完成情况，同时为编制下期成本计划、进行成本预测和决策提供资料，并为制定产品价格提供依据。

6. 成本分析与考核

成本分析是指利用成本核算资料和其他有关资料，将本期实际成本与目标成本、上期实际成本、国内外同类产品的成本进行比较，以便了解成本升降变动情况，及其变动的因素和原因，并划分单位与个人的责任，提出建议，采取有效措施，达到降低成本的目的。

成本考核是指定期对成本计划及有关指标的实际完成情况进行考察和评价。成本考核一般是以部门、单位或个人作为责任对象，按其可控成本为条件，以责任的归属来考察其成本指标完成情况，评价其工作业绩并决定奖惩。成本分析与考核的目的在于寻找降低成本的途径，鼓励先进，鞭策后进，进一步完善成本管理责任制，调动人员积极性，更好地履行经济责任，提高成本管理水平。

1.2.2 成本会计的特征

成本会计在一般人的印象里是计算产品成本的，其实这仅是它的特征之一。成本会计的重要特征，是把注意力放在企业资源的详细计划、有效控制和合理利用方面。这里所说的资源是指人力、物力和财力。企业必须根据企业生产经营的任务来计划资源的投入、使用，并测算这些资源投入使用后的效率和效益。为了正确制订成本计划，确定成本目标，需要细致地观察、分析企业周围的环境和企业内部的状况，充分掌握正确的信息，进而完善情报体系。同时，提高企业素质、改善企业经营环境是制订企业成本计划的重要条件。要提高素质、改善环境，必须深化改革，根据市场经济的要求，按照生产经营的各个环节和项目以及生产经营期限，分别制订出生产经营各个环节和阶段的费用预算及成本计划，形成有机的成本计划体系。

为了实现成本目标，除了根据成本计划体系确定的各个环节的责任标准进行控制外，还可以将费用按核算和控制的需要加以细分。例如，费用可以按要素分为直接费用、间接费用，间接费用可按成本性态划分为固定费用、变动费用。费用甚至还可以按是否可控进行划分，分为可控费用和不可控的费用。这些费用分类，一是满足实际成本核算的需要；二是在选择计划成本指标时可按费用的要素、性态等形态进行选择，并以划分指标的形式，将责任落实到各环节和人员，通过控制措施进行成本控制，使计划成本达到预期的目标。

1.2.3 成本会计的原则

为了做好成本核算工作，提高成本核算质量，充分发挥成本核算的作用，成本会计核算工作必须遵循以下八项原则。

1. 成本分期核算原则

企业生产经营活动是不断进行着的，为了取得一定期间所生产产品的成本，企业就必须将生产经营期划分为若干个相等的会计期间，按期计算产品生产成本。成本核算中的分期，必须与会计核算年度的分期相一致，这样有利于各项核算工作的开展。成本核算（包括费用的归集、汇总与分配）都是按月进行的，而产成品（完工产品）成本的计算期则与生产类型有关，与成本计算期不一定相一致，可能与生产周期一致。企业的成本分期核算原则，主要是分清当月发生和当月负担的成本费用的界限，从时间上确定各个成本计算期的费用和产品成本的界限，保证成本核算的正确性。

2. 划分资本性支出与收益性支出原则

资本性支出是指企业某项支出的发生与取得本期收益无关或者说不只是为取得本期收

益而发生的支出，如固定资产的购置支出。收益性支出是指企业某项支出的发生是为了取得本期收益，也就是说支出仅仅与本期收益有关，如生产过程中原材料的消耗、直接工资、制造费用及期间费用等。

构成资产的资本性支出，要在资产的使用过程中逐渐转入成本费用。收益性支出计入当期产品成本或者作为期间费用单独核算，全部由当期销售收入来抵偿。区分两种支出的目的，在于正确计算资产的价值和正确计算各期的产品成本、期间费用及损益。假设将资本性支出列为收益性支出，其结果必然是少计了资产价值，多计了当期成本费用；反之，可能多计了资产价值，少计了当期成本费用。不论是何种情况都不利于正确计算产品成本。

3. 权责发生制原则

权责发生制是指企业以实际经济业务的发生，即以本会计期间发生的收入和费用，作为计入本期损益的标准。对于本期收入和支出的核算，在会计处理方法上有权责发生制和收付实现制两种。就成本会计来看，本期成本的确定，是以权责发生制作为基础的：凡是由本期负担的费用，不论其是否支付，都要计入本期成本；凡是不应由本期负担的费用，虽在本期支付，也不应计入本期成本。从成本角度看，贯彻这一原则，主要是解决分清本期发生的费用是否都由本期产品负担的问题。

4. 实际成本计价原则

实际成本计价也称为历史成本计价，是指各项财产物资应当按照取得或购建时发生的实际成本入账，并在会计报告中也按实际成本反映。成本核算按实际成本计价，又称按交换价格计价，它包括两个方面的含义：一是对生产耗用的原材料、燃料、动力和折旧等费用，都必须按实际成本计价；二是对完工产品成本的结转也要按实际成本进行计价。实际成本计价原则的依据在于成本是客观交易事实的反映，体现了“客观性原则”的要求。但它有一定的局限性，当物价发生变动时，历史成本不能确切反映资产现值，不能反映企业资产的收益情况。

5. 一致性原则

一致性原则是指会计实体在各个会计期间所应用的符合会计准则的会计处理方法必须保持前后一致，不得随意变动。这一原则运用于成本会计上体现为核算方法必须前后一致，各期成本资料有统一的口径，以便分析、比较与考核。成本核算涉及的方法有耗用材料成本的计价方法、计提折旧的方法、辅助生产费用和制造费用分配的标准与方法、产品的计价方法、产成品成本的计算方法等。一致性原则并不是说成本核算方法固定不变，当原方法不再适用时，可采用新方法来更有效地取得正确、有用的成本资料，但这种方法的变动及改变原有方法的原因必须在成本报表的附注中加以说明。

6. 合法性原则

合法性原则是指计入成本的费用都必须符合规定。例如，目前制度规定：购置和建造固定资产的支出、购入无形资产的支出、对外投资的支出、被没收的财物、各项罚款性质的支出、捐赠和赞助性质支出等都不能列入成本。如果出现违反规定的开支，必须在纳税申报时予以调整，以保证成本费用的合法性。

7. 重要性原则

重要性原则是指将对成本有重要影响的内容和项目作为重点，单独设立项目进行核算与反映，力求准确，而次要内容和项目从简核算、合并反映。例如，构成产品实体或主要成分的原材料、生产工人的工资，应直接计入产品成本中的“直接材料”“直接人工”项目单独进行反映；对于一般性耗用的、数额不大的材料费用，应计入制造费用或管理费用在综合项目中合并反映，从而使成本指标达到最佳的成本效益和经济效益。

8. 可靠性原则

可靠性原则，包括真实性和可核实性。真实性是指所提供的成本信息与客观的经济事项相一致，不应掺假或人为地提高、降低成本。可核实性是指成本核算资料按一定的原则让不同的会计人员加以核算，都能得到相同的核算结果。真实性和可核实性是为了保证企业的成本核算信息正确可靠。

1.2.4 成本会计的职能

成本会计的职能，是指成本会计作为一种管理经济的活动，在生产经营过程中所能发挥的作用。由于现代成本会计与管理紧密结合，因此，它实际上包括了成本管理的各个环节。现代成本会计的主要职能有成本预测、成本决策、成本计划、成本控制、成本核算、成本分析和成本考核。

随着社会经济的发展和管理水平的提高，成本会计的职能也在不断地增加。目前成本会计的职能主要体现在以下四个方面。

1. 反映职能

从成本会计发展的历史来考察，它的最初也是最基本的职能就是反映，即对企业生产经营过程中发生的一切耗费，运用专门的会计方法进行计量、记录、归集、分配、汇总，计算出各成本对象的总成本和单位成本。通俗地讲，这项职能就是进行实际成本的计算，把生产经营过程的实际耗费如实地反映出来，达到积聚成本的目的，并用积累的成本资料反映企业的实际生产耗费和价值补偿的情况，从而判断企业经营效果的好坏。

2. 计划与预算职能

成本计划是成本会计的一个非常重要组成部分。它以货币形式预先规定在企业计划期内产品生产的消耗和各种产品的成本水平。编制成本计划一般是从成本预测、成本决策和确定目标成本水平开始的，经过设计过程，将目标成本落实到设计方案中，最后根据设计方案计算出产品定额成本，作为编制成本计划的依据。如果是陈旧产品，一般在上年成本计划执行的基础上考虑计划年度的各种因素加以调整确定。产品成本计划的内容主要包括全部产品的成本计划、主要产品单位成本计划和生产费用预算等。有了上述计划和预算，企业就可以按计划和预算的目标对本期发生的生产费用和产品成本进行控制，这也是成本会计的一个重要职能。

3. 控制职能

成本控制是指对影响成本的各种因素加以管理，它贯穿产品生产、销售的整个经营过程，包括目标成本、设计成本的确定，生产成本、销售成本的实际发生。通过对企业成本的控制使产品成本按照人们事先测算确定的成本水平进行，从而可以防止生产过程中损失和浪费现象的产生，使企业资源即人力、物力、财力得到合理利用。成本控制的主要内容包括投产前的成本控制和投产后的成本控制两大部分。投产前的成本控制主要是对目标成本进行控制，包括目标成本自身的控制和利用目标成本去控制设计成本和试制成本。投产后的成本控制，主要是对生产成本的控制和销售成本的控制，从而达到节约生产经营费用、降低成本、提高经济效益的目的。

4. 分析与评价职能

成本分析与评价是成本会计的重要组成部分，成本会计不仅要按时编制既积极又切实可行的成本计划，而且要组织和监督成本计划的执行，同时还要分析、检查、评价成本计划的完成情况。成本分析是利用成本核算资料，结合有关计划、定额、预算和技术资料，应用一定的方法对影响成本升降的各种因素进行科学的分析、比较，以便了解成本变动情况，并系统地研究成本变动的因素和原因。通过对企业进行成本分析，可以深入了解成本变动的规律，寻求降低成本的途径，为企业管理人员和领导进行决策提供依据，并用以评价和考核各责任单位的绩效。

要想充分发挥成本会计在现代企业管理中的重要作用，就必须要充分利用各种职能的联合作用。因此，需要了解各种职能间的相互联系：成本反映是成本会计中最基本的职能，离开了成本反映，就不存在成本会计，更谈不上其他职能的发挥；成本反映是对决策目标是否实现的最后检验；成本决策是成本预测的结果，成本预测是成本决策的前提；成本计划是成本决策所确定目标的具体化；成本控制则是对成本计划的实施进行监督，以保证决策目标的实现；如果决策目标未能达到，或是决策目标如期实现，为总结教训和经验，必须通过成本分析，才能查明原因和责任，才能做出正确的判断和评价，才有利于调动各方面的积极性，进一步挖掘潜力，使经济效益提高到一个新水平。

1.2.5 成本会计的任务

1. 正确计算产品成本，及时提供成本信息

成本数据正确可靠，才能满足管理的需要。如果成本资料不能反映产品成本的实际水平，不仅难以考核成本计划的完成情况和进行成本决策，而且还会影响利润的正确计量和存货的正确计价，歪曲企业的财务状况。及时编制各种成本报表，可以使企业的有关人员及时了解成本的变化情况，并作为制定售价、做出成本决策的重要参考资料。

2. 优化成本决策，确立目标成本

优化成本决策，需要在科学的成本预测基础上收集整理各种成本信息，在现实和可能的条件下，采取各种降低成本的措施，从若干可行方案中选择生产每件合格产品所消耗活劳动和物化劳动最少的方案，将成本最低化作为制定目标成本的基础。为了优化成本决策，需增强企业员工降低成本的意识，使之在处理每一项业务活动时都能自觉地考虑并重视降低产品成本的要求，把所耗与所得进行比较，提高企业的经济效益。

3. 加强成本控制，防止挤占成本

加强成本控制，首先是进行目标成本控制，主要依靠执行者自主管理进行自我控制，以促使其提高技术、厉行节约、注重效益；其次是遵守各项法规的规定，控制各项费用支出、营业外支出等、防止其挤占成本。

4. 建立成本责任制度，加强成本责任考核

成本责任制度是对企业各部门、各层次和执行人在成本方面的职责所做的规定，是提高职工责任心，发挥其主动性、积极性和创造力的有效办法。建立成本责任制度，是要把降低成本任务的责任落实到每个部门、层次和责任人，将职工的责、权、利相结合，职工的劳动所得同劳动成本相结合；各责任单位与个人要承担降低成本之责、执行成本计划之权、获得奖赏之利。

1.3 成本会计的组织工作

1.3.1 成本会计工作组织的原则

一般来说，企业应根据本单位生产经营的特点、生产规模的大小和成本管理的要求等具体情况来组织成本会计工作。具体来说，开展成本会计工作必须遵循以下几项主要原则。

1. 成本会计工作必须与技术相结合

成本是一项综合性的经济指标，它受多种因素的影响。其中产品设计的优劣、加工工艺等技术是否先进、在经济上是否合理，都对产品成本的高低有着决定性的影响。在传统的成本会计工作中，会计部门多注重产品加工中的耗费，而对产品的设计、加工工艺、质量、性能等情况与产品成本之间的联系考虑较少，甚至有的成本会计人员不懂基本的技术问题。相反，工程技术人员对产品的技术方面的问题考虑较多，而对产品的成本考虑较少。这种成本会计工作与技术工作的脱节，使得企业在降低产品成本方面受到很大限制，成本会计工作也往往仅限于事后算账，只能发挥核算成本资料的作用。因此，为了在提高产品质量的同时不断地降低成本，从而提高企业经济效益，在成本会计工作的组织上应贯彻成本会计工作与技术相结合的原则，不仅要求工程技术人员要懂得相关的成本会计知识，树立成本意识，而且要求成本会计人员也必须改变传统的知识结构，具备与正确进行成本预测、参与经营决策相适应的生产技术方面的知识。只有这样，才能在成本管理上实现经济与技术的结合，才能使成本会计工作真正发挥其应有的作用。

2. 成本会计工作必须与经济责任制相结合

为了降低成本，实行成本管理上的经济责任制是一项重要的原则。由于成本会计工作是一项综合性的价值管理工作，涉及面宽、信息量大，企业应摆脱传统上只注重成本会计事后核算作用的片面性，充分发挥成本会计的优势，将其与成本管理上的经济责任制有机地结合起来，这样可以使成本管理工作收到更好的效果。例如，在实行成本分级分口管理的情况下，应使成本会计工作处于中心地位——由成本会计人员具体负责组织成本指标的制定、分解落实，日常的监督检查，成本信息的反馈、调节以及成本责任的考核、分析、奖惩等工作。又如，为了配合成本分级分口管理，不仅要搞好厂级（公司级）的成本会计工作，而且应该完善各车间（各部门）的成本会计工作，使之能进行车间（部门）成本的核算和分析等工作，并指导和监督班组的日常成本管理工作，从而使成本会计工作渗透到企业生产经营过程的各个环节，更好地发挥其在成本管理经济责任制中的作用。

3. 成本会计工作必须建立在广泛的职工群众基础之上

不断挖掘潜力，努力降低成本，是成本会计的根本性目标。但各种耗费产生于生产经营的各个环节，成本的高低取决于各部门、车间、班组和职工的工作质量。同时，各级、各部门的职工群众最熟悉生产经营情况，最了解哪里有浪费现象、哪里有节约的空间。因此，要加强成本管理，实现降低成本的目标，不能仅靠几个专业人员，而必须充分调动广大职工群众在成本管理上的积极性和创造性。为此，成本会计人员还必须做好成本管理方面的宣传工作，经常深入实际了解生产经营过程中的具体情况，与广大职工群众建立起经常性的联系；吸收广大职工群众参加成本管理工作，增强广大职工群众的成本意识和参与意识，以便互通信息，掌握第一手资料，进而把成本会计工作建立在广泛的职工群众基础之上。

1.3.2　成本会计机构

企业的成本会计机构，是在企业中直接从事成本会计工作的机构。一般而言，大中型企业应在专设的会计部门中，单独设置成本会计机构，专门从事成本会计工作；规模较小、会计人员不多的企业，可以在会计部门中指定专人负责成本会计工作。另外，企业的有关职能部门和生产车间，也应根据工作需要设置成本会计组或者配备专职或兼职的成本会计人员。

1. 成本会计机构内部的组织分工

成本会计机构内部的组织分工，既可以按成本会计的职责分工，也可以按成本会计的对象分工。在分工的基础上建立岗位责任制，使每一个成本会计人员都明确自己的职责，每一项成本会计工作都有人负责。

企业内部各级成本会计机构之间的组织分工，有集中工作和分散工作两种基本方式。

以工厂为例，集中工作方式，是指企业的成本会计工作，主要由厂部成本会计机构集中进行，车间等其他单位的成本会计机构或人员只负责原始记录和原始凭证的填制，并对它们进行初步的审核、整理和汇总，为厂部成本会计机构的进一步工作提供基础资料。这种工作方式的优点是：便于厂部成本会计机构及时掌握整个企业与成本有关的全面信息；便于集中使用计算机进行成本数据处理；还可以减少成本会计机构的层次和成本会计人员的数量。但这种工作方式不便于直接从事生产经营活动的各单位和职工及时掌握本单位的成本信息，从而不便于成本的及时控制和责任成本制的推行。

分散工作方式，是指成本会计工作中的计划、控制、核算和分析由车间等其他单位的成本会计机构或人员分别进行。成本考核工作由上一级成本会计机构对下一级成本会计机构逐级进行。厂部成本会计机构除了对全厂成本进行综合的计划、控制、分析和考核以及汇总核算外，还应负责对各下级成本会计机构或人员进行业务上的指导和监督。成本的预测和决策工作一般仍由厂部成本会计机构集中进行。

分散工作方式的优缺点与集中工作方式的优缺点正好相反。一般而言，大中型企业由于规模较大，组织结构复杂，会计人员数量较多，为了调动各级、各部门控制成本费用、提高经济效益的积极性，一般应采用分散工作方式；小型企业为了提高成本会计工作的效率和降低成本管理的费用，则一般可采用集中工作方式。

其中，会计机构应遵循以下基本原则。

① 合规合法原则。内部财务会计控制应当符合国家有关法律法规和会计基础工作规范，并符合单位的实际情况。

② 全员性原则。内部财务会计控制应当约束企业内部涉及会计工作的所有人员，任何个人都不得拥有超越内部会计控制的权力。企业的领导者应当对企业内部会计控制制度的建立健全及有效实施负责。

③ 全面性与系统性结合原则。内部财务会计控制应当涵盖企业内部涉及会计工作的各项经济业务及各个岗位，并应针对业务处理过程中的关键控制点，落实到决策、执行、监督、反馈等各个环节。

④ 权责明确、相互制衡原则。内部财务会计控制应当保证企业内部涉及会计工作的机构、岗位的合理设置及其职责权限的合理划分，坚持不相容职务相互分离，确保不同机构和岗位之间权责分明、相互制约、相互监督。

⑤ 成本效益原则。内部财务会计控制应当遵循成本效益原则，以合理的成本达到最佳的控制效果。

⑥ 动态性原则。内部财务会计控制应随着外部环境的变化、企业业务职能的调整和管理要求的提高，不断修改和完善。

2. 成本会计机构的任务

（1）负责组织企业内部各部门的成本集中统一管控，为企业的经营管理提供必要的成本信息；

（2）进行企业内部的成本预测、成本决策；

（3）根据企业经营发展的需要，编制企业的各项成本计划，并对成本计划进行分解，下达给各责任部门；

（4）对企业各责任部门实施成本监控，监督、审核生产费用的支出；

（5）完整、准确地对企业的产品成本及有关费用进行核算；

（6）根据各责任部门的成本计划，监督各成本计划的实际执行情况，并对成本变动的原因进行分析；

（7）根据各责任部门的成本计划目标，考核各责任部门和个人的成本责任执行情况。

第 2 章
企业成本核算的要求和程序

2.1 成本核算要求

2.1.1 算管结合，算为管用

所谓“算管结合，算为管用”，就是成本核算应当与加强企业经营管理相结合，成本核算所提供的成本信息应当满足企业经营管理和决策的需要。为此，成本核算不仅要对各项费用支出进行事后的核算，提供事后的成本信息，而且必须以国家有关的法规、制度和企业成本计划及相应的消耗定额为依据，加强对各项费用支出的事前、事中审核和控制，并及时进行信息反馈。也就是说，对于合法、合理、提高经济效益的开支，要积极予以支持，否则就要坚决加以抵制，当时已经无法制止的，要追究责任，采取措施，防止以后再次发生；对于各项费用的发生情况，以及费用脱离定额（或计划）的差异进行日常计算和分析，及时进行反馈；对于定额或计划不符合实际情况的，要按规定程序予以修订。

同时，在成本计算中，既要防止片面追求简化，以致不能为管理提供所需资料，也要防止为算而算、脱离管理的实际需求。成本核算应该做到：分清主次、区别对待；主要从细、次要从简；简而有理、细而有用。

另外，为了满足企业经营管理和决策的需要，成本核算不仅要按照国家有关法规、制度计算产品成本和各项期间费用，还应借鉴西方的一些成本概念和成本计算方法，为不同的管理目的提供不同的成本信息。

2.1.2 正确划分各种费用界限

为了正确地进行成本核算、正确地计算产品成本和期间费用，必须正确划分以下 5 个方面的费用界限。

1. 正确划分产品成本与期间费用的界限

工业企业的经济活动是多方面的，其支出的用途不尽相同。而不同用途的支出，其列支的项目应该不同。例如，企业购建固定资产的支出，应计入固定资产的成本；固定资产盘亏损失、固定资产报废清理净损失等应计入营业外支出。企业用于产品生产和销售、用于组织和管理生产经营活动，以及为筹集生产经营资金所发生的各种支出，即企业日常生产经营管理活动中的各种耗费，应计入产品成本或期间费用。企业应按照国家有关成本开支范围的有关规定，正确地核算产品成本和期间费用。凡不属于企业日常生产经营方面的支出，均不得计入产品成本或期间费用，即不得乱挤成本；凡属于企业日常生产经营方面的支出，均应全部计入产品成本或期间费用，不得遗漏。乱挤成本，会减少企业利润和国家财政收入；少计成本，则会虚增利润，使企业成本得不到应有的补偿，从而影响企业生产经营活动的顺利进行。而且无论是乱挤成本还是少计成本，都会造成成本信息不实，从而不利于企业的成本管理。因此，企业必须正确划分产品成本、期间费用的界限，防止乱挤成本和少计成本的错误做法出现。

2. 正确划分产品生产费用与期间费用的界限

工业企业日常生产经营中所发生的各项耗费，其用途和计入损益的时间是有所不同的。用于产品生产的费用形成产品成本，并在产品销售后作为产品销售成本计入企业损益；由于当月投产的产品不一定当月完工，当月完工的产品也不一定当月销售，因而当月的生产费用往往不是计入当月损益的产品销售成本。而当月发生的销售费用、管理费用和财务费用，则是作为期间费用直接计入当月损益。因此，为了正确计算产品成本和期间费用，正确计算企业各月份的损益，必须正确划分产品生产费用和各项期间费用的界限。企业应当明确产品生产费用与期间费用的界限，防止调节各月产品成本和各月损益的错误做法出现。

3. 正确划分各月份的费用界限

为了按月分析和考核成本计划的执行情况和结果，正确计算各月损益，企业还必须正确划分各月份的费用界限。本月发生的费用，都应在本月全部入账，不能将其一部分延至下月入账。更重要的是，应该贯彻权责发生制原则，正确地核算待摊费用和预提费用。本月支付，但属于本月及以后各月受益的费用，应作为待摊费用，在各月间合理分摊。本月虽未支付，但本月已经受益，应由本月负担的费用，应作为预提费用，预提计入本月。为了简化核算工作，对于数额较小应该跨期摊销和预提的费用，也可以将其全部计入支付月份，而不作为待摊费用和预提费用处理。正确划分各月份的费用界限，是保证成本核算正确的重要依据。应当杜绝利用待摊和预提的办法人为地调节各月成本、人为地调节各月损益的错误做法出现。

4. 正确划分各种产品的费用界限

如果企业生产的产品不止一种，那么，为了正确地计算各种产品的成本，正确地分析和考核各种产品成本计划或定额成本的执行情况，必须将应计入本月产品成本的生产费用在各种产品之间正确地进行划分。凡属于某种产品单独发生、能够直接计入该种产品的生产费用，均应直接计入该种产品的成本；凡属于几种产品共同发生、不能直接计入某种产品的生产费用，则应采用适当的分配方法，分配计入这几种产品的成本。不能在盈利产品与亏损产品之间、可比产品与不可比产品之间任意转移生产费用，借以掩盖成本超支或以盈补亏的实际情况。

5. 正确划分完工产品与在产品的费用界限

月末计算产品成本时，如果某种产品已全部完工，那么，这种产品的各项生产费用之和就是这种产品的完工产品成本；如果某种产品均未完工，那么，这种产品的各项生产费用之和，就是这种产品的月末在产品成本；如果某种产品既有完工产品，又有在产品，则应将这种产品的各项生产费用，采用适当的分配方法在完工产品与月末在产品之间进行分配，分别计算完工产品成本和月末在产品成本。企业应该防止任意提高或降低月末在产品成本、人为地调节完工产品成本的错误做法出现。

上述 5 个方面费用界限的划分过程，也就是产品成本的计算和各项期间费用的归集过程。在这一过程中，应贯彻受益原则，即何者受益何者负担费用、何时受益何时负担费用，负担费用的多少应与受益程度的大小成正比。

2.1.3 正确确定财产物资的计价和价值结转方法

工业企业的生产经营过程，同时也是各种劳动的耗费过程。在各种劳动耗费中，财产物资的耗费（即生产资料价值的转移）占了相当大的比重。因此，这些财产物资的计价和价值结转方法是否恰当，会对成本计算是否正确产生重要的影响。企业财产物资的计价和价值结转方法主要涉及：固定资产原值的计算方法、折旧方法、折旧率的种类和高低；固定资产修理费用是否采用待摊或预提方法以及摊提期限的长短；固定资产与低值易耗品的划分标准；材料成本的组成内容、材料按实际成本进行核算时发出材料单位成本的计算方法、材料按计划成本进行核算时材料成本差异率的种类（个别差异率、分类差异率还是综合差异率，本月差异率还是上月差异率）、采用分类差异率时材料类距的大小等；低值易耗品和包装物价值的摊销方法、摊销率的高低及摊销期限的长短；等等。为了正确地计算成本，对于各种财产物资的计价和价值的结转，都应采用既较为合理又较为简便的方法；国家有统一规定的，应采用国家统一规定的方法。各种方法一经确定，应保持相对稳定，不能随意改变，以保证成本信息的可比性。

2.1.4 做好各项基础准备工作

为了做好成本审核、控制工作，正确、及时地计算成本，企业应做好以下各项基础工作。

1. 做好定额的制定和修订工作

产品的各项消耗定额，既是编制成本计划、分析和考核成本水平的依据，也是审核和控制成本的标准。在计算产品成本时，往往将产品的原材料和工时的定额消耗量或定额费用作为分配实际费用的标准。因此，为了加强生产管理和成本管理，企业必须建立和健全定额管理制度，凡是能够制定定额的各种消耗，都应该制定先进、合理、切实可行的消耗定额，并随着生产的发展、技术的进步、劳动生产率的提高，不断修订消耗定额，以充分发挥其应有的作用。

2. 建立和健全材料物资的计量、收发、领退和盘点制度

成本核算是以价值形式来核算企业生产经营管理中的各项费用的，但价值形式的核算是以实物计量为基础的。因此，为了进行成本管理、正确地计算成本，必须建立和健全材料物资的计量、收发、领退和盘点制度。凡是材料物资的收发、领退，在产品、半成品的内部转移，以及产成品的入库等，均应填制相应的凭证，办理审批手续，并严格进行计量和验收。库存的各种材料物资、车间的在产品与产成品均应按规定进行盘点。只有这样，才能保证账实相符，保证成本计算的正确性。

3. 做好原始记录工作

原始记录是反映生产经营活动的原始资料，是进行成本预测、编制成本计划、进行成本核算、分析消耗定额和成本计划执行情况的依据。因此，工业企业对生产过程中材料的领用、动力与工时的耗费、费用的开支、废品的产生、在产品及半成品的内部转移、产品质量检验及产成品入库等，都要有真实的原始记录。成本核算人员要会同企业的计划统计、生产技术、劳动工资、产品物资供销等有关部门，认真制定既符合成本核算需要又符合各方面管理需要，既科学又简便易行、讲求实效的原始记录制度；还要组织有关职工认真做好各种原始记录的登记、传递、审核和保管工作，以便正确、及时地为成本核算和其他有关方面提供资料。

4. 做好厂内计划价格的制定和修订工作

在计划管理基础较好的企业中，为了分清企业内部各单位的经济责任，便于分析和考核企业内部各单位成本计划的完成情况和管理业绩，以及加速和简化核算工作，应对原材料、半成品、厂内各车间相互提供的劳务（如修理、运输等）制定厂内计划价格，作为企业内部结算和考核的依据。厂内计划价格要尽可能符合实际，保持相对稳定，一般在年度内不变。在制定了厂内计划价格的企业中，各项原材料的耗用、半成品的转移，以及各车间与部门之间相互提供劳务等，都首先要按计划价格计算成本（这种按实际生产耗用量和计划价格计算的成本，称为计划价格成本）。月末计算产品实际成本时，在计划价格成本的基础上，采用适当的方法计算各产品应负担的价格差异（如材料成本差异），再将产品的计划价格成本调整为实际成本。这样，既可以加速和简化核算工作，又可以分清企业内部各单位的经济责任。

2.1.5 按照生产特点和管理要求，采用适当的成本计算方法

产品成本是在生产过程中形成的，产品的生产工艺过程和生产组织不同，所采用的产品成本计算方法也应该有所不同。计算产品成本是为了加强成本管理，因而还应该根据管理要求的不同，采用不同的产品成本计算方法。企业只有按照产品生产特点和管理要求，选用适当的成本计算方法，才能正确、及时地计算产品成本，为成本管理提供有用的成本信息。

2.2 成本核算方法与要点

2.2.1 成本核算方法

企业选择成本核算方法的原则包括以下 4 项。

① 正确划分各种费用支出的界限。例如收益性支出与资本性支出、营业外支出的界限，产品生产成本与期间费用的界限，本期产品成本和下期产品成本的界限，不同产品成本的界限，在产品和产成品成本的界限，等等。

② 认真执行成本开支的有关法规规定，按成本开支范围处理费用的列支。

③ 做好成本核算的基础工作。包括：做好成本核算的原始凭证记录工作，建立和健全合理的凭证传递流程；合理制定工时、材料的消耗定额，加强定额管理；建立和健全材料物资的计量、收发、领退、盘存制度；制定内部结算价格和内部结算制度。

④ 根据企业的生产特点和管理要求，选择适当的成本核算方法，确定成本核算对象、费用的归集与计入产品成本的程序、成本计算期、产品成本在产成品与在产品之间的划分方法等。成本核算方法有分步法、分批法、品种法和 ABC 成本法，此外还有分类法、定额法等，下面具体介绍前 4 种。

1. 分步法

（1）定义

分步法是指以产品生产阶段、步骤作为成本核算对象的一种成本核算方法。

（2）成本核算对象

分步法下的成本核算对象为“步”。其中的“步”是广义的，在实际工作中有丰富的、灵活多样的具体内涵和应用方式。在实际应用中，可以将“步”定义为以下含义：部门（计算考核“部门成本”）、车间、工序、特定的生产或加工阶段、工作中心，以及上述情况的任意组合。

（3）应用要点

相较其他方法，分步法在具体计算方法上有很大的不同，这主要因为它是按照生产加工阶段、步骤计算成本的。

在分步法下，有一系列特定的计算流程、方法和含义，分步法应用一般有以下要点：以产品生产阶段、步骤作为成本核算对象、归集费用、计算成本，成本计算期一般采用“会计期间”法，期末往往存在本期完工产品、期末在产品，需要采用一定的方法分配生产费用。

（4）适用范围

分步法适用于大批、多步骤、多阶段生产，管理上要求按照生产阶段、步骤、车间计算成本的企业；如冶金、纺织、造纸企业以及其他一些大量流水生产的企业等。

2. 分批法

（1）定义

分批法是指以产品批别作为成本核算对象的一种成本核算方法。

（2）成本核算对象

分批法是一种广义的成本核算方法，在实际工作中，首先要理解产品的“批”的含义，其有“批号”“批次”的含义。可以按照下列方式确定成本核算对象：产品品种、存货核算中分批实际计价法下的“批”、生产批次、制药等企业的产品“批号”、客户订单、其他企业按需要自定义的“批”。

（3）应用要点

分批法在实际工作中的应用要点为：以“批号”“批次”为成本核算对象设立生产成本明细账、成本计算单；成本核算期一般采用“工期”，一般不存在生产费用在完工产品和在产品之间分配的情况。若生产费用在完工产品、在产品间分配采用定额法。

（4）适用范围

分批法适用于单件、小批生产的企业，以及按照客户订单组织生产的企业。因而分批法也称订单法。

3. 品种法

（1）定义

品种法是指以产品品种作为成本核算对象的一种成本核算方法。

（2）成本核算对象

品种法下的成本核算对象为产品品种。实际工作中，品种法下的成本核算对象也可以是产品类别、产品品种、产品品种规格。

（3）应用要点

品种法在实际工作中的应用要点为：以“品种”为对象设立生产成本明细账、成本计算单；成本计算期一般采用“会计期间”；以“品种”为对象归集和分配费用；以“品种”为主要对象进行成本分析。

（4）适用范围

品种法适用于大批、单步骤生产的企业，如发电业、采掘业等管理上只要求考核最终产品的企业。

4. ABC 成本法

从 20 世纪 70 年代开始，一些发达国家开始研究 ABC 成本法（作业成本法），现在 ABC 成本法已经被很多国家采用。它是一种将制造费用等间接费用不按传统（以车间为费用归集和分配对象）的方法进行归集和分配，而是以“作业”为费用归集和分配对对象的方法，它能够更加合理地分配间接费用，使成本的计算更加合理。由于它只是间接费用的一种分配方法，因此，企业还要结合使用其他核算方法进行成本核算。

成本管理系统能够满足企业成本核算的各种核算方法的选择，但是，由于各个企业的成本核算还有许多具体的、特殊的要求，有的企业的随意性还比较大。因此，建议企业在成本核算中，选择适当的成本核算方法，并规范成本的核算过程，减少随意性，一旦确定一种成本核算方法之后，不要随意改变。

2.2.2 成本核算要点

企业的成本核算要点有以下 3 个。

① 确定成本核算的目的。成本核算有多种目的，如存货计价、计算销售成本和确定收益，成本决策和成本控制，产品定价等。

② 确定成本核算的对象。不同的核算目的决定了核算对象的多样化。如以各种类、各批别、各生产步骤产品作为成本核算对象，计算产品的总成本和单位成本；以各个责任单位为成本核算对象，计算责任成本等。

③ 确定成本核算的内容。成本核算的内容一般包括费用的归集与分配、产品成本计算两部分。费用的归集与分配要求：首先必须确定成本开支的范围，明确各种费用支出的界限，对于不应计入产品成本的予以剔除；然后测定和记录所积累的成本数据，按照一定程序进行归集，并采用一定标准在各个成本核算对象间进行分配；最后汇总所耗用的费用总数。产品成本核算就是按照成本核算对象，把汇总的费用进行分配，计算出各个对象的总成本和单位成本。对于工业企业，由于一个企业往往生产多种产品，而且月末通常存在在产品，因此还要将生产过程的费用在各种产品之间、产成品和在产品之间进行分配，以求得各种产成品的总成本和单位成本。

2.3 费用

2.3.1 费用的概念

费用是企业生产经营过程中发生的各项耗费。企业为生产产品和提供劳务等发生的直接材料、直接人工、产品进价和其他直接费用，直接计入生产经营成本；企业为生产产品和提供劳务而发生的各项间接费用，应当按一定标准分配计入生产经营成本。企业行政管理部门为组织和管理生产经营活动而发生的管理费用和财务费用，为销售和提供劳务而发生的进货费用、销售费用等，应当作为期间费用，直接计入当期损益。

2.3.2 费用的确认条件

在确认费用时，首先应当分清生产费用与非生产费用的界限。生产费用是指与企业日常生产经营活动有关的费用，如生产产品所发生的原材料费用、人工费用等；非生产费用是指不属于生产费用的费用，如用于购建固定资产所发生的费用等。

其次，应当分清生产费用与产品成本的界限。生产费用与一定生产的期间相关，而与生产的产品无关；产品成本与一定品种和数量的产品相关，与发生在哪一期间无关。

最后，应当分清生产费用与期间费用的界限。生产费用应当计入产品成本，而期间费用直接计入当期损益。

费用的确认除了应当符合定义外，也应当满足严格的条件，即费用只有在经济利益很可能流出从而导致企业资产减少或者负债增加，经济利益的流出额能够可靠计量时才能予以确认。

因此，费用的确认应当符合以下条件：一是与费用相关的经济利益很可能流出企业；二是经济利益流出企业会导致资产的减少或者负债的增加；三是经济利益的流出额能够可靠计量。

2.3.3 费用的特征

费用应具有以下特征。

第一，费用最终会导致企业资源的减少，这种减少具体表现为企业的资金支出。从这个意义上说，费用是资源流出企业，它与资源流入企业所形成的收入相反，它也可理解为资产的耗费，其目的是取得收入，从而获得更多资产。

第二，费用最终会减少企业的所有者权益。一般而言，企业的所有者权益会随着收入的增长而增加；相反，费用的增加会减少所有者权益。但是所有者权益的减少也不一定都列入费用，如企业发生的偿债性支出和向投资者分配利润，显然减少了所有者权益，但不能归入费用。

第三，费用可能表现为资产的减少或负债的增加，或者二者兼而有之。

2.3.4 费用的分类

1. 按照经济内容分类

生产费用按经济内容分类产品的生产过程，也是物化劳动（包括劳动对象和劳动手段）和活劳动的耗费过程。因而生产过程中发生的生产费用，按其经济内容分类，可划归为劳动对象方面的费用、劳动手段方面的费用和活劳动方面的费用三大类。

生产费用按照经济内容分类，就是在这一划分的基础上，将生产费用划分为若干要素费用。

① 材料费用。

② 燃料费用。

③ 外购动力费用。

④ 工资费用。

⑤ 提取的职工福利费。

⑥ 折旧费。

⑦ 其他生产费用。

⑧ 税金，指应计入企业管理费用的各种税金，如矿产资源补偿费、保险保障基金等。

⑨ 其他支出，指不属于以上各类但应计入产品成本或期间费用的费用支出，如差旅费、租赁费、外部加工费以及保险费等。

按照以上费用要素反映的费用，称为要素费用。将费用划分为若干要素进行分类核算的作用有以下两点。

① 这种分类可以反映企业一定时期内在生产经营中发生了哪些费用、数额各是多少，据以分析企业各个时期各种费用的构成和水平。

② 这种分类反映了企业生产经营中外购材料和燃料费用以及职工工资的实际支出，因而可以为企业核定储备资金定额、考核储备资金的周转速度，以及编制材料采购资金计划和职工工资计划提供资料。

但是，这种分类不能说明各项费用的用途，因此不便于分析各种费用的支出是否合理、有效。

2. 按照经济用途分类

工业企业在生产经营中发生的费用，首先可以分为计入产品成本的生产费用和直接计入当期损益的期间费用两类。下面分别介绍这两类费用按照经济用途的分类。

（1）生产费用按照经济用途的分类

计入产品成本的生产费用在产品生产过程中的用途也不尽相同。有的直接用于产品生产，有的间接用于产品生产。因此，为具体反映计入产品成本的生产费用的各种用途，提供产品成本构成情况的资料，还应将其进一步划分为若干个项目，即产品生产成本项目。产品生产成本项目，简称产品成本项目或成本项目，也就是生产费用按照经济用途分类核算的项目。工业企业一般应设置以下几个成本项目。

① 原材料，也称直接材料。指直接用于产品生产并构成产品实体的原料、主要材料以及有助于产品形成的辅助材料费用。

② 燃料及动力，也称直接燃料及动力。其指直接用于产品生产的各种燃料和动力费用。

③ 生产工资及福利费，也称直接人工，简称工资及福利费。指直接参加产品生产的工人工资及福利费。

④ 制造费用。其指间接用于产品生产的各项费用，以及虽直接用于产品生产，但不便于直接计入产品成本，因而没有专设成本项目的费用（如机器设备的折旧费用）。制造费用包括企业内部生产单位（分厂、车间）的管理人员工资及福利费、固定资产折旧费、修理费、租赁费（不包括融资租赁费）、机物料消耗、低值易耗品摊销、取暖费、水电费、办公费、运输费、保险费、设计制图费、试验检验费、劳动保护费、季节性或修理期间的停工损失以及其他制造费用。

企业可根据生产特点和管理要求对上述成本项目做适当调整。对于管理上需要单独反映、控制和考核的费用，以及产品成本中比重较大的费用，应专设成本项目；否则，为了简化核算，不必专设成本项目。例如，如果废品损失在产品成本中所占比重较大，在管理上需要对其进行重点控制和考核，则应单设“废品损失”成本项目。又如，如果工艺上耗用的燃料和动力不多，为了简化核算，可将其中的工艺用燃料费用并入“原材料”成本项目，将其中的工艺用动力费用并入“制造费用”成本项目。

（2）期间费用按照经济用途的分类

工业企业的期间费用按照经济用途可分为销售费用、管理费用和财务费用。

① 销售费用。

销售费用是指企业在产品销售过程中发生的费用，以及为销售本企业产品而专设的销售机构的各项经费。销售费用包括运输费、装卸费、包装费、保险费、展览费和广告费，以及为销售本企业产品而专设的销售机构（含销售网点、售后服务网点等）的职工工资及福利费、类似工资性质的费用、业务费等。

② 管理费用。

管理费用是指企业为组织和管理企业生产经营所发生的各项费用，包括企业的董事会和行政管理部门在企业的经营管理中发生的，或者应由企业统一负担的公司经费（包括行政管理部门职工工资、修理费、机物料消耗、低值易耗品摊销、办公费和差旅费等）、工会经费、待业保险费、劳动保险费、董事会费（包括董事会成员津贴、会议费和差旅费等）、聘请中介机构费、咨询费（含顾问费）、诉讼费、业务招待费、技术转让费、矿产资源补偿费、无形资产摊销、职工教育经费、研究与开发费、排污费、存货盘亏或盘盈（不包括应计入营业外支出的存货损失）、计提的坏账准备和存货跌价准备等。

③ 财务费用。

财务费用是指企业为筹集生产经营所需资金而发生的各项费用。其包括利息支出（减利息收入）、汇兑损失（减汇兑收益）以及相关的手续费等。

3. 其他分类方法

（1）生产费用按与生产工艺的关系分类

计入产品成本的各项生产费用，按与生产工艺的关系，可以分为直接生产费用和间接生产费用。直接生产费用是指由于生产工艺本身引起的、直接用于产品生产的各项费用，如原料费用、主要材料费用、生产工人工资和机器设备折旧费等。间接生产费用是指与生产工艺没有联系，间接用于产品生产的各项费用，如机物料消耗、辅助生产工人工资和车间厂房折旧费等。

（2）生产费用按计入产品成本的方法分类

计入产品成本的各项生产费用，按计入产品成本的方法，可以分为直接计入费用（一般称为直接费用）和间接计入（或称分配计入）费用（一般称为间接费用）。直接计入费用是指可以分清是哪种产品所耗用、可以直接计入某种产品成本的费用。间接计入费用是指不能分清是哪种产品所耗用、不能直接计入某种产品成本，而必须按照一定标准分配计入有关的产品成本的费用。

生产费用按与生产工艺的关系分类和按计入产品成本的方法分类之间既有区别又有联系。它们之间的联系表现在：直接生产费用在多数情况下是直接计入费用，如原料、主要材料费用大多能够直接计入某种产品成本；间接生产费用在多数情况下是间接计入费用，如机物料消耗大多需要按照一定标准分配计入有关的产品成本。但它们毕竟是对生产费用的两种不同分类，直接生产费用与直接计入费用、间接生产费用与间接计入费用不能等同。例如，在只生产一种产品的企业（或车间）中，直接生产费用和间接生产费用都可以直接计入这种产品的成本，因而均属于直接计入费用。又如，在用同一种原材料，同时生产几种产品的联产品生产企业（或车间）中，直接生产费用和间接生产费用都需要按照一定标准分配计入有关的各种产品成本，因而均属于间接计入费用。

2.4 成本核算程序与科目设置

2.4.1 成本核算的程序

成本核算程序是指从生产费用发生开始，到算出完工产品总成本和单位成本为止的整个成本核算的过程。成本核算程序一般分为以下几个步骤。

① 生产费用支出的审核。企业对发生的各项生产费用支出，应根据国家、上级主管部门和本企业的有关制度、规定进行严格审核，以便对不符合制度和规定的费用，以及各种浪费、损失等加以制止或追究经济责任。

② 确定成本核算对象和成本项目，开设产品成本明细账。企业的生产类型不同，对成本管理的要求不同，成本核算对象和成本项目也就有所不同。企业应根据生产类型的特点和对成本管理的要求，确定成本核算对象和成本项目，并根据确定的成本核算对象开设产品成本明细账。

③ 进行要素费用的分配。对发生的各项要素费用进行汇总，编制各种要素费用分配表，按其用途分配计入有关的生产成本明细账。对能确认某一成本核算对象耗用的费用直接计入产品成本费用，如直接材料、直接工资，应直接记入“生产成本——基本生产成本”科目及其有关的产品成本明细科目；对于不能确认成本核算对象所耗用的费用，则应按其用途进行归集与分配，分别记入“制造费用”“生产成本——辅助生产成本”和“废品损失”等综合费用科目。

④ 进行综合费用的分配。对记入“制造费用”“生产成本——辅助生产成本”和“废品损失”等科目的综合费用，月末采用一定的分配方法进行分配，并记入“生产成本——基本生产成本”以及有关的产品成本明细科目。

⑤ 进行完工产品成本与在产品成本的分配。通过要素费用和综合费用的分配，以及所发生的各项生产费用的分配，所发生的各项生产费用均已归集在“生产成本——基本生产成本”科目及有关的产品成本明细科目中。在没有在产品的情况下，产品成本明细科目所

归集的生产费用即为完工产品总成本；在有在产品的情况下，就需将产品成本明细科目所归集的生产费用按一定的方法在完工产品和月末在产品之间进行分配，从而计算出完工产品成本和月末在产品成本。

⑥ 计算产品的总成本和单位成本。在品种法、分批法下，产品成本明细账中计算出的完工产品成本即为产品的总成本；分步法下，则需根据各生产步骤成本明细账进行逐步结转或平行汇总，才能计算出产品的总成本。以产品的总成本除以产品的数量，就可以计算出产品的单位成本。

2.4.2 成本核算的科目设置

为了进行成本核算，企业一般应设置“基本生产成本”“辅助生产成本”“制造费用”“废品损失”“销售费用”“管理费用”“待摊费用”“长期待摊费用”等科目。如果需要单独核算废品损失，还应设置“废品损失”科目。下面分别对以上科目进行介绍。

1.“基本生产成本”科目

基本生产是指为完成企业主要生产目的而进行的产品生产。为了归集基本生产所发生的各种生产费用，计算基本生产产品成本，应设置“基本生产成本”科目。该科目借方登记企业为进行基本生产而发生的各种费用；贷方登记转出的完工入库的产品成本；期末余额在借方，表示基本生产的在产品成本，即基本生产在产品占用的资金。

2.“辅助生产成本”科目

辅助生产是指为基本生产服务而进行的产品生产和劳务供应。辅助生产所提供的产品和劳务，有时也对外销售，但这不是它的主要目的。为了归集辅助生产所发生的各种生产费用，计算辅助生产所提供的产品和劳务的成本，应设置“辅助生产成本”科目。该科目借方登记企业为进行辅助生产而发生的各种费用；贷方登记完工入库产品的成本或分配转出的劳务成本；期末余额在借方，表示辅助生产在产品的成本，即辅助生产在产品占用的资金。

“辅助生产成本”科目应按辅助生产车间和生产的产品、劳务分设明细分类账，账内按辅助生产的成本项目或费用项目分设专栏或专行进行明细登记。

3.“制造费用”科目

为了核算企业为生产产品和提供劳务而发生的各项制造费用，应设置“制造费用”科目。该科目借方登记实际发生的制造费用；贷方登记分配转出的制造费用；除季节性生产企业外，该科目月末应无余额。

“制造费用”科目应按车间、部门设置明细分类账，账内按费用项目设立专栏进行明细登记。

4.“废品损失”科目

需要单独核算废品损失的企业，应设置“废品损失”科目。该科目借方登记不可修复废品的生产成本和可修复废品的修复费用；贷方登记废品残料回收的价值、应收的赔款以及转出的废品净损失；该科目月末应无余额。

“废品损失”科目应按车间设置明细分类账，账内按产品品种分设专户，并按成本项目设置专栏或专行进行明细登记。

5. “销售费用”科目

为了核算企业在产品销售过程中所发生的各项费用以及为销售本企业产品而专设的销售机构的各项经费，应设置“销售费用”科目。该科目借方登记实际发生的各项产品销售费用；贷方登记期末转入“本年利润”科目的销售费用；期末结转后该科目应无余额。

“销售费用”科目的明细分类账，应按费用项目设置专栏，进行明细登记。

6. “管理费用”科目

为了核算企业行政管理部门为组织和管理生产经营活动而发生的各项管理费用，应设置“管理费用”科目。该科目借方登记发生的各项管理费用；贷方登记期末转入“本年利润”科目的管理费用；期末结转后该科目应无余额。

“管理费用”科目的明细分类账，应按费用项目设置专栏，进行明细登记。

7. “财务费用”科目

为了核算企业为筹集生产经营所需资金而发生的各项费用，应设置“财务费用”科目。该科目借方登记发生的各项财务费用；贷方登记应冲减财务费用的利息收入、汇兑收益以及期末转入“本年利润”科目的财务费用；期末结转后该科目应无余额。

“财务费用”科目的明细分类账，应按费用项目设置专栏，进行明细登记。

8. “长期待摊费用”科目

为了核算企业已经支出，但摊销期限在一年以上（不含一年）的各项费用，应设置“长期待摊费用”科目。该科目借方登记实际支付的各项长期待摊费用；贷方登记分期摊销的长期待摊费用；该科目的余额在借方，表示企业尚未摊销的各项长期待摊费用的摊余价值。

“长期待摊费用”科目应按费用种类设置明细分类账，进行明细核算。

第3章
直接费用的核算

3.1 生产费用要素与产品成本项目

3.1.1 生产费用要素

在企业产品生产的过程中，发生的能用货币计量的生产耗费，称为生产费用。生产费用按照经济性质（内容）划分，可分为劳动对象消耗的费用、劳动手段消耗的费用和活劳动中必要劳动消耗（或构成成本的活劳动费用）的费用。这在会计上称为生产费用要素，它由下列项目组成。

① 外购材料。其指企业为进行生产而耗用的一切从外部购进的原材料、主要材料、辅助材料、半成品、包装物、修理用备件和低值易耗品等。

② 外购燃料。其指企业为进行生产而耗用的一切从外部购进的各种燃料，包括固体燃料、液体燃料和气体燃料。

③ 外购动力。其指企业为进行生产而耗用的一切从外部购进的各种动力，包括电力、热力和蒸汽等；

④ 工资。其指企业所有应计入生产费用的职工工资。

⑤ 职工福利费。其指企业按职工工资的一定比例计提并计入费用的职工福利费。

⑥ 折旧费。其指企业按照规定对固定资产计算提取并计入费用的折旧费。

⑦ 利息支出。其指企业计入期间费用等的借入款项利息净支出（即利息支出减利息收入后的净额）。

⑧ 税金。其指计入企业管理费用的各种税金，如印花税、土地使用税、房产税和车船使用税等。

⑨ 其他支出。其指不属于以上各项要素但应计入产品成本或期间费用的费用支出，如邮电费、差旅费、租赁费、外部加工费和保险费等。

将生产费用要素划分为若干要素进行反映与核算，有助于企业了解在一定时期内发生了哪些生产费用、各要素的比重是多少，借以分析企业各个时期各种要素费用支出的水平。这种费用的划分，能将物化劳动的耗费从劳动耗费中清晰地分离出来，进行单独反映，为企业计算工业净产值和国家计算国民收入提供资料，也可为企业控制流动资金占用及编制材料采购计划提供依据。

3.1.2 产品成本项目

生产费用按经济用途可分为计入产品成本的生产费用和不计入产品成本的生产费用。对于计入产品成本的生产费用，按其用途还可以进一步划分为若干项目，这些项目在会计上称为产品成本项目（简称“成本项目”）。企业进行成本核算时可设置以下成本项目。

① 原材料。其指直接用于产品生产并构成产品实体或主要成分的原料、主要材料与外购半成品，以及有助于产品形成的辅助材料。

② 燃料和动力。其指直接用于产品生产的各种燃料和动力费用。

③ 工资和福利费。其指直接参加制造产品的生产工人的工资以及按规定比例计提的职工福利费用。

④ 废品损失。其指企业在生产过程中产生了废品而造成的损失。在废品较多，或者废品损失在产品成本中所占的比重较大，需要单独加以核算的企业，可以设此项目进行组织核算。

⑤ 停工损失。所谓停工是指企业因材料供应不足、电力中断、机器大修理、计划减产或非常灾害等引起的停工。企业基本生产车间因停工而发生的各种费用而造成的损失称为停工损失。在有停工损失的企业，可设“停工损失”项目对停工损失进行核算。停工损失一般应计入产品成本。

⑥ 制造费用。其指企业为生产产品和提供劳务而发生的各项间接费用，包括企业生产单位（分厂、车间）的管理人员工资和福利费、折旧费、修理费、办公费、水电费、机物料消耗费用和劳动保护费用等。

以上按经济用途划分的各个成本项目也不是固定不变的，应根据企业的生产特点和成本管理要求来决定。一般情况下，成本项目可分为 3 个，即直接材料、直接人工、制造费用。采用分步法核算产品成本的企业，为了核算半成品成本，可增设“自制半成品”成本项目。如企业需要单独核算职工福利费，可把“直接人工”成本项目分设为“直接工资”和“其他直接支出”两个成本项目等。

3.1.3 费用与成本的联系与区别

1. 费用与成本的联系

（1）费用与成本都是耗费与补偿的统一

不管是费用还是成本，它们的发生都伴随着企业一定资财的耗费，均会导致企业有关资产的流出或对一定负债的承诺。企业在一定期间所发生的经营性耗费，必然会表现为有关的费用或成本。当然企业发生一定费用与成本也必然要求有新的资财流入以补偿耗费。可见费用与成本是耗费与补偿的统一。

（2）从计算当期利润的角度来看

从计算当期利润的角度来看，成本是费用的一部分，即费用包括了成本。在会计期末，遵循配比原则，把有关的收入和相关的费用相互配比，计算本期利润（或亏损）。此时，本期有些成本，如一部分固定资产成本转化为折旧费用，原材料成本转化为制造费用、管理费用或产品成本，再由产成品成本转化为产品销售成本，由本期营业收入弥补。即成本在企业当期生产经营过程中转为了费用。

（3）从对象化角度来看

对象化角度来看，成本是对象化的费用。这里的对象仅指发生的成本可直接归集在某特定对象上。如车间生产丁产品，在一个期间内发生的原材料费用、生产工人工资、制造费用均直接归集在丁产品的生产成本中。

（4）费用和成本都具有盈利性

企业支付一定的费用或成本，不仅要考虑能否收回成本，还要考虑获利能力。如企业本月支付50万元的广告费，希望产品市场占有率能提高1个百分点。由于产品市场占有率的提高而带来的收益可能大于支付的广告费。

（5）费用或成本的发生都是企业在生产经营过程中必然发生的经济现象

企业为了达到一定的经济目的，为了取得某一资产，必然会发生一定的费用和成本。因此，可以给企业费用和成本下同一个综合定义：费用、成本是企业为保障生产经营的正常运转，或为实现一定的经济目的，或为取得某一项资产的所有权而发生的资财的耗费或负债的承诺。

2. 费用与成本的区别

（1）成本是固化了的资本，而费用是蒸发了的资本

成本的发生必然导致企业拥有或控制某一资产，这一资产或以实物形态存在，或以非实物形态存在，从资本运动角度来看，它此时处于固化的状态。费用的发生必然导致企业资财的耗费或负债的承诺，由于发生了费用而使企业的资本蒸发（消耗）到了周围环境（经济圈）中去，从资本运动角度来看，它此时处于资本的蒸发状态。在此把企业一定的资本比喻为一潭水，那么固化了的水则是企业某期或前期发生的成本；而蒸发了的水则是该期发生的费用。“水”的固化从长期来说只是暂时的、相对的。因此，也可以说，成本是等待蒸发的资本。企业在资本蒸发的过程中，必须有新的资本流入，不然企业的资本便会逐渐枯竭而使企业破产倒闭。

（2）从狭义的成本和狭义的费用来看从狭义的成本和狭义的费用来看，费用与一定的期间相联系，而成本与一定种类和数量的产品或劳务相联系。

3.2 直接材料的核算

3.2.1 材料的分类与计价

1. 材料的分类

材料是工业企业生产加工的劳动对象，是产品生产中必不可少的物质要素。工业企业的材料品种繁多、规格复杂、收发频繁，为了便于管理与核算，相对准确地计算产品成本，

必须对材料进行科学分类。

按其在生产经营过程中的作用不同，材料可分为以下几类。

（1）原料及主要材料

原料及主要材料是指经过生产加工后构成产品实体或主要成分的各种原料和材料，如加工企业炼铁用的铁矿石、纺纱用的原棉、炼油用的原油、制造机器用的钢材等。在化学工业中，经过化学反应后形成产品主要成分的各种原料和材料，如氯碱工业生产烧碱用的食盐，化肥工业生产合成氨用的煤、焦炭等，都属于原料反主要材料。企业如有作为进一步加工用的外购半成品，其性质与原材料一样，也是用来加工生产以构成产品实体或主要成分的劳动对象，因而也可列入本类。

（2）辅助材料

辅助材料是指直接用于生产过程，有助于产品的形成或为产品生产创造正常劳动条件，但不构成产品主要实体的各种材料。漂染用的漂白剂、染料，防腐用的油漆，化学反应中用的各种触媒、催化剂，维护机器用的润滑油、防锈剂，清洁用的扫帚、抹布，照明用的电灯泡等，都属于辅助材料。

（3）燃料

燃料是指在生产过程中用来燃烧发热的各种燃料，包括固体燃料、液体燃料和气体燃料，如煤、汽油、天然气等。

（4）修理用备件

修理用备件是指为修理本企业的机器设备和运输设备等所专用的各种备品配件，如齿轮、阀门、轴承等。

（5）包装物

包装物是指为包装本企业产品，并准备随同产品一起出售的，或者在销售过程中租借给购货单位使用的各种包装用的物品，如桶、箱、坛、袋、瓶等。

（6）低值易耗品

低值易耗品是指单位价值较低，容易耗损的各种工具、管理用具、玻璃器皿以及劳保用品等。从性质上看，低值易耗品并不是劳动对象，而是劳动资料，但由于它不具备固定资产的条件，因此把它列为材料的一类。

上述分类，是按照材料在生产过程中的作用来划分的，因而同一种材料在不同的企业中，就有可能划分在不同的类别中，当然也存在一种材料兼有多种用途，这时应按其主要用途进行分类。不仅如此，为了加强材料实物的管理、满足成本核算工作的需要，各类材料还可以按其物理性能、技术特征、规格等标准进行进一步分类。

2. 材料的计价

为了反映和监督材料物资的增减变动情况，正确地核算产品成本中的材料费用，原则上必须按实际成本对材料进行计价。但就每一种材料来说，在日常核算中，可以采用实际成本计价，也可以采用计划成本计价。

（1）按实际成本计价

实际成本计价是指每一种材料的收发结存量，都按其在采购（或委托加工、自制）过程中所发生的实际成本进行计价。采用这一计价方法，可以比较准确地核算产品成本中的材料费用和材料资金的实际占用额。但由于材料实际成本会发生变动（为确定外购材料的实际采购成本，外购材料的运杂费等项支出，也需要在各种购入材料之间进行分配），当其发生变动后，就必须相应地调整库存材料和发出材料的实际单位成本，这样，就会增大材料日常收发的核算工作量，从而影响核算的及时性。因此，这种计价方法通常适用于材料品种较少、收发材料次数不多的企业。

（2）按计划成本计价

计划成本计价是指每一种材料的收发结存量，都按预先确定的计划成本计价。至于计划成本与实际成本之间的差额（即材料成本差异额），则另行按各类材料或全部材料综合核算，以便和计划成本重新结合，求得材料收发结存的实际成本。在按计划成本计价的条件下，每种材料的实际成本不是直接计算出来的，如发出材料和库存材料的实际成本，都是以其计划成本为基础，把它与归它负担的材料成本差异额重新结合而求得的。而材料成本差异额又是按各类材料甚至全部材料综合计算的，这就使得计算出来的产品成本中的材料费用和各类材料资金的实际占用额不完全相等。因此，这种计价方法通常适用于材料实际成本变动不大、材料品种多、收发材料频繁的企业，从而可以减少材料日常收发核算的工作量。

在计价问题上，企业可以根据管理与核算的需要灵活运用这两种计价方法，即企业可以结合使用上述两种计价方法。例如，对采购成本经常有较大变动的少数主要材料，可以按实际成本计价；而对其余材料，则按计划成本计价。这样既能正确地计算材料成本，又能简化材料的日常核算工作。

3.2.2 材料成本的核算内容

1. 材料成本的构成内容

材料成本应以企业取得或加工生产该种材料所发生的实际支出为基础来计算。由于企业材料来源不同，其成本构成的具体内容也是不同的。

（1）外购材料成本

外购材料成本包括以下几类。

① 买价，即销货单位开出的发票价格，进口材料则为材料物资的清单标价和进口加成费。

② 运杂费，即将材料从销货单位运达企业仓库前所发生的包装、运输、装卸搬运、保险及仓储等费用，进口材料包括国外运杂费、保险费、关税、工商税、银行手续费及国内运杂费等。

③ 运输途中的合理损耗。

④ 支付的各种税金。

⑤ 入库前的整理挑选费用，包括整理挑选过程中发生的费用支出和损耗扣除回收下脚料等价值后的支出。

⑥ 大宗材料的市内交通费。

⑦ 其他费用，即与采购材料有关的其他费用支出。

（2）委托加工材料成本

委托外单位加工本企业所需要的材料物资，其成本包括加工中耗用材料物资的实际成本、支付的加工费用、为加工材料物资支付的往返运杂费等。

（3）自制材料成本

自制材料成本包括在制造过程中实际发生的直接材料费、直接工资费用以及其他费用。

2. 材料采购成本的核算

在材料日常核算采用实际成本计价的情况下，产品成本中材料成本的核算，是以实际成本为计价原则，即发出材料的计价要按照取得该种材料时的实际支出为标准。企业取得的材料，除了少数自制和委托加工外，绝大多数是从外部采购的。因此，正确计算采购材料的实际成本，对于正确计算产品成本有着重大的影响。

外购材料成本由买价、运杂费、途中合理损耗、税金、大家材料的市内交通费、整理挑选费等费用构成。但由于采购的材料往往不只有一种，在采购多种材料时，应分清哪些费用可直接计入各种材料的采购成本，还有哪些费用不能直接计入，而哪些费用必须按各种材料的重量或买价等的比例分摊后计入各种材料的采购成本。

3.2.3 材料费用的核算

1. 耗用材料的凭证

工业企业仓库发出的材料，主要是由生产车间领用，此外，还可能由于对外销售和委托加工等原因而发出材料。为了正确计算发出材料的价值和产品成本中的材料费用，领发材料必须严格办理凭证手续，生产领用材料涉及的凭证一般有“领料单”“限额领料单”“领料登记表”等。

（1）领料单

领料单是一种一次性使用的领发料凭证，由领料单位填制，经负责人签章后，据以办理领发料。领料单的格式如表 3–1 所示。

表 3–1　领料单

领料单位：　　　　　　　　用途：　　　　　　　日期：　　　　　　发料仓库：

材料编号	材料类别	名称	规格	计量单位	数量		成本	
					请领	实发	单价	金额

发料人：　　　　　领料人：　　　　　领料单位负责人：　　　　　　主管：

在企业中，领发那些没有消耗定额的材料和临时需用的材料，通常使用领料单这种领发料凭证。

（2）限额领料单

限额领料单是一种对指定的材料在规定领料限额内，多次的领发料凭证。限额领料单的格式如表 3–2 所示。

表 3–2　限额领料单

年　　月　　日

领料单位：________

材料名称：________ 发料仓库：________

计划产量：　　　　　　单位消耗定额：　　　　　　编号：

材料编号	材料名称	规格	计量单位	单价	领用限额	全月实用	
						数量	金额

领料日期	请领数量	实发数量	领料人签章	发料人签章	限额结余
合计					

供应部门负责人：　　　　　　生产部门负责人：　　　　　　仓库管理员：

在工业企业中，限额领料单通常用于有消耗定额的材料领发。

（3）领料登记表

在工业企业中，有些材料（如螺丝、螺帽、垫圈等）的领发，次数多、数量零星、价值不高，为了简化手续，平时领用这类材料时，可以不填制领料单，由领料人在领料登记表上登记领用数量并签章证明，据以办理发料，到月末，由仓库根据领料登记表按领料单位和用途汇总填制领料单。领料登记表的格式如表 3–3 所示。

表 3–3 领料登记表

材料类别： 领料单位：
材料编号： 发料仓库：
材料名称规格： 年 月 日 计量单位：

日期	领用数量		发料人	领料人	备注
	当日	累计			
材料单价			合计金额		

需注意的是，对于已领但月末尚未耗用的材料，都应当办理退料手续，以便如实反映材料的实际消耗，正确计算产品成本中的材料费用。如果余料下月不再继续使用，则应填制退料单（或用红字填制领料单），并连同材料退回仓库；如果余料下月需继续使用，则应办理“假退料”手续（即于本月底同时填制退料单和下月初的领料单），但材料不退回仓库，退料单和领料单要送交仓库办理转账。

2. 耗用材料的计价

耗用材料的计价既可以采用实际成本进行，也可以采用计划成本进行。

（1）耗用材料按实际成本计价

材料的核算按实际成本计价时，由于取得材料的地点和时间不同，即使是同一品种、同一规格的材料，其采购的实际成本很可能也是不同的。那么，生产耗用的材料和其他发出的材料，应该怎么计价呢？这关系到产品成本中材料费用的准确性问题。《企业会计准则》规定，企业可以选择使用先进先出法、月末一次加权平均法和移动加权平均法等方法来进行计价。

① 先进先出法。先进先出法是指假定先购入的材料先发出，每批发出材料的成本，按材料中最先购入的那批材料的单价计算。如果发出材料的数量超过库存材料中最先购入的那批材料的数量，超过部分依次按下一批购入材料的单价计算。采用这种计价方法时，要依次查明有关各批次购入材料的实际单价；发出一批数量较大的材料时，则要应用两种以上的单价进行计算。

应用先进先出法进行计价时，必须考虑企业具体情况，原因是采用这种方法时，材料期末结存数是按照后进的实际成本计算，从而期末材料价值接近现行（重置）成本，但进入产品成本的材料费，是按先进的实际成本计算，将偏离现行成本。如果各批材料的取得成本比较稳定，则不论对产品成本还是库存材料价值的影响都不大，但如果材料的取得成本随时间不断上涨，则已被生产耗用且应由产品成本来补偿的价值就偏低，利润就会被虚增。

② 月末一次加权平均法。月末一次加权平均法是指在月末，以某种材料的月初结存数量和本月购进数量为权数，计算出该材料的平均单位成本的一种方法。具体地说，这种方法是将某材料的月初库存金额与本月购入的金额之和除以月初库存数量与本月购进数量之和，以求得该种材料的月末平均单价，作为本月发出材料成本的单价，其计算公式如下。

$$月末平均单价=\frac{月初库存材料金额+本月购进的各批材料金额}{月初库存材料数量+本月购进的各批材料数量}$$

发出材料成本＝发出材料数量 × 月末平均单价

月末一次加权平均法的优点是计算简便。缺点有两点：第一，采用这种方法，必须要到月末才能计算出全月的加权平均单价，这显然不利于核算的及时性；第二，按照月末加权平均单价计算的期末库存材料价值，与现行成本相比，有比较大的差异。当物价呈现上升趋势时，月末一次加权平均单价将低于现行成本；当物价呈现下降趋势时，月末一次加权平均单价将高于现行成本。

③ 移动加权平均法。移动加权平均法，是指以每次购进材料数量和购进前库存材料数量为权数，来计算库存材料平均单位成本的一种方法。即某种材料在每次进货时，将本次购进材料的金额与本次购进材料前库存材料金额之和除以本次购进材料的数量与本次购进材料前库存材料数量之和，求得移动平均单价，作为本月计算某种材料每批次发出成本的单价。其计算公式如下。

$$移动平均单价=\frac{本次进料金额+本次进料前库存材料金额}{本次进料数量+本次进料前库存材料数量}$$

发出材料成本＝发出材料数量 × 移动平均单价

移动加权平均法的优点是能够随时计算平均单位成本，有利于及时进行成本计算；但缺点是计算工作量大，适用于进货次数少的材料。

【例 3–1】某商店 2×19 年 1 月 1 日 A 商品期初结存 1 000 件，每件进价 15 元。1 月 A 商品购进和销售情况如下（销售和购买均以银行存款收付）。

①1 月 2 日，购入 500 件，每件进价 16 元。

②1 月 8 日，销售 900 件，每件售价 25 元。

③1 月 14 日，购入 800 件，每件进价 17 元。

④1 月 23 日，销售 1 100 件，每件售价 25 元。

要求：分别按照先进先出法、月末一次加权平均法、移动加权平均法计算 1 月发出商品成本（主营业务成本）。

计算如下。

（1）先进先出法

900×15 ＝ 13 500（元）

100 × 15 ＋ 500 × 16 ＋ 500 × 17 ＝ 18 000（元）

13 500 ＋ 18 000 ＝ 31 500（元）

（2）月末一次加权平均法

2 000 × [（1 000 × 15 ＋ 500 × 16 ＋ 800 × 17）÷（1 000 ＋ 500 ＋ 800）] ＝ 2 000 × 15.91 ＝ 31 820（元）

（3）移动加权平均法

900 × [（1 000 × 15 ＋ 500 × 16）÷（1 000 ＋ 500）] ＝ 900 × 15.33 ＝ 13 797（元）

1 100 × [（600 × 15.33 ＋ 800 × 17）÷（600 ＋ 800）] ＝ 1 100 × 16.28 ＝ 17 908（元）

13 797 ＋ 17 908 ＝ 31 705（元）

（2）耗用材料按计划成本计价

在我国，有的企业是按计划成本对材料进行计价，也就是说，对每种材料的收发和结存都可按照事先确定的计划单位成本进行计量和记录。材料按计划成本计价具有以下特点。

① 材料收发的原始凭证、各种材料的总分类核算与明细分类核算均按计划成本进行计量和记录。

② 材料的实际成本以及实际成本与计划成本之间的差额（超支或节约），则要通过“材料采购”和“材料成本差异”等科目进行核算。当材料的计划成本与实际成本之间发生差异时，应按材料类别或全部材料进行综合核算并统一分摊其差异额。其具体计算的原则是，按照入库材料所形成的差异额和差异率将生产中耗用的材料计划成本调整为实际成本。其计算公式如下。

发出材料实际成本＝发出材料计划成本 ± 发出材料应分配的差异额

发出材料应分配的差异额＝发出材料计划成本 × 材料成本差异率

$$材料成本差异率=\frac{月初结存材料成本差异额+本月收入材料成本差异额}{月初结存材料计划成本+本月收入材料计划成本}\times 100\%$$

为了简化计算，便于及时核算自制材料和委托加工材料的实际成本，上述材料成本差异率计算公式可采用月初数进行计算，公式如下。

$$材料成本差异率=\frac{月初结存材料成本差异额}{月初结存材料计划成本}\times 100\%$$

【例 3–2】“原材料”借方余额 24 000 元，“材料成本差异”借方余额 400 元，甲材料的计划单位成本为 24 元。

1 月发生业务如下：

①1 月 5 日，向甲公司购入甲材料 4 000 千克，价款 98 000 元，运杂费 2 400 元，增值税 17 748 元，款项尚未支付，材料已经验收入库。该批材料的计划成本为 96 000 元。

②1 月 30 日，生产 A 产品领用甲材料 3 000 千克，计划成本为 72 000 元；生产 B 产品领用甲材料 1 500 千克，计划成本 36 000 元。

要求：计算本月材料成本差异率及生产 A 产品所领用的甲材料、生产 B 产品所领用的甲材料的实际成本。

计算如下。

材料成本差异率＝（4 400 ＋ 400）÷（24 000 ＋ 96 000）＝ 0.04

A 产品应负担的差异额＝ 0.04×72 000 ＝ 2 880（元）

生产 A 产品领用的甲材料的实际成本 72 000 ＋ 2 880 ＝ 74 880（元）

B 产品应负担的差异额＝ 0.04×36 000 ＝ 1 440（元）

生产 B 产品领用的甲材料的实际成本＝ 36 000 ＋ 1 440 ＝ 37 440（元）

3.2.4 材料费用的归集与分配

企业在生产过程中所耗用的直接材料费用是指制造产品（提供劳务）过程中耗用的，构成产品实体或构成产品主要成分，或有助于产品形成的各种材料物资的货币表现。它包括产品制造过程中耗用的原料及主要材料、辅助材料、外购半成品、燃料、动力、包装物等直接材料费用。对于制造产品（或提供劳务）所耗用的直接材料，月末应根据领发料凭证编制“材料费用分配表”（或称“材料费用汇总分配表”）进行归集、分配。

对生产产品耗用的材料进行归集和分配时，应遵循的原则是：凡属于某种产品或某种劳务耗用的直接材料费用，应直接记入“生产成本——基本生产成本——某产品（或劳务）”账户，或记入“生产成本——辅助生产成本——某产品（或劳务）”科目的直接材料费用项目。关于这部分直接材料费用，可以根据领料单按产品进行归集。凡对于几种产品共同耗用的材料费用，在领用时无法确定每种产品耗用多少，因此，只好按照一定标准在各种产品之间进行分配，然后根据分配环节和对象进行归集。但对于车间、管理部门以及其他部门为组织和管理生产而领用的材料不能视为直接材料费用，对这部分费用应按照费用的发生地点和用途加以归集和分配。

对于多种产品共同耗用材料费用的分配，其分配标准有很多，如定额耗用量比例、生产量比例、产品的体积、产品的重量等。

1. 定额耗用量比例法

采用定额耗用量比例法分配材料费用时，首先根据各种产品的产量和各种产品的单位消耗定额，计算出各种产品的定额耗用量，再根据应分配的材料费用总额和全部产品的定额耗用总量计算分配率，最后根据各种产品的定额耗用量乘以分配率计算出该种产品应负担的材料费用。其计算公式如下。

某产品的定额耗用量＝该产品的实际产量 × 该产品的单位消耗定额

材料费用分配率＝需分配的材料费用总额 ÷ 各种产品材料定额耗用量之和

某产品应负担的材料费用＝该产品定额耗用量 × 材料费用分配率

【例 3–3】假设甲企业制造 A、B 两种产品，共同耗用原材料费用 6 500 元。其中生产 A 产品 200 件，单位消耗定额 5 千克；生产 B 产品 100 件，单位消耗定额 3 千克。

要求：采用定额耗用比例法计算原材料费用分配率及 A、B 产品应负担的材料费用。

计算如下。

$$材料费用分配率=\frac{6500}{200\times5+100\times3}=5（元/千克）$$

A 产品应负担的原材料费用＝ 200×5×5 ＝ 5 000（元）

B 产品应负担的原材料费用＝ 100×3×5 ＝ 1 500（元）

应注意，企业在进行材料费用分配时，对于退库的余料和回收废料，必须分别根据退料凭证、废料交库凭证，在领料凭证的数额中加以扣除或办理“假退料”手续。

2. 材料定额成本比例法

材料定额成本比例法，是指以材料定额成本为分配标准，在多种受益产品之间分配材料费用的一种分配方法。其计算公式如下。

某产品的材料定额成本＝该产品实际产量 ×（单位产品材料消耗定额 × 材料计划单价）

材料费用分配率＝应分配的材料费用 ÷ 受益产品的材料定额成本之和

某产品应分配的材料费用＝该产品的材料定额成本 × 材料费用分配率

【例 3–4】 甲企业生产 A、B 两种产品，共同耗用材料费用共计 64 000 元。本月投产 A 产品 100 件，B 产品 200 件。单位产品材料消耗定额：A 产品 12 千克，B 产品 10 千克。材料计划单价为每千克 10 元。

要求：采用材料定额成本比例法分配 A、B 产品实际耗用原材料费用。

计算如下。

A 产品原材料定额成本＝ 100×（12×10）＝ 12 000（元）

B 产品原材料定额成本＝ 200×（10×10）＝ 20 000（元）

原材料费用分配率＝ 64 000÷（12 000 ＋ 20 000）＝ 2

A 产品应分配的原材料费用＝ 12 000×2 ＝ 24 000（元）

B 产品应分配的原材料费用＝ 20 000×2 ＝ 40 000（元）

根据领发料凭证，或根据领发料凭证编制的“材料费用分配表”进行总分类和明细分类核算。会计分录如下。

借：生产成本——基本生产成本——A 产品	24 000	
——B 产品	40 000	
贷：原材料		64 000

3.3 直接人工费用的核算

3.3.1 人工费用的分类

人工费用一般指工资，工资是企业支付给职工的劳动报酬，是产品成本的组成部分。为了做好工资费用的核算工作，必须明确企业工资总额的构成及其分类。工资总额是各单位在一定时间内直接支付给本单位全部职工的劳动报酬。它由6个部分组成：计时工资、计件工资、奖金、津贴和补贴、加班加点工资、特殊情况下支付的工资。

1. 工资费用按性质分类

在商品经济制度下，一定时期内以货币形式支付给职工的劳动报酬总额，称为工资总额。按其性质来划分，可分为以下5类。

① 基本工资，是指发放给生产工人的基本工资。

② 工资性补贴，是指按规定标准发放的物价补贴，如煤、燃气补贴，交通补贴，住房补贴，流动施工津贴等。流动施工津贴是指补偿职工在流动施工时的劳动消耗及生活费用而额外支出的工资形式。

③ 生产工人辅助工资，指生产工人年有效施工天数以外非作业天数的工资，包括职工学习、培训期间的工资，调动工作、探亲、休假期间的工资，因气候影响的停工工资，女职工哺乳期间的工资，病假在6个月以内的工资及产、婚、丧假假期的工资。

④ 职工福利费，是指按规定标准计提的职工福利费。

⑤ 劳动保护费，是指确因工作需要为雇员配备或提供工作服、手套、安全保护用品等所发生的支出。劳动保护费（劳保费）的范围包括：工作服、手套、洗衣粉等劳动保护用品，解毒剂等安全保护用品，清凉饮料等防暑降温用品，以及按照原劳动部等部门规定的范围对接触有毒物质、矽尘作业、放射线作业和潜水、沉箱作业、高温作业等5类工种所享受的由劳动保护费开支的保健食品。对于支付给职工，但不属于工资性质的支出，不能列入工资费用，如科技进步奖、合理化建议奖、劳动保险支出、劳动保护费用支出、离退休职工的各项福利支出等。

2. 工资费用按计入成本项目分类

企业职工在产品生产经营过程中分工不同、服务对象不同，其工资结构及其计入费用的项目也是不同的。在企业职工中，有的是直接从事产品制造的工人，有的是为产品生产提供服务的工人，有的是为产品正常生产经营履行管理职能的管理人员，由于他们在生产中所处的岗位不同、作用不同，因而支付给他们的工资在生产经营和成本计算中所列支的项目和层次也是不同的。具体分为以下两种层次。

（1）直接支付给从事产品制造的工人工资

这种工资与产品生产直接发生关系，因此，应以“工资”成本项目计入产品成本。

（2）支付给其他人员的工资

这些工资同产品制造不发生直接联系，因此，一般不包括在“工资”成本项目之中，而是根据人员所属部门，以“工资”明细费用项目计入部门费用之中。如基本生产车间管理人员的工资记入“制造费用”中的工资明细项目。而企业管理人员的工资则记入“管理费用”中的工资明细项目。如有其他人员工资不属于生产经营成本费用的，应根据其服务对象、性质及用途另行组织核算和处理。

3. 工资费用按计入形式分类

① 计时工资或计件工资，是指按计时工资标准和工作时间或对已做工作按计件单价支付给个人的劳动报酬。

② 奖金，是指对超额劳动和增收节支支付给个人的劳动报酬，如节约奖、劳动竞赛奖等。

③ 津贴和补贴，是指为了补偿职工特殊或额外的劳动消耗和因其他特殊原因支付给个人的津贴，以及为了保证职工工资水平不受物价影响支付给个人的物价补贴，如流动施工津贴、特殊地区施工津贴、高温（寒）作业临时津贴、高空作业津贴等。

④ 加班加点工资，是指按规定支付的在法定节假日工作的加班工资和在法定工作时间外延时工作的加点工资。

⑤ 特殊情况下支付的工资，是指根据国家法律、法规和政策规定，因病、工伤、产假、计划生育假、婚丧假、事假、探亲假、定期休假、停工学习、执行国家或社会义务等原因按计时工资标准或计时工资标准的一定比例支付的工资。

3.3.2 直接人工费用核算的原始凭证

为了正确地计算产品成本中的人工费用，就必须做好工资费用的归集与分配工作，这就需要正确的各项原始记录，它包括考勤记录、产量和工时记录等。

1. 考勤记录

考勤记录是反映企业职工出勤和缺勤情况的记录。它是计算职工工资和分配工资费用的依据。考勤记录的形式有考勤簿和考勤卡片两种。考勤簿是按车间、部门设置，根据各单位在册人员的编号、性质逐日登记，月末对该月个人出勤情况进行归类汇总登记。若有人员变更（包括级别职务变更、人员迁入迁出等），应根据人事部门的通知，在考勤簿上做出相应的调整。考勤记录也可以采用考勤卡片的形式，考勤卡片是按人设置，每人每年一张，在每年年初或职工调入时开设。若有人员变更，应根据人事部门的通知，在考勤卡片上做出相应的调整或注销。采用这种考勤形式时，月终由考勤人员负责汇总统计出每位职工全月的出勤情况。

除上述两种考勤形式外，有些单位根据自身的具体情况，采用翻牌或移牌法和打卡机打卡计时法等进行考勤记录。不论采用何种形式进行考勤，考勤的内容和项目基本相同。车间和部门考勤人员将考勤登记汇总，由车间、部门负责人签章后，连同有关证明文件报送车间核算人员和财会部门，据以计算职工工资和分配工资费用。

2. 产量和工时记录

产量和工时记录是登记每一位工人或每一个生产小组在出勤时间内完成产品的数量、质量和单位产品耗用工时数量的原始记录。它为计算计件工资和在各产品间按工时分配费用提供依据，也是考核工时定额、明确生产工人的责任、考核劳动生产率水平的依据。

产量和工时记录在不同行业、不同企业和不同劳动组织的车间或班组，由于工艺特点和管理要求不同，其具体格式、登记程序也不尽相同，一般有工作通知单、工序进程单和工作班产量记录。

① 工作通知单

工作通知单又称派工单、工票，是以每一位工人或每一个生产小组按照特定工序所从事的生产劳动为对象，来设置的产量和工时的记录。生产调度部门根据生产作业计划的安排进行签发，通知工人照单进行工作。工作完成后，工人填好单内项目，同产品一并交付检验人员验收。工作通知单经签章后可作为计算计件工资的凭证。

② 工序进程单

工序进程单亦称加工路线单，是以加工的产品为对象而开设的产量和工时记录。但由于加工的产品一般需要经过若干工序连续进行加工，因此，工序进程单要随着加工对象一起移交至下一道工序，并顺次登记各道工序加工的实际产量和实耗工时，以及各道工序间加工对象的交接数量。工序进程单是按加工对象开设的，对于统计产量、计算工资有不便之处，因为可能会出现一张工序进程单上记录了几个班组的产量或一个班组个人的产量记录在几张工序进程单上的情况。因此，为了弥补工序进程单的不足，还需要设置工作班产量记录。

③ 工作班产量记录

工作班产量记录是按班组设置的，用以反映班组生产数量和所用的工时数量的记录。工作班产量记录是各种生产类型通用的产量和工时记录，它同“工序进程单”结合使用，能更全面地提供核算所需要的资料。

直接人工费用核算工作，除上述考勤记录、产量记录和工时记录以外，如果有发生各种代扣款项，也应取得各种原始记录，如代扣房租、水电费用的扣款通知单等，这些原始记录应在月终结算工资之前送交财会部门，以便在工资结算时据以扣除这些款项。

3.3.3 人工费用的归集

1. 工资的计算与汇总

正确地进行应付工资的计算，是工资费用核算的基础。由于各类企业实行的工资制度不同，具体的计算方法应根据企业的具体规定进行。下面介绍 3 种常用的工资计算方法，即计时工资、计件工资和浮动工资的计算方法。

（1）计时工资制

计时工资制是根据劳动者的实际劳动时间和工资等级以及工资标准来支付劳动报酬的

工资形式。

① 计时工资制的特点。

a. 直接按照劳动时间计量报酬，适应性强。

b. 考核和计量容易实行，具有适应性和及时性。

c. 其明显的不足是不能直接反映劳动强度和劳动效果。

② 计时工资制的构成及形式。

a. 计量劳动与支付报酬的时间单位。

b. 计量劳动量与相应报酬的技术标准。

c. 劳动者所付出的实际有效劳动时间。

③ 计时工资制的优点。

a. 计时工资制主要取决于劳动者本人的技术业务水准或本人所在岗位（职务）相应的工资标准，而不直接取决于工作物或劳动对象的技术业务水准。

b. 计时工资制强调员工本人的技术业务水准的高低，因此，有利于员工努力学习科技文化和业务知识，不断提高自己的技术业务水平和劳动熟练程度，提高劳动工作质量。

c. 内容和形式简便明确，有较大稳定性，因此便于计算和管理。

d. 计时工资不致使员工的工作情绪过度紧张，且工资收入水平取决于既定的工资标准，有较大的稳定性，因此对员工收入、生活水平及身心健康有较大的保障性。

④ 计时工资制的缺点。

由于计时工资只能反映员工的技术熟练程度、劳动繁重程度和劳动时间长短的差别，不能全面反映同等级员工在同一工作时间内支付劳动量和劳动成果的差别，在一定程度上造成平均主义。因此，企业在实行计时工资制时，普遍实行奖励制度，以弥补计时工资制的不足。

⑤ 计时工资制的计算公式。

a. 按月工资扣除缺勤工资计算工资，其计算公式如下。

应付工资＝月标准工资＋各种工资性津贴－（事假日数 × 日工资标准）－（病假日数 × 日工资标准 × 病假应扣工资比例）

b. 按出勤日数计算工资，其计算公式如下。

应付工资＝（出勤日数 × 日工资标准）＋奖金＋各种工资性津贴＋（病假日数 × 日工资标准 × 病假应发工资比例）

上式中的日工资标准的计算公式如下。

$$\text{日工资标准} = \frac{\text{月标准工资}}{\text{平均每月工作日数}}$$

上式中平均每月工作日数有两种计算方法，一是按平均每月日历日数 30.4 天（即 365 ÷ 12）计算；二是按平均每月法定工作日数 20.83 天（即 250 ÷ 12）计算（现在平均每月法定工作日数应该是 365 天扣减法定的假日和节日即 115 天后，再除以 12 个月）。这两种方法的不同点在于，前者是按节假日不付工资，因而缺勤期内的节假日就不扣工资。

目前我国还在实行 8 小时工作制，日工资标准除以 8，就是小时工资标准，亦称小时工资率。这就是计时工资计算的过程。

（2）计件工资制

计件工资制是指按照生产的合格品的数量（或作业量）和预先规定的计件单价来计算报酬，而不是直接用劳动时间来计算报酬的一种工资制度。劳动定额和计件报酬标准是计件工资制的重要因素。计件工资制是贯彻按劳分配原则的主要工资形式之一。根据《中华人民共和国劳动法》规定，对实行计件制工作的劳动者，用人单位应该根据标准工时制度合理确定劳动定额和计件报酬标准。劳动定额，通常是指在特定的生产技术和组织条件下，为生产一定数量的产品或完成一定量的工作所规定的劳动消耗量的标准。劳动定额的基本表现形式有两种：一是生产单位产品消耗的时间，即时间定额；二是单位时间内应当完成的合格产品的数量，即产量定额。计件报酬标准，又称为计件单价。企业实行计件工资制，应合理确定计件单价。计件单价是按照工人在规定的工时内应完成的劳动定额、与工作物等级相应的计时标准工资，并结合工人现行工资水平来确定的。工作物等级是根据各种工作物的技术复杂程度、劳动繁重程度、责任大小和不同的生产设备状况等条件来确定的。劳动定额修改时，计件单价应作相应的修改。其中，劳动定额是指按照职工生产合格产品的数量（或作业数量）和预先规定的计件单价计发报酬的一种工资形式。

实行计件工资制的工种或单位应具备以下条件。

① 能准确计量产品数量。

② 有明确的质量标准，并能对其进行准确检验。

③ 产品的数量和质量主要取决于工人的主观努力。

④ 具有先进、合理的劳动定额和较健全的原始记录。

⑤ 生产任务饱满，原材料、燃料、动力供应和产品销路正常，并需要鼓励工人增加产量。

（3）浮动工资制

浮动工资制是把基本工资的一部分或全部与奖金结合在一起，随企业经济效益的高低和职工劳动成果的多少而上下浮动的一种工资制度。浮动工资作为一种新的工资形式，有其特定的内容，它包括以下 3 个因素：一是职工劳动报酬的一部分或全部是浮动的，而不是固定不变的；二是工资浮动的直接依据是职工本人的劳动贡献大小；三是工资浮动还取决于企业（车间或其他经济核算单位）的经营收益状况，即经济效益如何。具备上述 3 个要素，即可称为浮动工资，缺少任何一个要素都不称其为浮动工资。

① 浮动工资制的特点。

浮动工资制的突出特点是：改变完全按照参考工资标准发放等级标准工资的方法，将职工的标准工资和奖金、津贴等结合在一起，依据职工劳动贡献的大小和企业经营状况的好坏进行考核，浮动发放工资。这一做法把职工的劳动报酬与其本人的劳动成果和企业的经济效益更直接、紧密地联系起来，因而，它不但能体现不同等级职工之间的劳动差别，而且能体现同等级职工之间和同一职工不同时期的劳动差别，能比较准确地反映职工实际付出的劳动量，还能体现企业不同时期经营状况的变化对职工工资的影响，从而更好地贯彻按劳分配原则。

② 浮动工资制的作用。

a. 在一定程度上克服了工资分配中的平均主义。实行浮动工资制，突破了完全按等级分配工资的老方法，把职工的工资同职工个人的劳动成果联系得更紧密了。职工在达到某一技术等级后，如果不努力工作，未完成本技术等级应完成的实际生产任务，他将拿不到该等级的标准工资。浮动工资制改善了标准工资“旱涝保收”的现象，并起到鼓励职工好好劳动的作用，使按劳分配原则在实践中得到了较好的体现，用经济手段鼓励了先进、鞭策了后进、促进了生产的发展。

b. 有利于促进企业管理水平的提高。实行浮动工资制，要求对企业的经营效果和职工的劳动贡献进行严格的考核和计量，要求做到工作有标准、效果有考核、好坏有奖惩。这对于健全岗位责任制、加强经济核算、建立劳动定额的管理和考核制度等基础工作，无疑是一个有力的促进。同时，实行浮动工资制也促进了干部责任制的落实和企业各项管理制度的建立和健全，从而提高了企业管理水平。

c. 有利于提高职工队伍的素质。实行浮动工资制，有利于改变过去职工不关心企业生产经营成果和不重视提高技术业务水平的状况，促进职工从个人物质利益的角度来关心个人的劳动成果和不重视企业的经济效益。浮动工资制把个人的收入同个人的劳动成果、个人利益同企业的经济效益联系在一起，从而促使职工积极进取，努力生产，钻研并提高技术和业务水平，关心企业生产经营状况，发扬热爱工作、热爱集体的思想风气，有利于提高整个职工队伍的素质。

d. 有利于贯彻兼顾国家、企业和职工三者利益的原则。实行浮动工资制，改变了过去职工的劳动报酬与企业经济效益和本人劳动贡献脱节的状况，把职工的劳动报酬与企业的经济效益和本人的劳动贡献紧密联系起来。职工劳动贡献大、企业经济效益好，国家可以多收，企业可以多留，职工也能相应多得；反之，职工劳动贡献小，企业经济效益差，国家就会少收，企业也会少留，职工的收入则相应下降。这样做有利于合理安排国家、企业和个人三者的利益关系，使职工个人收入的增长建立在国家多收、企业多留的基础之上。

（4）浮动工资制的形式

a. 全额浮动。

全额浮动即把职工的全部标准工资同奖金以及部分工资性津贴联系在一起，按企业的经营成果和个人完成或超额完成工作量的情况进行考核，浮动发放工资。

b. 部分浮动。

部分浮动即把职工的标准工资的一部分和奖金联系在一起，并根据经济责任制完成情况进行考核，浮动发放工资。在实践中，有3种具体办法：一是按相对额浮动，即按同个百分比提取每个职工标准工资的一部分与奖金捆绑在一起浮动；二是按同一绝对额浮动，即每个职工从标准工资中拿出同一数额与奖金捆绑在一起进行浮动；三是分档次按不同绝对额浮动，即不同等级的职工，各拿出不同数额的标准工资与奖金捆绑在一起进行浮动。

以上对每个职工的应付月工资额，是按照计时、计件和浮动工资形式进行计算的。但在实际工作中，企业往往为方便职工而代为缴纳水电费、房租之类的款项。因此实发工资应为应发工资减去代扣款项。根据上述资料编制“工资结算表”，由企业财会部门汇总并编制“工资结算汇总表”，据以办理工资结算。

2. 工资的结算

企业办理职工工资结算手续，一般可按车间、部门编制“工资结算表”或按每个职工设立的“工资卡片”来计算对每个职工的应付工资、代扣款项和实发工资。工资结算表一式多份，其中一份由职工签章后作为财会部门办理工资结算和支付的凭证。

每个职工每年设置一张工资卡片，其内容和填列方法与工资结算表相同，职工领取工资后在工资卡片上签章，然后财会部门将工资卡片收回。采用工资卡片可以减少每月抄写全企业职工名单的工作。

根据“工资结算表”或“工资卡片”汇总编制一张“工资结算汇总表”。劳动定额是在一定生产、技术组织条件下，采用科学合理的方法，对生产单位合格产品或完成一定工作任务的活劳动消耗量所预先规定的限额。这一张汇总表既是企业与职工进行工资结算的依据，又是工资分配计入成本的依据。

3.3.4 人工费用的分配

人工费用的分配即工资费用的分配，是指将企业职工的工资，按照其用途分配计入当期各种产品成本和当期损益。直接从事产品生产的生产工人工资（包括采用计件形式支付的标准工资和只生产一种产品的生产工人工资），应单独地分配计入各种产品成本；车间管理人员的工资，应计入制造费用，然后与其他间接费用一起分配计入各种产品成本；生活福利部门人员的工资，应计入应付职工福利费；企业行政管理部门人员的工资，应计入管理费用；长期病假人员的工资，应计入管理费用。

计入本月产品成本的工资，可以根据上月职工的考勤和产量记录计算的应付工资额进行分配，即按上月实际发生的工资额计算分配本月产品应负担的工资费用，这样就会出现本月支付给职工的工资额与本月分配计入产品成本的工资额不一定相等的情况。因此，这种方法适用于各月工资总额比较稳定的企业。计入本月产品成本的工资，还可以根据本月职工的考勤和产量记录计算的应付工资额进行分配，即按本月实际发生的工资额计算分配本月产品应负担的工资费用，这样就能比较正确地反映各月的工资水平，提高计算各月产品成本的正确性。但采用这种方法的月末工作量太大。

工资费用应通过编制工资费用分配表来进行分配。编制时，应根据各车间的工资结算表等凭证编制各车间的工资费用分配表，表内按生产工人和管理人员等职工类别分别填列，其中生产工人工资应按照产品的品种填列。财会部门根据各车间的工资费用分配表、各部门的工资结算凭证和长期病假人员工资结算凭证等，汇总编制工资费用分配汇总表，据以进行总分类核算。

3.3.5 职工福利费的计提与分配

新会计制度规定，用于职工福利方面的资金分为两部分：一部分用于职工个人福利，从成本费用中提取，从企业销售收入中取得补偿，在未支付分配给个人前，形成负债性基金，设置“应付职工薪酬——应付福利费”科目核算，在资产负债表上列为流动负债；另一部分用于职工集体福利设施，从税后利润中提取，在“盈余公积”科目中设置“公益金”明细科目进行核算，在资产负债表上列为所有者权益。下面只介绍从成本费用中提取的职工福利费。

按现行会计制度规定，列入成本费用的职工福利费应按职工工资总额扣除各种奖金后的 14% 从成本费用中提取（列支）。其计算公式如下。

$$职工福利费=计提福利费的工资总额\times 规定的提取比例$$

职工福利费的计提一般是通过编制“职工福利费提取及分配表”进行的，在实际工作中也可以将该表与“工资费用分配汇总表”结合在一起进行编制。企业提取的职工福利费，就其实质来说是一种应付的工资附加支出，因此亦属于工资附加费，其列支可参照工资的分配方法，提取时与工资费用分配方向相同，分别借记“生产成本”“制造费用”“管理费用”“在建工程”“其他应付款”（或其他应收款）、“营业外支出”等科目，贷记“应付职工薪酬——福利费”。但应指出，对于按医务及福利部门人员工资总额提取的福利费，应记入“管理费用”科目。

第4章
间接费用的核算

4.1 折旧费用的核算

4.1.1 折旧方法

固定资产在生产经营过程中，由于发生损耗而逐渐地、部分地转移到产品成本或费用中去的那一部分价值，称为折旧。折旧也可以理解为固定资产因损耗而减少的价值。分期转入产品成本或费用中去的折旧叫作折旧费用。

计算折旧的方法是多种多样的，采用不同方法，会使得计算的某一会计期间的折旧费用不相等，从而影响到该会计期间的产品成本，同时还会影响到固定资产的账面净值。因此，企业必须根据具体情况慎重地选用折旧方法。在同一个企业里，由于固定资产的用途不同、性能不同，可以选用不同的折旧方法。

1. 年限平均法

采用年限平均法计提折旧的固定资产，一般认为其各期损耗较为平均，且各期取得收入的比例差不多。在年限平均法下，每期折旧金额在平面直角坐标系中表现为一条平行于 *X* 轴的线段（起点在 *Y* 轴上），因此年限平均法下折旧费用是一种固定成本。

固定资产在一定时间计提折旧额的大小，主要取决于下列因素：固定资产的原值、预计使用年限、固定资产报废清理时所取得的残余价值收入和支付的各项清理费用。

固定资产残余价值收入是指固定资产清理时剩下的残料或零部件等的变价收入。固定资产清理费用是指清理固定资产时发生的耗费。固定资产残余价值收入扣除清理费用后的净额即固定资产净残值。在实际工作中，为了反映固定资产在一定时间内的损耗程度，便于计算折旧，每月计提的折旧额一般根据固定资产的原值乘以月折旧率计算。其计算公式如下。

$$\text{某项固定资产年折旧额}=\frac{\text{该项固定资产原值}-\text{该项固定资产预计残值}+\text{该项固定资产预计清理费用}}{\text{该项固定资产预计使用年限}}$$

$$\text{某项固定资产月折旧额}=\frac{\text{该项固定资产年折旧额}}{12}$$

$$某项固定资产年折旧率 = \frac{该项固定资产年折旧额}{该项固定资产原值} \times 100\%$$

$$某项固定资产月折旧率 = \frac{该项固定资产月折旧额}{该项固定资产原值} \times 100\%$$

$$或 = \frac{该项固定资产年折旧率}{12} \times 100\%$$

上述固定资产折旧率，是按个别固定资产计算的，通常称为“个别折旧率”。为了简化计算，往往采用分类折旧率和综合折旧率。分类折旧率是按结构相似或其他条件大致相同的某一类固定资产折旧额计算的平均折旧率；综合折旧率是按企业各项固定资产折旧额计算的平均折旧率。

分类折旧率和综合折旧率的计算应以个别固定资产的原价和应计提的折旧额为基础，其计算公式如下。

$$年综合(或分类)折旧率 = \frac{企业（或某类）的各项固定资产年折旧额之和}{企业（或某类）的各项固定资产原值之和} \times 100\%$$

$$月综合(或分类)折旧率 = \frac{年综合（或分类）的折旧率}{12} \times 100\%$$

从上述公式可以看出，单项固定资产月折旧额是用该项固定资产原值乘以月折旧率求得的，其计算公式如下。

某项固定资产月折旧额＝该项固定资产原值 × 该项固定资产月折旧率

根据上述公式分别计算出每项应计提折旧的固定资产的月折旧额后，逐项相加之和，即为企业每月应计提的固定资产折旧总额。一项一项计算固定资产折旧额的工作量太大，为了简化计算，除新建企业在开始计提固定资产折旧的头一个月必须分别按每项固定资产逐一计算单项折旧额外，以后月份都只需以上个月计提的折旧额作为基础，根据固定资产的增减变动情况，来计算本月应计提的固定资产折旧额。为了简化核算手续，每月计提固定资产折旧时，一般是根据月初应计提折旧的固定资产账面原值来计算，本月增加的固定资产，本月就不计提折旧，本月减少的固定资产，本月照提折旧。因此，本月应计提固定资产折旧额的计算公式如下。

本月固定资产应计提折旧额＝上月计提的折旧额＋上月增加固定资产应计提的折旧额－上月减少固定资产应计提的折旧额

2. 工作量法

采用工作量法计提折旧的固定资产，一般认为其在工作时损耗的价值是较为平均的，但在工作以外基本无法提供经济效益。实质上，工作量法是年限平均法的补充和延伸。工作量法又细分为工作小时法、工作台班法和行驶里程法。其计算公式如下。

（1）工作小时法

$$某项固定资产单位工时折旧额 = \frac{该项固定资产原值 - 预计残值 + 预计清理费用}{该项固定资产预计总工作小时}$$

某项固定资产本月应计提折旧额＝该项固定资产单位工时折旧额 × 该项固定资产本月实际工作小时

（2）工作台班法

$$某项固定资产每台班折旧额 = \frac{该项固定资产原值 - 预计残值 + 预计清理费用}{该项固定资产预计总工作台班}$$

某项固定资产本月应计提折旧额＝该项固定资产每台班折旧额 × 该项固定资产本月实际工作台班

（3）行驶里程法

$$某项固定资产单位里程折旧额 = \frac{该项固定资产原值 - 预计残值 + 预计清理费用}{该项固定资产预计总行驶里程}$$

某项固定资产本月应计提折旧额＝该项固定资产单位里程折旧额 × 该项固定资产本月实际行驶里程

按规定，企业的大型生产设备按工作小时法计提折旧，大型建筑施工机械按工作台班法计提折旧；交通运输企业和其他企业专业车队的客、货车则按行驶里程法计提折旧。

3. 年数总和法

采用年数总和法计提折旧的固定资产，一般认为其常年处于强震动、高腐蚀状态，或者其所在行业技术进步、产品更新换代较快。在年数总和法下，折旧金额在平面直角坐标系中表现为一条斜率为负数的线段。因此折旧费用是一种变动成本。其计算公式如下。

$$年折旧额 = （原值 - 预计净残值）\times \frac{尚可使用年数}{年数总和}$$

$$年数总和 = \frac{n(n+1)}{2}（n 为使用年限）$$

采用这种方法计提折旧，其各年的折旧费用呈现逐年递减。从上式可知，应提折旧额（即原值 − 预计净残值）是固定不变的，而折旧率（即尚可使用年数 ÷ 年数总和）为递减分数。因此，固定资产使用前期计提折旧额大，后期计提折旧额小，实质上是加快了折旧的速度，故年数总和法是一种加速折旧法。

4. 双倍余额递减法

双倍余额递减法，是在固定资产使用年限最后两年的前面各年，用年限平均法下折旧率的两倍作为固定的折旧率乘以逐年递减的固定资产期初净值，得出各年应提折旧额；在固定资产使用年限的最后两年改用年限平均法，将倒数第二年初的固定资产账面净值扣除预计净残值后的余额在最后两年平均分摊的方法。双倍余额递减法是加速折旧法的一种，这种方法下，假设固定资产的服务潜力在前期消耗较大，在后期消耗较少，为此，在使用前期多计提折旧，后期少计提折旧，从而相对加速折旧。采用双倍余额递减法计提折旧的固定资产，一般认为其常年处于超强度损耗状态，在各期取得的收入也因此递减。在双倍余额递减法下，折旧金额在平面直角坐标系中表现为一条折线，前期是一条斜率为负数的直线，到最后两期变为与 X 轴平行的线段。因此前期的折旧费用是一种变动成本，最后两期的折旧费用是一种固定成本。其计算公式如下。

年折旧率＝ 2 ÷ 预计的折旧年限 × 100%

年折旧额＝固定资产期初折余价值 × 年折旧率

月折旧率＝年折旧率 ÷ 12

月折旧额＝年初固定资产折余价值 × 月折旧率

最后两年固定资产期初账面净值＝固定资产原值 – 累计折旧

最后两年每年折旧额＝（固定资产原值 – 累计折旧 – 净残值）÷ 2

【例 4–1】某企业有一项固定资产，该固定资产原值为 100 000 元，预计使用年限为 5 年，预计净残值为 2 000 元。

要求：① 计算采用双倍余额递减法计提折旧时各年的折旧率和折旧额；

② 计算采用年数总和法计提折旧时各年的折旧率和折旧额。

计算如下。

① 采用双倍余额递减法。

年折旧率＝ 2/5 × 100% ＝ 40%

第一年应提取的折旧额＝ 100 000 × 40% ＝ 40 000（元）

第二年应提取的折旧额＝（100 000－40 000）× 40% ＝ 24 000（元）

第三年应提取的折旧额＝（60 000－24 000）× 40% ＝ 14 400（元）

第四年年初账面净值＝ 100 000－40 000－24 000－14 400 ＝ 21 600（元）

第四年、第五年提取的折旧额＝（21 600－2 000）÷ 2 ＝ 9 800（元）

② 采用年数总和法

年数总和＝ 1 ＋ 2 ＋ 3 ＋ 4 ＋ 5 ＝ 15

固定资产计提折旧基数＝ 100 000－2 000 ＝ 98 000（元）

第一年折旧率＝ 5 ÷ 15 ≈ 33%

第一年折旧额＝ 98 000 × 33% ＝ 32 340（元）

第二年折旧率＝ 4 ÷ 15 ≈ 27%

第二年折旧额＝ 98 000 × 27% ＝ 26 460（元）

第三年折旧率＝ 3 ÷ 15 ＝ 20%

第三年折旧额＝ 98 000 × 20% ＝ 19 600（元）

第四年折旧率＝2÷15≈13%

第四年折旧额＝98 000×13%＝12 740（元）

第五年折旧率＝1/15≈7%

第五年折旧额＝98 000×7%＝6 860（元）

4.1.2 固定资产折旧范围的确定

1. 计提折旧的固定资产

① 房屋和建筑物。

② 在用的机器设备、仪器仪表、运输车辆、工具器具。

③ 季节性停用及修理停用的设备。

④ 以经营租赁方式租出的固定资产和以融资租赁方式租入的固定资产。

2. 不计提折旧的固定资产

① 已提足折旧仍继续使用的固定资产。

② 以前年度已经估价单独入账的土地。

③ 提前报废的固定资产。

④ 以经营租赁方式租入的固定资产和以融资租赁方式租出的固定资产。

3. 特殊情况

① 已达到预定可使用状态的固定资产，如果尚未办理竣工决算，应当按照估计价值暂估入账，并计提折旧。待办理了竣工决算手续后，再按照实际成本调整原来的暂估价值，不需要调整原已计提的折旧额。当期计提的折旧作为当期的成本或费用处理。

② 处于更新改造过程中停止使用的固定资产，应将其账面价值转入在建工程，不再计提折旧。更新改造项目达到预定可使用状态转为固定资产后，再按照重新确定的折旧方法和该项固定资产尚可使用寿命计提折旧。

③ 因进行大修理而停用的固定资产，应当照提折旧，计提的折旧额应计入相关资产成本或当期损益。

4.1.3 折旧费用的计算与归集

折旧费用的计算与归集是准确计算产品成本的条件之一。要做好这项工作，除了选择适当的折旧方法外，还必须做好以下几项工作。

1. 正确确定应计提折旧的固定资产的范围和价值

在企业里有多种多样的固定资产，但并非所有固定资产都要计提折旧。正确确定应计提折旧的固定资产的范围及其价值，是正确计算折旧费用的前提。

从计提范围看，企业在用的固定资产，包括经营用固定资产、非经营用固定资产、租出固定资产等，一般均应计提折旧。其具体范围包括：房屋和建筑物，在用的机器设备、仪器仪表、运输工具，季节性停用、大修理停用的设备，以融资租赁方式租入的固定资产和以经营租赁方式租出的固定资产。不计提折旧的固定资产包括：未使用、不需用的机器设备，以经营租赁方式租入的固定资产和以融资租赁方式租出的固定资产；在建工程项目交付使用以前的固定资产，已提足折旧仍继续使用的固定资产，未提足折旧提前报废的固定资产，国家规定不提折旧的其他固定资产（如土地）等。

从应计折旧的价值看，折旧应从固定资产投入使用之日开始计提，到停止使用或减少使用之日停提。要计提折旧的固定资产就一个单位（企业、车间）来说，都是以月初固定资产原值为基础，所以当月增加的固定资产，当月就不计提折旧，当月减少的固定资产，当月照提折旧。因此，在计提折旧时，首先应对所有应计提折旧的固定资产是否属于当期应提对象做出判断；其次要检查固定资产应计提对象的原值是否有多计或漏计的情况，做到计算准确。

2. 合理估计固定资产使用年限和预计净残值

正确计算折旧，除了要正确地确定固定资产原值外，还要合理估计固定资产的使用年限。使用年限的长短，直接影响到折旧额的大小，从而影响到产品成本的高低。

由于企业固定资产种类多，使用情况不同，如果让企业、车间组织人员评估使用年限，可能会出现同一种类、同一性能的固定资产的使用年限差距很大的情况。为了使企业成本有可比性，我们国家对主要固定资产的折旧年限（即使用年限）有统一规定，可作为企业计算折旧的依据。

此外，计算折旧时，还有两个重要的估计数，即预计残值和预计清理费用。一般预计净残值（即预计残值 – 预计清理费用）按规定可以确定为固定资产原值的 3% ~ 5%。这些数值的合理确定是正确计算折旧的重要前提条件。

3. 采用适合的折旧率计算折旧

从理论上讲，企业可以用个别折旧率、分类折旧率和综合折旧率对固定资产计提折旧。

个别折旧率是对每一项固定资产确定的折旧率。采用这种折旧率计算折旧费用时，要分别按每一项固定资产的原始价值与折旧率相乘，单独计算其折旧费用，然后按一定类别或全企业固定资产汇总出某一时期的总折旧费用。采用个别折旧率计算折旧时，汇总的总折旧费用较为精确，但工作量大。为了简化核算手续，有的企业就采用分类折旧率进行计算。

分类折旧率是指按固定资产类别来确定的折旧率。采用分类折旧率是将条件和使用情况（如可使用年数、估计残值、清理费用以及工作班次等）大体相同或相似的同类固定资产归为一类，按类别确定其折旧率。其计算出的折旧费用与按个别折旧率计算出的折旧费用差别不大，但可以减少工作量。目前我国多数企业采用这种折旧率计提折旧。

综合折旧率是指全企业或全部门所有固定资产使用同一个折旧率。这种折旧率，一般是根据历史资料，将企业或部门历史上全部固定资产的折旧费用总额除以相应的全部固定资产原价总额而求得的。计算各期折旧费用时，就以应计提折旧的固定资产原价总额（总和）乘以综合折旧率，求得各期的折旧费用。采用这种折旧率计算简便，工作量小，但在固定资产结构复杂、使用状况多变的情况下，采用综合折旧率计算的折旧费用，相对不够准确。过去我国曾在某一行业企业统一使用过这种折旧率。

以上介绍的几种折旧率都可以使用，但在实际工作中企业应从实际出发，合理选择，这对准确计算产品成本费用也是一个重要的因素。

4. 按车间、部门归集折旧费用

企业的各个车间生产的零部件或产品不同，各部门服务的对象和职责不同，其配备的机器设备等也是不同的，因此折旧费用必须按车间、部门进行归集，以便分别计算车间、部门有关产品的成本费用。

4.1.4 折旧费用的分配

由于折旧费用在产品成本中所占的比重不大，一般把它作为间接费用处理，按它的经济用途和使用地点计入有关的综合费用。基本生产车间所使用的固定资产折旧费用，应记入制造费用明细账中的折旧费项目；辅助生产车间所使用的固定资产折旧费用，应记入辅助生产费用明细账有关项目；企业行政部门所使用的固定资产折旧费用，应记入管理费用明细账中的折旧费项目；销售部门所使用的固定资产折旧费用，应记入产品“销售费用”明细账中的有关项目。

如果企业生产单一品种的产品，其发生的所有费用全部都由该种产品承担，成本项目可按费用的经济内容设置。一切费用在这种情况下都是直接费用，所以折旧费用可直接记入“生产成本”明细账中的“折旧费”成本项目。

对于现代化技术密集型企业来说，折旧费用在产品成本中所占的比重会越来越大。在这种情况下，折旧费用也可以作为单独的成本项目列示。如果企业、车间只生产一种产品，可将折旧费用直接记入“生产成本”明细账中的“折旧费”项目；如果企业、车间生产多种产品，则可按机器工时比例将折旧费在各种产品之间进行分配后记入生产成本明细账。

通常由企业财会部门，根据以车间、部门为单位编制的“折旧计算（明细）表”和“折旧计算汇总表”来编制“折旧费用分配表”，据以分配折旧费。但为了简化起见，也可以用“折旧计算汇总表”来代替“折旧费用分配表”。

4.2 其他费用的核算

4.2.1 动力费用

外购动力一般是根据电表等计量仪器所显示的计量数为准，按一定的计价标准计算确定消耗的动力费用。动力供应单位定期从仪表上抄录用户所耗用的动力数量，计价后，开列账单向耗用企业收取费用。因此，企业是将账单上的数额作为外购动力费用支出。如果动力供应单位开出的账单，其起讫日期与会计计算期不一致，为了正确计算当月外购动力费用，可在月末根据会计计算期的数据自行计算当月外购动力的实际发生费用。但应指出，有些企业使用动力规定有限额，超过限额部分应加价收款，或减价收款，因此，供应单位开列的账单里有两种不同计价方法下计算出的价格。

企业耗用的动力用途是多方面的，有的用于产品工艺技术过程上，如电镀、电焊等工艺上的用电，又如纺织、印染等工艺上用的蒸汽等；有的用作机械设备传动的动力，如机床、车床等耗用的电力；有的是运输工具上用的动力。此外，管理上也会耗用一定的动力，如照明、空调等用电。因此，动力的用途不同，其费用分配计入产品成本的方法也是有差别的。

1. 工艺用动力

工艺用动力费用按成本计算对象及其耗用量的比例直接分配计入产品成本，一般可在产品成本明细账中设置动力项目加以反映，也常与燃料合并设置燃料与动力项目计入产品成本。工艺用动力费用一般是根据各种产品或各个车间耗用动力数量及耗用动力单位成本计算分配。其分配公式如下。

$$\text{耗用动力单位成本} = \frac{\text{某种动力费用月份总额}}{\text{该种动力月份耗用总量}}$$

某成本计算对象应分配的动力成本＝该成本计算对象耗用动力数量 × 耗用动力单位成本

2. 传动用动力

机器设备传动用的动力费用，是机器使用费的重要组成部分。传动用动力与工艺用动力，在用途上有所差别，应分别设置成本项目进行反映。但在实际工作中，为了简化核算，往往将传动用动力费用列入制造费用，或并入燃料与动力项目进行核算。其分配方法与上述工艺用动力费用分配方法相同。

3. 管理用动力

管理用动力费用按发生地点计入有关的综合费用项目，如制造费用和管理费用等。分配管理用动力费用时，如果各单位设有计量器具，按计量数比例进行分配；如果没有计量器具，应选择与各动力费用的发生有直接关系或成比例的分配标准进行分配。不同用途的动力，其费用可采用不同的标准进行分配。

4.2.2 低值易耗品

低值易耗品是指劳动资料中单位价值在规定限额以下或使用年限比较短（一般在一年以内）的物品。低值易耗品跟固定资产有相似的地方——在生产过程中可以多次使用且不改变其实物形态，在使用时也需维修，报废时也可能有残值。由于低值易耗品价值低，使用期限短，所以采用简便的方法将其价值摊入产品成本。主要有以下 4 种摊销方法。

1. 一次摊销法

一次摊销法是指在领用低值易耗品、包装物等时，将其实际成本一次计入有关费用的一种方法。低值易耗品、包装物虽都归属材料一类，但它们与一般消耗材料不同，能使用较长时期，理应将其损耗价值分次摊作费用。对于价值较低、使用期限较短、容易损坏的低值易耗品、包装物，为了简化核算手续，往往采用一次摊销法，按其实际成本在领用时从“低值易耗品”“包装物”等科目一次转入有关费用科目，并不在账上反映其在用价值。采用这一方法时，虽对在用低值易耗品、包装物的价值在账上不核算，但仍应加强实物管理，对领用实物数量进行登记，或采用以旧换新等办法，以防止丢失或挪用。

2. 分期摊销法

分期摊销法是指在领用低值易耗品时，按预计的使用期限，分次将价值平均摊入费用的摊销方法。这种摊销方法下的费用负担比较均衡，适用于单位价值较高、使用期限较长的物品。采用这种方法，在核算上，领用时将低值易耗品的实际成本全部由低值易耗品的“在库”明细科目转入“在用”明细科目，以后分期摊销法的计算公式如下。

每期摊销额 = 计划成本 ×（1− 残值占计划成本百分比）÷ 预计使用期限

3. 五五摊销法

五五摊销法亦称五成摊销法，是指在领用低值易耗品时先摊销其价值的 50%（五成），报废时再摊销其价值的 50%（扣除残值）的方法。采用这种方法，低值易耗品报废以前在账面上一直保留其价值的一半，表明在使用中的低值易耗品占用着一部分资金，有利于对低值易耗品的使用进行管理，防止出现大量的账外物资。这一方法适用于每月领用数量和报废数量比较均衡的低值易耗品。如果一次领用的低值易耗品数量很大，为了均衡产品的成本负担，也可将其摊销额先列入待摊费用，而后分期摊入产品成本。相关会计处理如下。

（1）领用时

按其账面价值，借记“低值易耗品——在用”，贷记“低值易耗品——在库”，并摊销一半的账面价值，借记“销售费用”“管理费用”“生产成本”“其他业务成本”“工程施工”等科目，贷记“低值易耗品——摊销”。

（2）报废时

摊销其另一半的账面价值，借记“销售费用”“管理费用”“生产成本”“其他业务成本”“工程施工”等科目，贷记“低值易耗品——摊销”，并转销已计提在用的全部低值易耗品的摊销额，借记“低值易耗品——摊销”，贷记“低值易耗品——在用”。

（3）报废有残值时

报废的低值易耗品的价值应冲减有关资本成本或当期损益，借记“原材料”“银行存款”等，贷记“销售费用”“管理费用”“生产成本”“其他业务成本”“工程施工”等科目。

4. 净值摊销法

净值摊销法是根据使用部门、单位当期结存的在用低值易耗品净值和规定的月摊销率（一般为 10%），计算每月摊销额并计入产品成本的方法。在用低值易耗品的净值是在用低值易耗品的计划成本减去累计摊销额后的余额。采用这种摊销方法，从单项低值易耗品来看，其各期的摊销额随着使用时间的推移、摊余价值的递减而逐期递减。在低值易耗品报废前会保留一部分未摊销的价值，这样有利于对在用低值易耗品的管理和监督。对比五五摊销法，净值摊销法下的产品成本负担更为合理。因此，这种方法适用于种类复杂、数量多、难以按件计算摊销额的低值易耗品。

任何方法的使用都是有条件的，企业可以自主选择低值易耗品的摊销方法，但所用的方法不能随意变动。

4.2.3 待摊费用与预提费用

1. 待摊费用的归集与分配

待摊费用是指已经支出但应由本期和以后各期分别负担的各项费用，属于流动资产项目之一，如低值易耗品摊销、一次支出数额较大的财产保险费、排污费、技术转让费、广告费、固定资产日常修理费、预付租入固定资产的租金等。企业、单位在筹建期间发生的开办费，以及在生产经营期间发生的摊销期限在 1 年以上的各项费用，应记入“长期待摊费用”科目。待摊费用发生时，应根据有关费用分配表或凭证将费用记入“长期待摊费用”科目的借方；摊入产品成本或有关费用时，记入“长期待摊费用”科目的贷方，并根据费用的用途记入“制造费用”“管理费用”“销售费用”等科目的借方，月末余额表示已经发生（支付）但尚未摊销的费用。待摊费用应按费用的种类设置明细账，以便分别反映各项费用的发生和摊销情况。待摊费用的摊销（分配）应按照费用项目的受益对象、受益期限分期摊销。

2. 预提费用的归集与分配

预提费用是指按照规定预先分期计入成本、费用，但尚未实际支出的各项费用，如预提修理费、借款利息及其他预提费用等。

预提费用的归集与分配是通过设置“其他应付款”“应付利息”等科目来进行的。企业根据估计的数额在受益对象和受益期限内预提各项费用时，应计入本期成本、费用，按费用的用途记入“财务费用”“制造费用”“管理费用”“销售费用”科目的借方和“其他应付款”“应付利息”等科目的贷方；实际支出时，记入“其他应付款”“应付利息”等科目的借方和“银行存款”等科目的贷方。预提费用科目月末余额反映已经预提而尚未支付的费用。预提数与实际数发生差异时，应及时调整预提标准。如果出现实际支出数大于预提数，差额一般应计入实际支出的成本、费用；若实际支出数超过预提数的差额较大时，应视作待摊费用，分期摊入成本。预提费用也应按费用种类分设明细账户进行核算。多提数一般在年终冲减有关成本、费用。如果年末需要保留余额，必须在年度会计报告中加以说明。

3. 待摊费用与预提费用的联系与区别

（1）联系

① 账户设置的目的相同。两类账户都属于跨期摊提类账户。此类账户的设置目的是按权责发生制原则，严格划分费用的受益期间，正确计算各个会计期间的成本和盈亏。换句话说，就是“谁受益，谁负担费用”。

② 账户的用途和结构相同。两类账户是用来核算和监督应由若干个会计期间共同负担的费用，并将这些费用摊配到各个会计期间。相关账户借方登记费用的实际支出额或发生额，贷方登记应由各个会计期间负担的费用摊配数。在实际工作中，对于不经常发生待摊和预提核算的单位，可以将两账户合二为一，设置一个“待摊和预提费用”账户，简化核算手续。“待摊和预提费用”账户的余额应列示待摊费用和预提费用的差额，即期末待摊费用大于预提费用的差额列为借方余额；期末预提费用大于待摊费用的差额列为贷方余额。此账户余额列示于资产负债表。

③ 明细账的设置相同。两者都是按费用种类设置明细账，进行明细分类核算。

④ 审计方对两者的审计目标相同。审计目标为审查企业是否将待摊费用和预提费用按权责发生制原则计入当期成本，有无人为调节利润的情况。因为在实际工作中，这两类账户常被企业作为调节生产经营利润的“蓄水池”。实行“工效挂钩”制度的企业和实行“利润承包”制度的企业，常用该手段达到实现承包目标和多计提效益工资的目的。

（2）区别

① 账户的性质不同。账户按经济内容分类，待摊费用类账户属于资产类账户。因为其核算的业务是先支付后分摊，占用了企业的资金。待摊销费用类账户的借方记录资产的增加额，贷方记录资产的减少额，余额一般出现在借方，表示期末某一时点企业实际拥有的资产数额。预提费用类账户属于负债类账户。因为它核算的是预先提取、该支付而尚未支付的费用，是企业的负债。预提费用类账户的贷方记录负债的增加额，借方记录负债的减少额，余额一般出现在贷方，反映企业在期末某一时点所承担债务的实际数额。

② 两种费用的发生和记录受益期的时间不一致。待摊费用是费用发生或支付在先，摊入受益期在后，即按实际数支付，按平均数在受益期内分摊。预提费用是将费用计入受益期在先，支付费用在后，即按平均数在受益期预提，以后按实际数支付。

③ 填制会计报表的处理原则不同。待摊费用属于费用发生后据实摊销，事先知道具体的分配标准及分配金额，实务中不会出现贷方余额，填制会计报表时不需要进行调整；而预提费用需要事前估算将要发生费用的摊销标准，事前并不知道具体的金额或摊销标准，所以实务中经常出现多提或少提的现象，容易出现借方余额。一般不需要对预提费用的借方余额进行账务处理，但在编制会计报表时，应将其填入待摊费用项目，视作待摊费用处理。

4.2.4 税金

税金，指企业发生的除企业所得税和允许抵扣的增值税以外的企业缴纳的各项税金及其附加。其包括企业按规定缴纳的消费税、城市维护建设税、关税、资源税、土地增值税、房产税、车船税、土地使用税、印花税、教育费附加等税金及附加。要素费用中的税金，如印花税、房产税、车船税和土地使用税等，不是产品成本的组成部分，而是作为期间损益处理。税金没有单独设立成本项目，而是设置税金及附加项目。

对于上述税金中的印花税，如果购买印花税票的金额较小，购买时可以直接借记“税金及附加”总账科目及其所属明细账“印花税”项目，贷记“银行存款”科目。

如果印花税税票是一次购买、分期使用，且金额较大，或者一次缴纳印花税额较大需要分摊的，可以作为待摊费用处理。购买印花税税票时，借记“其他应付款”科目，贷记“银行存款”科目；分月摊销时，借记“税金及附加”科目，贷记“其他应付款”科目。

对于需要预先计算应交金额，然后缴纳的税金，如房产税、车船税和土地使用税等，在计算出应交税金时，应借记“税金及附加”科目，贷记“应交税费”科目；在缴纳税金时，应借记“应交税费”科目，贷记“银行存款”等科目。

4.2.5 利息费用

要素费用中的利息费用，不是产品成本的组成部分，而是期间费用中的财务费用的组成部分。短期借款的利息一般按季结算支付。按照权责发生制原则，可以分月按计划预提利息费用，季末实际支付时冲减预提利息费用，季末调整实际支付的利息费用与预提利息费用的差额，并计入季末月份的财务费用。每月预提利息费用时，借记“财务费用”科目，贷记“应付利息”科目；季末实际支付利息费用时，借记“应付利息”科目，贷记“银行存款”科目。如果利息费用数额不大，为了简化核算也可以不采用预提利息费用的办法，而将季末实际支付的利息费用全部计入当月的财务费用，借记“财务费用”科目，贷记“银行存款”科目。长期借款利息费用一般是每年计算一次应付利息，到期一次还本付息。每年计算结转应付利息时，借记“财务费用”“在建工程”科目，贷记“长期借款”科目；到期还本付息时，借记“长期借款”科目，贷记“银行存款”等科目。

4.3 辅助生产费用的核算

4.3.1 辅助生产费用的归集

辅助生产是指主要为基本生产车间、企业行政管理部门等单位服务而进行的产品生产和劳务供应，有时也对外销售和服务。辅助生产费用是指企业所属辅助生产部门为生产提供工业性产品和劳务所发生的各种辅助生产费用。由于辅助生产车间提供的可能是产品，也可能是劳务，所以核算的方法也不太一样。若辅助生产车间提供的是产品，其核算等同于基本生产车间的产品核算；若辅助生产车间提供的是劳务，则其发生的费用应根据辅助生产车间所提供的劳务的数量及其受益单位和程序等情况的不同采用适当的方法在各单位之间进行分配。

辅助生产费用的归集和分配是通过“辅助生产成本”科目进行的。该科目一般应按车间以及产品或劳务的种类设置明细账，账内按照成本项目或费用项目设置专栏，进行明细核算。对于直接用于辅助生产产品或提供劳务的费用，应该记入“辅助生产成本”科目的借方；对于单设“制造费用”科目的辅助生产车间，发生的制造费用，则先记入“制造费用——辅助生产车间”科目的借方进行归集，然后从“制造费用——辅助生产车间”科目的贷方，直接转入或分配转入“辅助生产成本”科目及其明细账的借方，计算辅助生产的产品或劳务的成本。辅助生产完工的产品或劳务的成本，经过分配以后在从“辅助生产成本”科目的贷方转出，期末如有借方余额则为辅助生产的在产品成本。

有的企业辅助生产车间规模较小，发生的制造费用较少，辅助生产也不对外销售产品或提供劳务，则不需要按照规定的成本项目计算辅助生产产品成本。为了简化核算工作，辅助生产车间的制造费用可以不单独设置“制造费用——辅助生产车间”明细账，不通过“制造费用”科目进行归集，而直接记入“辅助生产成本”科目及其明细账的借方。这时，“辅助生产成本”明细账就是按成本项目与费用项目设置的专栏，而不是按成本项目设置的专栏。

4.3.2 辅助生产费用的分配

归集在“辅助生产成本”科目及其明细账借方的辅助生产费用，由于辅助生产车间所生产的产品和劳务的种类不同，费用转出、分配的程序也就不一样。所提供的产品，如工具、模具和修理用备件等产品成本，应在产品完工时，从“辅助生产成本”科目的贷方转入“低值易耗品”“原材料”等科目的借方；而提供的劳务作业，如水、电、汽、修理和运输等所发生的费用，则要在各受益单位之间按照所耗数量或其他比例进行分配后，从“辅助生产成本”科目的贷方转入“基本生产成本”“制造费用”“管理费用”“销售费用”“在建工程”等科目的借方。辅助生产费用的分配是通过编制“辅助生产费用分配表”进行的。

虽然辅助生产车间主要是为基本生产车间等服务的，但在某些辅助生产车间之间，也有相互提供产品和劳务的情况，如供电车间为修理车间提供电力，修理车间为供电车间修理设备。为了正确计算这类情况下辅助生产车间产品和劳务的成本，在分配辅助生产费用时，应首先在各辅助生产车间之间进行费用的交互分配，然后再外（即辅助生产车间以外的各受益单位）分配费用。

辅助生产费用的分配，通常采用的分配方法有直接分配法、顺序分配法、交互分配法、代数分配法和计划成本分配法。

1. 直接分配法

直接分配法，是指各辅助生产车间发生的费用，直接分配给除辅助生产车间以外的各受益产品、单位，而不考虑各辅助生产车间之间相互提供产品或劳务的分配方法。该方法主要适用于辅助生产车间之间不进行成本核算的小型企业和辅助生产车间成本核算有困难的企业。

采用直接分配法，由于各辅助生产费用只是对外分配，且只分配一次，计算工作简便。当辅助生产车间相互提供产品或劳务量差异较大时，直接分配法的分配结果往往与实际不符，因此，这种分配方法只适宜在辅助生产车间内部相互提供产品或劳务不多、不进行费用的交互分配，对辅助生产成本和产品制造成本影响不大的情况下采用。其分配的计算公式如下。

某种辅助生产费用分配率＝该辅助生产车间费用总额 ÷ 基本生产车间和其他部门耗用劳务（或产品）总量

某车间、部门（或产品）应分配的辅助生产费用＝该车间、部门（或产品）耗用劳务总量 × 辅助生产费用分配率

【例 4–2】假定某企业有供水和供电两个辅助生产车间，主要为企业基本生产车间和行政管理部门提供服务。2×19 年 1 月供电车间本月发生的费用为 7 100 元，供水车间本月发生的费用为 32 361 元。该企业辅助生产车间发生的间接费用直接记入“生产成本——辅助生产成本”账户，未设置“燃料与动力”成本项目。各辅助生产车间提供的劳务及其消耗情况见表 4–1。

表 4–1 辅助生产车间提供的劳务统计表

受益单位		供电量（千瓦时）	供水量（立方米）
辅助生产车间	供电		1 350
	供水	3 200	
基本生产车间		16 150	8 594
行政管理部门		1 600	652
合计		20 950	10 596

根据表 4–1 的资料，首先，计算辅助生产费用的分配率。由于辅助生产车间内部相互提供的劳务不分配费用，在计算费用分配率时需将其他辅助生产车间的劳务耗用量从总供应量中扣除。

电费分配率＝ 7 100 ÷（20 950－3 200）＝ 0.40（元 / 千瓦时）

水费分配率＝ 32 361 ÷（10 596－1 350）＝ 3.5（元 / 立方米）

其次，编制辅助生产费用分配表，如表 4–2 所示。

表 4–2　辅助生产费用分配表（直接分配法）

2×19 年 1 月　　　　　　　　　　　　　　　　　　　　　　　　金额单位：元

项目		供电车间	供水车间	合计
待分配辅助生产费用		7 100	32 361	39 461
供应辅助生产以外的劳务量		17 750	9 246	—
费用分配率（单位成本）		0.4	3.5	—
基本生产车间	耗用数量	16 150	8 594	—
	分配金额	6 460	30 079	36 539
行政管理部门	耗用数量	1 600	652	—
	分配金额	640	2 282	2 922
合计		7 100	32 361	39 461

根据表 4–2 编制的会计分录如下。

借：制造费用　　　　　　　　　　　　　　　　　　36 539
　　管理费用　　　　　　　　　　　　　　　　　　2 922
　贷：生产成本——辅助生产成本——供电车间　　　　7 100
　　　　　　　　　　　　　　　——供水车间　　　　32 361

2. 顺序分配法

顺序分配法，是指各辅助生产车间之间的费用按照受益多少的顺序依次排列，受益少的排在前，先将费用分配出去，受益多的排在后，后将费用分配出去。例如某企业有供电和供水两个辅助生产车间，供电车间耗用水较少，而供水车间耗用电较多，这就可以按照供电、供水的顺序排列，先分配电费，再分配水费。

顺序分配法下，辅助生产费用分配表的下线呈梯形，因而这种分配方法也称为梯形分配法。采用该种分配方法不进行交互分配，各辅助生产费用只分配一次，既分配给辅助生产车间以外的受益单位，又分配给排列在后面的其他辅助生产车间或部门。这样，分配结果的准确性受到一定的影响，计算工作量有所增加。因此，这种分配方法只适宜在各辅助生产车间或部门之间相互受益程度有明显顺序的情况下采用。

（1）顺序分配法的特点

① 排列在前的车间将费用分配给排列在后面的车间，不再承担后面车间的费用。

② 排列在后面的车间应分配的费用，要在原费用的基础上加上排列法前面的车间的分配转入数。

（2）顺序分配法的优缺点

采用顺序分配法分配辅助生产费用的优点是计算简便，各种辅助生产费用只计算一次；但由于排列在先的辅助生产车间不负担排列在后辅助生产车间的费用，分配结果的准确性受到一定的影响。

【例 4–3】沿用例 4–2 的资料，按顺序分配法进行辅助生产费用的分配。首先，计算辅助生产费用的分配率。由以上资料可以很容易地算出供水车间消耗供电车间提供电力的总费用为 1 280 元（3 200 × 0.4），供电车间消耗供水车间提供水量的总额为 4 725 元（1 350 × 3.5），所以，供水车间受益少应先分配。

水费分配率＝ 32 361 ÷ 10 596 ＝ 3.054（元 / 立方米）

电费分配率＝（7 100 ＋ 4 123）÷（20 950−3 200）＝ 0.63228（元 / 千瓦时）

其次，编制辅助生产费用分配表，如表 4–3 所示。

表 4–3　辅助生产费用分配表（顺序分配法）

2 × 19 年 1 月　　　　金额单位：元

项目	待分配费用	劳务供应量	分配率	分配金额					
				供电车间		基本生产车间		管理部门	
				数量	金额	数量	金额	数量	金额
供水车间	32 361	10 596	3.054	1 350	4 123	8 594	26 246.74	652	1 991.26
供电车间	11 223	17 750	0.63 228			16 150	10 211.35	1 600	1 011.65
合计					4 123		36 458.09		3 002.91

注：表中部分数字存在尾数调整。

根据表 4–3 编制的会计分录如下。

① 分配水费。

借：生产成本——辅助生产成本——供电车间　　4 123

　　制造费用　　26 246.74

　　管理费用　　1 991.26

　　贷：生产成本——辅助生产成本——供水车间　　32 361

② 分配电费。

借：制造费用　　10 211.35

　　管理费用　　1 011.65

　　贷：生产成本——辅助生产成本——供电车间　　11 223

3. 交互分配法

交互分配法，是对各辅助生产车间的成本费用进行两次分配的方法。首先，根据各辅助生产车间（部门）相互提供的产品或劳动的数量和交互分配前的单位成本（费用分配率），在各辅助生产车间之间进行一次交互分配；其次，将各辅助生产车间（部门）交互分配后的实际费用（交互分配前的费用加上交互分配转入的费用，减去交互分配转出的费用）按提供产品或劳务的数量和交互分配后的单位成本（费用分配率），在辅助生产车间（部门）以外的各受益单位进行分配。

采用交互分配法，辅助生产内部相互提供产品或劳务全都进行了交互分配，从而提高了分配结果的正确性，各辅助生产费用要计算两个单位成本（费用分配率），进行两次分配，因而增加了计算工作量。在各月辅助生产费用水平相差不大的情况下，为了减少计算工作量，也可以用上月的辅助生产单位成本作为本月交互分配的单位成本。

【例 4–4】沿用例 4–2 的资料，按交互分配法进行辅助生产费用的分配。

首先，计算交互分配率。

① 对内（交互）分配率计算如下。

电费分配率＝7 100÷20 950＝0.3 389（元／千瓦时）

水费分配率＝32 361÷10 596＝3.054（元／立方米）

② 对外分配率计算如下。

电费分配率（单位成本）＝（7 100＋4 122.9−1 084.48）÷（20 950−3 200）＝0.5 712（元／千瓦时）

水费分配率（单位成本）＝（32 361＋1 084.48−4 122.9）÷（10 596−1 350）＝3.17 138（元／立方米）

其次，编制辅助生产费用分配表，如表 4–4 所示。

表 4–4　辅助生产费用分配表（交互分配法）

2×19 年 1 月　　　　金额单位：元

<table>
<tr><th colspan="4">项目</th><th colspan="3">交互分配</th><th colspan="3">对外分配</th></tr>
<tr><td colspan="4">辅助生产车间名称</td><td>供电</td><td>供水</td><td>合计</td><td>供电</td><td>供水</td><td>合计</td></tr>
<tr><td colspan="4">待分配费用</td><td>7 100</td><td>32 361</td><td>39 461</td><td>10 138.42</td><td>29 322.58</td><td>39 461</td></tr>
<tr><td colspan="4">劳务供应量</td><td>20 950</td><td>10 596</td><td></td><td>17 750</td><td>9 246</td><td></td></tr>
<tr><td colspan="4">费用分配率</td><td>0.3389</td><td>3.054</td><td></td><td>0.5712</td><td>317 138</td><td></td></tr>
<tr><td rowspan="5">辅助车间</td><td rowspan="5"></td><td rowspan="2">供电车间</td><td>数量</td><td></td><td>1 350</td><td></td><td></td><td></td><td></td></tr>
<tr><td>金额</td><td></td><td>4 122.9</td><td>4 122.9</td><td></td><td></td><td></td></tr>
<tr><td rowspan="2">供水车间</td><td>数量</td><td>3 200</td><td></td><td></td><td></td><td></td><td></td></tr>
<tr><td>金额</td><td>1 084.48</td><td>1 084.48</td><td>2 168.96</td><td></td><td></td><td></td></tr>
<tr><td colspan="2">金额小计</td><td></td><td>5 207.38</td><td></td><td></td><td></td><td></td></tr>
<tr><td rowspan="2">基本车间</td><td colspan="2" rowspan="2">制造费用
金额</td><td>数量</td><td></td><td></td><td></td><td>16 150</td><td>8 594</td><td></td></tr>
<tr><td></td><td>18 030.31</td><td>9 224.53</td><td>27 254.84</td><td>36 479.37</td><td></td><td></td></tr>
<tr><td rowspan="2">管理部门</td><td colspan="2" rowspan="2">管理费用
金额</td><td>数量</td><td></td><td></td><td></td><td>1 600</td><td>652</td><td></td></tr>
<tr><td></td><td>1 153.85</td><td>913.89</td><td>2 067.74</td><td>2 981.63</td><td></td><td></td></tr>
<tr><td>分配金额合计</td><td></td><td colspan="2"></td><td></td><td></td><td></td><td>10 138.42</td><td>29 323.58</td><td>39 461</td></tr>
</table>

根据表 4–4 编制的会计分录如下。

（1）对内（交互）分配会计分录。

借：生产成本——辅助生产成本——供电车间　　4 122.9

　　　　　　　　　　　　　　——供水车间　　1 084.48

　贷：生产成本——辅助生产成本——供水车间　　4 122.9

　　　　　　——供电车间　　1 084.48

（2）对外分配会计分录。

借：制造费用　　36 479.37

　　管理费用　　2 981.63

　贷：生产成本——辅助生产成本——供电车间　　10 138.42

　　　　　　　　　　　　　　——供水车间　　29 322.58

4. 代数分配法

代数分配法，是运用代数中多元一次联立方程的原理，在辅助生产车间之间相互提供产品或劳务情况下的一种辅助生产费用分配方法。采用这种分配方法，首先，应根据各辅助生产车间相互提供产品和劳务的数量，求解联立方程式，计算辅助生产产品或劳务的单位成本；其次，根据各受益单位（包括辅助生产内部和外部各单位）耗用产品或劳务的数量和单位成本，计算分配辅助生产费用。

采用代数分配法分配辅助生产费用，分配结果最准确。但在辅助生产车间较多的情况下，由于未知数较多，计算工作比较复杂，因而这种分配方法适宜在会计工作已经实现电算化的企业采用。

【例 4–5】沿用例 4–2 的资料，采用代数分配法进行辅助生产费用的分配。

假设 x 为耗电量的单位成本，y 为耗水量的单位成本，建立方程式如下。

$7\,100 + 1\,350y = 20\,950x$

$32\,361 + 3\,200x = 10\,596y$

解得 $x = 0.5\,463$，$y = 3.2\,191$

根据上述计算结果编制的辅助生产费用分配表如表 4–5 所示。

表 4–5　辅助生产费用分配表（代数分配法）

2×19 年 1 月　　金额单位：元

项目	供电车间	供水车间	合计
待分配辅助生产费用	7 100	32 361	39 461
劳务供应总量	20 950	10 596	
实际单位成本	0.5463	3.2191	

续表

项目			供电车间	供水车间	合计
辅助生产车间	供电车间	数量		1 350	
		金额		4 345.79	4 345.79
	供水车间	数量	3 200		
		金额	1 748.16		1 748.16
	金额小计				6 093.95
基本生产车间		数量	16 150	8 594	
		金额	8 822.75	27 664.95	36 487.7
管理部门		数量	1 600	652	
		金额	847.08	2 098.85	2 945.93
合计			11 417.99	34 109.59	45 527.58

注：表中实际分配的辅助生产费用合计 45 527.58 与待分配费用 39 461 不等，是由于辅助生产车间之间交互分配费用转账引起的。

根据表 4–5 编制的会计分录如下。

借：生产成本——辅助生产成本——供电车间　　4 345.79

　　　　　　　　　　　　　　——供水车间　　1 748.16

　　制造费用　　36 487.7

　　管理费用　　2 945.93

　贷：生产成本——辅助生产成本——供电车间　　11 417.99

　　　　　　　　　　　　　　　——供水车间　　34 109.59

5. 计划成本分配法

计划成本分配法是指按照计划成本将辅助生产费用在各辅助生产车间进行分配和调整的一种方法，又称“内部结算价格分配法”。具体来说，其就是根据各辅助生产车间为各受益车间和部门提供产品和劳务的数量，按照计划单位成本分配给各受益车间和部门（包括受益的其他辅助生产车间），然后将各辅助生产车间发生的实际费用，加上其他辅助生产车间分配来的费用同按计划单位成本计算的分配数之间的差额，对辅助生产车间以外的受益单位进行追加分配，或将其差额全部计入企业管理费用。

采用计划成本分配法，由于辅助生产车间的产品或劳务的计划单位成本有现成资料，只要有各受益单位耗用辅助生产车间的产品或劳务量，便可进行分配，从而简化了分配的计算工作；按照计划单位成本分配，排除了辅助生产实际费用的高低对各受益单位成本的影响，便于考核和分析各受益单位的经济责任；还能够反映辅助生产车间产品或劳务的实际成本脱离计划成本的差异。但是采用该种分配方法的前提，是辅助生产产品或劳务的计划单位成本必须准确。

计划成本分配法的计算公式如下。

计划成本分配法的实际成本＝辅助生产成本归集的费用＋按计划分配率分配转入的费用

辅助生产成本差异＝实际成本－按计划分配率分配转出的费用

其中，若差异大于 0，属于超支差异，转入管理费用借方；若差异小于 0，属于节约差异，可以用红字转出。

计划成本分配法的优点是简化分配的计算工作，排除了辅助生产费用的高低对受益单位成本的影响，便于考核和分析各受益单位的经济责任。

【**例 4–6**】沿用 4–2 的资料，采用计划分配法进行辅助生产费用的分配。假设耗电量的单位计划成本为 0.6 元，耗水量的单位计划成本为 3 元，辅助生产成本差异全部计入管理费用。

根据上述资料编制的辅助生产费用分配表如表 4–6 所示。

表 4–6　辅助生产费用分配表（计划成本分配法）

2×19 年 1 月　　　　　　　　　　　　　　　　　　　　　　　　　　金额单位：元

<table>
<tr><th colspan="3" rowspan="2">项目</th><th colspan="2">供电车间</th><th colspan="2">供水车间</th><th>合计</th></tr>
<tr><th>数量（千瓦时）</th><th>金额</th><th>数量（立方米）</th><th>金额</th><th></th></tr>
<tr><td colspan="3">待分配费用</td><td></td><td>7 100</td><td></td><td>32 361</td><td>39 461</td></tr>
<tr><td colspan="3">劳务供应量</td><td>20 950</td><td></td><td>10 596</td><td></td><td></td></tr>
<tr><td colspan="3">计划单位成本</td><td></td><td>0.6</td><td></td><td>3</td><td></td></tr>
<tr><td rowspan="6">按计划成本分配</td><td rowspan="3">辅助生产车间</td><td>供电</td><td></td><td></td><td>1 350</td><td>4 050</td><td>4 050</td></tr>
<tr><td>供水</td><td>3 200</td><td>1 920</td><td></td><td></td><td>1 920</td></tr>
<tr><td>小计</td><td></td><td>1 920</td><td></td><td>4 050</td><td>5 970</td></tr>
<tr><td colspan="2">基本生产车间</td><td>16 150</td><td>9 690</td><td>8 594</td><td>25 782</td><td>35 472</td></tr>
<tr><td colspan="2">管理部门</td><td>1 600</td><td>960</td><td>652</td><td>1 956</td><td>2 916</td></tr>
<tr><td colspan="3">计划成本合计</td><td>12 570</td><td></td><td>31 788</td><td>44 358</td></tr>
<tr><td colspan="3">辅助生产成本实际额</td><td></td><td>11 150</td><td></td><td>34 281</td><td>45 431</td></tr>
<tr><td colspan="3">辅助生产成本差异</td><td></td><td>–1 420</td><td></td><td>2 493</td><td>1 073</td></tr>
</table>

注：供电车间生产成本实际额＝7 100 ＋ 4 050 ＝ 11 150（元），供水车间生产成本实际额＝32 361+1 920 ＝ 34 281（元）。

根据表 4–6 编制的会计分录如下。

借：生产成本——辅助生产成本——供电车间　　　　4 050

　　　　　　　　　　　　　——供水车间　　　　1 920

　　制造费用　　　　35 472

　　管理费用　　　　2 916

贷：生产成本——辅助生产成本——供电车间　　12 570

——供水车间　　31 788

借：管理费用　　1 073

生产成本——辅助生产成本——供电车间　　1 420

贷：生产成本——辅助生产成本——供水车间　　2 493

辅助生产费用的各种分配方法，由于分配的程序和具体计算方法不同，各分配方法的账务处理方式也不相同。通过以上辅助生产费用各种分配方法的举例，可以看出，除直接分配法以外，其他各种分配方法的"辅助生产成本"科目的贷方发生额合计，都比原有的待分配费用合计数大，这是由辅助生产费用交互分配而相互转账所引起的。但是，无论采用哪种分配方法最后分配到其他各受益对象的辅助生产费用的合计数，仍然都是待分配费用的合计数。

4.4　制造费用的核算

4.4.1　制造费用的归集

制造费用是指企业为生产产品和提供劳务而发生的各项间接成本。企业应当根据制造费用的性质，合理地选择制造费用的分配方法。制造费用中大部分不是直接用于产品生产的费用，而是间接用于产品生产的费用，如机物料消耗、车间辅助人员的工资及福利费，以及车间厂房的折旧费等。企业中也有一部分直接用于产品生产，但管理上不要求单独核算，也不专设成本项目的费用，如机器设备的折旧费、修理费等。生产工艺用燃料和动力，如果不专设成本项目也不单独核算，其成本也应包括在制造费用中。制造费用还包括车间用于组织和管理生产的费用，如车间管理人员的工资及福利费，车间管理用房屋和设备的折旧费、修理费，车间照明费、水费、取暖费、差旅费和办公费等。这些费用虽然具有管理费用性质，但由于车间是企业从事生产活动的单位，其管理费用和制造费用很难严格划分，为了简化核算工作，这些费用也作为制造费用核算。

制造费用的内容比较复杂，应该按照管理要求分别设置若干费用项目进行计划和核算，归类反映各项费用的计划执行情况。制造费用的项目有的可以按照费用的经济用途设置，如根据车间办公方面的各项支出设置"办公费"项目；有的可以按照费用的经济内容设置，如根据全车间的机器设备和房屋建筑物等固定资产的折旧设置"折旧费"项目。

制造费用的核算，是通过"制造费用"总账科目进行归集和分配的。该科目应按车间（基本生产车间、辅助生产车间）、部门设置明细账，账内按照费用项目设专栏或专行，分别反映各车间、部门各项制造费用的支出情况。发生制造费用时，根据有关的付款凭证、转账凭证和各种费用分配表，记入"制造费用"科目的借方，并视具体情况，分别记入"原材料""应付职工薪酬""累计折旧""银行存款"等科目的贷方；期末按照一定的标准进行分配时，从该科目的贷方转出，记入"基本生产成本"等科目的借方；除季节性生产的车间外，“制造费用”科目期末应无余额。应该指出，核算辅助生产车间发生的费用时如果辅助生产车间的制造费用是通过“制造费用”科目单独核算，则应比照基本生产车间发生的费用核算；如果辅助生产车间的制造费用不通过“制造费用”科目单独核算，则应全部记入“辅助生产成本”科目及其明细账的有关成本或费用项目。

4.4.2 制造费用的内容

1. 间接材料费

间接材料费是指企业生产单位在生产过程中耗用的，不能或无法归入某一特定产品的材料费用，如机器的润滑油、修理备件等费用。间接材料费的归集一般可以根据“材料费用分配表”等原始记录进行，并记入“制造费用”的总账和明细账。

2. 间接人工费

间接人工费是指企业生产单位中不直接参与产品生产或其他不能归入直接人工的人工成本，如修理工人工资、管理人员工资等。间接人工费的归集应根据“工资及福利费用分配表”确定的数额进行，记入有关“制造费用”明细账，并根据“工资及福利费用分配表”编制记账凭证，据以记入“制造费用”账户。

3. 折旧费

折旧费是指固定资产在使用中由于损耗而转移到成本费用中的那部分价值。固定资产折旧费的归集是通过将按月编制的各车间、部门“折旧计算明细表”汇总编制成整个企业的“折旧费用分配表”进行的，根据“折旧费用分配表”登记“制造费用”明细账和总账。

4. 低值易耗品

低值易耗品是指不作为固定资产核算的各种劳动手段，包括一般工具、专用工具、管理用具、劳动保护用品等。生产单位耗用的低值易耗品，由于其价值低或容易损坏，一般不用像固定资产那样严格计算其转移价值，而是采用比较简便的方法将其费用一次或分次转入产品成本。采用一次摊销法时，领用低值易耗品的价值，一般可以与领用其他材料一起，通过汇总编制“材料费用分配表”直接计入有关成本费用；采用分次摊销法时，领用低值易耗品的价值要按其使用期限分月摊入有关成本费用。

5. 其他支出

企业生产单位的其他支出是指上述各项支出以外的支出，如水电费、差旅费、运输费、办公费、设计制图费、劳动保护费等。这些支出多数是以银行存款或现金支付，与产品并无直接关系，一般不单独设置成本项目，应在费用发生时，根据有关的原始凭证逐笔编制记账凭证，并据以记入“制造费用”总账及明细账。

4.4.3 制造费用的分配特性与标准

1. 制造费用的分配特性

① 共有性，即应承担制造费用的各受益对象都具有该分配标准的资料。

② 比例性，即分配标准与制造费用之间存在客观的因果比例关系，分配标准总量的变化对制造费用总额的多少有较密切的依存关系。

③ 易得性，即各受益对象所耗用分配标准的资料较容易取得。

④ 可计量性，即各受益对象所耗用标准的数量可以客观计量。

⑤ 稳定性，即使用的分配标准相对稳定，不宜经常变动，便于各期间成本分配的比较。

2. 制造费用的分配标准

① 直接人工工时，即各受益对象所耗的生产工人工时数，可以是实际工时，也可以是定额工时。

② 直接人工成本，即各受益对象所发生的直接人工成本数。

③ 机器工时，即各受益对象所消耗的机器工时数，可以是实际工时，也可以是定额工时。

④ 直接材料成本或数量，即各受益对象所耗用的直接材料成本或数量。

⑤ 直接成本，即各受益对象所耗用的直接材料成本和直接人工成本之和。

⑥ 标准产量，即将各产品实际产量换算成标准产量，以各产品的标准产量数作为分配标准。

4.4.4 制造费用的分配

为了正确计算产品的生产成本，必须合理地分配制造费用。基本生产车间的制造费用是产品生产成本的组成部分。在只生产一种产品的车间，制造费用可以直接计入该种产品的生产成本；在生产多种产品的车间中，则应该采用既合理又较简便的分配方法，将制造费用分配计入各种产品的生产成本，即记入“基本生产成本”科目及其明细账“制造费用”成本项目。辅助生产车间单独核算其制造费用时，汇总在“制造费用——辅助生产车间”科目的数额，在只生产一种产品或提供一种劳务的辅助生产车间，直接计入该种辅助生产产品或劳务的成本；在生产多种产品或提供多种劳务的辅助生产车间，则应采用适当的分配方法，将制造费用分配计入辅助生产产品或劳务成本，即记入“辅助生产成本”科目借方及其明细账的“制造费用”成本项目。由于各车间制造费用水平不同，制造费用应该按照各车间分别进行分配，而不得将各车间的制造费用统一起来在整个企业范围内分配。制造费用的分配方法一般有生产工时比例法、生产工人工资比例法、机器工时比例法和年度计划分配率分配法等。分配方法一经确定，不应任意变更。

1. 生产工时比例法

生产工时比例法是按照各种产品所用生产工人工时的比例分配制造费用的一种方法，这种方法适用于机械化程度不高的车间。计算公式如下。

$$制造费用分配率 = \frac{制造费用总额}{车间产品生产工时总额}$$

某种产品应分配的制造费用＝该种产品生产工时 × 制造费用分配率

按生产工时比例分配时，可以用各种产品实际耗用的生产工时（实用工时），如果产品的工时定额比较准确，制造费用也可以按定额工时的比例进行分配。计算公式如下。

$$制造费用分配率 = \frac{制造费用总额}{车间产品实用（定额）工时总额}$$

某种产品应分配的制造费用＝该种产品实用（定额）工时 × 制造费用分配率

生产工时比例法是较为常用的一种分配方法，它能将劳动生产率的高低与产品负担费用的多少联系起来，分配结果比较合理。由于生产工时是分配间接费用的常用分配标准之一，因此，必须正确组织好产品生产工时的记录和核算等基础工作，以保证生产工时的准确、可靠。

【例 4–7】 A 企业生产甲、乙两种产品，甲产品的定额生产工时为 200 小时，乙产品的定额生产工时为 100 小时，该企业本月制造费用实际发生额为 36 000 元。

要求：根据上述资料，采用生产工时比例法计算甲、乙产品应分配的制造费用。

计算如下。

$$制造费用分配率 = \frac{36\ 000}{200 + 100} = 120$$

甲产品应分配的制造费用＝ 120 × 200 ＝ 24 000（元）

乙产品应分配的制造费用＝ 120 × 100 ＝ 12 000（元）

2. 生产工人工资比例法

生产工人工资比例法又称生产工资比例法，是以各种产品的生产工人工资的比例分配制造费用的一种方法。计算公式如下。

$$制造费用分配率 = \frac{制造费用总额}{车间产品生产工人工资总额}$$

某种产品应分配的制造费用＝该种产品生产工人工资 × 制造费用分配率

由于工资费用分配表中有现成的生产工人工资资料，所以该分配方法下核算工作很简便。这种方法适用于各种产品生产机械化程度大致相同的情况，否则会影响制造费用分配的合理性。一般来讲，机械化程度低的产品，按照工资费用分配的制造费用多；反之，机械化程度高的产品，按照工资费用分配的制造费用少，这样就可能出现制造费用分配不合理的情况。该分配方法的原理与生产工时比例法的原理基本相同。如果生产工人工资是按照生产工时比例分配，那么，按照生产工人工资比例分配制造费用，实际上就是按生产工时比例分配制造费用。

【例 4–8】B 企业生产甲、乙、丙三种产品，共发生制造费用 60 000 元，甲产品的生产工人的直接工资为 2 000 元，乙产品的生产工人的直接工资为 3 000 元，丙产品的生产工人的直接工资为 1 000 元。

要求：根据上述资料，采用生产工人工资比例法分配各种产品应分配的制造费用。

计算如下。

$$制造费用分配率=\frac{60\ 000}{2\ 000+3\ 000+1\ 000}=10$$

甲产品应分配的制造费用＝10×2 000 ＝ 20 000（元）

乙产品应分配的制造费用＝10×3 000 ＝ 30 000（元）

丙产品应分配的制造费用＝10×1 000 ＝ 10 000（元）

3. 机器工时比例法

机器工时比例法是按照生产各种产品所用机器设备运转时间的比例分配制造费用的一种方法。这种方法适用于机械化程度较高的车间。因为在这种车间中，折旧费用、修理费用的多少与机器运转的时间有密切的联系。采用这种方法，必须正确组织各种产品所耗用机器工时的记录工作，以保证工时的准确性。该方法的计算程序、原理与生产工时比例法的基本相同。

为了提高分配结果的准确性，可以将机器设备划分为若干类别，按其类别归集和分配制造费用；也可以将制造费用按性质和用途分类，如分为与机器设备使用有关的费用、由于管理组织生产而发生的费用等，分别采用适当的方法分配制造费用。

4. 年度计划分配率分配法

年度计划分配率分配法，是按照年度开始前确定的全年适用的计划分配率分配制造费用的方法。采用这种分配方法，不论各月实际发生的制造费用为多少，每月各种产品成本中的制造费用都按年度计划确定的计划分配率分配。年度内如果发现全年制造费用的实际数和计划数发生较大的差额，应及时调整计划分配率。计算公式如下。

$$年度计划分配率=\frac{年度制造费用计划总额}{年度各种产品计划产量的定额工时总额}$$

某月某产品制造费用＝该月该产品实际产量的定额工时数 × 年度计划分配率

采用年度计划分配率分配法时，每月实际发生的制造费用与分配转出的制造费用不等，因此，“制造费用”科目月末一般有余额，可能是借方余额，也可能是贷方余额。如为借方余额，则表示年度内累计实际发生的制造费用大于累计的分配转出额，该余额为该月超过计划分配额的预付费用，属于资产类的待摊费用；如为贷方余额，则表示年度内累计的分配转出额大于累计的实际发生额，该余额为该月按照计划应付未付的费用，属于负债类的预提费用。“制造费用”科目如果还有年末余额，则是全年制造费用的实际发生额与计划分配额的差额，一般应在年末调整计入 12 月的产品成本。实际发生额大于计划分配额，借记“基本生产成本”科目，贷记“制造费用”科目；实际发生额小于计划分配额，则用红字冲减，或者借记“制造费用”科目，贷记“基本生产成本”科目。

这种分配方法下核算工作简便，特别适用于季节性生产的车间，因为它不受淡月和旺月产量相差悬殊的影响，从而不会使各月单位产品成本中的制造费用忽高忽低，便于进行成本分析。但是，采用这种分配方法要求较高的计划工作水平，否则会影响产品成本计算的正确性。

【例 4–9】某企业 2×19 年有关制造费用分配的资料如下。① 基本生产车间全年制造费用计划为 279 000 元。② 全年各种产品的计划产量：甲产品 4 000 件，乙产品 6 000 件，丙产品 8 000 件。③ 单件产品工时定额：甲产品 8 小时，乙产品 3 小时，丙产品 5 小时。④ 1 月实际产量：甲产品 300 件，乙产品 500 件，丙产品 700 件。1 月实际发生制造费用 20 600 元。

要求：按年度计划分配率法分配 1 月甲、乙、丙产品应负担的制造费用。

计算如下。

年度计划分配率＝279 000÷（4 000×8＋6 000×3＋8 000×5）＝3.1（元 / 小时）

1 月甲产品应负担的制造费用＝300×8×3.1＝7 440（元）

1 月乙产品应负担的制造费用＝500×3×3.1＝4 650（元）

1 月丙产品应负担的制造费用＝700×5×3.1＝10 850（元）

4.5 废品损失与停工损失的核算

4.5.1 废品损失的归集与分配

生产中的废品，是指不符合规定的技术标准，不能按照原定用途使用，或者需要加工修理后才能使用的在产品、半成品和产成品，包括生产过程中发现的废品和入库后发现的废品。废品按其报损程度和修复价值，可分为可修复废品和不可修复废品。可修复废品是指在技术上、工艺上可以修复，而且所支付的修复费用在经济上合算的废品。不可修复废品是指在技术上、工艺上不可修复，或者虽可修复，但所支付的修复费用在经济上不合算的废品。

废品损失是指在生产过程中发现的、入库后发现的不可修复废品的生产成本，以及可修复废品的修复费用，扣除回收的废品残料价值和应收赔款后的损失。经质量检验部门鉴定不需要返修，并可以降价出售的不合格品，其降价损失不作为废品损失，而是在计算损益时体现；产品入库后由于保管不善等原因而损坏变质的损失，属于管理上的问题，作为管理费用处理而不作为废品损失；实行包退、包修、包换（三包）的企业，在产品出售以后发现的废品所发生的一切损失，作为管理费用处理而不作为废品损失。质量检验部门填制并审核后的“废品损失通知单”，是进行废品损失核算的原始凭证。

单独核算废品损失的企业应设置“废品损失”科目，在成本项目中增设“废品损失”成本项目。废品损失的归集和分配，应根据废品损失计算表和分配表等有关凭证，通过“废品损失”科目进行。“废品损失”科目应按车间设置明细账，账内按产品品种和成本项目登记废品损失的详细资料。“废品损失”科目的借方归集不可修复废品的生产成本和可修复废品的修复费用。不可修复废品的生产成本，应根据“不可修复废品损失计算表”进行会计处理，借记“废品损失”科目，贷记“基本生产成本”科目；可修复废品的修复费用，应根据各种费用来分配所列废品损失数额，借记“废品损失”科目，贷记“原材料”“应付职工薪酬”“辅助生产成本”和“制造费用”等科目。“废品损失”科目的贷方归集废品残料回收的价值、应收赔款和应由本月生产的同种合格产品成本负担的废品损失，即贷记“废品损失”科目，分别借记“原材料”“其他应收款”“基本生产成本”等科目。经过上述归集和分配，“废品损失”科目月末余额一般为零。

1. 不可修复废品损失的归集与分配

为了归集和分配不可修复废品的损失，首先必须计算废品的成本。废品成本是指生产过程中截至报废时所耗费的一切费用，扣除废品的残值和应收赔款后的损失。由于不可修复废品的成本与合格产品的成本是归集在一起的，因此需要采取一定的方法予以确定。一般有两种方法：一是按废品所耗实际费用计算，二是按废品所耗定额费用计算。

（1）按废品所耗实际费用分配废品损失

采用这一方法，就是在废品报废时根据废品和合格品发生的全部实际费用，采用一定的分配方法，将全部费用在合格品与废品之间进行分配，计算出废品的实际成本，即将废品损失从“基本生产成本”科目的贷方转入“废品损失”科目的借方。

完工后，单位废品负担的各项生产费用应与单位合格品负担的各项生产费用完全相同，这时可按合格品数量和废品数量的比例分配各项生产费用，计算废品的实际成本。按废品的实际成本计算和分配废品损失，符合实际，但核算工作量较大。

（2）按废品所耗定额费用分配废品损失

这种方法也称按定额成本计算方法，是按不可修复废品的数量和各项费用定额计算废品的定额成本，再将废品的定额成本扣除废品残料的回收价值来计算废品损失，而不考虑废品实际发生的费用。

采用按废品所耗定额费用计算废品成本和废品损失的方法，核算工作比较简便，有利于考核和分析废品损失和产品成本。但采用这种方法必须具备比较准确的定额成本资料，否则会影响成本计算的准确性。

2. 可修复废品损失的归集和分配

可修复废品损失，是指废品在修复过程中所发生的各项修复费用。而可修复废品返修以前发生的生产费用，不必从“基本生产成本”科目及有关的成本明细账中转出，这是因为它不属于废品损失。返修时发生的修复费用，应根据原材料、应付职工薪酬、辅助生产费用和制造费用等分配表记入“废品损失”科目的借方，以及有关科目的贷方。如有残值和应收赔款，根据废料交库凭证及其他有关结算凭证，从“废品损失”科目的贷方转入“原材料”“其他应收款”等科目的借方。将废品净损失（修复费用扣减残值和赔款）从“废品损失”科目的贷方转入“基本生产成本”科目及其有关成本明细账的“废品损失”成本项目的借方。

不单独核算废品损失的企业，不设“废品损失”科目和“废品损失”成本项目，在回收废品残料时，将其记入“原材料”科目的借方和“基本生产成本”科目的贷方，并从所属有关产品成本明细账的“原材料”成本项目中扣除残料价值。辅助生产一般不单独核算废品损失。

4.5.2 停工损失的归集与分配

停工损失是指生产车间或车间内某个班组在停工期内发生的各项费用，包括停工期内支付的生产工人工资和提取的福利费、所耗燃料和动力费，以及应负担的制造费用等。过失单位、过失人员或保险公司负担的赔款，应从停工损失中扣除。计算停工损失的时间界限，由主管企业部门规定，或由主管企业部门授权企业自行规定。为了简化核算工作，停工不满一个工作日的，可以不计算停工损失。

停工的原因很多，应分别对不同情况进行处理。由于自然灾害引起的停工损失，应按规定计入营业外支出；其他停工损失，如原材料供应不足、机器设备发生故障，以及计划减产等原因发生的停工损失，应计入产品成本。停工时车间应填列停工报告单，经有关部门审核后，停工报告单将作为停工损失核算的凭证。

单独核算停工损失的企业，应增设“停工损失”科目和“停工损失”成本项目。停工损失的归集和分配，是通过设置“停工损失”科目进行的，该科目应按车间和成本项目进行明细核算。根据停工报告单和各种费用分配表、分配汇总表等有关凭证，将停工期内发生的、应列作停工损失的费用记入“停工损失”科目的借方进行归集，借记“停工损失”科目，贷记“原材料”“应付职工薪酬”和“制造费用”等科目。“停工损失”科目的贷方登记应由过失单位及过失人员或保险公司负担的赔款，因自然灾害造成的停工损失，以及应计入本月产品成本的损失，即贷记“停工损失”科目，分别借记“其他应收款”“营业外支出”和“基本生产成本”科目。“停工损失”科目月末一般无余额。

为了简化核算工作，辅助生产车间一般不单独核算停工损失。季节性生产企业的季节性停工，是生产经营过程中的正常现象，停工期间发生的各项费用不属于停工损失，不作为停工损失核算。

不单独核算停工损失的企业，不设“停工损失”科目和“停工损失”成本项目。停工期间发生的属于停工损失的各项费用，分别记入“制造费用”和“营业外支出”等科目。

第 5 章 生产费用在完工产品与在产品之间的分配核算

5.1 在产品的定义及数量核算

5.1.1 在产品的定义

从不同范围和环节来看，在产品的定义是不同的。

对于企业，在产品是指没有完成全部生产过程，不能作为商品销售的产品。注意，某些自制半成品，已经验收入库、决定对外销售的，不能划为在产品。

对于某一生产步骤的车间，在产品只包括该环节正在加工的产品，不包括该环节已经完工的半成品。

5.1.2 在产品的数量核算

在产品具备实物形态，其数量核算资料包括账面核算资料和实际盘点资料两种。

账面核算资料用于在产品日常收发结存的核算，从账面上随时记录和报告在产品实际数量和价值。这项工作对于正确计算产品成本，加强生产资金管理，保持账实相符有着关键的意义，其通过在产品收发结存账簿，即“在产品台账”进行。在产品台账由车间核算人员登记，按照“车间产品品种在产品名称”设立，反映车间各种在产品的转入、转出和结存的数量。各车间负责在产品的计量、验收和交接工作，根据领料凭证、在产品内部转移凭证、产成品检验凭证和产品交库凭证，及时在产品收发结存账簿上登记。在产品收发结存账簿如表 5–1 所示。

表 5–1 在产品收发结存账簿

车间名称（库存组织）：×× 机械有限公司第 × 车间

起始日期：2×19 年 1 月 1 日　　截止日期：2×19 年 1 月 31 日　　物料编码：520101

物料名称：×× 显像管

日期	摘要	收入		发出		结存	
		凭证号	数量	合格品	废品	完工	未完工
1.1	上期结存						
1.3	上一环节流转						
1.15	发出完工品						

续表

日期	摘要	收入		发出		结存	
		凭证号	数量	合格品	废品	完工	未完工
……	……	……	……	……	……	……	……
合计							

实际盘点资料用于在产品定期或不定期的清查或者盘点核算，以保护企业实物财产的安全、完整。尤其是没有建立在产品台账制度的车间，必须定期清查在产品，获取在产品实际盘存情况。根据盘点结果和账面情况编制“在产品盘点表”，填写在产品账面数、实际盘存数和盘点盈亏数，分析盈亏原因，给出盘点意见。在产品盘点表还应该登记报废或者损毁的在产品数量、残值。如果在产品品种多、数量大、盘点困难，车间可以根据在产品业务核算资料的期末结存量计算在产品成本。

对盘盈、盘亏和损毁的在产品的会计处理如下。

（1）盘盈在产品

盘盈时，确认为待处理财产损溢。

借：生产成本

　　贷：待处理财产损溢

审批通过后，冲减管理费用

借：待处理财产损溢

　　贷：管理费用

（2）盘亏或损毁在产品

盘方时，确认为待处理财产损溢。

借：待处理财产损溢

　　贷：生产成本

损毁的在产品残值做如下会计处理。

借：原材料

　　贷：待处理财产损溢

审批通过后，根据损失原因的不同，将损失转到相关科目。

借：管理费用 / 其他应收款 / 营业外支出等

　　贷：待处理财产损溢

5.2　生产费用在产品与完工产品之间的分配

生产费用在产品和完工产品之间的分配，要求在满足“效益高于成本”的前提下，使两部分的分配尽可能公平、合理。以下简单介绍 7 种分配方法。

5.2.1 不计算在产品成本法

如果在产品的期初数和期末数都比较少，可以将其成本忽略不计。也就是说，将当期的全部生产费用都归集到完工产品成本，在产品成本记为零。

5.2.2 按年初数固定计算在产品成本法

如果在产品的期初数和期末数都比较少，或者期初数和期末数虽然不算少，但每月月初、月末的数量变化不大，出于简化计算的目的，可以将在产品的成本固定为上期期末在产品余额。在本年度结束之后，再对在产品进行实际盘点，重新计算其成本。这种方法也是将当期的全部生产费用归集到完工产品成本中。炼铁厂、化工厂或其他有固定容器装置的生产单位在分配完工产品与在产品之间的生产费用时，由于技术限制且在产品数量较稳定，可以采用这种方法。

5.2.3 在产品按所耗原材料费用计价法

如果在产品的期初数和期末数都比较大，并且对于该产品来说，原材费用占产品成本的比例较大，人工费用和制造费用相比之下可以忽略，这时可以将在产品按照其所耗费原材料的费用计价，将当期的人工费用和制造费用全部归集到完工产品成本。造纸、酿酒等行业的产品，原材料费用占产品成本的比例较大，可以采用这种方法。

【例 5–1】某产品月初在产品材料费用 7 000 元，本月耗用材料费用 93 000 元，本月完工 A 产品 1 500 件，月末在产品 500 件。材料在生产开始时一次投入，材料费用以完工产品数量和月末在产品实际数量为分配标准进行分配。本月发生的人工费合计 1 000 元。其具体分配过程如下。

已知条件如下。

① 期初：在产品的材料费用 7 000 元。

② 本月耗用：材料费用 93 000 元，人工费 1 000 元。

③ 月末：完工产品 1 500 件（进入下一生产环节），在产品 500 件。

计算步骤如下。

① 材料费用合计 ＝7 000 ＋ 93 000 ＝ 100 000（元）

② 材料费用分配率 ＝100 000÷（1 500 ＋ 500）＝ 50（元 / 件）

③ 月末在产品成本 ＝500×50 ＝ 25 000（元）；月末完工产品成本 ＝1 500×50 ＋ 1 000 ＝ 76 000（元）

5.2.4 约当产量法

约当产量，是指将月末在产品数量按其加工程度和投料程度分别折合成完工产品的数量。约当产量法下，按照在产品约当产量和期末完工产品数量，分配人工费用和制造费用以及原材料费用，再将几部分相加得出在产品和完工产品期末成本。这种方法的优点是可以按照一定比例分配成本，比前 3 种方法的忽略和近似算法更为精确；缺点是虽然投料程度是容易取得的数据，但是加工程度无法准确计量。人们通常采用在产品加工程度为 50%、完工产品加工程度为 100% 的方式进行估计和判断，分配结果不够准确。其分配公式通常如下。

某道工序上的在产品投料程度＝到本道工序为止的累计投料数额 ÷ 完工产品总计投料数额

某道工序上的在产品完工程度＝（前面工序累计投入工时＋本道工序工时定额 × 本道工序完工程度）÷ 完工产品总计投入工时

注意，当要求的精确程度不高时，可以按照本工序投料为 50% 和本工序完工程度为 50% 对某道工序上的在产品完工程度进行估算。

在产品约当产量＝在产品数量 × 完工程度

完工产品产品单位成本＝（月初在产品成本＋本月发生的生产费用）÷（完工产品产量＋在产品约当产量）

完工产品成本＝完工产品单位成本 × 完工产品产量

月末在产品成本＝完工产品单位成本 × 月末在产品约当产量

【例 5-2】已知条件如下。① 期初：在产品 0 件。② 本月发生生产费用 3 000 元。③ 月末：完工产品 10 件（进入下一生产环节），在产品 20 件（平均完工程度为 50%）。

要求：计算月末在产品成本和完工产品成本。

计算步骤如下。

① 生产费用合计：3 000 元。

② 完工产品单位成本 =3 000 ÷（10 + 20 × 50%）= 150（元 / 件）

③ 月末：在产品成本 =20 × 150 × 50% = 1 500（元）；完工产品成本 =10 × 150 = 1 500（元）

【例 5-3】已知条件如下。① 某产品单位工时定额 60 小时，分为两道工序。② 第一道工序 20 小时，第二道工序 40 小时。

要求：计算第一道工序在产品的完工程度和第二道工序在产品的完工程度。

计算步骤如下。

① 第一道工序在产品的完工程度＝（20 × 50%）÷ 60 ≈ 16.67%

② 第二道工序在产品的完工程度＝（20 + 40 × 50%）÷ 60 ≈ 66.67%

【例 5-4】已知条件如下。① 某产品月初在产品和本月耗用直接材料费用合计 60 000

元。原材料在本期开始时一次性投入。② 本期发生直接人工费用 40 000 元，燃料费用 50 000 元，制造费用 30 000 元。③ 月末完工产品 400 件，在产品 200 件。

要求：使用约当产量法分配月末完工产品和在产品成本。

计算步骤如下。

① 直接材料费用的

分配率 =60 000÷（400 + 200）= 100（元 / 件）

② 直接人工费用、燃料费用、制造费用的分配率 =（40 000 + 50 000 + 30 000）÷（400 + 200×50%）= 240（元 / 件）

③ 月末完工产品成本 =100×400 + 240×400 = 136 000（元）

完工产品入库的会计分录如下。

借：库存商品　　136 000

　贷：生产成本——基本生产成本　　136 000

④ 月末在产品成本 =100×200 + 240×200×50% = 44 000（元）

或 60 000 + 40 000 + 50 000 + 30 000−136 000 = 44 000（元）

5.2.5　在产品按完工产品成本计算法

如果在产品已经接近完工，或者已经加工完毕，但尚未验收或包装入库，为了简化计算，可以将这部分在产品归为完工产品进行成本计算。

5.2.6　在产品按定额成本计价法

如果在产品数量比较稳定或者数量较少，可以制定比较确定的成本定额，并以此进行成本计算。这种方法需要实际的调查研究、技术测定、参考各个加工阶段的在产品情况。其计算公式如下。

期末在产品成本＝期末在产品数量 × 在产品单位成本定额

产成品总成本（倒挤法）＝月初在产品成本＋本期发生的产品费用－期末在产品成本

产成品单位成本＝产成品总成本 ÷ 产成品产量

【例 5–5】已知条件如下。① 某产品月初在产品定额成本为 15 000 元，本月产品费用为 36 000 元。② 材料费用定额成本为每件 30 元。原材料在本期开始时一次性投入。在产品单件定额工时为 20 小时，合计 6 000 小时。每小时人工费用定额为 0.20 元，每小时制造费用定额为 0.40 元。③ 月末在产品 300 件。

要求：使用在产品按定额成本计价法分配月末完工产品和在产品成本。

计算步骤如下。

① 月末在产品成本计算。

材料费用 =300×30 = 9 000（元）

人工费用 =6 000×0.20 = 1 200（元）

制造费用 =6 000×0.40 = 2 400（元）

在产品成本合计 =9 000 + 1 200 + 2 400 = 12 600（元）

② 月末完工产品成本 =15 000 + 36 000−12 600 = 38 400（元）

5.2.7 定额比例法

定额比例法，是按照完工产品与月末在产品定额耗用量或定额费用的比例分配生产费用的方法。材料费用按照定额消耗数量分配，其他费用一般按照消耗工时分配。定额比例法适用于各项消耗定额稳定和资料齐全、各月末在产品数量变动较大的产品。

第 6 章 产品成本计算方法

生产成本分配到在产品和产成品之后，应该按照成本计算对象编制“成本计算单”，并选择合适的成本计算方法，计算各种产品的单位成本和总成本。成本计算的方法包括品种法、分批法、分步法、作业成本法等。各种方法的适用范围对比如表 6-1 所示。

表 6-1　成本计算方法适用范围对比

成本计算方法	适用范围	相关行业
品种法	以产品品种为对象计算成本，适用于大量、大批的单步骤生产的企业，或者虽然有多步骤生产，但是不要求计算各步骤产品成本的小型企业	发电、采掘、小水泥、制砖等
分批法	以产品批别为对象计算成本，适用于单件、小批量类型的生产；也可以用于一般企业中的新产品试制或试验的生产、在建工程以及设备修理作业等	造船业、重型机器制造业等
分步法	以各种产品的生产步骤为对象计算成本,适用于大量、大批的多步骤生产	纺织、冶金、大批量机械制造等
作业成本法	以制造费用发生的成本动因分别设立作业中心，按作业中心建立制造费用成本库。作业成本法是将间接成本和辅助费用按照成本动因进行更加精准分配的一种方法。其适用于生产多种产品并且需要分配高额制造费用的企业	商业银行等

6.1　品种法

6.1.1　品种法的主要特点

品种法是产品成本计算中最基本、最简便的一种方法。它以产品品种为计算对象，不对各生产步骤的成本进行区分。对于单步骤生产或者忽略各步骤成本的产品，可以通过品种法归集同一品种产品成本，再计算品种内单位产品的成本。

品种法的主要特点包括以下 3 点。

① 成本计算对象是企业的最终完工产品。品种法下，不划分各生产步骤，即使在期初、期末存在在产品，当其数量大体相同、价值不高时，可以在计算完工产品成本时将这部分在产品忽略。

② 大规模、大批量生产的产品，比较难以确定产品的完整生命周期。因此，人为规定成本计算期是每月的会计报告期，即以日历月份确定成本计算期。

③ 对于单步骤生产的产品，生产费用完全归集于完工产品，不考虑在产品，也不需要进行任何的生产费用分配。对于规模较小，而且管理上又不要求按照生产步骤计算成本的大量、大批的多步骤生产，月末一般都有数量较多的产品，这就需要选择适当的分配方法，将产品成本明细账中归集的生产费用在完工产品与月末在产品之间进行分配，以便计算完工产品成本和月末在产品成本。

6.1.2 品种法的适用范围

品种法适用于大量、大批的单步骤生产的企业，如发电、采掘、供水、供汽、磨粉、铸造等企业；或者是虽然有多步骤生产，但是不要求计算各步骤产品成本的小型企业，如糖果厂、小砖瓦厂、小水泥厂、小瓷厂等。

6.1.3 品种法下成本核算的程序

1. 当企业只生产单一品种产品时

企业的最终产品是单一品种时，根据有关原始凭证及费用汇总表登记生产成本明细账，编制产品成本计算单，即可算出单一产品的总成本和单位成本。这种情况下的产品成本核算程序是最简单的，因此该程序又称为简单法程序。

例如现有一家发电厂，生产过程不可间断，不划分生产步骤，产品单一。本月发生生产费用 70 万元，生产电力 1 000 万千瓦时。生产成本明细账中，包括本月发生的直接材料 20 万元、直接人工 25 万元、制造费用 25 万元。可以列出成本计算单，如表 6–2 所示。

表 6–2　× × 发电厂成本计算单

× × × × 年 × × 月

成本项目	总成本（万元）	生产电力（万千瓦时）	单位成本（元 / 千瓦时）
直接材料 直接人工 制造费用	20 25 25	1 000	0.020 0.025 0.025
合计	70		0.070

2. 当企业生产多品种产品时

企业的最终产品的品种是两种或以上时，按品种分别设置生产成本明细账，尽可能根据原始凭证分清各产品的耗用，以便作为直接费用计入该产品生产成本，对间接费用则要选择适合的标准分配后计入生产成本。

6.1.4 案例

甲公司只生产 A 型水泥和 B 型水泥两种产品。该公司 2 × 19 年 10 月的产品成本计算单如表 6–3 和表 6–4 所示。

表 6–3　产品成本计算单——A 型水泥

2×19 年 10 月

完工产品数量：600 件　　　　单位：元

成本项目	月初在产品成本	本月生产费用	生产费用合计	产成品总成本	产成品单位成本	月末在产品成本
直接材料	15 700	55 000	70 700	60 600	101.00	10 100
直接人工	7 730	31 920	39 650	36 600	61.00	3 050
燃料和动力费	18 475	67 000	85 475	78 900	131.50	6 575
制造费用	6 290	22 960	29 250	27 000	45.00	2 250
合计	48 195	176 880	225 075	203 100	338.50	21 975

表 6–4　产品成本计算单——B 型水泥

2×19 年 10 月

完工产品数量：500 件　　　　单位：元

成本项目	月初在产品成本	本月生产费用	生产费用合计	产成品总成本	产成品单位成本	月末在产品成本
直接材料	9 468	30 000	39 468	29 900	59.80	9 568
直接人工	2 544	18 240	20 784	17 320	34.64	3 464
燃料和动力费	8 020	41 300	49 320	41 100	82.20	8 220
制造费用	1 292	13 120	14 412	12 010	24.02	2 402
合计	21 324	102 660	123 984	100 330	200.66	23 654

根据以上两张产品成本计算单，编制完工产品入库的会计分录如下。

借：库存商品——A 型水泥　　203 100
　　　　　　——B 型水泥　　100 330
　贷：生产成本——基本生产成本——A 型水泥　　203 100
　　　　　　　　　　　　　　——B 型水泥　　100 330

6.2　分批法

6.2.1　分批法的主要特点

产品成本计算的分批法，是以产品批别为成本计算对象。由于不同批次的生产大多根据销售订单确定，因此分批法也称为订单法。

分批法的主要特点包括以下 3 点。

① 成本计算对象是一批产品，直接材料和直接人工都是按照批次进行归集，制造费用

则按照适当的分配标准分配计入不同批次。

② 成本计算周期是产品的生产周期。产品完工后，不再将后面发生的费用计入其成本。涉及会计跨期时，将已发生的费用列为该产品的在产品成本。

③ 在计算月末产品成本时，一般不存在完工产品和在产品的成本分配问题。

6.2.2 分批法的适用范围

分批法适用于单件、小批量类型的生产，也可以用于一般企业中的新产品试制或试验的生产、在建工程以及设备修理作业等。重型机器制造、船舶制造、精密工具仪器制造企业，印刷工业，不断更新产品的高档时装行业，以及企业内部制造工模具和试制新产品等，适合采用分批法计算产品成本。

6.2.3 分批法下成本核算的程序

直接生产费用直接计入分步骤、分批别设立的生产成本明细账中。间接生产费用应先计入分步骤的制造费用明细账；再按适当的标准计入各批产品中；最后，当某一批别生产结束后，根据设立的生产成本明细账，编制该批产品的成本计算单。

6.2.4 案例

某企业接下一笔订单，准备采用分批法计算产品成本。该企业 6 月投产甲产品 10 件，批号为 601，7 月全部完工。7 月投产乙产品 60 件，批号为 701，当月完工 40 件，并已交货，还有 20 件尚未完工。601 批和 701 批产品成本计算单如表 6–5 和表 6–6 所示。

表 6–5 产品成本计算单——甲产品

完工产品数量：10 件　　批量：10 件　　批次：601

完工日期：7 月 5 日

委托单位：昆仑国际公司

单位：元

成本项目	直接材料	直接人工	制造费用	合计
6 月末余额	12 000	900	3 400	16 300
7 月发生费用	4 600	1 700	8 000	14 300
合计	16 600	2 600	11 400	30 600
结转产成品（10 件）成本	16 600	2 600	11 400	30 600
单位成本	1 660	260	1 140	3 060

表 6-6 产品成本计算单——乙产品

完工产品数量：40 件　　批量：60 件　　批次：701
完工日期：7 月 26 日
委托单位：昆仑国际公司

单位：元

成本项目	直接材料	直接人工	制造费用	合计
7 月发生费用	18 000	1 650	4 800	24 450
结转产成品（40 件）成本	12 000	1 320	3 840	17 160
单位成本	300	33	96	429
月末在产品成本	6 000	330	960	7 290

从表 6-5 和表 6-6 的数据可以看出，601 批产品 7 月全部完工，两个月内发生的全部甲产品生产费用，合计即为完工产品总成本。701 批产品在 7 月末部分完工，而且完工产品数量占批次总数量比例较大，应该将产品生产费用在完工产品和在产品之间分配，并计算产成品的单位成本。其中，直接材料在生产初期一次性投入，所以完工产品承担 18 000 × 40 ÷ 60 ＝ 12 000（元），在产品承担 18 000 × 20 ÷ 60 ＝ 6 000（元）。其他费用的分配，按照完工产品和在产品的约当产量分配。由于 20 件在产品的完工程度为 50%，约当产量为 20 × 50% ＝ 10 件。所以对于直接人工，完工产品承担 1 650 ÷（40 ＋ 10）× 40 ＝ 1 320（元），在产品承担 1 650 ÷（40 ＋ 10）× 10 ＝ 330（元）。对于制造费用，完工产品承担 4 800 ÷（40 ＋ 10）× 40 ＝ 3 840（元），在产品承担 4 800 ÷（40 ＋ 10）× 10 ＝ 960（元）。

6.3 分步法

6.3.1 分步法的主要特点

分步法是按照产品的生产步骤来计算产品成本的一种方法，适用于大量、大批的多步骤生产。根据成本管理对各生产步骤成本资料的不同要求（是否要求计算半成品成本）和简化核算的要求，分步法分为逐步结转分步法和平行结转分步法。

逐步结转分步法下，按照产品加工的顺序，逐步计算并结转半产品成本，直到最后加工步骤才能计算出产成品成本。其特点如下。

① 能提供各个生产步骤的半成品成本资料。

② 为各步骤的在产品实物管理及资金管理提供资料。

③ 能够全面反映各生产步骤的生产耗费水平，更好地满足各生产步骤成本管理要求。

平行结转分步法下，在计算各步骤成本时，不计算各步骤的半成品成本，只计算本步骤发生的各项其他费用，以及这些费用中应计入产成品成本的份额。将相同产品各步骤成本明细账中的这些份额平行结转、汇总，就是该产品的产成品成本。其特点如下。

① 各步骤可以同时计算产品成本，汇总后计入产成品成本。

② 在产成品成本中，能够直接看到原始成本项目，不需要成本还原。

③ 不能提供半成品成本资料。

6.3.2 分步法的适用范围

逐步结转分步法适用于大量、大批、复杂生产的企业，这种企业的产成品和半成品都可以作为商品对外销售，如钢铁厂的生铁、铁锭，纺织厂的棉纱等，需要计算半成品的成本。平行结转分步法适用于多步骤生产的企业，生产产品的各项成本项目核算比较重要，并且可以不提供半成品的成本，如大批量生产的机械装配制造企业。

6.3.3 分步法下成本核算的程序

步骤 1 的半成品成本计算单，来自生产成本明细账中的生产费用凭证；步骤 2 的半成品成本计算单，来自步骤 1 的半成品成本计算单加上生产成本明细账中的生产费用凭证；步骤 3……辅助生产费用计入车间制造费用明细账，最后归入产品成本计算单。

6.3.4 案例

甲产品的生产在两个车间进行。第一车间给第二车间提供半成品。两个车间的月末在产品都按定额成本计价。登记的第一车间甲产品半成品成本计算单如表 6–7 所示。（逐步结转分步法）

表 6–7 甲产品半成品成本计算单（第一车间）

第一车间 2×19 年 5 月 金额单位：元

项目	产量（件）	直接材料	直接人工	制造费用	合计
月初在产品成本		610	70	54	734
本月生产费用		895	125	125	1 145
合计		1 505	195	179	1 879
完工半成品转出	8	1 200	160	152	1 512
月末在产品定额成本		305	35	27	367

根据半成品的成本计算单、入库单和领用单，登记的半成品明细账如表 6–8 所示。

表 6–8 半成品明细账

数量单位：件 金额单位：元

月份	月初余额		本月增加		合计		单位成本	本月减少	
	数量	实际成本	数量	实际成本	数量	实际成本		数量	实际成本
5	3	556	8	1 512	11	2 068	188	9	1 692
6	2	367							

第二车间的甲产品（产成品）成本计算单如表 6–9 所示。

表 6-9 甲产品半成品成本计算单（第二车间）

第二车间　　2×19 年 5 月　　金额单位：元

项目	产量（件）	直接材料	直接人工	制造费用	合计
月初在产品成本		374	10	11	395
本月生产费用		1 692	198.5	314.5	2 205
合计		2 066	208.5	325.5	2 600
产成品转出	5	1 890	195	300	2 385
单位成本		378	39	60	477
月末在产品		176	13.5	25.5	215

经过计算，可以得出甲产品的产成品单位成本是 477 元。

6.4 作业成本法

6.4.1 作业成本法的主要特点

作业成本法是将间接费用和辅助费用更准确地分配到产品和服务的一种成本计算方法。在作业成本法下，直接成本直接计入相关产品，包括易于追溯到产品的材料成本、人工成本和其他成本都可以直接归属到特定产品。不能追溯到产品的成本，则先追溯有关作业，计算作业成本，再将作业成本分配到有关产品。

作业成本法强调间接费用的因果关系，根据成本动因将成本分配到各成本对象。例如，各项产品应承担的产品检验成本，以产品投产的批次或者检验次数为作业动因进行分配，是因为检验次数和产品应承担的检验成本存在因果关系。

6.4.2 作业成本法的适用范围

由于作业成本法的结果相对于前面所述 3 种方法的结果更加准确，需要付出更多的人工和企业资源，所以需要科学的实施程序，否则作业成本法的应用成本将高于其带来的正面效益。

作业成本法适用于具有以下特征的企业。

① 制造费用占产品成本比重大。

② 产品种类繁多，小批量、多品种生产。

③ 企业生产经营的作业环节较多。

④ 会计电算化程度较高。

⑤ 现行成本管理模式下提供的成本信息的准确性还不够。

理想状况下，任何企业从前面所述的 3 种成本计算方法转到作业成本法，都会提高其对产品成本形态的精准控制能力，进而辨别制造费用的驱动因素，提高经营效率。

6.4.3 作业成本下法成本核算的程序

作业成本法的指导思想是：作业消耗资源，产品消耗作业。该方法下的成本计算过程分为两个阶段。

第一阶段：将作业执行中耗费的资源分配到相关作业，并计算作业的成本。

第二阶段：将第一阶段计算的成本分配（包括追溯和动因分配）到有关成本对象中。常见作业的资源成本动因如表 6–10 所示。

表 6–10 常见作业的资源成本动因

作业	资源成本动因
机器作业	机器作业时间
安装作业	安装时间
清洁作业	清洁面积
能源消耗	电表、流量表装机功率和运行时间
制作订单作业	订单数量
顾客服务作业	服务电话次数、服务产品品种数、服务的时间

6.4.4 案例

某机械厂车间加工 M、N 两种半成品。

M 半成品由零件 A 和 B 组成，生产 1 000 件，采用普通设备生产；N 半成品由零件 C 和 D 组成，生产 200 件，采用专用自动化设备生产，要通过专用检测设备的 3 道检验方为合格。两种半成品的作业方式和应负担的制造费用有较大差距，采用作业成本法分摊制造费用。M、N 半成品均为本月投入、本月完工。

① 汇总车间制造费用明细表如表 6–11 所示。

表 6–11 车间制造费用明细账

2×19 年 6 月　　　　金额单位：元

	月份	管理人员工资	折旧费	水电费	修理费	设备调整费	质量检验费	其他	合计
重新分解前	6 月	5 000	16 667	15 667	4 500	4 400	16 000	6 446	68 680
重新分解后	6 月		20 000	18 800	5 400	5 280	19 200		68 680

没有直接成本动因的共同制造费用（管理人员工资和其他）按比例分摊计入有直接成本动因的项目。

共同制造费用分配率 =（5 000 + 6 446）÷（68 680−5 000−6 446）≈ 0.2

折旧费应分摊的共同制造费用 =16 667 × 0.2 ≈ 3 333（元）

水电费应分摊的共同制造费用 =15 667 × 0.2 ≈ 3 133（元）

修理费应分摊的共同制造费用 =4 500 × 0.2 ≈ 900（元）

设备调整费应分摊的共同制造费用 $=4\,400\times0.2\approx880$（元）

质量检验费应分摊的共同制造费用 $=16\,000\times0.2\approx3\,200$（元）

②按成本动因分配制造费用，编制各作业中心制造费用明细账，如表 6–12 所示。

表 6–12　制造费用按成本动因分配表

2×19 年 6 月　　金额单位：元

作业中心		折旧费	水电费	修理费	设备调整费	质量检验费	合计
制造费用		20 000	18 800	5 400	5 280	19 200	68 680
成本动因	零件 A	2 000	2 000	50	6	15	
	零件 B	2 100	2 100	30	20	17	
	零件 C	10 800	3 600	10	60	66	
	零件 D	5 100	1 700	18	90	94	
	合计	标准机器工时 * 20 000	机器工时 9 400	修理工时 108	调整工时 176	检验次数与数量 192 件次	
	制造费用分配率	1	2	50	30	100	

* 零件 A 与零件 B 的机器工时与标准机器工时相等。零件 C 与零件 D 的机器工时等于 3 倍的标准机器工时。作业成本计算表和作业中心制造费用明细表如表 6–13 和表 6–14 所示。

表 6–13　作业成本计算表

2×19 年 6 月　　金额单位：元

作业中心		设备费	水电费	修理费	设备调整费	质量检验费	合计
零件 A	成本动因量	2 000	2 000	50	6	15	
	分配率	1	2	50	30	100	
	应分摊制造费用	2 000	4 000	2 500	180	1 500	10 180
零件 B	成本动因量	2 100	2 100	30	20	17	
	分配率	1	2	50	30	100	
	应分摊制造费用	2 100	4 200	1 500	600	1 700	10 100
零件 C	成本动因量	10 800	3 600	10	60	66	
	分配率	1	2	50	30	100	
	应分摊制造费用	10 800	7 200	500	1 800	6 600	26 900
零件 D	成本动因量	5 100	1 700	18	90	94	
	分配率	1	2	50	30	100	
	应分摊制造费用	5 100	3 400	900	2 700	9 400	21 500
合计		20 000	18 800	5 400	5 280	19 200	68 680

表 6–14 作业中心制造费用明细表

2×19 年 6 月　　金额单位：元

作业中心	零件 A	零件 B	零件 C	零件 D	合计
折旧费	2 000	2 100	10 800	5 100	20 000
水电费	4 000	4 200	7 200	3 400	18 800
修理费	2 500	1 500	500	900	5 400
调整费	180	600	1 800	2 700	5 280
质量检验费	1 500	1 700	6 600	9 400	19 200
合计	10 180	10 100	26 900	21 500	68 680

③编制零部件制造费用计算单如表 6–15 所示。

表 6–15 零部件制造费用计算单

2×19 年 6 月　　金额单位：元

<table>
<tr><th colspan="2">零部件</th><th>制造费用</th></tr>
<tr><td rowspan="3">半成品 M</td><td>零件 A</td><td>10 180</td></tr>
<tr><td>零件 B</td><td>10 100</td></tr>
<tr><td>合计</td><td>20 280</td></tr>
<tr><td rowspan="3">半成品 N</td><td>零件 C</td><td>26 900</td></tr>
<tr><td>零件 D</td><td>21 500</td></tr>
<tr><td>合计</td><td>48 400</td></tr>
<tr><td colspan="2">总计</td><td>68 680</td></tr>
</table>

④ 编制半成品成本计算单，如表 6–16 和表 6–17 所示。注：根据材料发出汇总表，M、N 半成品领用直接材料分别为 40 500 元和 102 300 元；根据工资分配汇总表，M、N 半成品的直接工资分别为 22 220 元和 15 300 元；2×19 年 6 月生产 M 半成品 1 000 件、N 半成品 200 件。

表 6–16 M 半成品成本计算单

产品数量：1000 件　　2×19 年 6 月　　单位：元

成本项目	总成本	单位成本
直接材料	40 500	40.50
直接工资	22 220	22.22
制造费用	20 280	20.28
合计	83 000	83.00

表 6-17　N 半成品成本计算单

产品数量：200 件　　2×19 年 6 月　　单位：元

成本项目	总成本	单位成本
直接材料	102 300	511.50
直接工资	15 300	76.50
制造费用	48 400	242.00
合计	166 000	830.00

6.4.5　作业成本法与其他成本计算方法的比较

由于作业成本法按成本动因划分作业中心，细化了制造费用的分配过程，所以它与一般的按单标准分配全部制造费用的成本计算法在计算过程方面有明显的区别，计算的结果也大不相同。

① 作业成本法与其他成本计算方法计算结果比较

在一般成本计算方法下，制造费用假如按机器工时进行分配，其计算结果与作业成本法下的计算结果的比较如表 6-18 至表 6-21 所示。

表 6-18　非作业成本法下制造费用分配表

2×19 年 6 月　　金额单位：元

半成品	机器工时	分配率	制造费用（元）
M	4 100	7.3064	29 956
N	5 300	7.3064	38 724
合计	9 400		68 680

表 6-19　制造费用分配比较表

2×19 年 6 月　　金额单位：元

半成品	作业成本法下分配的制造费用	非作业成本法下分配的制造费用	差额	增减百分比
M	20 280	29 956	＋9 676	＋47.7%
N	48 400	38 724	–9 676	–20.0%
合计	68 680	68 680		

由于分配的制造费用不同，半成品总成本和单位成本发生变化如表 6-20 和表 6-21 所示。

表 6–20 半成品总成本比较表

2×19 年 6 月　　　　金额单位：元

半成品	作业成本法下总成本	非作业成本法下总成本	差额	增减百分比
M	83 000	92 676	+ 9 676	+ 11.7%
N	166 000	156 324	–9 676	–5.8%
合计	249 000	249 000		

表 6–21 半成品单位成本比较表

2×19 年 6 月　　　　金额单位：元

半成品	作业成本法下单位成本	非作业成本法下单位成本	差额	增减百分比
M	83	92.68	+ 9.68	+ 11.7%
N	830	781.62	–48.38	–5.8%

② 作业成本法的优缺点

从上面的比较，我们明显看出：非作业成本法下分配修理费、调整费和质量检验费等费用只有机器工时一个标准，对于 M 和 N 半成品的分配不公平，M 半成品多负担 9 676 元的制造费用，占应负担费用的 47.7%，N 半成品则少负担 9 676 元制造费用，占应负担费用的 20%。

非作业成本法在制造费用分配方面明显歪曲了制造费用与半成品、产成品的关系，造成了成本的不真实。

作业成本法的优缺点概括如下。

① 对于制造费用的分配比较准确、合理，能够提供较为准确的半成品和产成品的成本信息。

② 作业中心的划分有助于详细分析制造费用的增减变动原因，有利于管理决策，便于采取措施加强对制造费用的控制。

③ 对作业中心的考核拓宽了责任会计的运用范围，按作业中心来划分和考核责任中心的业绩更为切实可行。

④ 作业中心的划分有一定难度，对与成本动因不直接相关的制造费用还要选择一定的标准分配计入各作业中心，在一定程度上影响了作业成本法的准确性。

⑤ 增加了成本计算的工作量，加大了核算成本。

第 7 章
产品成本计算的辅助方法

7.1 标准成本法

7.1.1 标准成本法的主要特点

标准成本法是在成本核算时以预先设定的标准成本为基础，将标准成本与实际成本进行比较并核算产品成本的成本计算方法。它是由制定标准成本、计算和分析成本差异、处理成本差异等几个部分组成的系统。标准成本法主要有以下特点。

① 标准成本法下首先根据企业自身生产经营的各方面情况制定标准成本，标准成本加上成本差异构成产品的实际生产成本。

② 标准成本法下与成本核算相关的原材料、产成品、生产成本按照标准成本入账，可以简化账务处理。

③ 标准成本法的本质是一种管理方法，它更多应用在企业加强自身的成本控制上，这也是标准成本法和其他成本计算方法的本质区别。

7.1.2 标准成本法的适用范围

一般来说，标准成本法适用于管理水平较高的大批量生产企业。

首先，使用标准成本法的企需要为每一种产品预先制定标准成本，对于小批量订制生产的企业，则需要反复修改和制定标准成本，这大大增加了核算的难度。因此，该方法对于产品较少的大批量生产企业更为适用，对产品的成本核算更为清晰、简单。

其次，标准成本法的关键在于标准成本的制定，合理制定标准成本有助于企业的科学管理。但是，标准成本的制定需要充分考虑在有效作业条件下所需要的直接材料和人工数量、预期支付的直接材料和人工费用，以及在正常生产情况下应该分摊的制造费用等因素，这需要多个部门共同参与、协调和制定，需要企业本身有较高的管理水平。

7.1.3 标准成本法下成本核算的程序

1. 标准成本的制定

制定标准成本，首先应确定直接材料和直接人工的标准成本，其次确定制造费用的标准成本，最后确定单位产品的标准成本。

制定项目标准成本时，无论哪一个成本项目都需要确定其用量标准和价格标准。

用量标准包括单位产品材料消耗量、单位产品直接人工工时等，主要由生产技术部门主持制定，吸收执行标准的部门和职工参与。

价格标准包括原材料单价、小时工资率、小时制造费用分配率等，由会计部门和有关其他部门共同研究确定。采购部门是材料价格的责任部门，劳资部门和生产部门对小时工资率负有责任，各生产车间对小时制造费用分配率承担责任。

无论是价格标准还是用量标准，都是理想状态下的或正常状态下的，据此得出理想的标准成本或正常的标准成本。下面介绍正常标准成本的制定。

（1）直接材料标准成本

直接材料的标准消耗量，是用统计方法、工业工程法或其他技术分析方法确定的。它是现有技术条件下生产单位产品所需的材料数量，包括必不可少的消耗以及各种难以避免的损失。

直接材料的价格标准，是预计下一年度实际需要支付的进料单位成本，包括发票价格、运费、检验费和正常损耗等成本，是取得材料的完全成本。

单位产品的直接材料标准成本＝单位产品的直接材料标准消耗量 × 直接材料的标准单价

产品甲的直接材料标准成本如表 7–1 所示。

表 7–1　直接材料标准成本（产品甲）

标准	材料 A	材料 B
标准单价：		
发票单价（元）	1.00	4.00
装卸检验费（元）	0.05	0.10
每千克标准价格	1.05	4.10
标准用料量：		
图纸用量（千克）	5.00	2.00
允许损耗量（千克）	0.20	0.20
单位产品标准用量（千克）	5.20	2.20
材料成本标准（元）	1.05 × 5.20 = 5.46	4.10 × 2.20 = 9.02
单位产品标准成本（元）	14.48	

（2）直接人工标准成本

直接人工的用量标准是指单位产品的标准工时。确定单位产品所需的直接生产工人工时，需要按照产品的加工工序分别进行确定然后进行汇总。根据工艺流程、技术方案、加工步骤，考虑直接加工时间、必要的间歇时间、停工调整时间和花在正常废品率内的废品工时，制定出单位产品的标准工时量。

单位产品的直接人工标准成本＝单位产品的标准工时量 × 标准工资率

产品甲的直接人工标准成本如表 7–2 所示。

表 7–2　直接人工标准成本（产品甲）

标准	第一工序	第二工序
小时工资率		
基本生产工人人数（人）	20	50
每人每月工时（小时）	25.5（天）× 8（小时）= 204	204
出勤率	98%	98%
每人平均可用工时（小时）	200	200
每月总工时（小时）	4 000	10 000
每月工资总额（元）	36 000	126 000
标准工资率	9.00	12.60
单位产品标准工时量：		
理想作业时间（小时）	1.5	0.8
调整设备时间（小时）	0.3	—
工间休息（小时）	0.1	0.1
其他（小时）	0.1	0.1
单位产品标准工时合计（小时）	2.0	1.0
直接人工标准成本（元）	18.0	12.60
合计（元）	30.60	

（3）制造费用标准成本

制造费用标准成本是按部门分别编制，然后将同一产品涉及的各个部门单位制造费用标准加以汇总，得出整个产品的制造费用标准成本。

单位产品的制造费用标准成本＝单位产品的直接标准工时 × 制造费用分配率

制造费用分配率比较难以确定，它不仅需要综合考虑制造费用与人工工时和机器工时之间的关系，还需要考虑生产产量。不同产量下，人工、机器的用时不同，相应的为管理生产及生产共同耗费的制造费用会有不同。所以在计算制造费用时，需要分为固定制造费用标准成本和变动制造费用标准成本两部分。制造费用弹性预算和制造费用分配率的计算示例如表 7–3 和表 7–4 所示。

表 7–3 制造费用弹性预算

2 × 19 年 6 月

项目	计量单位	预算额			备注
		Ⅰ 90% 产量	Ⅱ 100% 产量	Ⅲ 110% 产量	
标准产量	台	900	1 000	1 100	
完成预期产量的比率	%	90	100	110	
直接人工工时	小时	9 000	10 000	11 000	
变动制造费用					
间接人工	元	9 000	10 000	11 000	1 元 / 直接人工工时
间接材料	元	27 000	30 000	33 000	3 元 / 直接人工工时
修理费	元	18 000	20 000	22 000	2 元 / 直接人工工时
燃料费	元	18 000	20 000	22 000	2 元 / 直接人工工时
变动制造费用合计	元	72 000	80 000	88 000	
固定制造费用					
管理人员工资	元	16 000	16 000	16 000	
厂房设备折旧	元	50 000	50 000	50 000	
厂房设备保险	元	5 000	5 000	5 000	
水电照明费	元	5 000	5 000	5 000	
固定制造费用合计	元	76 000	76 000	76 000	
制造费用总计	元	148 000	156 000	164 000	

表 7–4 制造费用分配率的计算

单位：元 / 人工工时

产量比率	90%	100%	110%
变动制造费用分配率	72 000 ÷ 9 000 = 8	80 000 ÷ 10 000 = 8	88 000 ÷ 11 000 = 8
固定制造费用分配率	76 000 ÷ 9 000 ≈ 8.44	76 000 ÷ 10 000 = 7.6	76 000 ÷ 11 000 ≈ 6.91
制造费用分配率	148 000 ÷ 9 000 ≈ 16.44	156 000 ÷ 10 000 = 15.6	164 000 ÷ 11 000 ≈ 14.91

2. 标准成本差异分析

标准成本是一种目标成本，由于种种原因，产品的实际成本会与目标成本不一致。这种不一致是正常的，如果产品的实际成本大于标准成本，说明成本超支；反之，说明成本节约。我们把实际成本与标准成本之间的差额称为标准成本差异。标准成本差异反映了实际成本脱离预定目标的信息，因此，对标准成本差异进行分析可以找出其中的原因，以便进行纠正并找到对策。

（1）直接材料标准成本差异分析

直接材料标准成本差异＝材料实际成本 – 材料标准成本

＝实际数量 × 实际价格 – 标准数量 × 标准价格

＝（实际数量 × 实际价格 – 实际数量 × 标准价格）＋（实际

数量 × 标准价格 – 标准数量 × 标准价格）

=实际数量 ×（实际价格 – 标准价格）+ 标准价格 ×（实际数量 – 标准数量）

=材料价格差异+材料数量差异

材料价格差异是在采购过程中形成的，应该由采购部门负责。采购部门未按照标准价格进货的原因有很多，包括供应商的价格波动、紧急订货、采购时舍近求远而造成运费和途耗增加等。

材料数量差异是在材料耗用过程中形成的，它反映了生产部门的成本控制业绩。材料数量差异的形成原因包括操作疏忽造成废品废料增加、机器不适用、新人上岗造成的用料增加、新技术的应用进而节约材料等。有时，材料用量增加并非全部是生产部门的责任，有时候进料质量不高、规格不符也会导致用料增加，质检过严、工艺变更也会导致用料数量的变化。对于材料数量差异的分析还需要结合具体情况多方面考虑。

【例 7–1】某工厂本月生产产品 400 件，共使用材料 2 500 千克。直接材料单价为 0.55 元 / 千克，直接材料的单位产品标准成本为 3 元，即每件产品耗用 6 千克原材料，每千克材料的标准价格为 0.5 元 / 千克。

直接材料价格差异＝2 500 ×（0.55−0.5）＝ 125（元）

直接材料数量差异＝（2 500−400 × 6）× 0.5 ＝ 50（元）

直接材料成本差异＝直接材料价格差异＋直接材料数量差异＝ 125 ＋ 50 ＝ 175（元）

（2）直接人工标准成本差异分析

直接人工标准成本差异=人工实际成本 – 人工标准成本

=实际工时 × 实际工资率 – 标准工时 × 标准工资率

=（实际工时 × 实际工资率 – 实际工时 × 标准工资率）+（实际工时 × 标准工资率 – 标准工时 × 标准工资率）

=实际工时 ×（实际工资率 – 标准工资率）+ 标准工资率 ×（实际工时 – 标准工时）

=工资率差异 + 工时差异

工资率差异一般应由人事部门负责，其可能产生于工人晋升或降级的工资变动、奖励制度未产生实效、加班或使用临时工等。

工时差异一般是由于工作环境、工人经验等导致的，工作环境不良、设备故障较多、工具选用不当、新工人集中上岗、经验不足、劳动积极性不佳等都会导致工时差异。

【例 7–2】生产 Q 产品的标准人工工时是 10 小时 / 台，标准工资率为 7 元 / 小时。本月生产 1 000 台，实际耗用人工工时 9 500 小时，实际支付工资总额 76 000 元。

实际工资率＝ 76 000 ÷ 9 500 ＝ 8（元 / 小时）

工资率差异＝ 9 500 ×（8 −7）＝ 9 500（元）

人工工时差异＝7 ×（9 500 −10 000）＝ −3 500（元）

直接人工标准成本差异＝9 500 −3 500 ＝ 6 000（元）

（3）固定制造费用标准成本差异分析

固定制造费用标准成本差异分析的方法与各变动费用标准成本差异分析的方法不同，其分析方法包括二因素分析和三因素分析两种。

① 二因素分析法。

二因素分析法是将固定制造费用差异分为耗费差异和能量差异的方法。

耗费差异是指固定制造费用的实际金额与固定制造费用预算金额之间差额。

固定制造费用耗费差异＝固定制造费用实际数 − 固定制造费用预算数

能量差异是指固定制造费用预算与固定制造费用标准成本的差额，也就是实际业务量的标准工时生产能量的差额，用标准分配率计算的金额。它反映实际产量标准工时未能达到生产能量造成的损失。

固定制造费用能量差异＝固定制造费用预算数 − 固定制造费用标准成本

＝固定制造费用标准分配率 × 生产能量 − 固定制造费用标准分配率 × 实际产量标准工时

＝（生产能量 − 实际产量标准工时）× 固定制造费用标准分配率

固定制造费用成本差异＝固定制造费用耗费差异＋固定制造费用能量差异

【例 7–3】 某工厂本月实际产量 400 件，发生固定制造费用 1 450 元，实际工时为 890 小时，企业生产能量为 500 件即 1 000 小时，每件产品的固定制造费用标准成本为 3 元，即每件产品标准工时为 2 小时，固定制造费用标准分配率为 1.5 元 / 小时。

固定制造费用耗费差异＝ 1 450−1 000×1.5 ＝ −50（元）

固定制造费用能量差异＝ 1 000×1.5−400×2×1.5 ＝ 1 500−1 200 ＝ 300（元）

固定制造费用成本差异＝实际固定制造费用 − 标准固定制造费用

＝ 1 450−400×3 ＝ 250（元）

固定制造费用成本差异＝耗费差异＋能量差异＝ −50 ＋ 300 ＝ 250（元）

② 三因素分析法。

三因素分析法是将固定制造费用差异分为耗费差异、效率差异和闲置能量差异的方法，其中耗费差异与二因素分析法的耗费差异相同。

固定制造费用耗费差异＝固定制造费用实际数 − 固定制造费用预算数

固定制造费用效率差异＝（实际工时 − 实际产量标准工时）× 固定制造费用标准分配率

固定制造费用闲置能量差异＝（生产能量 − 实际工时）× 固定制造费用标准分配率

固定制造费用成本差异 ＝ 固定制造费用耗费差异＋固定制造费用闲置能量差异＋固定制造费用效率差异

【例 7–4】 沿用例 7−3 资料，用三因素分析法计算固定制造费用成本差异。

固定制造费用闲置能量差异=（1 000−890）×1.5 = 165（元）

固定制造费用效率差异=（890−400×2）×1.5 = 135（元）

固定制造费用成本差异 =−50 + 165 + 135=250（元）

在三因素分析法中，闲置能量差异与效率差异之和与二因素分析法中的能量差异数额是相同的。

3. 标准成本及差异的账务处理

在标准成本法下，与生产成本有关的科目（如“在产品”“产成品”等账户）都采用标准成本计价，而对于各种差异，则会另外设置成本差异科目进行核算。在会计期末会对各种成本差异进行处理。各种差异对应设置的科目如表 7–5 所示。

表 7–5　各种差异对应设置的账户

差异类型	设置科目
直接材料成本差异	材料价格差异 直接人工效率差异
直接人工成本差异	直接人工工资率差异 直接人工效率差异
变动制造费用成本差异	变动制造费用开支差异 变动制造费用
固定制造费用成本差异	固定制造费用耗费差异 固定制造费用能量差异 固定制造费用效率差异

对于各种有利差异，记入相关差异科目的贷方。

对于各种不利差异，记入相关差异科目的借方。

对于“材料价格差异”科目的核算时间，一般有两种方法：第一种方法是在材料购入时就计算其价格差异，在材料科目中记录材料的标准成本，同时，将其价格差异记入“材料价格差异”科目；第二种方法是在领用材料时才计算材料的价格差异，所以在购入材料时，按照材料的实际成本记入材料科目，到实际领用材料时，将材料科目中的标准成本部分转入在产品科目，然后再将价格差异由材料科目转入“材料价格差异”科目。

期末分析计算各种成本差异后，要对其进行处理。成本差异的处理方法有以下两种。

第一种方法是将本期的各种成本差异分配给期末在产品、期末库存产成品和本期已售产品，然后再根据标准成本的比例分配成本差异。在这种处理方法下，资产负债表中所有的在产品和产成品项目以及利润表中已售产品的成本都能够反映其实际成本。

第二种方法是将本期发生的各种差异全部计入当期损益。在这种处理方法下，资产负债表中的在产品和产成品项目只能反映标准成本。这种方法下，不需要对各种成本差异进行二次分配，大大简化了期末的会计核算工作。同时，在资产负债表中以标准成本反映在产品和产成品的价值可以显示其真正的正常成本，而且将差异计入当期损益还可以反映本期成本控制的成果。但是，如果标准成本过于陈旧，不符合现实条件，就需要对其进行合理地调整使其符合实际。

7.1.4 案例

1. 公司基本情况

万兴公司每月采用加权平均法核算存货，生产过程中原材料一次性投入，存货盘点采用永续盘存制。公司对 A 产品加工过程无须办理在产品出入库手续，采用平行结转分步法计算完工产品成本，采用约当产量法计算在产品成本；生产 A 产品需要经过第一、第二和第三三个车间方可完工。经公司工程师分析，第一车间加工完毕，能完成 A 产品的 40%；第二车间加工完毕，能累计完成 A 产品的 70%；第三车间完成剩下的 30%，第一车间需要领用甲材料，第二车间需要领用乙材料，第三车间无须领用其他材料。为加强成本管理，公司决定实施标准成本，甲材料标准成本为 10 元 / 千克，乙材料 20 元 / 千克。直接人工标准工资率第一车间、第二车间及第三车间均为 10 元 / 小时，归属于制造费用的人工标准工资率第一车间为 5 元 / 小时，第二车间与第三车间为 10 元 / 小时。生产一件 A 产品第一车间需要甲材料 4 千克，直接人工 4 小时，归属于制造费用的人工 4 小时；第二车间需要乙材料 3 千克，直接人工 3 小时，归属于制造费用的人工 3 小时；第三车间需要直接人工 3 小时，归属于制造费用的人工 3 小时。

生产 A 产品的标准成本计算如下。

直接材料：甲材料 $=10\times4=40$（元），乙材料 $=20\times3=60$（元）

直接人工：第一车间 $=10\times4=40$（元）；第二车间 =10 元 $\times3=30$（元）；第三车间 $=10\times3=30$（元）

制造费用：第一车间 $=5\times4=20$（元）；第二车间 $=10\times3=30$（元）；第三车间 $=10\times3=30$（元）

A 产品单位标准成本 $=40+60+40+30+30+20+30+30=280$（元）

月末存货盘点，账实均相符。

月初的原材料明细如表 7–6 所示。

表 7–6 原材料明细

材料名称	数量（千克）	标准成本（元）	价格差异（元）
甲	1 000	10 000.00	200 00
乙	1 500	30 000.00	–400.00

A 产品月初在产品资料如下：第一车间 100 件，本步骤完工比例 50%；第二车间 80 件，本步骤完工比例 60%；第三车间 100 件，本步骤完工比例 30%。根据上月产品成本计算单中数据，整理各车间消耗汇总如表 7–7 所示。

表 7–7　各车间消耗汇总

车间	直接材料 标准成本	直接材料 价格差异	直接材料 数量差异	直接人工 标准成本	直接人工 价格差异	直接人工 数量差异	制造费用 标准成本	制造费用 价格差异	制造费用 数量差异	合计 标准成本	合计 价格差异	合计 数量差异
第一车间	11 200	800	500	9 200	−400	300	4 600	−300	−200	25 000	100	600
第二车间	10 800	−800	300	4 440	300	−100	4 440	400	50	19 680	−100	250
第三车间	—	—	—	900	200	−100	900	−300	200	1 800	−100	100

本月成本情况：本月累计购买甲材料 10 000 千克，98 700 元；乙材料 7 000 千克，144 650 元。

本月入库产品 2 400 件，投产 2 500 件。领用甲材料 9 800 千克、乙材料 7 600 千克，第一车间耗时 10 000 小时，耗用直接人工 99 000 元，制造费用 51 000 元，盘点在产品 200 件，本步骤完工比例 60%；第二车间耗时 7 500 小时，耗用直接人工 75 000 元，制造费用 78 000 元，盘点在产品 60 件，本步骤完工比例 80%；第三车间耗时 7 500 小时，耗用直接人工 78 000 元，制造费用 76 500 元，盘点在产品 120 件，本步骤完工比例 70%。

盘点存货发现甲材料剩余 1 100 千克，乙材料剩余 900 千克。

审核要点：盘点的甲材料账实不相符，会计上数量为 10 000 ＋ 1 000−9 800 ＝ 1 200（千克）>1 100 千克，经检查发现为计量错误，经报批管理层批准、税务局允许，该 100 千克作为在产品成本。乙材料账实相符，为 1 500 ＋ 7 000−7 600 ＝ 900（千克），生产的 A 产品也账实相符，为 100 ＋ 80 ＋ 100 ＋ 2 500 ＝ 2 400 ＋ 200 ＋ 60 ＋ 120＝ 2 780（件）。

2. 案例解析

（1）采购原材料

甲材料的价格差异＝ 98 700−10 000×10 ＝ −1 300（元）

乙材料的价格差异＝ 144 650−7 000×20 ＝ 4 650（元）

借：原材料——甲材料——标准成本　　100 000
　　原材料——甲材料——价格差异　　−1 300
　　原材料——乙材料——标准成本　　140 000
　　原材料——乙材料——价格差异　　4 650
　　贷：应付账款——某供应商　　2 433 500

甲材料标准成本＝ 100 000 ＋ 10 000 ＝ 110 000（元）

甲材料价格差异＝ 200－1 300 ＝ －1 100（元）

乙材料标准成本＝ 3 000 ＋ 140 000 ＝ 170 000（元）

乙材料价格差异＝ －400 ＋ 4 650 ＝ 4 250 元

（2）产品结算单

① 第一车间。

由于第一车间耗用材料存在计量差异，因此需要增加第一车间耗用原材料甲的数量，耗用的实际数量＝ 9 800 ＋ 100 ＝ 9 900（千克）。

本期投入 2 500 件产品，计算如下。

直接材料——甲材料价格差异＝ －1 100÷11 000×10 000 ＝ －1 000（元）

直接材料——甲材料数量差异＝（9 900－2 500×4）×（110 000－1 100）÷11 000 ＝ －990（元）

直接材料——甲材料标准成本＝ 2 500×4×10 ＝ 100 000（元）

期初约当产量＝ 100×50% ＋ 80 ＋ 100 ＝ 230（件）

期末约当产量＝ 200×60% ＋ 60 ＋ 120 ＝ 300（件）

所以当期约当产量＝ 2 400 ＋ 70 ＝ 2 470（件）

直接人工——价格差异＝ 2 470×4×（99 000÷10 000）－2 470×4×10 ＝ －988（元）

直接人工——数量差异＝（10 000－2 470×4）×9.9 ＝ 1 188（元）

直接人工——标准成本＝ 2 470×40 ＝ 98 800（元）

制造费用——价格差异＝ 2 470×4×（51 000÷10 000）－2 470×20 ＝ 988（元）

制造费用——数量差异＝ 51 000－2 470×4×5.1 ＝ 612（元）

制造费用——标准成本＝ 2 470×20 ＝ 49 400（元）

注：直接材料数量按照 2 400 ＋ 380 ＝ 2 780（件）分配，直接人工和制造费用按照 2 400 ＋ 300 ＝ 2 700（件）分配。

第一车间产品结算单如表 7–8 所示。

表 7–8　第一车间产品结算单

单位：元

	产成品数量	直接材料			直接人工			制造费用			合计		
		标准成本	价格差异	数量差异	标准成本	价格差异	数量差异	标准成本	价格差异	数量差异	标准成本	价格差异	数量差异
在产品		11 200	800	500	9 200	–400	300	4 600	–300	–200	25 000	100	600
本月生产费用		100 000	–1 000	–990	98 800	–988	1 188	49 400	988	612	248 200	–1 000	810
合计		111 200	–200	–490	108 000	–1 388	1 488	54 000	688	412	273 200	–900	1 410
分配率		40.00	–0.07	–0.18	40.00	–0.51	0.55	20.00	0.25	0.15			

续表

	产成品数量	直接材料			直接人工			制造费用			合计		
		标准成本	价格差异	数量差异	标准成本	价格差异	数量差异	标准成本	价格差异	数量差异	标准成本	价格差异	数量差异
产成品本步骤份额	2 400	96 000	−168	−432	96 000	−1 224	1 320	48 000	600	360	240 000	−792	1 248
月末在产品		15 200	−32	−58	12 000	−164	168	6 000	88	52	33 200	−108	162

② 第二车间。

由条件可知，本月乙材料投入的产量＝100＋2 500−200＝2 400（件）[或2 400＋60＋120−80−100＝2 400（件）]

直接材料——乙材料价格差异＝4 250÷8 500×2 400×3＝3 600（元）

直接材料——乙材料数量差异＝7 600×20.5−2 400×20.5＝106 600（元）

直接材料——乙材料标准成本＝2 400×60＝144 000（元）

直接人工和制造费用的约当产量＝2 400＋60×80%＋120−100−80×60%＝2 420（件）

直接人工——价格差异＝0（元）

直接人工——数量差异＝75 000−2 420×30＝2 400（元）

直接人工——标准成本＝72 600（元）

制造费用——价格差异＝78 000−7 500×10＝3 000（元）

制造费用——数量差异＝7 500−2 420×30＝2 400（元）

制造费用——标准成本＝72 600（元）

注：直接材料按照2 400＋60＋120＝2 580（件）分配，直接人工和制造费用按2 400＋120＋60×80%＝2 568（件）分配。

第二车间产品计算单如表7−9所示。

表7−9　第二车间产品计算单

单位：元

	产成品数量	直接材料			直接人工			制造费用			合计		
		标准成本	价格差异	数量差异	标准成本	价格差异	数量差异	标准成本	价格差异	数量差异	标准成本	价格差异	数量差异
在产品		10 800	−800	300	4 440	300	−100	4 440	400	50	19 680	−100	250
本月生产费用		144 000	3 600	106 600	72 600	—	2 400	72 600	3 000	2 400	289 200	6 600	111 400
合计		154 800	2 800	106 900	77 040	300	2 300	77 040	3 400	2 450	308 880	6 500	111 650
分配率		60.00	1.09	3.29	30.00	0.12	0.90	30.00	1.32	0.95			

续表

	产成品数量	直接材料			直接人工			制造费用			合计		
		标准成本	价格差异	数量差异	标准成本	价格差异	数量差异	标准成本	价格差异	数量差异	标准成本	价格差异	数量差异
产成品本步骤份额	2 400	144 000	2 616	7 896	72 000	288	2 160	72 000	3 168	2 280	288 000	6 072	12 336
月末在产品		10 800	184	604	5 040	12	140	5 040	232	170	20 880	428	914

③ 第三车间。

第三车间没有领用原材料，所以没有直接材料成本。

直接人工和制造费用的约当产量＝ 2 400 ＋ 120×70%−100×30% ＝ 2 454（件）

直接人工——价格差异＝ 78 000−75 000 ＝ 3 000（元）

直接人工——数量差异＝ 75 000−2 454×30 ＝ 1 380（元）

直接人工——标准成本＝ 2 454×30 ＝ 73 620（元）

制造费用——价格差异＝ 76 500−7 500×10 ＝ 1 500（元）

制造费用——数量差异＝ 75 000−2 454×30 ＝ 1 380（元）

制造费用——标准成本＝ 73 620（元）

注：直接人工和制造费用按照 2 400 ＋ 120×70% ＝ 2 484（件）分配。

第三车间产品结算单如表 7–10 所示。

表 7–10　第三车间产品结算单

单位：元

	产成品数量	直接材料			直接人工			制造费用			合计		
		标准成本	价格差异	数量差异	标准成本	价格差异	数量差异	标准成本	价格差异	数量差异	标准成本	价格差异	数量差异
在产品		—	—	—	900	200	-100	900	-300	200	1 800	-100	100
本月生产费用		—	—	—	73 620	3 000	1 380	73 620	1 500	1 380	147 240	4 500	2 760
合计		—	—	—	74 520	3 200	1 280	74 520	1 200	1 580	149 040	4 400	2 860
分配率		—	—	—	30.00	1.29	0.52	30.00	0.48	0.64			
产成品本步骤份额	2 400	—	—	—	72 000	3 096	1 248	72 000	1 152	1 536	144 000	4 248	2 784
月末在产品		—	—	—	2 520	104	32	2 520	48	44	5 040	152	76

会计处理分录如下。

借：生产成本——直接材料——甲材料——价格差异　　　　−1 000

——数量差异　　-990

——标准成本　　100 000

直接材料——乙材料——价格差异　　3 600

——数量差异　　8 200

——标准成本　　144 000

直接人工——价格差异　　2 012

——数量差异　　4 968

——标准成本　　259 560

制造费用——价格差异　　5 488

——数量差异　　4 392

——标准成本　　195 620

贷：应付职工薪酬　　252 000

制造费用　　205 500

原材料——甲材料——标准成本　　100 000

——价格差异　　-1 990

乙材料——标准成本　　144 000

——价格差异　　11 800

根据条件可知，甲材料为 10 000 千克，实际领用 9 900 千克，节省 100 千克，所以应调增甲材料的标准成本 100×10 = 1 000（元）；乙材料为 7 200 千克，实际领用 7 600 千克，超支 400 千克，所以应调减乙材料的标准成本 400×20 = 8 000（元）。

借：原材料——甲材料——标准成本　　1 000

——乙材料——标准成本　　-8 000

贷：原材料——甲材料——价格差异　　1 000

——乙材料——价格差异　　-8 000

（3）期末成本处理

月末原材料数量金额明细账如表 7-11 所示。

表 7-11　原材料数量金额明细表

材料名称	数量（千克）	标准成本（元）	价格差异（元）
甲	1 100 千克	11 000	-110
乙	900 千克	18 000	450

产成品成本明细如表 7-12 所示。

表 7–12 产成品成本明细表

单位：元

	产成品数量	直接材料			直接人工			制造费用			合计
		标准成本	价格差异	数量差异	标准成本	价格差异	数量差异	标准成本	价格差异	数量差异	
第一车间	2 400	96 000	–168	–432	96 000	–1 224	1 320	48 000	600	360	240 456
第二车间		144 000	2 616	7 896	72 000	288	2 160	72 000	3 168	2 280	306 408
第三车间		—	—	—	72 000	3 096	1 248	72 000	1 152	1 536	151 032
总计		240 000	2 448	7 464	240 000	2 160	4 728	192 000	4 920	4 176	697 896
单位成本		290.79									

结转产品成本的会计分录如下。

借：产成本——A 产品　97 896

　贷：生产成本——直接材料——甲材料——价格差异　–168

　　　　　　　　　　　　　　　　　——数量差异　–432

　　　　　　　　　　　　　　　　　——标准成本　96 000

　　　　　　直接材料——乙材料——价格差异　2 616

　　　　　　　　　　　　　　　——数量差异　7 896

　　　　　　　　　　　　　　　——标准成本　144 000

　　　　　　直接人工——价格差异　2 160

　　　　　　　　　　——数量差异　4 728

　　　　　　　　　　——标准成本　240 000

　　　　　　制造费用——价格差异　4 920

　　　　　　　　　　——数量差异　4 176

　　　　　　　　　　——标准成本　192 000

在产品生产成本明细如表 7–13 所示。

表 7–13 在产品生产成本明细表

单位：元

车间	直接材料			直接人工			制造费用			合计		
	标准成本	价格差异	数量差异	标准成本	价格差异	数量差异	标准成本	价格差异	数量差异	标准成本	价格差异	数量差异
第一车间	15 200	–32	–58	12 000	–164	168	6 000	88	52	33 200	–108	162
第二车间	10 800	184	604	5 040	12	140	5 040	232	170	20 880	428	914
第三车间	—	—	—	2 520	104	32	2 520	48	44	5 040	152	76

7.2 定额法

7.2.1 定额法的主要特点

现代企业对各种产品的成本事先都有计划，前面介绍的方法（品种法、分批法、分步法和作业成本法）中，计算成本都是事后行为，缺少成本控制的环节，这样的成本计划和成本管理是被动的管理行为。下面介绍一种更加主动的成本核算方法——定额法。定额法的成本核算有以下特点。

① 当生产费用发生时，就将符合定额的费用和脱离定额的差异分别核算，以便于分析和控制成本。

② 各月月末，在定额成本的基础上加减各种成本差异，计算结果即产品的实际成本。

利用定额法可以克服前述的几种成本计算方法的弱点，及时地将生产费用和产品成本脱离定额的差异反映出来，将成本管理的四个环节计划、控制、核算、分析结合起来，进而更加主动地对成本进行管理。

7.2.2 定额法的适用范围

在使用定额法时，必须事先制定好定额成本以便及时核算定额差异和成本的变动。这就需要使用定额法的企业有比较健全的管理制度和比较高素质的成本核算人员。

定额法的计算对象不限于产成品，也可以是半成品。所以定额法在企业中的适用范围较为广泛，可以在企业的各车间中使用。而且定额法与生产类型无关，虽然大批量生产的企业使用定额法更为合适，但一般来说只要具备以下条件，企业都可以使用定额法来计算产品的生产成本。

① 企业的管理制度较为完善，财会人员素质较高，可以完成定额管理的工作。

② 产品的生产已经成熟，各种消耗品的定额准确稳定，不会出现大的变动。

7.2.3 定额法下成本核算的程序

定额法下成本核算的程序如图 7–1 所示。

图 7–1　定额法下成本核算的程序

1. 制定单位产品的定额成本

单位产品的定额成本是在正常情况下应当维持的成本水平，一般在制定单位产品的定额成本时，需要从零件的材料费定额出发，确定产品各个部件的定额成本，再将部件的定额成本加总，最终得出单个产品的定额成本。单位产品定额成本的制定过程如图 7–2 所示。

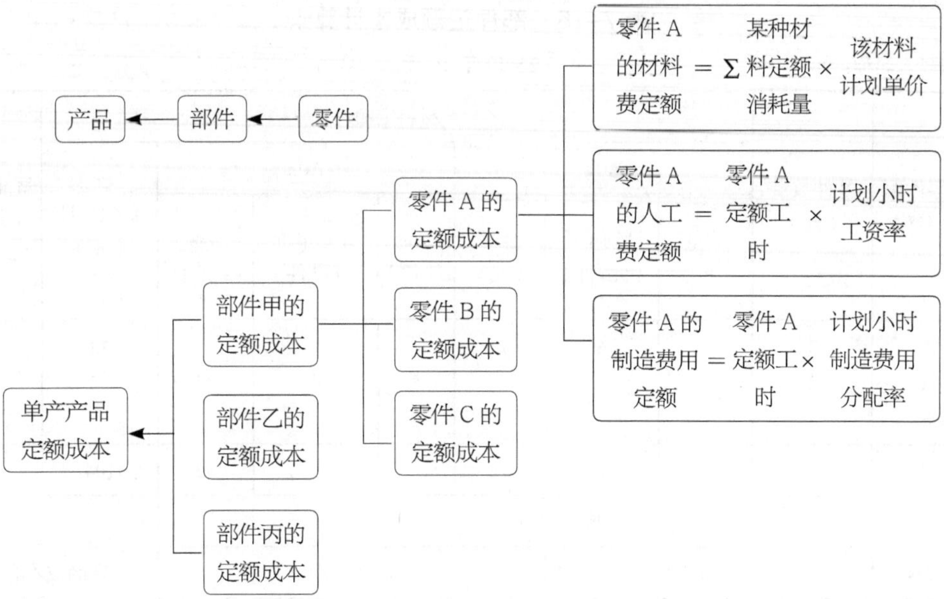

图 7-2　单位产品定额成本的制定过程

产品的定额成本与计划成本既有相同点，也有不同点。二者的相同之处是：二者都是以生产耗用的消耗定额和计划单价为基础来确定的目标成本。二者的不同之处是：计算计划成本所依据的消耗定额是计划定额，也就是计划期（一般为一年）内平均的消耗定额，这个定额一般是不变的；而计算定额成本是依据现行的定额来确定，这个定额受到企业发展的影响，如技术更新、劳动生产率的提高等都会使其发生变化。此外，计算计划成本所依据的原材料等的计划单价，在计划期内通常不会发生变化；计算定额成本所依据的生产工资和制造费用等的计划单价，却是可能变动的。因此，计划成本在计划期内通常是静态的；定额成本在计划期内则是动态的。

零件定额卡和部件定额成本计算卡的格式如表 7-14 和表 7-15 所示。

表 7-14　零件定额卡

零件编号、名称：201　　　　2×19 年 × 月

材料编号、名称	计量单位	材料消耗定额
1 301	千克	4
工序编号	工时定额（小时）	累计工时定额（小时）
1 2	2 4	2 6

表 7-15　部件定额成本计算卡

零件编号、名称：200　　　　　　　　2×19 年 × 月

所需零件编号、名称	零件数量（件）	材料定额							工时定额（小时）
		A01			A02			金额合计（元）	
		数量（件）	计划单价（元/件）	金额（元）	数量（件）	计划单价（元/件）	金额（元）		
001	3	12	6	72				72	18
002	2				8	4	32	32	10
装配									4
合计				72			32	104	32
定额成本项目								定额成本合计（元）	
原材料	工资福利费		制造费用						
金额	计划工资率（元/小时）	金额（元）	计划费用率（元/小时）	金额（元）					
104	0.95	30.40	2	64				198.40	

2. 核算定额差异

在生产过程中，出现的各类实际生产费用与预先制定的定额成本出现的偏离，就是定额差异。发生生产费用时，需要分别填制定额凭证和差异凭证，同时还要在费用分配表和明细账中分别记录，这样才可以正确地反映实际的生产费用，同时达到对生产费用脱离定额的差异进行监督和控制的目的。在这种核算方法的控制下，可以通过对定额差异的核算来控制生产费用，避免超支和浪费。

（1）核算材料定额差异

核算材料定额差异的方法，一般有三种，分别是限额法、切割核算法和盘存法。下面分别介绍。

① 限额法是指在已领用完预先设置的原材料定额之后，超额的部分需要填写专门的超额领料单，并经过审批手续方能领用的核算方法。在生产结束之后，还需要根据车间剩余的材料完成退料过程。超额领料单、退料单等都属于差异凭证。需要注意的是，限额法只控制领料和退料的过程，无法完全控制实际的用料过程，因为车间在生产的期初和期末可能会存有余料。

② 切割核算法主要用来核算某些贵重材料和经常大量使用且需要切割后方能进一步加工的材料，如板材等。切割核算法下主要通过填制切割核算单来核算用料差异——根据切割后的材料来计算实际用料量，再和预先的定额进行对比来核算脱离定额差异。

③ 盘存法是定期通过盘存在产品和完工产品的方法来核算脱离定额差异。这种方法一般适用于大量生产的企业。盘存法下，首先需要确定本期投产产品数量，本期投产产品数

量等于本期完工产品的数量加上本期在产品数量的变化。在确定本期投产产品数量之后，再乘以消耗的定额就可以确定本期的定额消耗量。在此基础上，根据本期的超额领料单、限额领料单和退料单等可以确定本期实际的材料消耗量。这样将实际材料消耗量与定额消耗量相减就可以计算出脱离定额差异了。

需要注意的是，盘存法下，领用生产材料依然需要填制限额领料单、超额领料单，退料时需要填制退料单。

（2）核算生产工资定额差异

根据工资核算方式的不同，计件工资和计时工资两种情况下核算生产工资定额差异的方法略有不同。

在计件工资核算方式下，工资会直接计入费用，因此在核算生产工资定额差异时，处理方法与核算材料定额差异类似——将符合定额标准的工资在工资条、工作班产量记录等定额凭证中进行反映，而脱离了定额工资的部分，则需要填制“工资补付单”来反映工资定额差异，“工资补付单”中需要写明工资出现偏差的原因，因此需要经过审批。

在计时工资核算方式下，实际工资在月底方能确定，因此这个差异只有在月末进行工资结算时才能计算。每个月末需要通过比较计划单位小时工资和实际单位小时工资的差额来计算生产工资定额差异。定额生产工资和实际生产工资的计算方法如下。

某产品定额生产工资＝该产品实际产量的定额生产工时 × 计划单位小时工资

某产品实际生产工资＝该产品实际产量的实际生产工时 × 实际单位小时工资

通过比较二者的差异，可以计算出生产工资定额差异。

（3）核算制造费用定额差异

制造费用定额差异一般是指制造费用计划数与实际数的差异。制造费用定额差异的计算方式与生产工资定额差异的计算方式相似——通过比较产品实际的制造费用和定额制造费用来确定。实际制造费用和定额制造费用的计算方法如下。

某产品实际制造费用＝该产品实际生产工时 × 实际小时制造费用分配率

某产品定额制造费用＝该产品实际产量的定额工时 × 计划小时制造费用分配率

通过比较二者的差异，可以计算出制造费用定额差异。

3. 计算实际成本

期末，将差异在完工产品与在产品之间进行分配来计算实际成本，可以按照完工产品数量计算出完工产品相应的定额成本，然后将总的生产费用减去完工产品的成本即可得出期末在产品的生产成本。

计算产品实际成本的步骤如图 7–3 所示。

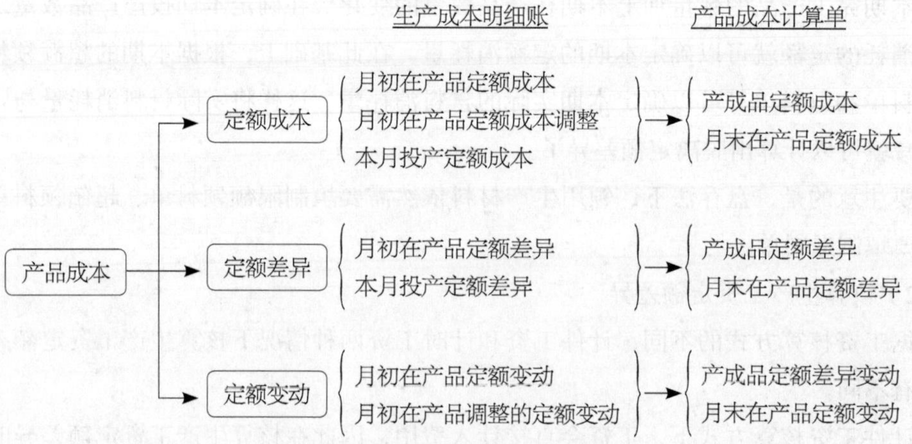

图 7-3　产品实际成本计算步骤

7.2.4　案例

下面以某电机厂为例说明定额法下成本的计算。某电机厂大批量生产电机，定额资料完整，具备应用定额法的条件。

单台电机的定额成本如下。

直接材料　　　　　　　　　　　　210 元

直接工资　　100 元（200 工时，0.50 元 / 工时）

制造费用　　160 元（200 工时，0.80 元 / 工时）

本月决定将直接材料定额降低 10 元，直接材料的单台定额成本变为 200 元，产生定额变动 60×10 ＝ 600（元）。

月初在产品 60 台，材料已全部投入，完工程度为 50%。本月投产 20 台，材料已全部投入，本月完工 50 台。月末在产品 30 台，完工程度为 60%。

生产成本明细账和产品成本计算单如表 7-16 和表 7-17 所示。

表 7-16　A 电机生产成本明细账

单位：元

成本项目	月初在产品			月初在产品定额变动			本月费用	
	定额成本	定额差异	定额变动①	定额成本调整	调整后的定额成本	定额变动	定额成本②	定额差异
列次	1	2	3	4	5 ＝ 4 ＋ 1	6 ＝ -4	7	8
直接材料	12 600	-620		-600	12 000	＋ 600	4 000	-20
直接工资	3 000	＋ 200			3 000		3 800	-132
制造费用	4 800	＋ 100			4 800		6 080	＋ 120
合计	20 400	-320		-600	19 800	＋ 600	13 880	-32

续表

费用合计					产成品				月末在产品		
定额成本	定额差异	分配率	定额变动	分配率③	定额成本	定额差异	定额变动	实际成本合计	定额成本	定额差异	定额变动
9 = 5 + 7	10 = 2 + 8	11 = 109	12 = 3 + 6	13	14	15 = 14 × 11	16 = 14 × 13	17 = 14 + 15 + 16	18 = 9–14	19 = 10–15	20 = 12–16
16 000	−640	−4 010	+ 600	+ 3.75%	10 000	−400	+ 375	9 975	6 000	−240	+ 225
6 800	+ 68	+ 1%			5 000	+ 50		5 050	1 800	+ 18	
10 880	+ 220	+ 2%			8 000	+ 160		8 160	2 880	+ 60	
33 680	−352		+ 600		23 000	−190	+ 375	23 185	10 680	−162	225

说明：

① 6 月初在产品的定额变动为 5 月的定额变动在 5 月末在产品上的分配额。

② 本月费用的定额成本：原材料仅包括本月投产的 20 台的原材料定额，其他加工费用包括 38 台的各项费用定额（$50 \times 50\% + 10 \times 10\% + 20 \times 60\% = 38$）。

③ 如果月初在产品在本月全部加工完毕，那么定额变动 600 元应全部计入完工产品的定额变动中。

表 7–17　电机产品成本计算单

2 × 19 年 6 月

成本项目	总成本（50 台）			单位成本		
	定额成本	定额差异	定额变动	定额成本	定额差异	定额变动
直接材料	10 000	−400	+ 375	200	−8.0	+ 7.5
直接工资	5 000	+ 50		100	+ 1.0	
制造费用	8 000	+ 160		160	+ 3.2	
合计	23 000	−190	+ 375	460	−3.8	+ 7.5

7.3　分类法

7.3.1　分类法的主要特点

分类法是指将生产费用按产品类别归集，进而计算产品成本的一种成本计算方法。

某些企业生产的产品品种和规格繁多，如果按产品的各种品种、规格来归集生产费用、计算产品成本，那么成本计算工作会变得非常烦琐，工作量会非常大。分类法将不同品种、规格的产品按照恰当的标准进行分类，从而极大地简化了成本计算工作。

分类法的特点是按照产品的类别归集生产费用，计算该类产品成本，按照一定的分配方法分配确定该类产品不同品种（或规格）的成本。

7.3.2 分类法的适用范围

分类法较为简易、方便，用途广泛，可以应用在各种类型企业的日常生产中。凡是产品品种和规格繁多，但可以按照相关标准将产品划分为若干类别的企业或车间，均可以运用分类法核算成本。

一些工业企业加工同一品种的原料来生产多种主要产品。例如，各种汽油、煤油和柴油等产品都可以通过提炼原油得到，这些联产品的加工原料和加工工艺有很大的一致性，这样的企业就很适合使用分类法核算成本。

有的企业生产的产品可能种类较多，但数量很少，尽管所用材料和加工工艺可能不同，但是为了简化成本核算工作，也可以使用分类法进行成本核算。

有时企业会生产多种不同质量等级的产品，这些产品的原材料和加工工艺由于质量设计不同会有所不同。为了简化核算工作也可以使用分类法核算成本。但是如果质量的不一致并非来自预先的质量设计，而是由人为的操作和材料质量不一致等外部原因导致的，尽管在最初的材料和工艺设计上区别不大，也不能使用分类法。因为劣质产品的单位成本应该和合格产品的单位成本不同，如果使用分类法进行计算，就会掩盖劣质产品低售价造成的损失。

7.3.3 分类法下成本核算的程序

分类法下成本核算的程序如下。

① 将产品分类。分类的标准一般根据产品所用的原材料和加工工艺来确定，然后需要按照产品的不同类别开设产品成本明细账，按照所分的类别归集产品的生产费用。

② 选择分配标准。选择恰当、合理的分类标准，将产品成本在类内进行分配，计算每一类中各种产品的成本。

同类产品中的各种品种之间分配费用的标准，一般有定额消耗量、定额费用、售价等。在选择分配标准时，主要应考虑该标准与产品生产耗费的关系，即应选择与产品各项耗费有密切联系的分配标准。

在类内各种品种之间分配费用时，需要选择同一个分配标准进行分类；为了使分配结果更为合理，也可以根据各成本项目的性质，分别按照不同的分配标准进行分配。比如，原材料费用可以按照原材料定额消耗量或原材料定额费用比例进行分配，工资及福利费等其他费用可以按照定额工时比例进行分配。

7.3.4 案例

某企业生产的甲、乙、丙三种产品的结构、所用原材料和工艺过程基本相同，合并为一类（A 类），采用分类法计算成本。类内各种产品之间分配费用的标准为：原材料费用按各种产品的原材料费用系数分配，原材料费用系数按原材料费用定额确定；其他费用按定额工时比例分配。与甲、乙、丙三种产品成本计算有关的数据以及成本计算过程如下。

① 根据原材料费用定额计算原材料费用系数（详见表 7—18）。

表 7–18 原材料费用系数

产品名称	单位产品原材料费用				原材料费用系数
	原材料名称或编号	消耗定额（千克）	计划单价（元）	费用定额（元）	
甲（标准产品）	1 011	2 000	0.5	1 000	1
	2 021	1 000	0.8	800	
	3 112	1 700	1	1 700	
	小计			3 500	
乙	1 011	1 800	0.5	900	0.8
	2 021	500	0.8	400	
	3 112	1 500	1	1 500	
	小计			2 800	
丙	1 011	2 500	0.5	1 250	1.1
	2 021	1 000	0.8	800	
	3 112	1 800	1	1 800	
	小计			3 850	

② 按产品类别（A 类）开设产品成本明细账。

根据各项生产费用分配表登记产品成本明细账，计算该类产品成本（在产品成本按年初固定数计算），如表 7—19 所示。

表 7–19 产品成本明细账

产品名称：A 类 2×19 年 × 月　　单位：元

摘要	原材料	工资及福利费	制造费用	成本合计
月初在产品成本	45 000	2 500	4 200	51 700
本月费用	793 600	49 500	67 500	910 600
生产费用合计	838 600	52 000	71 700	962 300
产成品成本	793 600	49 500	67 500	910 600
月末在产品成本	45 000	2 500	4 200	51 700

③分配计算甲、乙、丙三种产品的产成品成本。

根据各种产品的产量、原材料费用系数和工时消耗定额，分配计算 A 类甲、乙、丙三种产品的产成品成本，详见表 7—20。

表 7–20　各种产成品成本计算表

2×19 年 × 月　　　　　　　　　　　　　　　　　　　　　　　　　　单位：元

项目	产量（件）	原材料费用系数	原材料费用总系数	工时消耗定额	定额工时	原材料	工资及福利费	制造费用	成本合计
①	②	③	④＝②×③	⑤	⑥＝②×⑤	⑦＝④× 分配率	⑧＝⑥× 分配率	⑨＝⑥× 分配率	⑩
分配率						320	1.1	1.5	
甲产品	10 000	1	10 000	18	180 000	3 200 000	198 000	270 000	3 668 000
乙产品	7 500	0.8	6 000	20	150 000	1 920 000	165 000	225 000	2 310 000
丙产品	8 000	1.1	8 800	15	120 000	2 816 000	132 000	180 000	3 128 000
合计			24 800		450 000	7 936 000	495 000	675 000	9 106 000

表 7–19 中各种费用分配率的计算如下。

$$原材料费用分配率=\frac{7\ 936\ 000}{24\ 800}=320（元／千克）$$

$$工资及福利费分配率=\frac{495\ 000}{450\ 000}=1.1（元／工时）$$

$$制造费用分配率=\frac{675\ 000}{450\ 000}=1.5（元／工时）$$

在表 7–20 所示产品成本计算中，各项费用的合计数是分配对象，它应该根据该类产品成本明细账中产成品成本一行中的数字填列。表中原材料费用分配率，应根据原材料费用合计数除以原材料费用总系数的合计数计算填列；原材料费用分配率分别乘以各种产成品的原材料费用总系数，即可求得各种产成品的原材料费用。

表 7–20 中工资及福利费、制造费用的分配率，则应根据各该项费用的合计数，分别除以定额工时的合计数计算填列；以各该项费用分配率，分别乘以各种产成品的定额工时，即可求得各该种产成品的各该项费用。

第 8 章
成本报表的编制

8.1 成本报表概述

8.1.1 成本报表的含义

会计报表是根据日常会计核算资料归集、加工、汇总而形成的一个完整的报告体系。会计报表所提供的会计信息要满足企业内外各方的信息需求。企业会计报表按其信息使用者不同可分为两类：第一类是对外报告，通常包括企业对外披露的资产负债表、利润表和现金流量表等，用来反映企业的财务状况、经营成果和现金流量等财务信息；第二类是企业内部管理需要的报表，如管理用财务报表和成本报表等。本章将阐述各种成本报表的编制。

成本报表是根据日常成本核算资料及其他有关资料定期或不定期编制，用以反映企业产品成本水平、构成及其升降变动情况，考核和分析企业在一定时期内成本计划执行情况及其结果的报告文件。正确、及时地编制成本报表是成本会计的一项重要内容。

8.1.2 成本报表的作用

成本报表主要用于向企业各级管理部门、企业领导、企业职工以及有关部门提供成本信息。成本报表的主要作用有以下几点。

① 综合反映报告期内的产品成本信息。

产品成本是反映企业生产经营各方面工作质量的一项综合性指标，企业的产、供、销各个环节的经营管理水平，最终都直接或间接地反映到产品成本中。相关使用者通过成本报表资料，能够及时发现企业在生产、技术、质量和管理等方面取得的成绩和存在的问题。

② 进行成本分析以提高企业效益。

相关使用者通过分析成本报表，可以揭示影响产品成本指标和费用项目变动的因素和原因，从生产技术、生产组织和经营管理等各个方面挖掘节约费用支出和降低产品成本的潜力，提高企业的经济效益。

③ 成本报表信息为成本计划和预测提供依据。

企业要制订成本计划，必须明确成本计划目标。企业一般是根据报告年度产品成本的实际水平，结合报告年度成本计划执行情况，并考虑计划年度中可能发生的有利变化和不利变化，来制订下一年度的成本计划。因此本期成本报表所提供的信息，是制订计划期成本计划的重要参考资料。同时，管理部门也根据成本报表资料来对未来的成本进行预测，为企业做出正确的经营决策和加强成本控制与管理提供必要的依据。

④ 成本报表能指导和监督成本管理工作。

企业主管部门把所属非独立核算单位的成本报表资料和其他报表资料等结合起来运用，可以有针对性地指导和监督成本管理工作。

8.1.3 成本报表的种类

按照不同的分类标准，成本报表可以分为不同的种类。

① 成本报表按其报送对象可分为对内成本报表和对外成本报表。

对内成本报表是指企业向内部信息使用者（如管理层等）提供的成本报表，主要是为满足企业内部经营管理需要而编制的，不对外公开。因此，对内成本报表的种类、格式、项目、指标的设计和编制方法、编报日期、具体报送对象，都没有统一的标准，由企业根据自己生产经营和管理的需要来决定。它有利于企业领导者和职工了解日常成本费用计划的执行情况，进而激励全体员工控制成本费用，服务于企业的价值增值活动。另外，对内成本报表为企业管理层提供了经营的成本费用信息，便于其进行科学决策和采取有效措施降低成本费用。

对外成本报表是指企业向外部单位（如上级主管部门和联营主管单位等）报送的成本报表。企业对外成本报表的种类、格式、项目和编制方法，一般由主管企业的上级机构同企业共同商定。通常情况下，成本报表被认为是企业内部管理用的报表，作为对内报表，按惯例不对外公布。但在我国国有企业和国有联营企业中，为了管理的需要，目前甚至以后相当长的一段时间内还存在着监管这些企业的主管部门，这些主管部门为了控制成本费用，监督成本计划的完成情况，分析企业成本管理情况在行业内的地位，以及进行成本的预测和决策，常常要求企业将其成本报表作为会计报表的附表上报。

② 成本报表按其所反映内容可分为反映成本情况的报表和反映费用情况的报表。

反映成本情况的报表主要反映企业为生产一定种类和数量产品所支出的生产成本的水平及其构成情况。将本期成本报表与计划、上年实际、历史最好水平或同行业同类产品先进水平的成本报表相比较，通过比较，分析差异，明确产品成本的变动情况和变动趋势，并采取有效措施降低成本。属于此类成本报表的有产品生产成本表或产品生产成本及销售成本表、主要产品生产成本表、质量成本表和责任成本表等。

反映费用情况的报表主要反映企业在一定时期内各种费用的总额及其构成情况。将本期成本报表与计划（预算）、上年实际、同行业先进企业的成本报表相对比，反映各项费用支出的变动情况和变动趋势。反映费用情况的报表可以作为企业和主管部门制定费用预算、控制费用支出以及制定考核费用支出指标的依据，并进一步明确有关部门和人员的经济责任，防止随意扩大费用开支范围。属于此类成本报表的有制造费用明细表、管理费用明细表、销售费用明细表和财务费用明细表等。

③ 成本报表按其编报时间可分为年报、季报和月报。

成本报表按企业管理的需要一般可按月、按季、按年编报。但为了加强成本的日常管理，也可以按旬、按周或者按日编报，并及时报送有关部门负责人，使其可以根据成本报表及时监督企业成本费用的耗费情况，分析成本的变动情况和变动趋势，寻求降低成本的潜在途径和方法。另外也可将成本会计指标、统计指标和技术经济指标结合起来，定期或不定期地向有关部门和人员报送技术经济指标变动对成本影响的报表。在成本计划执行过程中，企业还可以对未来能否有效完成成本计划进行预测，并向有关部门和人员报送分析报告，及时传递成本信息，以保证成本计划的圆满完成。

④ 成本报表按编制的范围可以分为全厂成本报表、车间成本报表、班组成本报表和责任成本报表等。

8.1.4 成本报表的特点

成本报表的实质是对内报表，是有关企业内部成本管理的报表。与现行会计制度规定的对外财务报表相比较，成本报表具有以下特点。

① 编制的目的主要是满足企业内部经营管理者的需要，因而内容更具有针对性。

企业对外提供的会计报表，包括资产负债表、利润表、现金流量表以及所有者权益变动表等报表，是为了向股东、债权人、政府以及社会各利益相关者提供有关企业财务状况、经营成果以及现金流量等信息而编制的。在市场经济条件下，成本费用信息作为企业内部经营管理信息，一般不对外公开。编报的成本报表作为内部报表，主要是为企业内部经营管理者服务，满足企业管理层以及各部门、车间和岗位责任人对成本信息的需求。不同人员对成本费用信息的需求不同，因而成本报表的内容要有针对性。例如，高层管理人员更关注产品生产成本进而需要了解产品毛利信息，而岗位责任人更关注不同工序的成本费用信息。具有针对性的成本报表可以促进各有关部门和人员关心成本，了解其工作对成本的影响，明确各自在成本控制中应承担的责任。

② 成本报表的种类、内容和格式由企业自行决定，编制更具灵活性。

对外报表的种类、内容和格式由相关制度统一规定，强调标准性。而内部成本报表则不同，它没有规定的内容和格式，由企业根据其经营管理需要自行决定。因此，成本报表的编制有很大的灵活性。企业除了定期编报全面反映成本计划完成情况的报表外，还往往在成本报表中对某一问题或某一侧面进行重点反映，揭示差异，分析原因，分清责任。成本报表格式也灵活多样，内容、指标各不相同。企业可以事后编报报表，也可以事前预报或事中编报报表。但是如果主管企业的上级机构要求企业将其主要成本报表作为会计报表的附表报送，则企业主要成本报表的种类、内容、格式和编制方法，也可以由主管企业的上级机构同企业协商确定。

③ 内部成本报表的编报不定期，但更注重时效性。

对外报表一般都是定期编制和报送的，如中国证券监督管理委员会（以下简称“证监会”）规定上市公司年报必须在每年的 4 月 30 日之前对外披露。而内部成本报表主要是为了满足企业内部掌握成本信息的需要，因此，内部成本报表可以根据内部管理的需要适时地、不定期地编制，使成本报表及时地反映和反馈成本信息，揭示成本管理工作中存在的问题和技术经济指标变动对成本的影响，促使有关部门和人员及时采取措施，改进工作方式，控制成本费用，提高企业的经济效益。为了实现这个目标，成本报表应注重时效性，提供的信息与其反映的内容在时间上尽量保持一致，这样成本报表才能有效发挥指导生产的作用。

④ 内部成本报表按生产经营组织体系上报。

对外报表需要及时报送到财政、银行和证监会等部门。而内部成本报表是根据企业生产经营组织体系逐级上报，或者是为解决某一特定问题而在某一权责范围内进行传递，使有关成本单元及时掌握成本计划目标的执行情况，揭示差异，查找原因和明确责任，评价内部环节和人员的业绩。

8.2 全部产品生产成本报表

8.2.1 全部产品生产成本报表的概念和作用

全部产品生产成本报表是反映企业在报告期内生产的全部商品（包括可比产品和不可比产品）的总成本以及各种主要产品的单位成本和总成本的报表。全部产品生产成本报表有利于企业各层次管理者及时监督和控制企业成本费用的耗费情况，识别出成本管理中的有利因素和不利因素，并采取有效措施降低成本。

8.2.2 全部产品生产成本报表的结构和内容

全部产品生产成本报表中，全部产品分为可比产品和不可比产品两大类。可比产品指的是上年或者以前年度正式生产过的，成本资料保存比较完备并且可以比较的产品。不可比产品指的是企业以前年度没有生产过而本年度初次生产的，或虽非初次生产但以前仅属试制而未正式投产的，因此没有成本资料可以参考的产品，即除可比产品以外的其他产品。全部产品生产成本报表列示了本月产量、本年累计产量、上年实际平均成本、计划单位成本、实际单位成本、本月总成本和本年累计总成本等成本信息。

全部产品生产成本表可以从两个不同角度进行编制，分别是按产品种类编制和按成本项目编制。按产品种类编制的全部产品生产成本表，反映企业在报告期内所生产的全部产品的总成本和各种主要产品（含可比产品和不可比产品）的单位成本及总成本。这种格式的全部产品生产成本表的基本结构是按产品种类（即可比产品和不可比产品）汇总反映企业一定时期内生产的全部产品的单位成本和总成本，并针对各主要产品，根据其实际产量，按上年实际平均单位成本和本年计划单位成本计算本月总成本和本年累计总成本。按成本项目编制的全部产品生产成本表，汇总反映企业在报告期内发生的全部生产费用（按成本项目反映）和全部产品总成本。这种格式的全部产品生产成本表的基本结构是按成本项目列示产品总成本，并按上年实际数、本年计划数、本月实际数和本年实际数分项、分栏进行反映。

下面举例说明按产品种类和按成本项目编制全部产品生产成本表的方法。

8.2.3 全部产品生产成本（按产品种类反映）表的编制

1. 全部产品生产成本（按产品种类反映）表的填列

【例 8–1】假定某企业 2×19 年 12 月的全部产品生产成本(按产品种类反映)表，如表 8–1 所示。

表 8–1 全部产品生产成本（按产品种类反映）表

编制单位： 2×19 年 12 月 金额单位：元

产品名称	计量单位	实际产量		单位成本				本月总成本			本年累计总成本		
		本月	本年累计	上年实际平均	本年计划	本月实际	本年累计实际平均	按上年实际平均单位成本计算	按本年计划单位成本计算	本期实际	按上年实际平均单位成本计算	按本年计划单位成本计算	本年实际
		①	②	③	④	⑤＝⑨÷①	⑥＝⑫÷②	⑦＝①×③	⑧＝①×④	⑨	⑩＝②×③	⑪＝②×④	⑫
可比产品合计				84				19 400	19 100	18 850	270 000	266 000	269 400
其中：A	台	50	500	760	82	83	81	4 200	4 100	4 150	42 000	41 000	40 500
B	台	20	300		750	735	763	15 200	15 000	14 700	228 000	225 000	228 900
不可比产品合计		8	70		125				2 110	2 119		23 550	23 780
其中：C	台	3	40		370	128	126		1 000	1 024		8 750	8 820
D	台					365	374		1 110	1 095		14 800	14 960
全部产品									21 210	20 969		289 550	293 180

补充资料（本年累计实际数）如下。

① 可比产品成本降低额为 600 元（本年计划降低额为 2 800 元）。

② 可比产品成本降低率为 0.2222%（本年计划降低率为 1.508 6%）。

③ 按现行价格计算的商品产值为 921 300 元。

④ 产值成本率为 31.82 元／百元（本年计划产值成本率为 31 元／百元）。

上述全部产品生产成本表分为基本报表和补充资料两部分。基本报表部分应按可比产品和不可比产品分别填列。在成本计划中，不可比产品只有本年的计划成本指标而没有成本降低计划指标，而可比产品不仅有计划成本指标，而且有成本降低计划指标，即本年度可比产品的计划成本比上年度（或以前年度）实际成本的降低额和降低率。

全部产品生产成本表的基本报表部分应反映各种可比产品和不可比产品本月及本年累计的实际产量、实际单位成本和实际总成本。以上项目的本月数应根据本月产品成本明细账中的有关记录填列；本年累计实际产量②和本年累计实际总成本⑫应根据本月数加上上月本表的累计数计算填列；本年累计实际平均单位成本⑥应根据本年累计实际总成本⑫除以本年累计实际产量计算填列。

为了反映企业当年全部产品成本计划的完成情况，基本报表部分还应反映各种可比产品和不可比产品按计划单位成本④计算的本月总成本⑧和本年累计总成本⑪。计划单位成本应根据本年成本计划填列，本月和本年累计计划总成本应根据计划单位成本分别乘以本月实际产量和本年累计实际产量计算填列。

为了计算可比产品成本降低额和降低率，基本报表部分还应反映可比产品按上年实际平均单位成本③计算的本月总成本⑦和本年累计总成本⑩。上年实际平均单位成本应根据上年度12月本表全年累计实际平均单位成本⑥填列，本月总成本和本年累计实际总成本应根据上年实际平均单位成本分别乘以本月实际产量和本年累计实际产量计算填列。不可比产品由于没有成本资料可以参考比较，因而不必填列③⑦和⑩。

补充资料部分只填列本年累计实际数。其中包括以下几项内容。

①可比产品成本降低额，是指可比产品累计实际总成本比按上年实际平均单位成本计算的累计总成本降低的数额，如果增加则用负数表示。其计算公式如下。

可比产品成本降低额＝可比产品按上年实际平均单位成本计算的本年累计总成本－可比产品本年累计实际总成本

以表8–1资料为例，计算如下。

可比产品成本降低额＝270 000－269 400＝600（元）

本年计划降低额2 800元根据可比产品成本降低计划填列。

②可比产品成本降低率，是指可比产品成本降低额与可比产品按上年实际平均单位成本计算的本年累计总成本的比率，如果增加则用负数表示。计算公式如下。

可比产品成本降低率＝可比产品成本降低额 ÷ 可比产品按上年实际平均单位成本计算的本年累计总成本 ×100%

以表8–1资料为例，计算如下。

可比产品成本降低率＝600÷270 000×100%＝0.222 2%

本年计划降低率1.508 6%根据可比产品成本降低计划填列。

③按现行市场价格计算的商品产值，根据现行市场情况填列。

④产值成本率，是指产品总成本与产品产值的比率，通常以每百元产品产值的总成本表示。计算公式如下。

产值成本率（元/百元）＝产品总成本 ÷ 产品产值 ×100

以表8–1资料为例，计算如下。

产值成本率＝ 293 180 ÷ 921 300 × 100 ＝ 31.82（元 / 百元）

2. 全部产品生产成本（按产品种类反映）表的分析

利用此表可以定期、总括地考核和分析企业全部产品成本计划的完成情况和可比产品成本降低计划的完成情况，对企业产品成本工作从总体上进行评价，并为进一步的分析指明方向。

通过对企业产品成本工作总体上的评价，可以从整体上了解企业全部产品成本计划的完成情况；另外，通过对影响计划完成情况因素的初步分析，可以为进一步分析指明方向。根据表 8–1 资料编制分析表，如表 8–2 所示。

表 8–2　本年累计全部产品成本计划完成情况分析表

编制单位：　　　　2 × 19 年 12 月　　　　单位：元

产品名称	计划总成本	实际总成本	实际比计划升降额	实际比计划升降率（%）
可比产品合计	266 000	269 400	＋ 3 400	＋ 1.28
其中：A	41 000	40 500	–500	–1.22
B	225 000	228 900	＋ 3 900	＋ 1.73
不可比产品合计	23 550	23 780	＋ 230	＋ 0.98
其中：C	8 750	8 820	＋ 70	＋ 0.80
D	14 800	14 960	＋ 160	＋ 1.08
合计	289 550	293 180	＋ 3 630	＋ 1.25

表中数字计算如下所示。

本年累计全部产品成本实际比计划升降额＝实际总成本 – 计划总成本

＝ 293 180–289 550

＝ 3 630（元）

本年累计全部产品成本计划完成率＝（ Σ各种产品实际单位成本 × 实际产量）÷ Σ（各种产品计划单位成本 × 实际产量）× 100%

＝（293 180 ÷ 289 550）× 100% ＝ 101.25%

成本升降率＝ 101.25%–100% ＝ 1.25%

计算表明，本年全部产品累计实际总成本超过计划总成本 3 630 元，升高 1.25%。其中：可比产品本年累计实际总成本比本年累计计划总成本超支 3 400 元，主要是 B 产品总成本超支 3 900 元，而 A 产品成本却降低了 500 元；不可比产品本年累计实际总成本比本年累计计划总成本超支 230 元，C、D 产品总成本都略有超支。显然，进一步分析的重点应查明 B 产品成本超支的原因，通过控制 B 产品的成本来控制总成本的上涨。值得注意的是，从表 8–1 可知，本月（12 月）全部产品实际总成本比计划总成本降低了 241 元（即 20 969–21 210），降低 1.14%，特别是 B 产品成本降低的幅度较大，说明年末工作有所好转，应该分析原因以期继续保持下去。

为了把企业产品的成本耗费和生产成果联系起来，综合评价企业成本耗费的经济效益，在全部产品成本计划完成情况的总评价中，还应包括产值成本率指标的评价。从表 8–1 补充资料得知，本年累计实际产值成本率为 31.82 元 / 百元，比计划超支 0.82 元 / 百元（即 31.82–31 ＝ 0.82），说明该企业生产耗费的经济效益有所下降，应该查明原因并及时采取补救措施。

8.2.4 全部产品生产成本（按成本项目反映）表的编制

1. 全部产品生产成本（按成本项目反映）表的填列

【例 8–2】假定某企业 2×19 年 12 月份的全部产品生产成本（按成本项目反映）表如表 8–3 所示。

表 8–3 全部产品生产成本（按成本项目反映）表

编制单位： 2×19 年 12 月 单位：元

项目	本年计划数	本月实际数	本年累计实际数
生产成本：			
直接材料	341 900	30 153	349 818
直接人工	152 700	13 782	157 892
制造费用	232 800	19 984	229 677
生产成本合计	727 400	63 919	737 387
加：在产品和自制半成品期初余额	48 350	3 698	45 529
减：在产品和自制半成品期末余额	42 900	2 643	30 378
产品成本合计	732 850	64 974	752 538

表 8–3 是按成本项目汇总反映企业在报告期内发生的全部生产费用以及产品成本合计数的报表。

该表可分为生产成本和产品成本两部分。生产成本部分按成本项目即直接材料、直接人工和制造费用反映；产品成本部分是在生产成本合计数的基础上，加上在产品和自制半成品的期初余额然后减去期末余额，进而得到的产品成本合计数。生产成本和产品成本按本年计划数、本月实际数和本年累计实际数分栏反映，以便于比较差异，分析原因。如果可比产品单独列示，还需要增设上年实际数栏，以便于分析比较。

表内各项目的填列方法如下。

① 本年计划数，应根据成本计划有关资料填列。

② 本月实际数，应按成本项目反映的各种生产成本数和各种产品成本明细账所记本月生产成本合计数，分别汇总填列。

③ 本年累计实际数，应根据本月实际数加上上月份本表的本年累计实际数计算填列。

④ 在产品和自制半成品期初及期末余额，应根据各种产品成本明细账的期初、期末在产品成本和各种自制半成品明细账的期初、期末余额，分别汇总填列。

⑤ 产品成本合计，应以生产成本合计数加上在产品和各种自制半成品期初余额，减去其期末余额计算填列。

2. 全部产品生产成本（按成本项目反映）表的分析

利用此表可以定期、总括地分析和考核企业全部生产成本和全部产品成本计划的完成情况，从总体上对企业成本管理工作进行评价，并指导企业进一步改进工作。分析此表一般可采用比较分析法、构成比率分析法和相关指标比率分析法。

表 8–3 是 12 月编制的，因此其本年累计实际数和本年计划数反映的是整个年度的生产成本和产品成本。分析时可采用比较分析法，将产品成本合计数、生产成本合计数及其各个成本项目费用的本年累计实际数与本年计划数进行对比，分析差异，以便改进企业的成本管理工作。

如表 8–3 中的产品成本合计项目中，本年累计实际数高于本年计划数，实际超出计划 19 688 元（即 752 538–732 850）。成本超支的原因是多方面的：可能是产品产量和产品品种构成（各种产品产量在总产量中比重）的变动，也可能是产品单位成本的升高。为分析其确切原因，应结合有关的明细资料，采用连环替代法分析影响产品总成本变动的主要因素和因素变动的主要原因，对产品总成本的变动做出合理评价。

从表 8–3 可知，对于生产成本合计项目，本年累计实际数比本年计划数多 9 987 元（即 737 387 – 727 400），因此可知本年生产成本的超支是导致产品成本合计数过高的因素之一。当然产品成本过高还有别的原因，即期初、期末在产品和自制半成品余额的变动。

从表 8–3 可知，直接材料、直接人工和制造费用的本年累计实际数与本年计划数相比，也有差异，且其升降的情况和升降的幅度各不相同。企业应关注各指标的变动情况并进一步查明影响指标变动的因素和因素变动的原因。

利用各成本项目的费用，还可计算其构成比率，并比较本年累计实际数、本月实际数和本年计划数。各项指标计算如下。

① 本年计划数构成比率。

直接材料费用比率＝ 341 900 ÷ 727 400 × 100% ≈ 47.0%

直接人工费用比率＝ 152 700 ÷ 727 400 × 100% ≈ 21.0%

制造费用比率＝ 232 800 ÷ 727 400 × 100% ≈ 32.0%

② 本月实际数构成比率。

直接材料费用比率＝ 30 153 ÷ 63 919 × 100% ≈ 47.2%

直接人工费用比率＝ 13 782 ÷ 63 919 × 100% ≈ 21.6%

制造费用比率＝ 19 984 ÷ 63 919 × 100% ≈ 31.3%

③ 本年累计实际数构成比率。

直接材料费用比率＝349 818÷737 387×100%≈47.4%

直接人工费用比率＝157 892÷737 387×100%≈21.4%

制造费用比率＝229 677÷737 387×100%≈31.1%

以本年累计实际数与本年计划数的构成比率相比，生产成本中直接材料费用的比重有所升高，直接人工费用的比重有所升高，而制造费用的比重有所下降；以本年累计实际的构成比率数与本月实际数的构成比率相比，直接材料费的用比重有所升高，直接人工费用的比重有所下降，而制造费用的比重有所下降。通过指标对比，能了解各成本项目变动的一般情况。由于各项指标变动受多种因素影响，因此分析时还应结合明细核算资料进一步查明原因，以便对其变动的合理性做出判断，对于有利变动应继续保持。

分析时，还可将表中所列的产品成本合计数与其相关的商品产值、产品销售收入和利润总额指标相比，计算各种相关指标比率，即产值成本率、销售收入成本率和成本利润率，然后进行比较，以了解企业本年和 12 月生产耗费的经济效益情况及其变动的趋势。

【例 8–3】假定例 8–2 中的企业本年计划利润总额为 119 800 元，本月实际利润总额为 9 836 元，本年累计实际利润总额为 123 627 元，则该企业的成本利润率的计算如下。

本年计划成本利润率＝119 800÷732 850×100%≈16.3%

本月实际成本利润率＝9 836÷64 974×100%≈15.1%

本年累计实际成本利润率＝123 627÷752 538×100%≈16.4%

从上述计算可以看出，虽然该企业的本年累计实际成本利润率高于本年计划成本利润率，但是本年 12 月实际成本利润率低于本年累计实际成本利润率。这说明企业生产耗费的经济效益总体是好的，但是在最后一个月出现偏差。应进一步分析其原因，总结经验，以便不断提高企业生产耗费的经济效益。

8.3 主要产品单位成本表

8.3.1 主要产品单位成本表的概念和作用

主要产品是指企业经常生产，在企业全部产品中所占比重较大，能概括反映企业生产经营情况的产品。主要产品单位成本表是反映企业在报告期内生产的各种主要产品单位成本水平和构成情况以及各项主要技术经济指标执行情况的报表。

利用主要产品单位成本表所提供的信息，可以依据成本项目分析和考核主要产品单位成本计划的执行情况；可以按照成本项目将本月实际平均单位成本和本年累计实际平均单位成本，与上年实际平均单位成本和历史先进水平进行对比，了解单位成本的变动情况；可以分析和考核各种主要产品的主要技术经济指标的执行情况，进而查明主要产品单位成本升降的具体原因，并挖掘节约成本的潜力，降低产品成本。

8.3.2 主要产品单位成本表的结构和内容

主要产品单位成本表针对产品成本项目，反映产品单位成本及各成本项目的历史先进水平、上年实际平均水平、本年计划平均单位成本、本月实际平均单位成本和本年累计实际平均单位成本等资料。该表在结构上可分为两个部分：第一部分为表的基本部分，分别按每一种主要产品进行编制，并分别列出历史先进水平、上年实际平均单位成本、本年计划平均单位成本、本年实际平均单位成本和本年累计实际平均单位成本；第二部分为表的补充资料，反映单位产品的主要经济技术指标，主要包括历史先进水平、上年实际平均单位成本、本年计划平均单位成本、本月实际平均单位成本和本年累计实际平均单位成本，这些经济指标为分析、考核企业的产品成本执行情况提供了依据。

某企业 2×19 年 12 月的主要产品单位成本表如表 8–4 所示。

表 8–4 主要产品单位成本表

编制单位：　　　　　　　　2×19 年 12 月

产品名称		A 产品		本月计划产量（台）		2 100
规格		一级		本月实际产量（台）		2 215
计量单位		台		本年累计计划产量（台）		25 000
销售单价		220 元 / 台		本年累计实际产量（台）		26 350
成本项目	行次	历史先进水平	上年实际平均	本年计划	本月实际	本年累计实际平均
		1	2	3	4	5
直接材料	1	87.8	85.5	83.6	88.7	87.2
直接人工	2	23.4	25.1	22.4	24.1	24.2
制造费用	3	16.3	17.8	16.1	16.4	16.3
合计	4	127.5	128.4	122.1	129.2	127.7
主要技术经济指标	5	用量	用量	用量	用量	用量
① 铝合金	6	90	98	89	93	95
② 工时	7	10	12	12	13	12.5

8.3.3 主要产品单位成本表的编制方法

主要产品单位成本表的编制方法如下。

① 基本部分所列的产品名称、规格、计量单位、产量，应根据有关产品成本计算单上的资料进行填列，销售单价则根据产品销售收入明细账资料填列。

② 表中各成本项目的本年计划单位成本栏，应根据企业本年计划资料进行填列。

③ 表中各成本项目的上年实际平均单位成本栏，应根据企业上年度的成本资料进行填列。

④ 表中各成本项目的历史先进水平栏，应根据企业的成本历史资料选择填列。

⑤ 表中各成本项目的本月实际单位成本栏，应根据本月实际成本资料进行填列。

⑥ 表中各成本项目的本年累计实际平均单位成本栏，应根据本年各项目总成本除以累计产量后的商进行填列。

⑦ 表中主要技术经济指标，主要列示原材料、主要材料、燃料和动力消耗量，应根据产品定额消耗计划和本期实际消耗等资料进行填列。

8.4 各种费用报表的编制和分析

8.4.1 各种费用报表的概念和作用

各种费用是指企业在生产经营过程中，各个部门、车间为进行产品生产、组织和管理生产经营活动所发生的制造费用、管理费用、销售费用和财务费用等。制造费用属于产品成本的组成部分，管理费用、销售费用、财务费用属于期间费用。

编制上述 4 种费用报表的目的在于反映各项费用计划的执行情况，分析各种费用变动的原因以及是对产品成本和当期损益的影响。

8.4.2 制造费用明细表的结构和编制方法

制造费用明细表按制造费用项目分别反映各项费用的本年计划数、上年同期实际数、本月实际数和本年累计实际数等。其中：本年计划数应根据成本计划中的制造费用计划填列；上年同期实际数应根据上年同期制造费用明细表的累计实际数填列；本月实际数应根据“制造费用”总账科目所属各基本生产车间制造费用明细账的本月合计数汇总计算填列；本年累计实际数应根据这些车间制造费用明细账的本月末累计数汇总计算填列。

某企业 2×19 年 12 月的制造费用明细表如表 8–5 所示。

表 8–5　制造费用明细表

编制单位：　　　　2×19 年 12 月　　　　单位：元

项目	本年计划数	上年同期实际数	本月实际数	本年累计实际数
职工薪酬	80 000	83 923	6 783	79 029
职工福利费	10 000	11 389	857	10 928
折旧费	130 000	134 924	10 208	120 483
修理费	61 000	61 023	5 201	61 296
办公费	15 100	16 023	1 250	15 294
取暖费	22 000	22 342	1 783	21 094
水电费	51 700	52 192	4 609	53 023
机物料消耗	35 000	35 922	2 980	35 029
低值易耗品摊销	12 000	12 331	935	11 093
劳动保护费	15 000	15 209	1 250	14 749

续表

项目	本年计划数	上年同期实际数	本月实际数	本年累计实际数
租赁费	2 500	2 629	231	2 604
运输费	12 300	12 903	984	11 930
保险费	75 000	75 901	6 189	74 049
设计制图费	12 500	12 103	1 091	12 993
试验检验费	8 900	9 025	738	9 021
在产品盘亏和毁损	3 500	4 028	313	3 829
其他	100	127	40	89
合计	546 600	561 994	45 442	536 533

8.4.3 期间费用报表的结构和编制方法

期间费用报表是反映企业在报告期内发生的管理费用、销售费用、财务费用的报表，一般包括管理费用明细表、销售费用明细表和财务费用明细表。

（1）管理费用明细表的结构和编制方法

管理费用项目分别反映各类管理费用的本年计划数、上年同期实际数、本月实际数和本年累计实际数。其中：本年计划数应根据公司（总厂）或企业行政管理部门的管理费用计划填列；上年同期实际数应根据上年同期管理费用明细表的累计实际数填列；本月实际数应根据“管理费用”明细账的本月合计数填列；本年累计实际数应根据“管理费用”明细账的本月末的累计数填列。

某企业 2×19 年 12 月的管理费用明细表如表 8–6 所示。

表 8–6 管理费用明细表

编制单位： 2×19 年 12 月 单位：元

项目	本年计划数	上年同期实际数	本月实际数	本年累计实际数
职工薪酬	68 500	68 024	5 602	67 468
职工福利费	9 300	9 489	782	9 314
折旧费	23 550	24 029	1 920	23 492
办公费	9 100	9 402	820	10 253
差旅费	15 300	19 002	1 392	16 833
运输费	21 890	22 987	1 792	22 310
保险费	16 400	17 394	1 490	18 049
租赁费	18 990	19 372	1 701	19 478
修理费	100	300	30	152
咨询费	400	402	39	394

续表

项目	本年计划数	上年同期实际数	本月实际数	本年累计实际数
诉讼费	14 790	15 928	1 351	16 224
排污费	6 600	7 829	671	7 319
绿化费	8 500	9 374	782	9 462
机物料消耗	6 000	6 947	503	6 460
低值易耗品摊销	5 500	5 998	440	5 368
无形资产摊销	4 000	4 057	349	4 172
递延费用摊销	2 000	2 103	153	1 829
坏账损失	1 000	1 023	85	1 050
研究开发费	4 000	4 129	350	4 201
技术转让费	17 200	17 393	1 448	17 320
业务招待费	16 000	16 930	1 329	15 820
工会经费	17 090	17 002	1 643	19 708
职工教育经费	500	591	67	740
待业保险费	7 500	7 620	672	7 916
劳动保险费	20 300	20 394	1 692	20 345
税金	2 600	2 840	238	2 810
材料、产成品盘亏和毁损	30	59	0	39
其他	50	72	0	31
合计	317 190	330 690	27 341	328 557

（2）销售费用明细表的结构和编制方法

销售费用明细表按销售费用项目分别反映各类销售费用的本年计划数、上年同期实际数、本月实际数和本年累计实际数。其中：本年计划数应根据本年销售费用计划填列；上年同期实际数应根据上年同期销售费用明细表的累计实际数填列；本月实际数应根据销售费用明细账的本月合计数填列；本年累计实际数应根据销售费用明细账的本月末累计数填列。

某企业 2×19 年 12 月的销售费用明细表如表 8–7 所示。

表 8–7　销售费用明细表

编制单位：　　　　2×19 年 12 月　　　　单位：元

项目	本年计划数	上年同期实际数	本月实际数	本年累计实际数
职工薪酬	22 300	22 464	1 840	22 102
职工福利费	3 100	3 144	250	3 029
业务费	8 100	8 240	659	8 209
运输费	30 000	30 960	2 482	29 847
装卸费	16 200	16 720	1 339	16 028

续表

项目	本年计划数	上年同期实际数	本月实际数	本年累计实际数
包装费	28 300	29 360	2 491	29 038
保险费	7 100	7 168	591	6 930
展览费	500	0	290	600
广告费	31 000	32 960	2 612	31 394
差旅费	10 100	10 240	905	11 039
租赁费	0	0	300	500
低值易耗品摊销	4 000	4 320	328	3 902
销售部门办公费	6 000	6 368	501	6 038
委托代销手续费	0	0	0	0
销售服务费	0	0	0	0
折旧费	7 210	7 324	600	7 193
其他	0	0	0	0
合计	173 910	179 268	15 188	175 849

（3）财务费用明细表的结构和编制方法

财务费用明细表按财务费用项目分别反映各类财务费用的本年计划数、上年同期实际数、本月实际数和本年累计实际数。其中：本年计划数应根据本年财务费用计划填列；上年同期实际数应根据上年同期财务费用明细表的累计实际数填列；本月实际数应根据财务费用明细账的本月合计数填列；本年累计实际数应根据财务费用明细账本月末的累计数填列。

某企业 2×19 年 12 月的财务费用明细表如表 8–8 所示。

表 8–8　财务费用明细表

编制单位：　　　　2×19 年 12 月　　　　单位：元

项目	本年计划数	上年同期实际数	本月实际数	本年累计实际数
利息支出（减利息收入）	40 200	40 190	3 509	42 019
汇兑损失（减汇兑收益）	23 000	27 094	1 729	21 034
调剂外汇手续费	9 100	10 394	720	8 900
金融机构手续费	0	0	0	0
其他筹资费用	0	0	0	0
合计	72 300	77 678	5 958	71 953

第 9 章 成本计划

9.1 成本计划概述

9.1.1 成本计划及其作用

1. 成本计划的定义

成本计划是企业生产经营总预算的一部分，它是以货币形式规定企业在计划期内产品生产耗费和各种产品的成本水平，以及相应的成本降低水平和为此采取的主要措施的书面方案。成本计划管理属于成本的事前管理，是企业生产经营管理的重要组成部分。企业通过对成本的计划与控制，分析实际成本与计划成本之间的差异，指出有待加强控制和改进的领域，达到提升有关部门的业绩、增产节约、促进企业发展的目的。

2. 成本计划的作用

① 成本计划是项目成本控制、分析和考核的可靠依据。成本计划管理是成本分析和成本考核的可靠依据，它充分反映了成本核算的客观要求和降低成本的目标。同时，通过成本分析和成本考核，企业能及时发现问题并采取改进措施，保证成本计划的顺利进行。

② 成本计划是生产经营计划编制的基础。成本计划与进度计划、物料计划和利润计划等共同构成一个完整的项目计划系统。在这个系统中，成本计划为物料计划、利润计划等提供了详细的成本资料，同时成本计划的编制建立在进度计划和物料计划的基础上，项目计划各组成部分相互依存，共同发展。成本计划保证项目生产经营的有序进行。

③ 成本计划是国民经济计划编制的基础。成本计划作为国民经济的重要组成部分，已成为其计划编制的基础。建立在成本降低指标基础上的成本计划可以为各部门和地区的生产成本计划提供有效依据，为国家相关部门综合平衡国民经济以及项目成本管理提供基础，保证国民经济发展有计划可依。

④ 成本计划是深入开展成本管理的动力。成本计划明确了成本管理责任制，将成本计划指标细分到各部门，其目标的实现需要各部门全体人员的协作努力，因此通过成本计划管理可以有效调动人员深入开展成本管理的积极性，最大程度地降低项目成本。

9.1.2 成本计划的内容

成本计划的内容主要包括以下 4 个方面。

（1）生产费用预算

生产费用预算确定了企业在计划年度内的全部生产性费用，反映了各生产费用要素的数额和比例关系，是进行资金控制和日常成本控制的依据。

生产费用预算的项目分为两部分：前一部分为生产费用要素，包括外购材料费、动力费、工资、职工福利费、折旧费、租赁费等；后一部分为调整计算部分，最后归集到产品生产成本。

生产费用预算的编制有两种方法：一种是根据综合经营计划的有关指标，按生产费用预算的费用要素加以分类汇总；另一种是先编制各车间生产费用预算，然后按费用要素将其分类汇总，并扣除重复计算部分。

（2）制造费用计划

制造费用中多数为固定成本，产量增长会使单位产品所负担的制造费用减少，从而降低单位产品成本。制造费用计划的项目有管理人员工资、福利费、办公费、水电费、取暖费、租赁费、机物料消耗、折旧费、修理费、低值易耗品摊销、劳动保护费等。

（3）单位产品成本计划

单位产品成本计划应分产品编制，每种产品编制一份，计划项目分为材料、工资、制造费用等，对可比产品还要计算产品成本降低额和降低率。

（4）产品成本计划

产品成本计划是产品单位成本计划的汇总，该计划中的主要项目为可比产品和不可比产品此两类项目下还包括单位成本、总成本、成本降低额和降低率项目。

除上述主要计划外，还要编制销售费用、管理费用、财务费用预算等。

做好成本计划工作，对于提高企业领导和职工降低成本的自觉性，克服盲目性，严格控制生产费用支出，挖掘降低成本的潜力，保证完成成本计划任务，提高产品的经济效益，都有着重要的意义。

9.1.3 成本计划的目的

成本计划的目的是对企业进行成本控制与考核。成本控制就是按制定的目标成本，对生产过程中的一切耗费进行严格计算、调节和监督，及时纠正不适当的偏差，确认有利于企业发展的相关因素，使企业的实际成本限制在预定的目标范围之内。成本控制是加强成本管理的重要环节，它是不断地研究以较少的物化劳动和活劳动消耗取得较大经营效果，改进和提高企业管理水平的重要环节。企业的成本考核是衡量成本管理水平的重要指标，也是对企业预先设定的成本计划执行结果的评价。正确考核成本水平可以使企业改善管理，加强经济核算，鞭策后进，鼓励先进，提高人员素质和管理才干，也有利于企业总结经验并促进其发展。

9.2 成本计划编制的原则与程序

9.2.1 成本计划编制的要求

① 要以先进合理的技术经济定额为依据来编制成本计划。这些定额包括物资消耗定额、劳动定额、费用开支定额等。

② 要以其他生产经营计划为依据编制成本计划。就是要以生产计划、物资供应计划、劳动工资计划等为依据来编制成本计划。

③ 要按照分级归口管理的原则来组织成本计划的编制。由财务部门负责组织有关部门参与成本计划的编制，保证成本计划符合实际。

9.2.2 成本计划编制的程序

1. 成本计划的编制原则

（1）先进性与合理性原则

编制成本计划要实事求是，要有科学根据并具备实施的条件。编制成本计划必须以先进、合理的技术经济定额为基础。如果企业的产品定额定得过高，经过努力也难以实现，那么成本计划指标将失去推动增产节约的作用；如果企业的产品定额定得过低，也不利于调动企业挖掘潜力和采用新技术的积极性。先进性可以保证企业成本计划的持续激励作用，合理性则使得成本计划与企业实际相符合。只有充分调研、科学论证、把握好成本计划的度，才能编制出既先进又合理的成本计划。

（2）协调性与一致性原则

成本计划要以生产计划、供应计划、销售计划、劳动工资计划、资金计划、材料消耗定额、工时定额等为依据，综合反映企业计划预计产生的经济效果；同时，成本计划又要从降低产品成本的角度，对它们提出进一步的要求，使各项计划彼此衔接、互相协调。在编制成本计划时，必须注意所采用的成本指标、成本项目、耗费归集、耗费分配等，无论是口径、范围还是方法，都应保持计划与实际一致、前期与后期一致。讲究计划的协调性，有利于成本计划与企业其他有关计划的相互统一、相互促进；保持一致性，有利于成本信息的对比分析，不断提高计划管理水平，更好地发挥成本计划的作用。

（3）统一性与广泛性原则

企业产品成本计划的编制涉及企业的多方面，因此应在企业经营管理层的统一领导下，由财会部门或计划部门牵头负责组织，各职能部门积极配合，各级管理人员和生产技术人员共同参与进行编制。成本计划的编制要讲究企业的广泛参与性，可采用“自上而下”和“自下而上”相结合的两种方式。“自上而下”是先由企业管理层制订出成本计划，并对有关计划指标进行分解，再按照指标落实到车间和有关职能部门，然后由各车间、职能部门根据管理层分解下达的指标进行讨论，并经反馈后由企业管理层最终确定；“自下而上”是先在车间和职能部门职工内部讨论的基础上编制各自的相关成本计划或费用预算，然后由企业汇总编制企业成本计划。这种上下结合编制的成本计划，具有广泛的群众基础，更符合企业的实际情况，便于成本计划的实施，也能调动全员参与成本管理的积极性。

（4）合法性原则

成本计划必须遵守国家的法律法规和政策，符合会计准则、会计制度、财务制度等。成本开支范围、费用开支标准等必须按照国家规定严格执行。成本计划作为企业内部管理的重要手段，应按照企业管理的有关规定执行，并根据目标管理要求合理制订计划。

（5）弹性原则

企业内外部环境的变化有时是无法预料的。制订成本计划所依据的条件或因素，如技术经济状况、供产销条件、市场需求情况等都可能发生意想不到的变化，这些变化都可能对成本计划的实施产生一定影响。因此，编制成本计划时要充分考虑这些变化因素，留有余地，使计划保持一定适应条件变化的能力，具有一定灵活性和弹性。

2. 收集资料

收集资料是编制成本计划的基础工作。主要需要收集的资料有以下 6 项。

① 各项成本降低指标及有关的各项规定。

② 计划期企业的生产、物料供应、劳动工资和技术组织措施等计划。

③ 计划期各种直接材料、直接人工的消耗定额和工时定额。

④ 材料计划价格、各部门费用预算以及劳动工资率。

⑤ 上期产品成本资料。

⑥ 费用开支标准及有关规定。

3. 预计和分析上期成本计划完成情况，确定生产和销售预算

4. 成本指标的试算平衡

在对上期成本计划完成情况分析的基础上，考虑计划期各种因素的变化和增产节约的措施，进行反复测算，确定计划期的目标成本。成本指标的试算平衡还要对其他计划指标进行综合平衡，如产品材料计划和物资供应计划、成本计划和资金计划的互相衔接、平衡。

5. 编制成本计划

通过试算平衡，结合企业的经营要求就可以正式编制企业的成本计划。

9.2.3 企业成本计划编制的程序

① 厂部直接编制成本计划。这种方法一般适用于小型企业或管理基础较差、实行一级核算的企业。首先根据原材料、燃料和动力成本项目的消耗定额和计划单价计算这些项目的计划金额；其次根据计划期产品工时定额和每小时生产工人工资计算直接人工项目；对于制造费用项目则由归口管理部门提出有关预算，经审核后修改；最后废品损失项目按照上期实际数额和计划期废品降低率计算。

② 分级编制成本计划。这种方法较为复杂，先由各车间编制本车间成本计划，然后由

企业财务部门汇总。这种方法通常要经过以下程序：企业下达控制指标——企业各部门编制成本计划——汇总平衡（如果不能达到要求还要多次反复该程序）——编制成本计划。

③ 厂部和车间联合编制成本计划。这种方法下。由厂部负责直接材料类项目的编制，而车间负责本车间的直接人工和制造费用项目的编制。上述的成本编制计划是在目标成本控制下，根据企业经营计划而编制的。

④ 根据产销量变动对单位固定成本的影响，以及单位变动成本的变动情况来计划产品的总成本和单位成本，运用弹性计划法来编制。

⑤ 将量本利分析方法运用到成本计划编制上，使用边际利润法来编制。

⑥ 用概率预算法编制成本计划。

9.2.4　项目成本计划编制的程序

① 收集整理相关资料。此步骤是成本计划编制的基础，可提供可靠的编制依据，其中归纳整理的资料主要包括国家或有关部门的相关规定、项目物资需求及劳务费用资料、各种经济技术指标、同类项目的实际成本和经验对策、成本决策资料、项目预算、项目机械设备情况、国内外先进的成本计划管理经验等。

② 确定目标成本。在充分分析成本计划完成情况的基础上，根据各种影响因素的实际情况，结合国内外以往项目的经验教训，确定项目目标成本。项目目标成本主要用于项目施工过程中的成本控制指导，因此项目成本的编制要建立在明确责任成本的基础上，并满足不同阶段管理的需求。

③ 编制成本计划草案。在项目经理下达计划指标后，通过发动职工讨论，总结上期成本计划完成情况，充分分析本期影响因素的变动，编制成本计划草案。同时各部门根据成本计划指标，编制各部门的具体实施方案。

④ 编制正式的成本计划。根据各项经济技术措施，综合平衡各项成本指标，并从全局出发，充分考虑内外部环境后最终确定成本计划。

9.2.5　项目成本计划编制的方法

1. 施工预算法

企业在该方法下主要根据实际工程量计算工料消耗量，并将汇总后的总额以货币形式表示。只有通过降低工料消耗量和价格才能实现成本计划的目标，因此在编制成本计划时，必须考虑降低生产耗费的节约措施计划。

2. 技术节约措施法

企业在该方法下主要是通过项目计划采取的技术和节约等措施取得的成果，衡量项目成本降低水平。

3. 成本习性法

企业在该方法下主要是按照成本习性，运用费用分解法将成本分为变动成本和固定成本两类，并作为计划成本。

4. 按实计算法

该方法下需要项目经理依据项目施工预算分析进行计划成本控制，然后各部门根据施工定额的实际水平归口计算各项计划成本。

第 10 章 成本分析

10.1 成本分析的意义、内容和形式

10.1.1 成本分析的意义

成本分析是成本计划和成本核算工作的延续，是指按照一定的原则，采用一定的方法，利用成本核算资料、成本报表及其他有关资料，全面分析企业成本变动情况，挖掘成本升降及其结构变化的影响因素及其变动原因，以达到控制实际成本支出的目标。成本分析不仅要了解成本工作的现状、分析实际成本升降的原因，还要预测未来成本、提出成本降低的目标和途径。

成本分析有利于企业正确认识成本变动及其规律，挖掘企业内部降低成本的潜力，寻找降低产品成本的途径和方法，用最少的劳动消耗取得最大的经济效益。成本分析有助于企业有效控制成本计划的执行情况，评价成本计划的执行结果，总结经验，发现问题，准确考核成本责任单位的工作业绩，并为编制下期成本计划和做出成本决策提供有用的信息，明确成本管理的未来方向。

10.1.2 成本分析的内容

企业进行成本分析时，应正确计算成本计划的执行结果，计算实际成本与计划成本之间的差异，找出产生差异的原因，对成本计划的执行情况进行合理评价，最终提出进一步降低成本的措施和方案。

从广义的视角来看，成本分析工作贯穿成本管理的始终，包括事前成本分析、事中成本分析和事后成本分析。

① 事前成本分析，是指在成本形成之前进行成本预测，估计有关因素对成本的影响程度，建立可靠的成本控制目标。事前成本分析主要包括成本预测分析和成本决策分析。

② 事中成本分析，是指对正在执行的成本计划的结果进行分析，以计划成本、定额成本为基准，分析实际成本与计划成本或定额成本的差异，进行成本控制，防止实际成本超过目标成本的范围。

③ 事后成本分析，是指对产品生产过程中成本的实际执行结果进行评价，比较实际成本和计划成本、经营管理费用和各项费用预算，分析产生差异和成本升降的原因，总结降低成本、节约费用的经验，以利于下一期成本控制活动的开展。事后成本分析主要包括全

部产品成本分析、可比产品成本分析、主要产品单位成本分析、产品成本技术经济分析等。这种分析是狭义视角下的成本分析，是成本分析的主要形式。本章着重介绍事后成本分析。

10.1.3 成本分析的形式

成本分析可应用多种技术方法，如会计方法、统计方法和数学方法。分析方法的选择，应以分析要求和所掌握的分析资料为依据。实践中采用较为广泛的方法主要有指标对比法和因素分析法。

1. 指标对比法

指标对比法又称比较法，是指通过对比若干经济内容相同、时间或空间不同的经济指标，确定并分析成本差异的一种方法。对比分析能够展现生产经营活动成果，揭示各项指标的实际数与基数之间的差异，发现问题，分析原因，提出进一步降低成本的策略。

成本指标的对比分析有以下几种类型。

① 实际指标与计划指标的对比。通过比较实际成本与计划成本，反映生产计划的执行情况，并以此为依据调整生产管理。

② 本期实际指标与前期（如上年同期或历史最好水平）实际指标的对比。通过对比，反映企业成本在时间维度上的动态变化趋势，衡量当前成本水平，有利于企业吸取历史经验，提高当前成本管理水平。

③ 本期实际指标与同行业先进水平的对比。通过对比，反映企业与行业先进水平的差距，促使企业发挥自身优势，挖掘降低成本的潜力，提高在行业内的竞争力。

采用指标对比法时，应注意对比指标的可比性，即对比指标采用的计量单位、计价标准、时间单位、指标经济内容和计算方法等都应具有可比的基础和条件。若相比指标之间存在不可比因素，应先按可比的口径进行调整，再进行对比。指标的对比形式可采用绝对数比较，如上年产品单位成本为10元，本年产品单位成本为9.5元；也可采用增减数比较，如本年成本比上年降低0.5元；还可采用指数比较，如本年成本比上年降低5%。

指标对比法的优点是计算简单、直观易懂、便于发现问题，局限性在于只能揭示指标的差异，不能确定影响指标变动的具体原因和各种因素变动对指标变动的影响程度。

2. 因素分析法

因素分析法，是指将某一综合指标分解为引起其变动的、相互联系的若干个因素，进而研究这些因素变动对综合性指标变动的影响程度的分析方法。在几个相互联系的因素共同影响某一指标的情况下，可应用该方法来计算各个因素对经济指标发生变动的影响程度，从而突破指标对比法的局限性。影响综合性指标的各因素之间有一定的连带关系，在这种关系中，每个因素的影响作用都不可忽视，在分析其中某一因素对综合指标变动的影响程度时，排除了其他任何一个因素都会影响分析结果的正确性。因素分析法下，对于各个因素通常要按一定顺序、采用连环替代的方式才能客观地分析出每一因素变动对综合指标的影响。因此，因素分析法也称为连环替代法。

因素分析法的一般程序有以下 4 步。

① 分解指标并确定各因素的排列顺序。将某项综合性指标按其内在依存关系分解成若干个相关因素，并按一定顺序予以排列。

② 将各个因素的基期数据按预定顺序依次替换为报告期数据。保持其他因素不变的同时，按排列顺序每次将其中一个因素由基期数据替换为报告期数据，每个因素替换成报告期数据后不再返回为基期数据，一直替换到全部都是报告期数据为止。

③ 计算每个因素变动对综合指标的影响结果。每个因素替换以后，都会得出一个综合指标的结果。将每次计算的结果，与替换之前的结果相比，就可以求得某一因素对综合指标的影响数额。后面因素的替换都是在前面因素已经替换成报告期数据的基础上进行的。

④ 汇总影响结果。将每个因素变动对综合指标的影响数进行加总，并与综合指标变动的总差异比较，确定其计算的正确性。

下面举例说明综合指标与各因素的关系。

假设成本指标 A 由 X、Y、Z 3 个因素组成，其基期成本指标与报告期成本指标分别列示如下：

基期成本指标 $A_1 = X_1 \times Y_1 \times Z_1$

报告期成本指标 $A_2 = X_2 \times Y_2 \times Z_2$

基期与报告期的差异 $G = A_2 - A_1$

首先，确定 3 个因素替代的顺序依次为 X、Y、Z；其次，假定其他两个因素 Y、Z 不变，先计算第一个因素 X 变动对指标的影响；再次，在第一个因素已变的基础上，计算第二个因素 Y 变动对指标的的影响；依次类推，直到各个因素变动的影响都计算出来为止。用公式表示。

基期成本指标 $A_1 = X_1 \times Y_1 \times Z_1$

第一次替换后的成本指标 $A_3 = X_2 \times Y_1 \times Z_1$　　X 变动对指标的影响 $= A_3 - A_1$

第二次替换后的成本指标 $A_4 = X_2 \times Y_2 \times Z_1$　　Y 变动对指标的影响 $= A_4 - A_3$

第三次替换后的成本指标 $A_5 = X_2 \times Y_2 \times Z_2$　　Z 变动对指标的影响 $= A_2 - A_4$

将以上 3 个因素变动对指标的影响加以汇总，其结果与报告期脱离基期的总差异相等，计算过程如下。

$$(A_3 - A_1) + (A_4 - A_3) + (A_2 - A_4) = A_2 - A_1 = G$$

通过因素分析法，可以确定各个因素对成本指标的影响程度，并确定因素各自引起的差异所占总差异的比重，为制定降低成本的方案提供可靠的依据。从以上分析可知，因素分析法以指标对比法为基础，是指标对比法的补充。

10.2 成本计划完成情况分析

全部产品成本分析可以分全部产品成本计划完成情况分析和可比产品成本降低任务完成情况分析两部分进行。

10.2.1 全部产品成本计划完成情况分析

这项分析将全部产品的本年实际总成本和本年计划总成本进行比较，确定实际成本比计划成本的降低额和降低率，并以此作为考核企业成本降低工作的依据。

企业全部产品包括可比产品与不可比产品。可比产品指本企业过去正式生产过并且有完整的成本资料的产品；不可比产品则指本企业以前从未生产过的，没有历史成本资料的产品。对于可比产品，应将本年实际成本分别与本年计划成本和上年实际成本做比较，分析本年成本计划的完成情况和本年实际成本比上年实际成本的降低程度。不可比产品没有历史成本资料，也就没有上年成本资料。因此，分析不可比产品的成本时，就无法比较本年实际成本与上年实际成本，只能将本年实际成本同本年计划成本进行比较。

全部产品成本计划完成情况分析，是一种总括性的分析。实际操作时，应以企业编制的产品成本表和成本计划等相关资料为依据，按产品类别、产品成本项目和成本性态构成分别编制全部产品成本分析表，据此对全部产品成本计划完成情况进行全面分析。

（1）按产品类别进行分析

按产品类别进行全部产品成本分析，应根据企业全部产品成本表和成本计划等有关资料，按照可比产品、不可比产品进行划分，并对每种产品进行各自实际成本相对于计划成本的降低额和降低率的计算分析。其计算公式如下。

成本降低额＝计划总成本 – 实际总成本＝Σ [实际产量 ×（计划单位成本 – 实际单位成本）]

$$成本降低率 = \frac{成本降低额}{\Sigma(实际产量 \times 计划单位成本)} \times 100\%$$

假定某工厂生产 A、B、C3 种产品，其中，A、B 是可比产品，C 是不可比产品。根据工厂 2×19 年度的产品成本表及成本计划等有关资料，计算编制了全部产品成本分析表，如表 10–1 所示。

表 10–1 全部产品成本分析表

单位：元

产品名称		计量单位	产量		单位成本			总成本			降低指标	
			计划	实际	上年	计划	实际	按上年算	按计划算	按实际算	降低额	降低率（%）
可比产品	A	台	120	168	10	9	8	1 680	1 512	1 344	＋168	＋11.11
	B	台	216	240	7	6	5	1 680	1 440	1 200	＋240	＋16.67
	小计							3 360	2 952	2 544	＋408	＋13.82
不可比产品	C	台	144	120	—	10	12	—	1 200	1 440	–240	–20
全部产品									4 152	3 984	＋168	＋4.05

根据表 10–1，对该工厂的全部产品成本计划完成情况分析如下。

① 全部产品成本计划完成情况。

总成本降低额＝4 152–3 984 ＝ 168（元）

$$总成本降低率 = \frac{168}{4\ 125} \times 100\% = 4.05\%$$

② 可比产品成本计划完成情况。

成本降低额＝2 952–2 544 ＝ 408（元）

$$总成本降低率 = \frac{408}{2\ 952} \times 100\% = 13.82\%$$

③ 不可比产品成本计划完成情况。

成本降低额＝1 200–1 440 ＝ –240（元）

$$成本降低率 = \frac{-240}{1\ 200} \times 100\% = -20\%$$

从上述的计算可以看出：企业全部产品实际总成本比计划总成本降低了 168 元，降低率为 4.05%，说明该工厂已超额完成了年度全部产品成本计划；可比产品成本降低额为 408 元，降低率为 13.82%；不可比产品成本超支额为 240 元，超支率为 20%。可以看出：可比产品具有较高水平的成本降低额和降低率，超额完成了成本计划；而不可比产品不但没有完成成本计划，而且出现超支，其超支额和超支率都很高。这就说明该工厂并未全面完成成本计划，需要进一步查找不可比产品成本超支的原因，如是否存在人为把可比产品的成本转嫁给不可比产品的情况。

（2）按成本项目进行分析

按成本项目进行分析，就是将全部产品的总成本按成本项目划分，分别比较其实际总成本与计划总成本，以确定各个成本项目的降低额和降低率，并比较分析各成本项目的变动对总成本的影响程度。

假定某工厂 2×19 年度全部产品成本按成本项目进行记录与核算，根据其成本计划和成本核算等资料，编制了全部产品成本分析表，如表 10–2 所示。

表 10–2　全部产品成本分析表

成本项目	全部产品成本		降低指标	
	计划（元）	实际（元）	降低额（元）	降低率（%）
直接材料	3 114	2 909	＋205	＋6.58
直接人工	623	636	–13	–2.09
制造费用	415	439	–24	–5.78
合计	4 152	3 984	＋168	＋4.05

从表 10–2 的结果来看，虽然全部产品实际成本比计划成本降低 168 元，降低率为 4.05%，但从构成总成本的 3 个成本项目来看，直接人工和制造费用项目的实际成本高于计

划成本，全部产品成本降低的主要原因是直接材料项目成本的降低。因此，还需深入生产实际，对各项目进行进一步调查分析，找出影响各成本项目成本降低或超出计划的具体原因，以便增加有利差异，消除不利差异，改善企业成本管理工作。

（3）按成本性态构成进行分析

按成本性态构成进行分析，是将全部产品成本按成本习性划分为变动成本和固定成本，分别确定变动成本和固定成本的降低额和降低率。

假定某工厂 2×19 年度全部产品成本按成本习性进行记录与核算，根据其全部产品的成本计划和成本核算等有关资料，编制了全部产品成本分析表，如表 10–3 所示。

表 10–3　全部产品成本分析表

成本项目		全部产品成本		降低指标	
		计划（元）	实际（元）	降低额（元）	降低率（%）
变动成本	直接材料	3 114	2 909	＋205	6.58
	直接人工	623	636	–13	–2.09
	变动制造费用	175	187	–12	–6.86
	小计	3 912	3 732	＋180	4.60
固定成本	固定制造费用	240	252	–12	–5.00
合计		4 152	3 984	＋168	＋4.05

从表 10–3 的结果来看，该工厂全部产品成本的实际成本比计划成本降低 168 元，降低率为 4.05%。固定成本超支 12 元，因此全部产品成本的降低是由变动成本总额降低所形成的。从变动成本的各个项目来看，直接材料的成本降低幅度较大，然而直接人工和变动制造费用分别超支了 13 元和 12 元，均未完成各自的成本计划。在分析时，还需深入分析变动成本中的各项目成本降低和超支的原因以及固定制造费用超支的原因。

10.2.2　可比产品成本降低任务完成情况分析

通常可比产品占企业全部产品的比例很大，在全部产品中具有重要地位。因此，测定和衡量可比产品成本的降低幅度，分析可比产品成本降低任务的完成情况，对企业控制产品成本和了解成本变动趋势起到至关重要的作用。企业在成本计划的编制中，制订了可比产品的计划降低额和计划降低率，作为可比产品应达到的降低成本的任务。分析可比产品成本时，要将其实际总成本同实际产量按上年单位成本计算的总成本进行比较，得出其实际总成本的降低额与降低率，并与成本计划中制订的计划降低额和计划降低率进行比较，以考核可比产品成本降低任务的完成情况。

可比产品成本降低任务，是指将成本计划中规定的本年可比产品计划总成本与按本年计划产量调整的上年可比产品实际总成本（计划产量与上年实际单位成本的乘积）相比较，确定计划成本的降低额和降低率。对可比产品成本降低任务完成情况的分析，就是将可比产品的本年实际总成本与按实际产量调整的上年实际总成本（实际产量与上年实际单位成本的乘积）相比较，确定可比产品实际成本的降低额和降低率，并同计划规定的计划成本降低额和降低率相比，评定企业可比产品成本降低任务的完成情况。在此基础上，分析影响可比产品成本降低任务完成情况的各种因素，为进一步挖掘潜力、降低成本指明方向。

① 计划成本降低额和计划成本降低率主要反映企业本年计划成本与上年实际成本的差异。其计算公式如下。

计划成本降低额＝Σ［计划产量 ×（上年实际单位成本 － 本年计划单位成本）］

$$计划成本降低率=\frac{计划成本降低额}{\Sigma（计划产量\times上年实际单位成本）}\times 100\%$$

② 实际成本降低额和实际成本降低率主要反映企业本年实际成本与上年实际成本的差异。其计算公式如下。

实际成本降低额＝Σ［实际产量 ×（上年实际单位成本 － 本年实际单位成本）］

$$实际成本降低率=\frac{实际成本降低额}{\Sigma（实际产量\times上年实际单位成本）}\times 100\%$$

③ 超计划降低额和超计划降低率是实际降低指标与计划降低指标的差异，是用来反映可比产品成本降低任务完成情况的指标。其计算公式如下。

超计划降低额＝实际成本降低额 － 计划成本降低额

超计划降低率＝实际成本降低率 － 计划成本降低率

假设某工厂 2×19 年 12 月可比产品计划成本和实际成本的有关资料如表 10-4 和表 10-5 所示。

表 10-4　计划成本资料

可比产品名称	计划产量（件）	单位成本		总成本		降低任务	
		上年（元）	计划（元）	上年（元）	计划（元）	降低额	降低率（%）
A 产品	120	10	9	1 200	1 080	120	10%
B 产品	216	7	6	1 512	1 296	216	14.29%
合计				2 712	2 376	336	12.39%

表 10-5　实际成本资料

可比产品名称	实际产量（件）	单位成本		总成本		降低任务	
		上年（元）	实际（元）	上年（元）	实际（元）	降低额	降低率（%）
A 产品	168	10	8	1 680	1 344	336	20%
B 产品	240	7	5	1 680	1 200	480	28.57%
合计				3 360	2 544	816	24.29%

表 10-5 所列的实际产量、单位成本是根据产品成本计划和成本核算资料和计划、统计

资料上取得并经过计算后填入的。可比产品降低成本任务的完成情况具体计算如下。

计划成本降低额＝120×（10–9）＋216×（7–6）＝336（元）

$$计划成本降低率=\frac{336}{120\times10+216\times7}\times100\%=12.39\%$$

实际成本降低额＝168×（10–8）＋240×（7–5）＝816（元）

$$实际成本降低率=\frac{816}{168\times10+240\times7}\times100\%=24.29\%$$

超计划降低额＝816–336＝480（元）

超计划降低率＝24.29%–12.39%＝11.9%

从上述资料可以看出，考查可比产品成本降低任务的完成情况，可以从绝对数和相对数两方面来看。从绝对数看，该厂可比产品实际成本降低额比计划成本降低额多 480 元（816–336）；从相对数看，该厂可比产品实际成本降低率比计划成本降低率高 11.9%（24.29%–12.39%）。由此可见，该厂可比产品实际成本降低额和实际成本降低率都超额完成了计划任务，说明该厂超额完成了可比产品成本降低任务，该厂应进一步分析超额完成任务的原因。

在生产多种可比产品的条件下，影响成本降低额的因素有产品产量、品种结构、单位成本，影响成本降低率的因素只有品种结构和单位成本，而产品产量不影响成本降低率。下面按影响因素进行分析。

（1）产量因素的影响

计划成本降低额是根据各种产品计划产量确定的，而实际成本降低额是根据各种产品的实际产量计算的。产量的增减，必然会影响可比产品成本降低计划的完成情况。但是，产量变动的影响是指对可比产品成本降低额的影响，在假定品种结构（即各种可比产品在全部可比产品中的比重）和单位成本不变的条件下，单纯的产量变动，只会引起成本降低额同比例的变化，并不影响成本降低率。产品产量变动对成本降低额影响的计算公式如下。

产量变动对成本降低额的影响＝[Σ（实际产量 × 上年实际单位成本）– Σ（计划产量 × 上年实际单位成本）× 计划成本降低率＝Σ [（实际产量 – 计划产量）× 上年实际单位成本]× 计划成本降低率

本例中产量变动对成本降低额的影响

＝[（168–120）×10＋（240–216）×7]×12.39%＝80.29（元）

（2）产品品种结构因素的影响

产品品种结构是指各种产品的产量占全部产品产量的比重。全部可比产品成本降低率实质上是以各种产品的个别成本降低率为基础来计算的。由于各种可比产品成本降低率不同，因而当产品品种构成发生变动时，就会影响可比产品成本降低额和降低率升高或降低。在分析中单独计量产品品种构成变动对降低额和降低率的影响，是为了揭示企业取得降低产品成本真实成果的具体途径，从而对企业工作做出正确评价。

产品品种结构变动对可比产品成本降低额与降低率均有影响。结构变动的影响可以用结构变动后的降低额减去结构变动前的降低额反映，计算公式如下。

产品品种结构变动对成本降低额的影响＝∑（实际产量 × 上年实际单位成本）– ∑（实际产量 × 计划单位成本）– ∑（实际产量 × 上年实际单位成本）× 计划成本降低率

$$\text{产品品种结构变动对成本降低率的影响} = \frac{\text{产品品种结构变动对成本降低的影响}}{\sum(\text{实际产量} \times \text{上年实际单位成本})} \times 100\%$$

本例产品品种结构变动对成本降低额的影响＝[（168 × 10 ＋ 240 × 7）–（168 × 9 ＋ 240 × 6）]–（168 × 10 ＋ 240 × 7）× 12.39% ＝ –8.30（元）

$$\text{本例产品品种结构变动对成本降低率的影响} = \frac{-8.30}{168 \times 10 + 240 \times 7} \times 100\% = -0.24\%$$

（3）单位成本因素的影响

单位成本是影响成本降低额和降低率的主要因素，产品单位成本的降低意味着生产中活劳动和物化劳动消耗的节约。可比产品成本降低任务的完成程度，实际上是各种产品单位成本发生变动所形成的。当本年度可比产品实际单位成本比计划单位成本低或高时，必然会引起成本降低额和降低率的变动。产品实际单位成本比计划单位成本低得越多，成本降低额和降低率也就越大；相反，成本降低额和降低率就越小。产品单位成本的变动与成本降低额和降低率的变动呈相反方向。

单位成本变动对可比产品成本降低额和降低率的影响可用下列公式计算。

产品单位成本变动对成本降低额的影响＝∑[实际产量 ×（计划单位成本 – 实际单位成本）]

产品单位成本变动对成本降低率的影响＝

$$\frac{\text{产品单位成本变动对成本降低额的影响}}{\sum(\text{实际产量} \times \text{上年实际单位成本})} \times 100\%$$

本例产品单位成本变动对成本降低额的影响＝ 168 ×（9–8）＋ 240 ×（6–5）＝ 408（元）

$$\text{本例产品单位成本变动对成本降低率的影响} = \frac{408}{168 \times 10 + 240 \times 7} \times 100\% = 12.14\%$$

汇总以上 3 个因素变动对产品成本降低额和降低率的影响的计算结果如下。

对可比产品成本降低额的影响＝ 80.29 ＋（–8.30）＋ 408 ＝ 479.99（元）≈ 480（元）

对可比产品成本降低率的影响＝ –0.24% ＋ 12.14% ＝ 11.9%

从以上分析可知：由于产品产量、品种结构和单位成本的变动，分别使可比产品成本降低额增加了 80.29 元、减少了 8.30 元和增加了 408 元，从而使得可比产品成本计划降低额共增加了 480 元；由于品种结构和单位成本的变动，分别使可比产品成本降低率下降了 0.24% 和升高了 12.14%，从而使得可比产品成本计划降低率共提高了 11.9%。该企业可比产品成本任务的超额完成，主要原因在于产品单位成本的降低。

10.3 产品单位成本的分析

10.3.1 产品单位成本分析的意义和内容

全部产品成本分析和可比产品成本分析，都是从总体上综合说明企业成本计划的完成情况和完成原因。但企业还应进一步对各主要产品（尤其是对成本降低额和成本降低率影响大的产品）的单位成本进行深入分析，揭示各种产品单位成本及其各个成本项目的变动情况，查明单位成本升降的具体原因。将成本的综合分析与产品单位成本分析结合起来，以查找单位成本变动的具体原因，进而不断降低成本。

产品单位成本分析包括两个方面的内容：一是单位成本完成情况的分析，二是技术经济指标变动对单位成本的影响的分析。技术经济指标变动对单位成本的影响的分析将在下一节阐述。

单位成本完成情况的分析是利用产品单位成本表，首先分析单位成本实际数与基准数的差异，确定单位成本是升高还是降低了、升降幅度是多少；然后按照成本项目将本月实际和本年累计实际平均单位成本，与上年实际平均单位成本和历史先进水平进行对比，了解单位成本的变动情况；最后，可针对某些主要项目成本的升降情况，进行进一步的分析，查明引起项目成本升降的原因。

10.3.2 单位成本分析的步骤

产品成本项目繁多而复杂，这一小节主要以材料费用、工资费用、制造费用等主要项目作为代表性项目进行分析，说明产品单位成本分析的步骤和方法。

1. 材料费用项目的分析

直接材料成本通常占产品单位成本的比重较大，因此直接材料项目的分析是产品单位成本分析的重点。首先应将各种材料的本期实际成本与计划成本进行比较，找出哪些材料成本升降幅度较大，然后分析直接材料成本升降的原因。产品单位成本中影响材料费用的基本因素是单位产品材料耗用量和材料单价，它们对单位产品影响的计算公式如下。

材料耗用量变动的影响＝Σ（实际单位耗用量 – 计划单位耗用量）× 计划价格

材料单价变动的影响＝Σ（实际单价 – 计划单价）× 实际耗用量

2. 工资费用项目的分析

采用计时工资制并将工资费用直接计入产品成本的企业，产品单位成本中影响工资费用的基本因素是单位工时消耗量和小时工资额，它们之间的关系可用以下计算公式表示。

工时消耗量变动的影响＝Σ [（实际单位工时消耗量 – 计划单位工时消耗量）× 计划小时工资额]

小时工资额变动的影响＝Σ [（实际小时工资额 – 计划小时工资额）× 实际单位工时

消耗量]

3. 制造费用项目的分析

制造费用项目的分析与单位产品直接工资项目的分析比较类似，在制造费用按照生产工时消耗分配计入产品成本的企业里，产品单位成本中影响制造费用的基本因素是单位工时消耗量（或其他分配标准）和小时费用分配率（或其他分配率），其计算公式如下。

时消耗量变动的影响＝∑[（实际单位工时消耗量－计划单位工时消耗量）× 计划小时费用分配率]

小时费用分配率变动的影响＝∑[（实际小时费用分配率－计划小时费用分配率）× 实际单位工时消耗量]

【例 10–1】假设某工厂生产D产品，根据产品单位成本表和成本计划等资料编制D产品单位成本分析表，如表10–6所示。

表 10–6　D 产品单位成本分析表

200× 年　　　　金额单位：元

成本项目	计划单位成本			实际单位成本		
直接材料	126			124		
直接工资	24			28		
制造费用	138			150		
小计	288			302		
主要消耗材料和工时	数量	单价	金额	数量	单价	金额
铸铁件（千克）	1.48	0.50	0.74	1.40	0.50	0.70
钢材（千克）	19.20	1.57	30.20	20.00	1.47	29.49
其中：圆钢（千克）	9.20	1.40	14.72	10.00	1.40	14.00
扁钢（千克）	4.80	1.60	7.68	4.90	1.60	7.84
槽钢（千克）	5.20	1.50	7.80	5.10	1.50	7.65
工时（小时）	80	4	320	104	3.70	384.80

$$单位成本差异率=\frac{302-288}{288}\times 100\%=4.86\%$$

根据表10–6的计划单位成本与实际单位成本，计算出D产品单位成本差异率为4.86%，即D产品单位成本增加了4.86%。接下来分别分析三大代表性成本项目的变动对D产品单位成本升降的影响。

（1）直接材料差异的分析

进行直接材料差异的分析，应分别计算单位产品材料消耗量和材料单价两个因素对D产品直接材料成本变动的影响。

材料耗用量差异＝铸铁件差异＋圆钢差异＋扁钢差异＋槽钢差异

$$
\begin{aligned}
&=(1.40-1.48)\times 0.5+(10-9.2)\times 1.4+(4.9-4.8)\times 1.6+(5.1-5.2)\times 1.5\\
&=-0.04+1.12+0.16-0.15\\
&=1.09\text{(元)}
\end{aligned}
$$

可见，铸铁件与槽钢用量是节约的，而圆钢和扁钢用量是超过计划数的，应进一步查找圆钢和扁钢用量超计划数的原因。

根据表10—6中的价格资料，材料单价差异等于零。

（2）直接工资差异的分析

进行直接工资差异的分析，应分别计算单位产品工时耗用量和小时工资额两个因素对D产品直接工资成本变动的影响。

工时耗用量差异=（实际耗用工时－计划耗用工时）×计划单价

=（104−80）×4＝96（元）

小时工资额变动差异=（实际小时工资额－计划小时工资额）×实际工时

=（3.70−4）×104＝−31.2（元）

可见，实际工时耗用量高于计划的，反映出生产效率的降低，这导致单位成本上升了96元，而平均工资率的下降促使D产品单位成本下降31.2元。

（3）制造费用差异的分析

制造费用一般受单位产品工时和小时费用率两个因素的影响：单位产品工时取决于劳动生产率的高低，与劳动生产率成正比关系；小时费用率则受费用总额变动的影响。

10.4 产品成本技术经济分析

影响产品单位成本的因素除上述几项外，还包括企业技术经济指标等。对影响单位成本变动的技术经济指标的剖析，可以使成本分析深入到生产技术领域，使经济分析与技术分析相结合，计算技术变动对产品单位成本的影响程度。查明成本升降的具体原因，能促使企业改善技术，从而达到降低产品成本的目的。所谓技术经济指标是指同企业生产技术特点有着内在联系的经济指标，如材料利用率、劳动生产率、设备利用率、产量增长率、产品合格率等。由于不同制造企业生产技术、工艺特点不同，因而用来考核企业经济活动的技术经济指标也不一样。技术经济指标涉及内容十分广泛，企业通常可从生产设备的利用情况、产品质量、劳动生产率和材料消耗量4个方面进行分析。

10.4.1 生产设备利用情况对成本影响的分析

不同企业拥有不同的技术装备，因而反映生产设备利用情况的技术经济指标也是不同的。机械企业是以单位台时产量来反映生产设备的利用情况，纺织企业则以棉纱千锭小时产量来反映生产设备的利用情况，冶金企业则以高炉（平炉）利用系数来反映生产设备的利用情况，等等。这些技术经济指标与总产量都有着直接的关系。以机械厂为例，其生产设备利用情况一般涉及设备利用率等指标，设备利用率指标与产量的关系是：假定其他条件不变，设备利用率指标的变动将使产量同比例增加或减少。这种关系用以下公式表示。

总产量＝设备总台时 × 台时产量

＝实际使用设备量 × 单台设备运转时间 × 台时产量

＝安装设备量 × 设备使用率 × 单台设备计划台时 × 计划台时利用率 × 台时产量

公式中：设备使用率是指实际使用设备量占安装设备量的比例，反映所安装设备的利用程度；单台设备计划台时，是指基于生产设备的制度台时，即考虑设备检修等正常原因必需的停工台时之后，设备的预计开动台时数；计划台时利用率，是指设备实际运转台时占计划台时的比例，反映设备工作时间的利用程度；台时产量是指每台设备每小时的实际产量，它反映设备能力的发挥情况。

生产设备利用效率通过设备数量利用率与生产工时利用率在总产量上表现出来，企业采取措施提高设备数量利用率、改善时间利用率及能力利用率等技术经济指标，必然会使总产量增长，单位产品的固定费用和成本因此降低。所以，技术经济指标的改善，会对产品成本的降低产生有利影响。

在设备安装数量和单台设备计划台时保持不变的情况下，通过计算分析生产设备的数量利用率、工时利用率及能力利用率等技术经济指标（生产设备效率）与总产量的关系，可以测算出技术经济指标变动对产品成本的影响。其计算公式如下。

$$\text{产量增长率}=\frac{\text{实际设备使用率}\times\text{实际台时利用率}\times\text{实际台时产量}}{\text{计划设备使用率}\times\text{计划台时利用率}\times\text{计划台时产量}}-1$$

$$=(1+\text{设备使用率增长率})\times(1+\text{台时利用率增长率})\times(1+\text{台时产量增长率})-1$$

$$\text{总产量变动对单位成本影响}=\left(1-\frac{1}{1+\text{产量增长率}}\right)\times\text{计划单位成本中固定费用成本比例}$$

生产设备效率变动对单位成本的影响

$$=\left[1-\frac{1}{(1+\text{设备使用率增长率})\times(1+\text{台时利用率增长率})\times(1+\text{台时产量增长率})}\right]\times\text{计划单位成本中固定费用成本比例}$$

如果上式计算的结果为负数，表示因提高生产设备效率而使产品单位成本下降；反之，表示产品单位成本上升。

【例 10-2】假设某工厂 2×19 年度安装设备数量和单台设备计划台时均未改变。实际设备使用率比计划下降 12%，实际台时利用率比计划提高 6%；实际台时产量比计划增长 8%，在计划单位成本构成中，固定费用成本约占 32%。

生产设备效率的变动对产品单位成本的影响＝

$$\left[1-\frac{1}{(1-12\%)\times(1+6\%)\times(1+8\%)}\right]\times 32\%=0.24\%$$

由于设备效率利用情况的不佳，使单位成本上升0.24%。

10.4.2 产品质量变动对成本影响的分析

影响产品质量的因素很多，判断质量好坏的指标也很多，如合格品率、废品率、等级品率等。企业在生产消耗水平不变的前提下，产品质量的提高表现在产品合格品率提高、废品率降低、产品等级升高等方面，可见，产品质量的提高能够引起单位产品成本的降低。产品质量变动对成本的影响程度，一般从两个方面进行分析。

（1）废品率高低对成本的影响

废品是生产过程中的损失，这种损失也要计入产品成本．企业生产废品所发生的损失最终要由合格品来负担，废品率越高，合格品所负担的废品损失就越多，单位合格品的成本就越高，反之废品率越低，单位合格品的成本就越低。废品率会影响产品成本，计算公式如下。

$$废品率对成本的影响=\frac{废品率\times(1-可收回价值占废品成本的比例)}{1-废品率}\times 100\%$$

【例10–3】假设某工厂生产一种产品，其实际废品率为5%，工厂采取了技术措施，预计可将废品率降低到3%，废品成本为3 000元，预计收回残值为300元。废品率降低后对产品成本的影响的计算如下。

$$实际废品率对产品成本的影响=\frac{5\%\times(1-\frac{300}{3\ 000})}{1-5\%}\times 100\%=4.74\%$$

$$实际废品率对产品成本的影响=\frac{3\%\times(1-\frac{300}{3\ 000})}{1-3\%}\times 100\%=2.78\%$$

从上述计算可知，由于废品率降低了2%（即5%−3%），该种产品的成本降低了1.96%（即4.74%−2.78%）。然后再查明产生废品的原因。

（2）产品等级系数变动对成本的影响

企业生产一定种类的产品会采用同样的材料，实施相同的加工过程。但由于生产或运送等过程中的不确定性因素，生产出的产品的质量难以控制在同样水平，因此，将产品分为不同等级，通常用“等级系数”来表示。产品等级系数越高，换算为一级品后的总产量越大，产品的成本会相应降低。产品等级系数变动对成本影响的计算公式如下。

$$产品等级系数变动对成本的影响=\frac{变动后的等级系数-原来的等级系数}{变动后的等级系数}\times 100\%$$

【例 10–4】假设某工厂生产一种产品，原计划等级系数为 0.65，通过采取技术措施后，等级系数提高到 0.85。产品等级系数提高后对产品成本的影响的计算如下。

$$产品等级系数的变动对成本的影响 = \frac{0.85-0.65}{0.85} \times 100\% = 23.53\%$$

10.4.3 劳动生产率变动对成本影响的分析

劳动生产率提高，单位产品消耗的时间减少，单位产品工时消耗定额降低，单位产品负担的工资成本也减少。但产品中的工资费用又受平均工资增长率的影响，劳动生产率的增长经常伴随着平均工资额的增长，从而使得产品单位成本提高。因此，计算劳动生产率增长对成本的影响，要看劳动生产率的增长速度是否快于工率增长速度。当劳动生产率的增长率大于平均工资增长率时，单位产品工资成本降低；反之，单位产品工资成本上升。计算劳动生产率变动对单位成本的影响一般采用的公式如下。

劳动生产率变动对生产成本的影响＝

$$生产工人工资成本占产品成本比重 \times \left(1-\frac{1+平均工资增长率}{1+劳动生产率增长率}\right)$$

【例 10–5】假设某工厂生产一种产品，单件产品成本为 400 元，工资成本占单件产品成本的比重为 16%。根据预测，劳动生产率将提高 6%，平均工资率增长为 4%。劳动生产率变动对产品成本的影响的计算如下。

$$劳动生产率变动对产品成本的影响 = 16\% \times \left(1-\frac{1+4\%}{1+6\%}\right) = 0.3\%$$

单件产品成本降低额＝ 400 × 0.3% ＝ 1.2（元）

10.4.4 材料消耗量变动对成本影响的分析

材料费用在产品成本中所占的比重较大，材料消耗量的变动是产品成本变动的重要影响因素。计算材料消耗量的变动对产品成本的影响一般采用的公式如下。

材料消耗量变动引起的产品成本降低率＝材料费用占成本的比例 × 材料消耗定额升降的比例 ×100%

降低材料消耗定额，可以从以下几方面进行改善。

① 提高材料利用率。材料利用率是反映投入生产的原材料消耗量与产品产出量的比例关系。企业的材料利用率越高，材料消耗定额越低，单位产品的材料成本越低。企业提高材料利用率，对于节约材料消耗和降低单位产品材料成本有重要的影响。提高材料利用率可通过改进工艺加工方法、实行合理下料、节约用料等方式，使单位产品材料成本下降。相关计算公式如下。

$$材料利用率 = \frac{产品零件的净重}{投入生产的材料重量} \times 100\%$$

材料利用率变动对材料成本的影响 ＝

$$\frac{\text{变动后的材料单位成本}-\text{变动前的材料单位成本}}{\text{变动前的材料单位成本}}\times 100\%$$

【例 10–6】假设某产品主要零件变动前的材料单位成本为 30 元，变动后的材料单位成本为 24 元，提高材料利用率对材料成本的影响的计算如下。

$$\text{提高材料利用率对材料成本的影响}=\frac{24-30}{30}\times 100\%=-20\%$$

② 优化产品设计，取消对用户的非增值产品性能，对留存功能合理采用替换材料。产品设计往往能引发产品生产的流程再造，缩短生产时间，减少不必要的材料耗用，降低产品的材料消耗定额。优化产品设计对产品成本影响的计算公式如下。

优化产品设计对成本的影响＝优化设计后的材料成本 – 优化设计前的材料成本

【例 10–7】假设某产品优化设计前的材料成本为 30 元，优化设计后的材料成本为 24 元。按上列公式计算如下。

优化产品设计对成本的影响＝ 24−30 ＝ −6（元）

10.5 质量成本分析

10.5.1 质量成本分析的意义和内容

当今社会已处于“客户导向”的管理思想时代，树立“全面质量管理”观念是企业提高竞争优势的重要途径。质量成本是企业为了保证和提高产品质量而支出的一切费用，以及因产品质量不能满足消费者的要求而产生的一切损失。

质量成本分析，是指通过分析产品质量与成本的关系，并进一步衡量质量成本对经济效益的影响程度。企业在实际生产过程中，有时重视质量而忽视成本，一味地追求高质量会引起成本过高，在产品价格不变的情况下，就会相应减少盈利，从而导致较差的经济效益；反之，若以牺牲质量为代价追求高产量，产品质量低劣，产品滞销，必然造成人力、财力的浪费。可见，质量过高或过低都会造成浪费，降低企业的经济效益。因此，企业应进行质量成本分析，寻求最优质量和最优成本，以达到最大的经济效益。

为了使企业产品质量和成本达到实现经济效益最大化水平，应围绕企业经营目标分析企业内外各种影响因素。外部的影响因素有购买者考虑的产品性能、可靠性与产品价格之间的关系。内部影响因素，应考虑提高质量与为此所消耗的费用之间的关系。从原则上讲，效益最大化下的质量水平应达到产品必要功能与成本耗费的最佳结合。从这个意义上说，计算质量成本不是最终目的，其最终目的在于通过质量成本分析，达到经济效益最大化的效果。

图 10–1 表明产品质量与收益的关系。其中 S_1 曲线表示一般情况下质量、价格、销售收入之间的关系：随着质量的提高，销售量增多，销售收入增加；但当质量提到一定程度

后，维持质量所花费的成本提高，产品价格昂贵，销售量随之减少，销售收入增长缓慢，甚至下降。S_2 曲线表示一般情况下质量、成本、费用之间的关系：当质量很低时，产品无用户需求，造成产品积压损失，或用户购买后形成较高的索赔成本，总体成本高；随着产品质量提高，次品及废品损失减少，销售收入增加，索赔损失减小，总成本降低；到某一质量水平后，若再提高质量，维持质量的成本增多，成本将又随着提高。

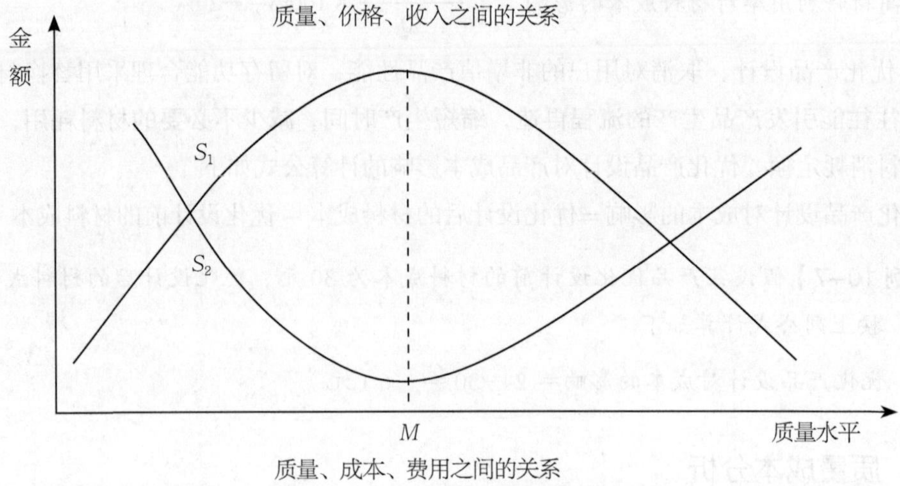

图 10–1　产品质量与收益的关系

某一质量水平下的产品利润为销售收入与成本的差值，即 S_1 减去 S_2。质量水平在 M 点，其差值最大，即利润最高。那么 M 点就是最佳质量水平。

10.5.2　质量成本分析的方法

1. 对影响质量成本因素的分析

进行质量成本因素的分析时，要将质量成本分解为各构成要素，从质量成本总额中按各因素所占比重来分析质量成本的构成及其变化。质量成本构成分析如图 10–2 所示。

图 10–2 中 C_1 为预防成本曲线，C_2 为鉴定成本曲线，C_3 为事故成本曲线。预防成本是为了预防产生不合格产品与质量故障而发生的各项费用。这类成本一般都发生在生产之前，而且这一类成本若发生，往往会使后续的故障成本下降。鉴定成本发生在预防成本之后、事故成本之前，是指企业为了确保产品质量达到预定的标准，按预定的成本计划对原材料、零部件、产成品进行检验而发生的相关费用。企业发生此类成本的目的，是希望在生产过程中，能够尽快发现不符合质量标准的产品，避免损失延续下去。显然，此类成本的发生也能减少后续的损失。如果企业的产品或服务达不到预定的质量标准，不符合设计质量或要求，就会出现事故成本。事故成本分为内部事故成本和外部事故成本。如果故障成本发生在产品出厂之前，通过鉴定作业发现低质量或存在缺陷的产品，相关成本和损失属于内部事故成本。外部事故成本是指产品交付用户后，由于产品质量缺陷引起的一切损失费用。

预防成本曲线 C_1 和鉴定成本曲线 C_2 的变动规律为：当产品质量 100% 不合格时，其预防、鉴定成本为零；随着质量的提高，预防、鉴定成本逐渐增高；当质量为 100% 合格时，二者均变为较高水平。事故成本曲线 C_3 的变动规律为：当产品质量很差时，事故损失大，事故成本高；随着质量提高，事故成本逐渐降低；当质量提高到 100% 合格时，事故损失为零，即事故成本将至零。C_4 为基本生产成本曲线，是产品质量的常数因变量。C 为总成本曲线，任一点的总成本为 C_1、C_2、C_3、C_4 之和。当质量水平较低或较高时，总成本都比较高；而 M 点或 M 点附近区域总成本最低，此时为产品最优质量水平。这两种分析方法的本质是一致的，只是应用场合不同而提供不同成本信息。

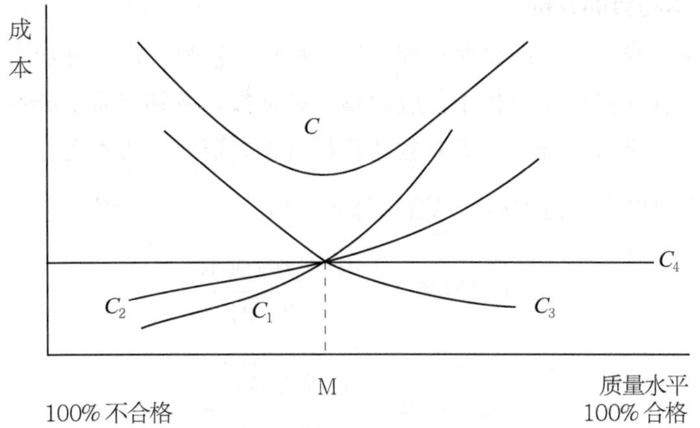

C_1——预防成本曲线　　C_2——鉴定成本曲线

C_3——事故成本曲线　　C_4——基本生产成本曲线

图 10-2　质量成本构成分析

根据国内外成功的经验，质量成本比例的参考值为 C_3 占 50%，C_2 占 40%，C_1 占 10%。

2. 对质量成本效益的分析

质量成本效益分析也称考核指标分析。通过计算产品总成本中质量成本的比例变动，分析质量成本是否下降；通过计算产品总产值中的质量成本比例和质量成本利润率，分析质量成本所形成的经济效益是否提高。质量成本效益分析中应用的考核指标的计算公式如下如下。

$$产品总成本中质量成本占用率 = \frac{质量成本}{产品总成本} \times 100\%$$

$$产品总产值中质量成本占用率 = \frac{质量成本}{总产值} \times 100\%$$

$$推行质量成本后成本降低率 = \frac{推行后产品总成本 - 推行前产品总成本}{推行前产品总成本} \times 100\%$$

$$推行质量成本后故障成本降低率=\frac{推行后故障成本-推行前故障成本}{推行前故障成本}\times 100\%$$

$$质量成本利润率=\frac{产品销售利润}{质量成本}\times 100\%$$

$$推行质量成本后的废品损失降低率=\frac{推行后废品净损失-推行前废品净损失}{推行前废品净损失}\times 100\%$$

3. 对质量成本趋势的分析

产品质量成本本身不足以向企业管理者提供足够的资料，以便管理人员分析质量成本及相关效益情况。在质量成本分析中，应计算一些基数，将其与质量成本进行对比，从不同角度说明企业经营情况。计算所需基数的资料有工时资料、成本资料、销售资料、单位试验和检验费用资料以及增值资料。基数计算公式如下。

$$工时基数=\frac{内部故障成本}{直接工时}$$

$$成本基数=\frac{总损失成本}{制造成本}$$

$$销售基数=\frac{总质量成本}{净销售额}$$

$$单位基数=\frac{试验和检验费用}{产品数量}$$

$$增值基数=\frac{总质量成本}{增值额}$$

应注意，只有保持质量基数的一致性才能利用不同基数进行有效比较。受到以下情况影响时，应对所需基数进行调整：由自动化代替直接人工；由于使用代用材料、方法或工艺，使制造成本有了变化；毛利、售价、运费和市场需要的变化；产品组成的变化；上述公式中分子的时间尺度不同于分母的时间尺度；等等。进行质量成本趋势分析时，必须考虑和了解这些因素。

第 11 章
农业企业成本会计核算

11.1 农业企业成本核算概述

11.1.1 农业企业

1. 农业企业的概念

农业企业是指从事农、林、牧、副、渔业等生产经营活动，具备较高的商品率，实行自主经营、独立经济核算，具有法人资格的盈利性经济组织。

2. 农业企业的特点

① 土地是农业生产的重要生产资料，是农业生产的基础。

② 农业生产具有明显的季节性和地域性，劳动时间与生产时间的不一致性，生产周期长。

③ 农业生产中部分劳动资料和劳动对象可以相互转化，部分产品可作为生产资料重新投入生产。

④ 种植业和养殖业之间存在相互依赖、相互促进的关系，从而要求经营管理上必须与之相适应，一般都实行一业为主、多种经营、全面发展的经营方针。

⑤ 农业生产不仅在经营上实行一业为主、多种经营，而且在管理上实行联产承包、统分结合、双层经营的体制。

3. 农业企业与中小企业的区别

农业企业不都是中小企业，中小企业的融资问题不能等同于农业企业的融资问题。首先中小企业融资只能通过资本投入、银行借款等方式。而大型农业企业则可以通过发行股票、债券，以及进行上市交易来达到融资目的。

11.1.2 农业企业成本核算特点

和其他行业企业相比，农业企业在会计核算上主要有以下几个特点。

① 资金构成复杂，成本核算内容繁多。由于农业企业集农、林、牧、副、渔、工、商、运、建、服等多种行业为一体，这就要求其会计核算既要满足企业综合管理的需要，提供汇总会计核算资料，又要适应多种行业生产经营的特点，分别反映不同行业不同的资金构成，分别计算不同行业的费用、成本和财务成果。

②生产经营资金周转缓慢，各月的生产资金耗费不均衡。由于动植物的自然生产周期一般较长，在会计核算上反映为资金周转较缓慢。并且，由于农业企业的劳动时间和生产时间不一致，使得各期的资金投放必然不均衡，在劳动集中的季节和月份，资金投放会大些。

③会计核算体系较为复杂。农业企业的管理体制有多种形式、多个层次、多种承包形式，因而其会计核算包括一般农业企业会计核算和家庭农场会计核算，会计核算体系较复杂。

④固定资产构成较特殊。农业企业固定资产构成中有些属于自然界的动植物，如各种产役畜和经济林木等，它们是有生命的，在成龄投产后的最初若干年内，自然的实际价值有时不仅不会因生产而损耗，反而会因发育而增值。土地是农业生产的重要劳动资料，但按规定，它却不能作价入账。另外，农业企业中有些现代化的机械，如收割机等，由于受季节的影响，利用率较低，闲置期较长。

⑤产成品与生产资金、储备资金以及生产资金之间经常相互转化。当农业企业将自产的农产品提留自用时，成品资金便转化为生产资金或储备资金；将淘汰的产役畜转为育肥畜，或将育肥畜转为产役畜时，其生产资金之间便发生了转化。这些现象在其他行业是不多见的。

11.1.3　农业企业成本构成内容

根据农产品生产的特点以及成本管理的需要，农业企业成本一般包括以下内容。

①种子与种苗费用，指农作物生产过程中直接耗用的自产品和外购的种子与种苗的费用。

②肥料与农药费用，指农作物生产过程中直接耗用的各种化肥、农家肥和农药的费用。

③直接人工费用，指直接从事农作物生产人员的工资、奖金、津贴和补贴及按工资总额计提并交纳的社会保险费用等。

④其他直接费用，指为农作物生产直接支付的不属于以上各项费用的费用，如灌溉费、机械作业费等。

⑤燃料和动力费用，指在农作物生产过程中消耗的各种固体燃料、液体燃料和气体燃料及消耗的电力费用等。

⑥折旧与修理费用，指农业企业固定资产的折旧与修理费用。

⑦材料费用，指农业企业消耗各种材料的费用。

⑧其他费用，指农业企业发生的除上述费用以外的各种费用。

11.1.4　农业企业生产成本的核算程序

①确定成本核算对象，设置生产成本明细账。农、林、牧、副、渔等各业都应按各自

生产经营的特点确定成本核算对象，并对确定的每一成本核算对象一一设置生产成本明细账，每一个生产成本明细账还应按规定设置不同的成本项目，以便使农业生产中发生的每项费用都能正确地记录到相应的成本项目中。

② 按成本核算对象正确归集和分配各项费用。农业生产中发生的各项直接费用，如农用材料、工资、福利费等，在日常发生时，可直接记录到有关成本核算对象；而间接费用在发生时，应先通过“制造费用”等账户归集，待期末按一定的分配标准分配后，计入有关成本核算对象中。

③ 正确计算并结转完工产品成本。有些农产品无在产品（如部分大田作物），在产品收获时，应将其实际价值全部作为产成品的成本进行计算并结转。对于有在产品的农产品，期末应按一定的方法分别计算在产品与产成品的成本，然后再结转完工产品的成本。完工后直接销售的农产品，应将其产品成本结转到“营业成本”账户中；完工后验收入库的农产品，应将其产品成本结转到“产成品”账户中。

11.1.5 生物资产

1. 核算要求

根据《农业企业会计核算办法》的规定，其核算要求如下。

① 企业应分别核算生产性生物资产和消耗性生物资产。

② 企业应增设“生产性生物资产”科目，核算成熟生产性生物资产的原价；增设“生物性在建工程”科目，核算未成熟生产性生物资产发生的实际支出。

③ 企业应增设“消耗性林木资产”科目，核算已郁闭成林消耗性林木资产的实际成本。暂时难以明确生产性或消耗性特点的林木资产实际成本，也在本科目核算。

④ 企业应增设“公益林”科目，核算已郁闭成林公益林的实际成本。

⑤ 企业应增设“农业生产成本”科目，核算农业活动过程中发生的各项生产费用。

⑥ 企业应增设“幼畜及育肥畜”科目，核算实行分群核算的幼畜（禽）或育肥畜（禽）的实际成本。实行分群核算的企业，其幼畜（禽）或育肥畜（禽）的饲养费用，在“农业生产成本”科目核算，不在本科目核算。

2. 初始计量

《农业企业会计核算办法》规定，生物资产的初始计量应当按实际成本入账，实际成本的确定方法如下。

① 外购的生物资产，按购买价格、运输费、保险费以及其他可直接归属于购买生物资产的相关税费，作为实际成本。

② 自行营造的具有生产性特点的林木，如橡胶树、果树、桑树、茶树和母树林等，按达到预定生产经营目的前营造林木发生的必要支出，作为实际成本。

自行营造的具有消耗性特点的林木，按郁闭成林前营造林木发生的必要支出，作为实际成本。

③ 自繁的幼畜成龄转为产畜或役畜，按成龄时的账面价值，作为实际成本；产畜或役畜淘汰转为育肥畜，按淘汰时的账面价值，作为实际成本。

④ 以其他方式获得的生物资产，如盘盈、接受捐赠、接受投资、非货币性交易、债务重组等，分别按《企业会计制度》《企业会计准则——固定资产》《企业会计准则——存货》有关存货和固定资产的规定，确定实际成本。

3. 生物资产的减值

《农业企业会计核算办法》对生物资产的减值作了如下规定。

① 企业应至少于每年年度终了对生产性生物资产进行检查，如果由于遭受自然灾害、病虫害、动物疫病侵袭等原因，导致其可收回金额低于账面价值的，应按其可收回金额低于账面价值的差额，计提生产性生物资产减值准备。

生产性生物资产减值准备一经计提，不得转回。

通常情况下，在未遭受自然灾害、病虫害、动物疫病侵袭时，生产性生物资产不计提减值准备，按账面价值计量。

企业应增设"成熟生产性生物资产减值准备"科目，核算企业提取的成熟生产性生物资产减值准备；增设"生物性在建工程减值准备"科目，核算企业提取的未成熟生产性生物资产减值准备。

② 企业应至少于每年年度终了对消耗性生物资产进行检查，如果由于遭受自然灾害、病虫害、动物疫病侵袭等原因，使消耗性生物资产的成本高于可变现净值的，应按可变现净值低于成本的部分，计提存货跌价准备或消耗性林木资产跌价准备。

企业所拥有的公益林不计提跌价准备。

消耗性生物资产计提的存货跌价准备或消耗性林木资产跌价准备一经计提，不得转回。

通常情况下，在未遭受自然灾害、病虫害、动物疫病侵袭时，消耗性生物资产不计提存货跌价准备或消耗性林木资产跌价准备，按成本计量。

企业应设置"消耗性林木资产跌价准备"科目，核算企业提取的消耗性林木资产跌价准备；在"存货跌价准备"科目下设置"幼畜及育肥畜跌价准备"二级科目，核算实行分群核算的企业提取的幼畜或育肥畜跌价准备；在"存货跌价准备"科目下设置"其他消耗性生物资产跌价准备"二级科目，核算企业提取的其他消耗性生物资产跌价准备。

11.2 农业企业成本核算

11.2.1 种植业企业成本核算

1. 种植业企业成本核算对象

为了适应成本管理的要求和简化核算手续，企业在进行农业产品的成本核算时，首先要区分主要作物与次要作物。主要作物应当以每种作物为成本核算对象，单独核算其产品成本；次要作物则以作物类别为成本核算对象，先计算出各类作物的产品总成本，再按一定标准确定类内各种作物的产品成本。对不同收获期的同一种作物必须分别核算。企业主要农产品一般为小麦、水稻、大豆、玉米、棉花、糖料、烟叶等，需要补充主要农产品目录的，由企业自行确定。

2. 种植业企业成本核算期

企业的成本核算期一般应与其生产周期相一致，在产品产出的月份核算成本。种植业产品生产成本核算的截止时间因农作物产品特点而异：粮豆算至入库或在场上能够销售；棉花算至皮棉；纤维作物、香料作物、人参、啤酒花等算至纤维等初级产品；草算至干草；不入库的鲜活产品算至销售；入库的鲜活产品算至入库；年底尚未脱粒的作物，算至预提脱粒。

3. 种植业企业成本核算项目

企业应根据具体情况设置成本核算项目。一般情况下可设置以下成本核算项目：

① 直接材料，指生产中耗用的自产或外购的种子、种苗、肥料、地膜、农药等。

② 直接人工，指直接从事种植业生产人员的工资、工资性津贴、奖金、福利费。

③ 机械作业费，指生产过程中进行耕耙、播种、施肥、中耕除草、喷药、收割等机械作业所发生的费用支出。

④ 其他直接费用，指除直接材料、直接人工和机械作业费以外的其他直接费用。

⑤ 制造费用，指应摊销、分配计入各产品的间接生产费用。

11.2.2 林业企业成本核算

1. 林业企业成本核算对象

林木生产包括种子、苗木、木材生产等，其主要产品有种子、苗木、原木、原竹、水果、干果、干胶（或浓缩胶乳）、茶叶、竹笋等。林木按生产阶段一般可分为种苗、造林抚育、采割 3 个阶段，不同阶段的林木也应分别核算其成本。

① 种苗成本核算对象：种子应按树种分别归集费用，核算种子成本；育苗阶段应按树种、育苗方式、播种年份分别归集费用，核算育苗成本。

② 造林抚育成本核算对象：消耗性林木资产和公益林根据企业管理的需要，可按照小班、树种等归集费用，核算造林抚育成本。

③ 木材生产成本核算对象：按木材采伐运输方式、品种、批别及其生产过程等，根据企业管理的需要归集费用，核算木材生产成本。

④ 其他林产品成本核算对象：按照收获的品种、批别、生产过程等，根据企业管理的需要归集费用，核算收获品的成本。

2. 林业企业成本核算期

各阶段林木及林产品的生产成本核算截止时间：育苗阶段算至出圃时；造林抚育阶段，

消耗性林木资产和公益林算至郁闭成林前；采割阶段，林木采伐算至原木产品，橡胶算至干胶或浓缩胶乳，茶算至各种毛茶；其他收获活动算至其他林产品入库。

3. 林业企业成本核算项目

林业企业的成本核算项目可按照种植业企业的生产成本核算项目设置，也可根据管理需要自行设置。

11.2.3 畜牧养殖业企业成本核算

1. 畜牧养殖业企业成本核算对象

畜牧养殖业企业的成本核算对象是畜（禽）群及其产品，主要畜（禽）产品有牛奶、羊毛、肉类、禽蛋、蚕茧等。畜（禽）饲养可实行分群饲养，也可实行混群饲养。实行分群饲养的主要畜（禽）群别划分如下。

① 养猪业：基本猪群（包括母猪、种公猪、检定母猪、2 个月以内的未断奶仔猪）；2 ~ 4 个月幼猪；4 个月以上幼猪和育肥猪。

② 养牛业：基本牛群（包括母牛和公牛）；6 个月以内的犊牛；6 个月以上的幼牛。

③ 养马业：基本马群（包括母马、种公马、未断奶的马驹）；当年生幼马；二年生幼马；三年生幼马。

④ 养羊业：基本羊群（包括母羊、种公羊、未断奶的羔羊）；当年生幼羊；往年生幼羊；去势羊和非种用公羊。

⑤ 养禽业：基本禽群（包括成龄禽）；幼禽和育肥禽；人工孵化群。

2. 畜牧养殖业企业成本核算项目

① 直接材料，指畜牧养殖企业业生产耗用的饲料、燃料、动力、畜禽医药费等。

② 直接人工，指直接从事畜牧养殖生产人员的工资、工资性津贴、奖金、福利费。

③ 其他直接费用，指除直接材料、直接人工以外的其他直接费用。

④ 制造费用，指应摊销、分配计入各群别的间接生产费用，如产役畜折旧等。

11.2.4 水产业企业成本核算

1. 水产业企业成本核算对象

水产业企业一般以水产品品种为成本核算对象。水产养殖的主要产品有鱼、虾、贝类、藻类、鱼种、鱼苗等。

2. 水产业企业成本核算项目

① 直接材料，指直接用于养殖生产的苗种、饲料、肥料和材料等。其中：苗种指直接用于养殖生产的鱼苗、鱼种、虾苗、蟹苗、贝苗、藻苗、水生植物的种子等，孵化用的亲鱼、亲虾也属于本项目；饲料指直接用于养殖生产的各种饲料；肥料指能供给水生植物生长发育所需养分，改善土壤性状，提高水生植物产量和品质的物质材料指直接用于养殖生产的各种渔需物资和渔具等低值易耗品摊销等。

② 直接人工，指直接从事水产养殖人员的工资、工资性津贴、奖金、福利费。

③ 其他直接费用，指除直接材料、直接人工以外的其他直接费用。

④ 制造费用，指应摊销、分配计入各产品的间接生产费用。

11.3 农业企业的成本核算

11.3.1 种植业企业成本计算

种植业企业发生的生产费用在“生产成本”的各个明细账户中核算期末，根据各个生产成本明细账户归集的各种作物的全部生产费用，结合各种作物的种植面积和产量等有关资料，即可计算农产品的成本。

1. 当年生大田作物的产品成本计算

当年生大田作物是指作物生长期不超过一年的农作物，一般为当年播种、当年收获的作物，也有少部分跨年度收获的作物。

农作物成本的计算包括单位面积成本计算和单位产量成本计算。单位面积成本是指种植某种农作物平均每单位播种面积所支出的费用总额。其计算公式如下。

某作物单位面积成本＝某作物生产费用总额 ÷ 某作物的播种面积

单位产量成本是指种植某种农作物平均每单位产量所支出的费用总额。其计算公式如下。

某作物单位产量成本＝（某作物生产费用总额 – 副产品价值）÷ 某作物产品产量

农作物在完产过程中，一般可以产出主产品和副产品两种产品。主产品是生产的主要产品，如小麦、水稻。副产品不是生产的主要产品，而是在生产过程中随着主产品附带获得的产品，如麦秸、稻草。由于主产品和副产品是同一个生产过程的结果，所以它们的各种费用是联系在一起的。因此，必须将费用在主产品和副产品之间进行分配，以分别确定其成本。分配方法一般有以下两种。

一种方法是估价法，就是对副产品按市场价格进行估价，以此作为副产品成本。从生产费用总额中减去副产品的价值，得到主产品成本。

另一种方法是比率法，就是按照一定比率把生产费用总额在主产品和副产品之间进行分配的方法。这种方法要先求出生产费用总额对主、副产品计划总成本的百分比，即实际总成本对计划总成本的百分比，再以主产品和副产品的计划成本乘以该百分比，即可计算出主产品和副产品的成本。若副产品既不能被利用，又不能用于出售，则可不予计价，其生产费用全部由主产品负担。

2. 多年生作物的产品成本计算

多年生作物抚育年限和提供产品的年限比较长。多年生作物有两种情况：一是连续培育几年，一次收获产品，如人参；二是连年培育，年年获得产品，如剑麻、胡椒等。由于收获次数不同，其成本计算方法也不同。

①一次性收获的多年生作物，应按各年累计的生产费用计算成本。其主产品单位成本的计算公式如下。

一次性收获的多年生作物主产品单位成本＝（往年费用＋收获年度发生的费用－副产品费用）÷收获的主产品的产量

②多次收获的多年生作物，在未提供产品以前发生的费用，视同长期待摊费用处理。投产后按计划总产量的比例或提供产品年限的比例，将往年费用分配计入投产后各年产出产品的成本。当年产出产品的成本包括往年费用本年摊销额和投产后本年发生的全部费用。其计算公式如下。

多次收获的多年生作物主产品单位成本＝（往年费用本年摊销额＋本年度全部费用－副产品费用）÷本年收获的主产品的产量

11.3.2 林业企业成本计算

某树种苗木单位面积培育成本＝该树种生产费用 ÷ 该树种苗木面积

某树种出圃苗木单株成本＝该树种出圃苗木总成本 ÷ 该树种苗木产量

经济林木的培育成本＝成熟前经济林木造林抚育成本＋成熟前经济林木管护费用

消耗性林木资产的培育成本＝郁闭成林前消耗性林木资产造林抚育成本＋郁闭成林前消耗性林木资产管护费用

消耗性林木资产的木材生产成本＝采伐的消耗性林木资产账面价值＋木材采运成本

11.3.3 畜牧养殖业企业成本计算

畜牧养殖业产品的成本计算，一般规定为一年计算一次，对经常有产品产出的单位，也可以按月计算成本。现以养猪业分群核算为例，说明畜牧养殖业企业产品成本计算。

（1）基本猪群的产品成本计算

基本猪群的主产品为母猪繁殖的仔猪，其副产品为厩肥、猪鬃等。副产品一般按市价作为其成本，全部饲养费用减去副产品成本，即为主产品的总成本。

确定基本猪群主产品的总成本后，再按照一定的计算方法分别计算出仔猪出生时的活重和出生后两个月内的增重，确定仔猪的活重单位（千克）成本和增重单位（千克）成本。

出生的仔猪成本均按活重计算。仔猪出生至满两个月断奶时的成本，以及期末结存未断奶仔猪的成本，也以当时的活重和活重单价计算，仔猪出生活重和出生后两个月内增重的单位（千克）成本计算公式如下。

仔猪出生活重和出生后两个月内增重的单位（千克）成本＝（基本猪群全部饲养费用－副产品价值）÷（出生活重＋出生后两个月内增重）

仔猪的活重单位（千克）成本计算公式如下。

仔猪活重单位（千克）成本＝（期初结存两月内仔猪成本＋基本猪群全部饲养费用－

副产品价值）÷（期末存栏活重＋期内离群活重）

计算出仔猪活重单位成本以后，即可分别计算出断奶仔猪和期末结存未断奶仔猪的总成本，以及每头仔猪的总成本及每头仔猪的平均成本。计算公式如下。

断奶仔猪（或未断奶仔猪）的总成本＝断奶仔猪（或未断奶仔猪）的总活重 ÷ 仔猪活重单位（千克）成本

每头断奶仔猪（或未断奶仔猪）成本＝断奶仔猪（或未断奶仔猪）的总成本 ÷ 断奶仔猪（或未断奶仔猪）的头数

（2）幼猪、育肥猪的产品成本计算

畜龄在两个月以上、4 个月以下的猪为幼猪；畜龄在 4 个月以上的猪为育肥猪。幼猪和育肥猪的主要产品是增加的重量。其副产品是厩肥、猪鬃以及猪的残值。幼猪和育肥猪的增重成本和活重成本计算公式如下。

幼猪（育肥猪）增重的单位（千克）成本＝（该猪群的全部饲养费用－副产品价值）÷ 该猪群的增加重量

幼猪（育肥猪）活重的单位（千克）成本＝（期初结存成本＋转入购入价值＋本猪群全部饲养费用－副产品价值）÷（该群期末存栏活重＋期内离群活重）

11.3.4 水产业企业成本计算

每万尾鱼苗（千克）成本＝育苗期的全部生产费用 ÷ 育成鱼苗万尾数

每万尾（千克）鱼种成本＝育种期的全部生产费用 ÷ 育成鱼种万尾（千克）数

多年放养成鱼单位（千克）成本＝（捕捞前各年发生的生产费用＋本年生产费用）÷ 成鱼总产量

逐年放养成鱼单位（千克）成本＝本年成鱼放养的全部费用 ÷ 本年成鱼产量

海水养殖成鱼单位成本＝（捕捞前各年结转的生产费用＋当年发生的生产费用＋捕捞费用）÷ 海水养殖成鱼总产量

11.3.5 农业企业的补充会计科目

1. 应收家庭农场款

① 本科目核算企业应收、暂付家庭农场的各种款项，如企业应向家庭农场收取的劳动保险费、福利费、管理费、利润、代购农用生产资料款等。

② 应收家庭农场款的主要账务处理如下。

a. 企业与家庭农场签订的承包合同生效时，按当年应收款项金额，借记本科目，贷记“待转家庭农场上交款”科目。

b. 为家庭农场垫付资金时，按垫付资金数额，借记本科目，贷记“现金”“银行存款”等科目。

c. 将成熟生产性生物资产作价转让给家庭农场，价款未收回时，按应收价款金额，借记本科目，贷记“固定资产清理”科目。

d.将未成熟生产性生物资产作价转让给家庭农场，价款未收回时，按应收价款金额，借记本科目，贷记“其他业务收入”科目。按未成熟生产性生物资产账面价值，借记“其他业务支出”科目，按未成熟生产性生物资产已计提的减值准备，借记“生物性在建工程减值准备”科目；按未成熟生产性生物资产账面余额，贷记“生物性在建工程”科目。

e.将消耗性生物资产作价转让给家庭农场，价款未收回时，按应收价款金额，借记本科目，贷记“其他业务收入”科目。按消耗性生物资产账面价值，借记“其他业务支出”科目，按已计提的消耗性生物资产跌价准备，借记“存货跌价准备（幼畜及育肥畜跌价准备、其他消耗性生物资产跌价准备）”“消耗性林木资产跌价准备”等科目；按消耗性生物资产账面余额，贷记“幼畜及育肥畜”“农业生产成本”“消耗性林木资产”等科目。

f.收到家庭农场上交的款项或以农产品抵顶上交款时，按收到款项金额或农产品结算价格，借记“现金”“银行存款”“农产品”等科目，贷记本科目。

③ 企业应按家庭农场名称设置明细账，进行明细分类核算。

④ 本科目期末借方余额，反映尚未收回的家庭农场欠款。

2.农产品

① 本科目核算企业从事农业活动所收获的农产品和家庭农场上交的农产品的实际成本，包括种植业产品、畜牧养殖业产品、水产品和林产品。

② 企业应根据各类农产品的实际情况，确定发出农产品的实际成本，可以采用的方法有个别计价法、先进先出法、月末一次加权平均法、移动加权平均法等。

发出农产品的成本确定方法一经确定，不得随意变更。如需变更，应在会计报表附注中予以说明。

③ 企业的各种农产品，应当定期清查盘点，每年至少清查盘点一次。盘点结果如果与账面记录不符，应于期末前查明原因，并根据企业的管理权限，经股东大会或董事会，或经理（场长）会议或类似机构批准后，在期末结账前处理完毕。

盘盈或盘亏的农产品，如在期末结账前尚未经批准，应在对外提供财务会计报告时先按上述规定进行处理，并在会计报表附注中说明；如果其后批准处理的金额与已处理的金额不一致，应按其差额调整会计报表相关项目的年初数。

④ 农产品的主要账务处理如下。

a.收获的农产品验收入库时，按其实际成本，借记本科目，贷记“农业生产成本”科目。

b.家庭农场上交的农产品验收入库时，按结算价格，借记本科目，贷记“应收家庭农场款”等科目。

c.将农产品出售，结转成本时，按选定的发出农产品计价方法计算确定的实际成本，借记“主营业务成本”科目，贷记本科目。

d. 清查盘点中发现的农产品盘盈，借记本科目，贷记“待处理财产损溢”科目。经批准的农产品盘盈，冲减当期管理费用，借记“待处理财产损溢”科目，贷记“管理费用”科目。

清查盘点中发现的农产品盘亏和毁损，借记“待处理财产损溢”科目，贷记本科目。经批准的农产品盘亏和毁损，在减去过失人或者保险公司等赔款和残余价值之后，计入当期管理费用，借记“管理费用”科目，贷记“待处理财产损溢”科目；属于自然灾害等非常损失的，计入当期营业外支出，借记“营业外支出——非常损失”科目，贷记“待处理财产损溢”科目。

⑤ 企业应按农产品的类别、品种和保管地点设置明细账，进行明细分类核算。

⑥ 本科目期末借方余额，反映企业库存农产品的实际成本。

3. 幼畜及育肥畜

① 本科目核算实行分群核算的幼畜（禽）或育肥畜（禽）的实际成本。

实行分群核算的企业，其幼畜（禽）或育肥畜（禽）的饲养费用，在“农业生产成本”科目核算，不在本科目核算；实行混群核算的企业，其幼畜（禽）或育肥畜（禽）的实际成本和饲养费用，在“农业生产成本”科目核算，不在本科目核算。

② 幼畜（禽）或育肥畜（禽）的主要账务处理如下。

a. 外购的幼畜（禽）或育肥畜（禽），按购买价格、运输费、保险费以及其他可直接归属于购买幼畜（禽）或育肥畜（禽）的相关税费，借记本科目，贷记“银行存款”“应付账款”等科目。

b. 自繁幼畜（禽），按实际成本，借记本科目，贷记“农业生产成本”科目。

c. 结转幼畜（禽）或育肥畜（禽）的饲养费用，按结转金额，借记本科目，贷记“农业生产成本”科目。

d. 幼畜（禽）或育肥畜（禽）转群，借记本科目（××群别），贷记本科目（××群别）。

e. 产畜或役畜淘汰转为育肥畜时，按淘汰时的账面价值，借记本科目，按已计提的累计折旧，借记“生物资产累计折旧”科目，按已计提的减值准备，借记“成熟生产性生物资产减值准备”科目；按账面余额，贷记“生产性生物资产”科目。

f. 幼畜成龄转为产畜或役畜时，按其账面价值，借记“生产性生物资产”科目，按已计提的幼畜及育肥畜跌价准备，借记“存货跌价准备——幼畜及育肥畜跌价准备”科目；按账面余额，贷记本科目。

g. 幼畜（禽）或育肥畜（禽）对外销售，结转幼畜（禽）或育肥畜（禽）的实际成本时，按结转的实际成本，借记“主营业务成本”科目，贷记本科目。

h. 幼畜（禽）或育肥畜（禽）因死亡造成的损失，按其账面价值，借记“待处理财产损溢”科目，按已计提的幼畜（禽）及育肥畜（禽）跌价准备，借记“存货跌价准备——

幼畜及育肥畜跌价准备”科目；按账面余额，贷记本科目。

待查明原因后，根据企业的管理权限，经股东大会或董事会，或经理（场长）会议或类似机构批准后，在期末结账前处理完毕。幼畜（禽）或育肥畜（禽）因死亡造成的损失，在减去过失人或者保险公司等赔款和残余价值之后，计入当期管理费用，借记“管理费用”科目，贷记“待处理财产损溢”科目；属于自然灾害等非常损失的，计入营业外支出，借记“营业外支出——非常损失”科目，贷记“待处理财产损溢”科目。

幼畜（禽）或育肥畜（禽）因死亡造成的损失，如在期末结账前尚未经批准的，应在对外提供财务会计报告时先按上述规定进行处理，并在会计报表附注中说明；如果其后批准处理的金额与已处理的金额不一致，应按其差额调整会计报表相关项目的年初数。

③ 企业应按幼畜（禽）或育肥畜（禽）的种类和群别设置明细账，进行明细分类核算。

④ 本科目期末借方余额，反映企业存栏幼畜（禽）或育肥畜（禽）的实际成本。

4. 生产性生物资产

① 本科目核算企业成熟生产性生物资产原价。

种植业企业的农田防护林在达到预定生产经营目的前发生的实际成本，在“生物性在建工程”科目核算，不在本科目核算；达到预定生产经营目的时的实际成本，在本科目核算；达到预定生产经营目的后发生的管护费用，在“农业生产成本”科目核算，不在本科目核算。禽类的基本禽群发生的实际成本，在“农业生产成本”“幼畜及育肥畜”等科目核算，不在本科目核算。

② 企业应当根据成熟生产性生物资产的定义，结合本企业的具体情况，按农业企业的行业类别，制定适合本企业的成熟生产性生物资产目录、分类方法、每类或每项成熟生产性生物资产的折旧年限、折旧方法，作为进行成熟生产性生物资产核算的依据。企业制定的成熟生产性生物资产目录、分类方法、每类或每项成熟生产性生物资产的预计使用年限、预计净残值、折旧方法等，应当编制成册，并按照管理权限，经股东大会或董事会，或经理（场长）会议或类似机构批准，按照法律、行政法规的规定报送有关各方备案，同时备置于企业所在地，以供投资者等有关各方查阅。

企业已经确定并对外报送，或备置于企业所在地的有关成熟生产性生物资产目录、分类方法、预计净残值、预计使用年限、折旧方法等，一经确定不得随意变更，如需变更，仍然应按照上述程序，经批准后报送有关各方备案，并在会计报表附注中予以说明。

③ 成熟生产性生物资产的主要账务处理如下。

a. 购入的成熟生产性生物资产，按购买价格、运输费、保险费以及其他可直接归属于购买成熟生产性生物资产的相关税费，借记本科目，贷记“银行存款”等科目。

b. 自行营造的具有生产性特点的林木资产达到预定生产经营目的时转入成熟生产性生物资产，按转入时的账面价值，借记本科目，按已计提的减值准备，借记“生物性在建工程减值准备”科目；按账面余额，贷记“生物性在建工程”科目。

自繁幼畜成龄转为产畜或役畜，按成龄时的账面价值，借记本科目，按已计提的幼畜及育肥畜跌价准备，借记“存货跌价准备（幼畜及育肥畜跌价准备、其他消耗性生物资产跌价准备）”科目；按账面余额，贷记“幼畜及育肥畜”“农业生产成本”等科目。

c. 盘盈的成熟生产性生物资产，按同类成熟生产性生物资产的市场价格，借记本科目，贷记“待处理财产损溢”科目。

d. 以其他方式取得的成熟生产性生物资产，如接受投资、接受捐赠、非货币性交易、债务重组等，分别按照《企业会计制度》《企业会计准则——固定资产》有关固定资产的规定进行会计核算。

e. 成熟生产性生物资产达到预定生产经营目的后发生的管护费用，借记“农业生产成本”等科目，贷记“银行存款”“原材料”“应付工资”等科目。

f. 将产畜或役畜转为育肥畜，按产畜或役畜的账面价值，借记“固定资产清理”科目，按已计提的累计折旧，借记“生物资产累计折旧”科目，按已计提的减值准备，借记“成熟生产性生物资产减值准备”科目；按账面余额，贷记本科目。同时，按“固定资产清理”科目余额，借记“幼畜及育肥畜”科目，贷记“固定资产清理”科目。

g. 将成熟生产性生物资产作价转让给家庭农场时，按成熟生产性生物资产账面价值，借记“固定资产清理”科目，按已计提的累计折旧，借记“生物资产累计折旧”科目，按已计提的减值准备，借记“成熟生产性生物资产减值准备”科目；按账面余额，贷记“生产性生物资产”科目。

成熟生产性生物资产作价转让发生净收益的，借记“固定资产清理”科目，贷记“营业外收入——处置成熟生产性生物资产净收益”科目；作价转让发生净损失的，借记“营业外支出——处置成熟生产性生物资产净损失”科目，贷记“固定资产清理”科目。

h. 盘亏的成熟生产性生物资产，按其账面价值，借记“待处理财产损溢”科目；按已计提的累计折旧，借记“生物资产累计折旧”科目，按已计提的减值准备，借记“成熟生产性生物资产减值准备”科目，按账面原价，贷记本科目。

i. 因死亡、出售、毁损等原因减少的成熟生产性生物资产，按减少的成熟生产性生物资产账面价值，借记“固定资产清理”科目，按已计提的累计折旧，借记“生物资产累计折旧”科目，按已计提的减值准备，借记“成熟生产性生物资产减值准备”科目；按账面原价，贷记本科目。

j. 因投资、非货币性交易、债务重组、捐赠等原因转出的成熟生产性生物资产，按《企业会计制度》《企业会计准则——固定资产》有关投资、非货币性交易、债务重组、捐赠等转出固定资产的规定进行会计核算。

④ 企业应设置“生产性生物资产登记簿”，按成熟生产性生物资产类别、所属部门进行明细分类核算。

⑤ 本科目期末借方余额，反映期末企业成熟生产性生物资产的账面原价。

5. 生物资产累计折旧

① 本科目核算企业成熟生产性生物资产的累计折旧。

② 企业应根据成熟生产性生物资产的性质和消耗方式，结合农业企业的行业类别和本企业的具体情况，合理确定成熟生产性生物资产的预计使用年限和预计净残值，并选择合理的成熟生产性生物资产的折旧方法，按照管理权限，经股东大会或董事会，或经理（场长）会议或类似机构批准，作为计提折旧的依据。同时，按照法律、行政法规的规定报送有关各方备案，同时备置于企业所在地，以供投资者等有关各方查阅。

企业已经确定并对外报送，或备置于企业所在地的有关成熟生产性生物资产预计使用年限和预计净残值、折旧方法等，一经确定不得随意变更，如需变更，仍然应按照上述程序，经批准后报送有关各方备案，并在会计报表附注中予以说明。

③ 成熟生产性生物资产折旧方法可以采用年限平均法、工作量法、年数总和法、双倍余额递减法等。

④ 企业一般应按月计提折旧：当月增加的成熟生产性生物资产，当月不提折旧，从下月起计提折旧；当月减少的成熟生产性生物资产，当月照提折旧，从下月起不提折旧。成熟生产性生物资产提足折旧后，不管能否继续使用，均不再提取折旧；提前报废的成熟生产性生物资产，也不再补提折旧。

⑤ 企业按月计提成熟生产性生物资产折旧时，借记“农业生产成本”等科目，贷记本科目。

⑥ 本科目只进行总分类核算，不进行明细分类核算。

⑦ 本科目期末贷方余额，反映企业提取的成熟生产性生物资产折旧累计数。

6. 成熟生产性生物资产减值准备

① 本科目核算企业提取的成熟生产性生物资产减值准备。

未成熟生产性生物资产提取的减值准备，在“生物性在建工程减值准备”科目核算，不在本科目核算。

② 企业应至少于每年年度终了，对成熟生产性生物资产进行检查，如果由于遭受自然灾害、病虫害、动物疫病侵袭等原因导致其可收回金额低于账面价值的，应按可收回金额低于账面价值的差额，计提成熟生产性生物资产减值准备。

③ 成熟生产性生物资产减值准备一经计提，不得转回。

④ 企业计提成熟生产性生物资产减值准备时，借记“营业外支出——计提的成熟生产性生物资产减值准备”科目，贷记本科目。

⑤ 本科目期末贷方余额，反映企业已提取的成熟生产性生物资产减值准备。

7. 生物性在建工程

① 本科目核算企业未成熟生产性生物资产发生的实际成本。企业成熟生产性生物资产原价，在“生产性生物资产”科目核算，不在本科目核算。

② 生物性在建工程的主要账务处理如下。

a. 自行营造的生物性在建工程，按发生的实际成本，借记本科目，贷记“现金”“银行存款”“原材料”“应付职工薪酬”等科目。

b. 由于遭受自然灾害、病虫害、动物疫病侵袭等原因造成的生物性在建工程报废或毁损，减去残料价值和过失人或保险公司等赔款后的净损失，报经批准后计入继续营造的生物性在建工程成本，借记本科目（其他支出），贷记本科目；如为非正常原因造成的生物性在建工程报废或毁损，或生物性在建工程全部报废或毁损，应将其净损失直接计入当期营业外支出，借记“营业外支出——非常损失”，贷记本科目。

c. 生物性在建工程达到预定生产经营目的时，按生物性在建工程账面价值，借记“生产性生物资产”科目，按已计提的生物性在建工程减值准备，借记“生物性在建工程减值准备”科目；按其账面余额，贷记本科目。

③ 企业应按生物性在建工程项目设置明细账，进行明细分类核算。

④ 本科目期末借方余额，反映企业尚未达到预定生产经营目的的生物性在建工程实际成本。

8. 生物性在建工程减值准备

① 本科目核算企业提取的未成熟生产性生物资产减值准备。企业提取的成熟生产性生物资产减值准备，在“成熟生产性生物资产减值准备”科目核算，不在本科目核算。

② 企业应至少于每年年度终了，对生物性在建工程进行全面检查。如果由于遭受自然灾害、病虫害、动物疫病侵袭等原因造成生物性在建工程的可收回金额低于其账面价值的，应按可收回金额低于账面价值的差额，计提生物性在建工程减值准备。

③ 生物性在建工程减值准备一经计提，不得转回。

④ 企业计提生物性在建工程减值准备时，借记“营业外支出——计提的生物性在建工程减值准备”科目，贷记本科目。

⑤ 本科目期末贷方余额，反映企业已提取的生物性在建工程减值准备。

9. 消耗性林木资产

① 本科目核算已郁闭成林消耗性林木资产的实际成本。暂时难以明确生产性或消耗性特点的林木资产实际成本，也在本科目核算。

消耗性林木资产在郁闭成林前发生的实际支出，在“农业生产成本”科目核算，不在本科目核算；郁闭成林时的实际成本，在本科目核算；郁闭成林后发生的管护费用，在“营业费用”科目核算，不在本科目核算。

② 消耗性林木资产的主要账务处理如下。

a. 消耗性林木资产郁闭成林时，按其账面余额，借记本科目，贷记“农业生产成本”科目。

b. 郁闭成林后的消耗性林木资产发生的管护费用，借记“营业费用”科目，贷记“银行存款”“库存现金”“原材料”等科目。

c. 郁闭成林后的消耗性林木资产明确其生产性特点，转为成熟生产性生物资产时，按其账面价值，借记“生产性生物资产”科目，按已计提的消耗性林木资产跌价准备，借记“消耗性林木资产跌价准备”科目；按其账面余额，贷记本科目。

d. 将郁闭成林后的公益林转为消耗性林木资产时，按公益林的账面余额，借记本科目，贷记“公益林”科目。同时，借记“公益林基金”科目，贷记“资本公积”科目。

e. 消耗性林木资产采伐时，按其账面价值，借记“农业生产成本”科目，按已计提的消耗性林木资产跌价准备，借记“消耗性林木资产跌价准备”科目，按其账面余额，贷记本科目。

f. 期末，企业根据实际情况计算出消耗性林木资产的可变现净值低于其成本的，按可变现净值低于成本的差额，借记“营业外支出——计提的消耗性林木资产跌价准备”科目，贷记“消耗性林木资产跌价准备”科目。

③ 企业应根据管理需要，按照林种、小班、造林抚育成本、营林期间费用等设置明细账，进行明细分类核算。

④ 本科目期末借方余额，反映已郁闭成林消耗性林木资产的实际成本和暂时难以明确生产性或消耗性特点的林木资产的实际成本。

10. 消耗性林木资产跌价准备

① 本科目核算企业提取的已郁闭成林消耗性林木资产跌价准备。

② 消耗性林木资产在郁闭成林前不计提跌价准备。郁闭成林后的消耗性林木资产，企业应至少于每年年度终了对其进行检查，如果由于遭受自然灾害、病虫害、动物疫病侵袭等原因，导致其可变现净值低于成本的，应按其可变现净值低于成本的差额，计提消耗性林木资产跌价准备。

③ 消耗性林木资产跌价准备一经计提，不得转回。

④ 企业计提消耗性林木资产跌价准备时，借记“营业外支出——计提的消耗性林木资产跌价准备”科目，贷记本科目。

⑤ 本科目期末贷方余额，反映企业已提取的消耗性林木资产跌价准备。

11. 公益林

① 本科目核算已郁闭成林公益林的实际成本。

公益林在郁闭成林前发生的实际支出，在“农业生产成本”科目核算，不在本科目核算；郁闭成林时的实际成本，在本科目核算；郁闭成林后发生的管护费用，在“营业费用”科目核算，不在本科目核算。

② 企业所拥有的公益林不计提跌价准备。

③ 公益林的主要账务处理如下。

a. 公益林郁闭成林时，按其账面余额，借记本科目，贷记“农业生产成本”科目。同时，借记“专项应付款”“资本公积”等科目，贷记“公益林基金”科目。

b. 郁闭成林后的公益林发生管护费用时，借记“营业费用”科目，贷记“银行存款”“现金”“原材料”等科目。期末，借记“专项应付款”科目，贷记“营业费用”科目。

c. 郁闭成林后的公益林转为成熟生产性生物资产时，按其账面余额，借记“生产性生物资产”科目，贷记本科目。同时，借记“公益林基金”科目，贷记“资本公积”科目。

d. 郁闭成林后的公益林转为消耗性林木资产时，按公益林的账面余额，借记“消耗性林木资产”科目，贷记本科目。同时，借记“公益林基金”科目，贷记“资本公积”科目。

e. 因毁损等原因减少公益林时，经主管部门批准，借记“公益林基金”科目，贷记“公益林”科目。

④ 企业应根据管理需要，按照林种、小班、造林抚育成本、管护期间费用等设置明细账，进行明细分类核算。

⑤ 本科目期末借方余额，反映已郁闭成林公益林的实际成本。

12. 应付家庭农场款

① 本科目核算企业应付、暂收家庭农场的各种款项，如企业收购家庭农场产品尚未结算的款项、代存家庭农场的其他收入等。

② 应付家庭农场款的主要账务处理如下：

a. 按合同规定收购家庭农场的产品尚未支付价款时，按结算价格，借记“农产品”科目，贷记本科目。

b. 代存家庭农场的各种其他收入，按代存金额，借记“银行存款”等科目，贷记本科目。

c. 支付家庭农场款时，借记本科目，贷记“现金”“银行存款”等科目。

③ 企业应按家庭农场名称设置明细账，进行明细分类核算。

④ 本科目期末贷方余额，反映尚未偿付的家庭农场欠款。

13. 待转家庭农场上交款

① 本科目核算企业待结转的应收家庭农场款，如家庭农场应上交的劳动保险费、福利费、管理费、利润等。

② 待转家庭农场上交款的主要账务处理如下。

a. 企业与家庭农场签订的承包合同生效后，按当年应收款项金额，借记“应收家庭农场款”科目，贷记本科目。

b. 结算时，按“先费后利”原则，先结算劳动保险费、福利费、管理费等费用，后结算利润。按实际上交的应收款项金额，借记本科目，贷记“其他应付款”“应付福利费”“管理费用”“本年利润”等科目。

③ 企业应按待转家庭农场上交款的性质设置明细账，进行明细分类核算。

④ 本科目期末贷方余额，反映企业尚未结转的应收家庭农场款金额。

14. 公益林基金

① 本科目核算企业营造和按规定划转郁闭成林后的公益林所形成的基金。

② 公益林基金的主要账务处理如下。

a. 公益林郁闭成林时，按其账面余额，借记“公益林”科目，贷记“农业生产成本”科目。同时，借记“专项应付款”“资本公积”等科目，贷记本科目。

b. 郁闭成林后的公益林发生管护费用时，借记“营业费用”科目，贷记“银行存款”“现金”“原材料”等科目。期末，借记“专项应付款”科目，贷记“营业费用”科目。

c. 郁闭成林后的公益林转为成熟生产性生物资产时，按其账面余额，借记“生产性生物资产”科目，贷记“公益林”科目。同时，借记本科目，贷记“资本公积”科目。

d. 郁闭成林后的公益林转为消耗性林木资产时，按其账面余额，借记“消耗性林木资产”科目，贷记“公益林”科目。同时，借记本科目，贷记“资本公积”科目。

e. 因毁损等原因减少公益林时，经有关部门批准，借记本科目，贷记“公益林”科目。

③ 本科目期末贷方余额，反映公益林形成的公益林基金账面余额。

15. 农业生产成本

① 本科目核算农业活动过程中发生的各项生产费用。

农业活动过程中发生的各项生产费用，应按种植业、畜牧养殖业、水产业和林业分别确定成本核算对象和成本项目，进行费用的归集和分配。

实行混群核算的幼畜（禽）或育肥畜（禽）的实际成本和饲养费用以及实行分群核算的幼畜（禽）或育肥畜（禽）的饲养费用、郁闭成林前消耗性林木资产和公益林的实际成本以及其他消耗性生物资产的实际成本等，在本科目核算。

经济林木、农田防护林在达到预定生产经营目的前发生的实际成本，在“生物性在建工程”科目核算，不在本科目核算；达到预定生产经营目的时的实际成本，在“生产性生物资产”科目核算，不在本科目核算；达到预定生产经营目的后发生的采割、管护费用，在本科目核算。

② 农业生产成本的主要账务处理如下。

a. 郁闭成林前消耗性林木资产、公益林以及其他农业活动耗用的直接材料、直接人工和其他直接费，直接计入农业生产成本，借记本科目，贷记“原材料”“应付职工薪酬”“现金”“银行存款”等科目。

b. 具有生产性特点的林木资产达到预定生产经营目的后发生的管护费用，直接计入农业生产成本，借记本科目，贷记“原材料”“应付职工薪酬”“现金”“银行存款”等科目。

c. 机械作业等所发生的共同性费用，借记本科目（机械作业费等），贷记“累计折旧”

等科目。期末，分配计入有关受益对象时，借记本科目（××产品），贷记本科目（机械作业费等）。

d. 辅助生产单位提供的劳务，按承担劳务费用金额，借记本科目，贷记“生产成本——辅助生产成本”科目。

e. 经济林木、农田防护林、剑麻、产畜等成熟生产性生物资产计提的折旧，借记本科目，贷记“生物资产累计折旧”科目。零星橡胶树、果树、桑树、茶树等经济林木的更新和补植支出，在达到预定生产经营目的前，计入生物性在建工程，在达到预定生产经营目的后，直接计入农业生产成本。

f. 多次收获的多年生消耗性生物资产（如苜蓿），其往年费用按比例摊入本期产品成本部分，借记本科目（××产品），贷记本科目（××年种植××作物）。

g. 年终尚未完成脱粒作业的产品，预提脱粒等费用时，借记本科目，贷记“预提费用”科目。

h. 畜（禽）产品实行混群核算的，畜（禽）本身的价值及其饲养费用，均通过本科目核算。购进畜（禽）时，按实际支付或应支付的价款，借记本科目，贷记“银行存款”等科目。实行分群核算的，本科目只核算各群发生的饲养费用，畜（禽）本身的价值在“幼畜及育肥畜”科目核算。期末结转各群的饲养费用时，借记“幼畜及育肥畜”科目，贷记本科目。

i. 发生的间接费用，先在“制造费用”科目进行汇集，期末再按一定的分配标准或方法，分配计入有关产品成本，借记本科目，贷记“制造费用”科目。

j. 收获的农产品（包括自产留用的种子、饲料、口粮）验收入库时，按实际成本，借记“农产品”科目，贷记本科目；不通过入库直接销售的鲜活产品，按实际成本，借记“主营业务成本”科目，贷记本科目。

k. 消耗性林木资产采伐时，按其账面价值，借记本科目，按已计提的消耗性林木资产跌价准备，借记“消耗性林木资产跌价准备”科目，按其账面余额，贷记“消耗性林木资产”科目。

l. 实行混群核算的幼畜成龄转为产畜或役畜，按账面价值，借记“生产性生物资产”科目，按已计提的其他消耗性生物资产跌价准备，借记“存货跌价准备——其他消耗性生物资产跌价准备”科目；按账面余额，贷记本科目。

③ 企业应按成本核算对象设置明细账，并按成本项目设置专栏，进行明细分类核算。

④ 本科目期末借方余额，反映农业活动过程中发生的各项费用，包括实行混群核算的幼畜（禽）或育肥畜（禽）的实际成本和饲养费用以及实行分群核算的幼畜（禽）或育肥畜（禽）的饲养费用、郁闭成林前消耗性林木资产和公益林的实际成本以及其他消耗性生物资产的实际成本等。

11.4 农业企业成本核算案例

永安畜牧有限责任公司2×19年5月的“基本猪群饲养”和“两个月内仔猪”明细账资料如下：上期结转的母猪照管下仔猪250头，活重250千克，成本为1 175元；本月基本猪群共繁殖仔猪3 250头，出生时活重为2 500千克；本月内将满两个月的仔猪2 750头，转入2～4个月内的幼猪群，转群时的活重为9 000千克；期内死亡两个月内的仔猪250头计625千克；期末仔猪出生后两个月内的增重量为7 500千克；期末结存两个月内仔猪为500头，活重为625千克；本期发生的饲养费用为20 200元，取得副产品价值为200元。2×19年5月发生2～4个月幼猪饲养费用为10 000元，厩肥价值为460元。期初结转幼猪10头，活重200千克，成本580元；期内由两个月内仔猪群转入40头，活重560千克，成本2 000元；购入幼猪20头，活重300千克，成本1 800元；转出60头，活重5 400千克；死亡2头，活重30千克；期末结存8头，活重400千克。

成本确认如下所示。

仔猪出生活重和出生后两个月内增重的单位（千克）成本＝（20 200−200）÷（2 500＋7 500）＝2（元）

仔猪活重（千克）单位成本＝（1 175＋20 200−200）÷（625＋9 000）＝2.2（元）

断奶仔猪的总成本＝2.2×9 000＝19 800（元）

未断奶仔猪的总成本＝2.2×625＝1 375（元）

每头断奶仔猪的成本＝19 800÷2 750＝7.2（元）

每头未断奶仔猪的成本＝1 375÷500＝2.75（元）

2～4个月幼猪增加重量＝400＋5 400＋30－（200＋560＋300）＝4 770（千克）

2～4幼猪增重的单位（千克）成本＝（10 000−460）÷4 770＝2（元）

2～4个月幼猪活重量＝400＋5 400＝5 800（千克）

2～4幼猪活重的单位（千克）成本＝（580＋2 000＋1 800＋100 000−460）÷5 800＝2.4（元）

第 12 章
煤炭业企业成本会计核算

12.1 煤炭业企业成本核算概述

12.1.1 煤炭业的特征

1. 煤炭行业属于高风险行业

煤炭行业的主要作业对象为地下煤炭资源，煤炭产品不可见；而且煤炭开采环境复杂，其生产过程多受地下水、火、煤尘及瓦斯等自然因素的影响，煤炭开采容易发生安全事故。与其他行业相比，煤炭行业属于高危行业，相关企业通常需要为职工提供相应的保障安全生产的劳动保护用品，并对地下作业的职工采取特殊的保护措施，以保证煤炭产品的安全生产。

2. 煤炭开采受限制

煤炭行业属于环境制约型行业，煤炭的开采需要符合地质灾害防治和生态环境保护的要求。对于开采过程中造成地标土地塌陷或挖损的，应由采矿者复垦；给他人造成损失的，需要依法承担赔偿责任。此外，对于具有重要价值的特殊煤种及稀缺煤种，我国实行保护性开采和专户供应政策，以放缓煤炭资源的耗竭速度。

3. 煤炭生产流程复杂

煤炭的开采及生产环节较多，而且生产流程复杂。煤炭生产一般包括煤炭资源探勘、采矿设计、生产准备、工作面开采作业、煤炭运输及提升、洗选加工、储存、装运、煤矿检测监控等生产环节。其中，煤炭开采便需要进行开拓、掘进、采掘设备安装、建立矿井运输、通风、供电、供风、排水、安全设备等系列工程的准备。

4. 煤炭产量具有递减性

煤炭资源属于一次性能源，其形成需要经过漫长的物理和化学反应过程。在一定的期间内，煤炭资源的可采量有限，随着不断开采，煤炭资源的可采储量、煤炭开采规模以及煤炭产量会逐年减少，资源逐渐枯竭，煤炭的有效供给会逐年递减。

12.1.2 煤炭业企业成本特征

1. 煤炭产品成本受多种因素影响

煤炭开采及生产的难易程度受到地质条件、地下自然物质等客观自然条件的影响，对煤炭产品的成本产生直接影响。煤层稳定、质地构造简单，煤炭产品的成本会相对较低；煤层的稳定性差、地质结构复杂，煤炭产品的成本则较高。此外，煤炭产品成本的高低也会受煤炭企业（以下简称“煤炭企业”）掘进量、作业程序及产品产量的影响。

2. 运输成本和人工成本是煤炭生产成本的重要组成部分

煤炭的生产过程中，需要转移大量的煤炭及岩石，从开掘工作面、大巷到井筒，煤炭产品的运输环节较多，运输费用大。随着煤炭生产的掘进，其运输环节和需要的设备会相应增多，运输成本增加，煤炭成本也呈上升趋势。另外，煤炭产品的生产是多工序的循环性连续作业，生产环节多、劳动强度大，煤炭生产通常需要较多的劳动力，人工成本较高。

3. 固定费用比重大

在煤炭成本中，煤炭企业的设备折旧与摊销、维简费、安全生产费、劳动保护费等固定费用占有一定的比重。煤炭生产的机械化程度高，生产设备等固定资产折旧较多。为了满足企业简单再生产及安全生产的要求，煤炭企业需要按照原煤生产量的一定比例提取安全生产费、维简费及类似费用，并计入相关产品的成本中。

12.2 煤炭业企业成本核算对象

本书所指的煤炭业企业即主要从事煤炭开采或洗选加工的企业。煤炭产品是指煤炭企业生产经营活动中形成的原煤、洗选煤等。煤炭业企业成本核算对象为煤炭产品，主要包括原煤、洗选煤等。

12.2.1 原煤

1. 原煤的定义

原煤，是指开采出的毛煤经过简单选矸（矸石直径 50mm 以上）后的煤炭，以及经过筛选分类后的筛选煤等。

毛煤，是指从地上或地下采掘出来的、未经任何加工处理的煤炭。

2. 煤炭开采生产流程

煤炭开采可分为露天开采和井工开采两种方式。煤炭生产流程主要包括：煤炭资源勘探；采矿设计；生产准备；工作面开采作业；煤炭运输、提升；经洗选加工、储存、装运成为煤炭产品；等等。

① 煤炭资源勘探，是指采用钻探、物探、调查和试验、分析等方式，查明地下煤炭资源情况的过程。

② 采矿设计，是指根据井田的煤炭资源情况和开采条件，对露天或井工开采方式进行

选择，对开采方案、工艺、采煤方法、运输、通风、供电、供风、供水、排水、安全设施等环节进行设计，并明确生产流程及劳动组织的过程。

③ 生产准备，包括开拓、掘进（井工矿）或表土剥离作业线开帮（露天矿）、采掘设备安装及建立矿井运输、通风、供电、供风、排水、安全设施等系统工程。开拓、掘进是指在井工矿开采中，施工井筒、大巷、主要硐室等开拓井巷工程和掘进采区、采煤工作面等系统巷道的生产过程。表土剥离作业线开帮是指在露天矿开采中，表土层剥离和采煤面的开帮过程。

④ 采煤工作，是指根据矿井选用的采煤工艺，如长壁式、房柱式、急倾斜柔性支架等，使用机械、炮采、水采等方法在采煤工作面进行煤炭开采的生产过程。

⑤ 煤矿运输，包括煤炭运输和辅助运输。煤炭运输，是指将采煤工作面开采的原煤输送到地面储煤场（仓）或选煤厂的过程。辅助运输，是指矿井材料、设备、工作人员的运输过程。

⑥ 煤矿通风，是指对煤矿采掘工作面、主要硐室及其他用风地点，采用全压通风、局部通风机供风等方式进行通风系统管理和作业的生产过程。

⑦ 煤矿供电，是指对煤矿机电设备供电进行的系统管理和作业的生产过程。

⑧ 煤矿供风，是指对煤矿需要供风的地点和设备进行的系统管理和作业的生产过程。

⑨ 煤矿供水，是指对煤矿需要用水的地点和设备进行的系统管理和作业的生产过程。

⑩ 煤矿排水，是指将煤矿涌水排到地面进行的系统管理和作业的生产过程。

⑪ 煤矿监测监控，是指对煤矿安全环境和生产进行的各类监测监控系统管理和作业的生产过程。

12.2.2 洗选煤

1. 洗选煤的定义

洗选煤，是指经过破碎、水洗、风洗等物理化学工艺，去灰去矸后的煤炭产品。根据煤炭产品质量的不同，洗选煤主要分为精煤、中煤、煤泥等，但不包括煤矸石。其中，精煤是指经过分选获得的高质量煤炭产品。中煤是指在分选过程中获得的中间质量煤炭产品。煤泥是指在分选后获得的低质量煤炭产品。煤矸石是指在开采煤炭过程和洗选煤炭过程中排放出来的，在成煤过程中与煤伴生的一种含碳量较低、比煤坚硬的黑灰色岩石。对外销售或自用的洗矸石作为生产洗选煤过程中的副产品。

2. 洗选煤的生产流程

原煤洗选工艺按用途分为炼焦用煤洗选、动力用煤洗选两大类，按洗选介质分为干法分选和湿法洗选两大类。一般来说，选煤厂涉及以下主要工艺：原煤准备、原煤分选、产品脱水、煤泥水处理、产品干燥。

① 原煤准备。原煤准备主要包括原煤入厂、储存、破碎和筛分。原煤入厂，是指根据矿井距选煤厂距离的不同由运输皮带、汽车、火车等不同方式将原煤运输到选煤厂的过程。

原煤储存，是指入厂的原煤由运输皮带、翻车机、矿车等不同方式进入存储仓的过程。原煤破碎，是指原煤在洗选前经过破碎机破碎至合适的粒度的过程。原煤筛分，是指破碎后的原煤经过分级筛进行筛选分级（一般以粒度 100mm、50mm、13mm 为分级标准），为原煤分选做准备的过程。

②原煤分选。目前，我国原煤的主要分选方法可分为湿法的重介质、跳汰、浮选以及干法选煤。重介质选煤，是指在以磁铁矿粉为加重质的重介质悬浮液中利用煤与矸石的不同密度进行洗选的工艺，适用于分选 300mm ~ 25（13）mm 的块煤。跳汰选煤，是指利用压缩空气产生的脉动水流在跳汰机的筛板上实现煤与矸石按密度分选的工艺，适用于分选粒度为 100mm ~ 0.5mm 的原煤。浮游选煤（简称浮选），是指根据煤与矸石表面不同的物理—化学性质（主要是湿润性）的差异进行分选的工艺，主要用于炼焦煤细颗粒物（0.5mm 以下）的分选。干法选煤，是指采用空气—煤粉（加重质微粒）为介质，用压缩空气和激振力使物料松散，在带床条的床面上实现煤和矸石按密度分选的工艺。

对于动力煤的分选，目前主要有两种方式：一是应用干法选煤，原煤（粒度 100~13mm）由输送皮带送入干法选煤设备产出精煤、中煤和矸石等产品；二是应用浅槽刮板重介质分选机，准备好的块原煤（粒度 100~13mm）由输送皮带送入浅槽刮板重介质分选机产出精煤、中煤和矸石等产品。

对于炼焦煤的分选，目前主要应用重介质旋流器选煤和浮选，原煤（粒度 50mm 以下）进入重介质旋流器，产出精煤、中煤和矸石等产品，产品进入脱介筛脱除介质，精煤、中煤脱除介质后筛上粒度较大的进入产品脱水环节，筛下粒度较小的经磁选机选出介质后进入浮选，产出浮选精煤进入产品脱水环节。

③产品脱水。煤炭产品脱水主要包括湿法洗选后块煤和末煤产品的脱水、浮选精煤脱水、煤泥脱水。煤炭经过湿法洗选后的产品不可避免地携带大量水分，特别是刚产生的浮选精煤和煤泥，由于粒度较小，水分特别大，必须经过脱水设备脱除携带水分，否则无法使用。通常使用离心脱水机对块煤和末煤进行脱水，加压过滤机对浮选精煤进行脱水，隔膜式压滤机对煤泥进行脱水，脱水后的滤液进入循环水系统进行处理。

④煤泥水处理。浮选后的煤泥水进入浓缩机，沉淀后，清水循环使用，浓缩物进入脱水环节成为煤泥。

⑤产品干燥。利用热能对产品进行干燥。

12.3 产品成本核算项目、范围和流程

12.3.1 煤炭业企业成本核算项目

1. 前期成本

煤炭企业的前期成本，是指煤炭企业为煤炭生产进行前期准备工作所发生的成本，包

括煤田勘探费、设计费、采矿权使用费、矿产资源补偿费、土地征用费、资源税等费用。煤炭企业的前期成本主要包括资源成本、勘探成本和开采成本。

① 资源成本，主要是指矿业权的取得成本。矿业权包括探矿权和采矿权，探矿权是指在依法取得的勘查许可证规定的范围内，勘察矿产资源的权利；采矿权是指在依法取得的采矿许可证规定的范围内，开采矿产资源和取得所开采的矿产品的权利。资源成本具体包括探矿权价款、采矿权价款、土地使用权价款、咨询顾问费、审计费等与取得矿业权相关的支出。

② 勘探成本，是指为识别煤炭资源所发生的各项成本，主要包括地质勘查、钻井勘察等环节所发生的各项支出。

③ 开采成本，是指将煤炭资源从资源储存区运输至地面，并对其进行收集、拉运和储存所发生的支出，主要包括煤矿巷道工程、采煤工程、煤炭集运等各项支出。

2. 生产成本

煤炭企业的生产成本，指煤炭企业经过一系列加工、生产流程，直接形成煤炭产品的过程中所发生的成本。生产成本主要包括直接材料、燃料和动力、直接人工及制造费用等。

① 直接材料，是指为生产产品直接投入的原料及主要材料、辅助材料。原料及主要材料，是指为生产洗选煤产品投入的构成产品实体的物料。辅助材料，是指为生产产品投入的不能构成产品实体，但有助于产品形成的物料。

② 燃料和动力，是指生产过程中耗用的、成本归属对象明确、一次性耗费受益的各种燃料，以及电、风、水、气等动力。

③ 直接人工，是指直接从事产品生产人员的各种形式的报酬及各项附加费用。

④ 制造费用，是指以成本中心为基础，为组织和管理生产所发生的各项间接费用，主要包括车间管理人员的人工费、折旧费、折耗及摊销、安全生产费、维护及修理费、运输费、财产保险费、外委业务费、低值易耗品摊销、租赁费、机物料消耗、试验检验费、劳动保护费、排污费、信息系统维护费等。

3. 安全及环境成本

煤炭企业的安全及环境成本主要是指煤炭企业为安全生产和环境治理恢复而发生的各项成本，主要包括安全成本和环境成本。

① 安全成本，是指为实现煤炭企业安全生产而发生的成本，主要包括煤炭企业按照国家规定提取的安全费用。

② 环境成本，是指对煤炭生产过程中造成的生态环境损失进行治理和补偿所支付的成本，主要包括煤炭企业提取的造育林费、环境治理恢复保证金等。

12.3.2 煤炭业企业成本核算范围

依据成本费用要素，煤炭业企业成本核算范围主要包括以下项目。

① 原料及主要材料费，是指为生产洗选煤产品投入的入洗原煤等的成本。

② 辅助材料费，是指为生产产品投入的辅助材料的成本。辅助材料费主要包括投入的木材、支护用品、火工产品、大型材料、配件、专用工具、自用煤、劳保用品、建工材料、油脂及乳化液、其他材料等成本。

③ 燃料和动力费，是指为生产产品耗用的、成本归属对象明确的各种燃料费用，以及电、风、水、气等动力费用。

④ 人工费，是指为生产产品向职工提供的各种形式的报酬及各项附加费用。人工费主要包括职工工资、奖金、津贴和补贴、社会保险费、住房公积金、补充养老保险（含年金）和补充医疗费用、职工福利费、工会经费、职工教育经费、按规定支付的商业人身险及其他劳动保险费、劳务费等。

⑤ 折旧费，是指为生产产品使用的生产装置、厂房、附属机器设备等计提的折旧。

⑥ 折耗及摊销，是指予以资本化的矿区权益成本、煤炭勘探成本、煤炭开发成本和弃置义务成本等分摊至煤炭产品成本的折耗，以及其他长期资产的摊销。

⑦ 安全生产费，是指根据国家有关规定，按照一定标准提取并在生产成本中列支，专门用于完善和改进企业或者项目安全生产条件的费用。

⑧ 维护及修理费，是指为维持产品生产的正常运行，保证设施设备原有的生产能力，对设施设备进行维护、修理所发生的费用。维护及修理费主要包括材料费、修理工时费、备品备件费等。

⑨ 运输费，是指为生产产品提供运输服务发生的费用。

⑩ 财产保险费，是指为组织产品生产，向社会保险机构或其他机构投保的各项财产所支付的保险费用。

⑪ 外委业务费，是指在产品生产过程中，委托外部单位提供服务发生的费用。

⑫ 低值易耗品摊销，是指为组织产品生产，耗用的不能作为固定资产的各种用具物品的摊销。

⑬ 租赁费，是指为组织产品生产租入的各种资产，按照合同或协议的约定支付给出租方的租赁费用。

⑭ 机物料消耗，是指在产品生产过程中耗用的未作为原材料、辅助材料或低值易耗品管理使用的一般性材料支出。

⑮ 试验检验费，是指在产品生产过程中，对材料、产品进行的分析、试验、化验、检验、鉴定等所发生的费用。

⑯ 劳动保护费，是指为从事产品生产的职工提供劳动保护、防护等发生的费用。

⑰ 排污费，是指为生产产品负担的排污机构处理废气、废水、废渣等所发生的费用。

⑱ 信息系统维护费，是指为组织产品生产投入使用的信息系统所发生的运行维护费用。

煤炭企业为生产产品实际发生的，不在上述范围的产品成本费用要素，应当作为其他成本费用要素进行明细核算。

12.3.3 煤炭业企业成本核算流程

根据煤炭企业的生产特点，煤炭产品的成本核算主要包括如下基本步骤。

① 合理确定成本核算对象。

② 根据实际管理需要，设置成本中心。

③ 以成本中心为基础，归集成本费用。

④ 对成本中心成本费用进行分配和结转，计算产品成本。

12.4 前期成本的归集、分配和结转

12.4.1 前期成本的归集

煤炭企业为获得煤炭资源而发生的资源成本、勘探成本和开采成本，应当予以资本化，通过“递耗资产”及相应的明细科目进行核算；同时，设置“累计折耗”科目，作为“递耗资产”的备抵科目，对煤炭资源的取得成本进行合理的摊销。

煤炭企业矿业权的取得方式主要分为有偿取得、无偿取得及融资租赁取得等。

1. 煤炭企业有偿取得矿业权

煤炭企业有偿取得矿业权，按照实际支付的对价，借记“递耗资产——采矿权”或“递耗资产——探矿权”等科目，以银行存款支付的，贷记“银行存款”等科目。

2. 煤炭企业无偿取得矿业权

煤炭企业以无偿划拨方式取得矿业权的，根据相关中介机构对该矿业权的价值评估，按照评估结果，借记“递耗资产——采矿权”或“递耗资产——探矿权”等科目，贷记“资本公积”等科目。

煤炭企业以资本投入形式取得的矿业权，以中介机构评估的价值为基础，借记“递耗资产——采矿权”或者“递耗资产——探矿权”等科目，贷记“股本”“实收资本”“资本公积”等科目。

3. 煤炭企业融资租赁取得矿业权

煤炭企业以融资租赁的方式取得矿业权，根据租赁合同约定的价值，借记“递耗资产——采矿权”或“递耗资产——探矿权”等科目，贷记“长期应付款”及相应的明细科目。

如果融资租赁采用分期付款方式，参照《企业会计准则》的相关规定，矿业权的入账价值为租赁开始日租赁资产公允价值与最低租赁付款额现值两者中的较低者。

12.4.2 前期成本的分配与结转

前期成本资本化处理后，企业需要按照一定的摊销方法，以折耗的方式将递耗资产的成本分配至煤炭产品的生产成本中。参考《企业会计准则第 27 号——石油天然气开采》的

会计处理，煤炭企业前期成本的折耗计提方法可采用产量法和年限平均法。煤炭企业计提递耗资源折耗时，根据计提的折耗额，借记“生产成本”及其相关明细科目，贷记“累计折耗”科目。

① 产量法，是指根据估计的总开采量，对前期资本化的成本进行合理地分配和结转。其计算公式如下。

$$折耗计提率 = \frac{递耗资产成本 - 预计残值}{估计的总开采量}$$

每期应计提的折耗额＝每期煤炭开采数量 × 折耗计提率

② 年限平均法，又称直线法，是指在估计的煤炭开采期间内，平均分摊递耗资产成本的方法。煤炭企业各期的开采量相对稳定的情况下，适用年限平均法。其计算公式如下。

$$每期应计提的折耗额 = \frac{递耗资产成本 - 预计残值}{估计的开采期}$$

如果煤炭企业各期的开采量相对稳定，采用产量法计提折耗与年限平均法计提折耗的结果基本一致；如果企业各期煤炭的开采量存在较大差异，采用产量法能够更好地反映前期成本在各期间的折耗情况。

【例 12–1】A 煤炭企业于 2×19 年 1 月 1 日购买一座矿山，取得采矿权，支付银行存款 800 万元，估计的总煤炭开采量 4 000 万吨。2×19 年，A 煤炭企业共开采煤炭 500 万吨。煤炭开采完后的预计净残值为 40 万元。采用产量法进行折耗计提的相关会计处理如下。

①2×19 年 1 月 1 日，确认煤炭资源的成本：

借：递耗资产——采矿权　　　　8 000 000

　　贷：银行存款　　　　8 000 000

②2×19 年 12 月 31 日，计提折耗。

$$每期应计提的折耗额 = \frac{800-40}{4\ 000} = 0.19（元/吨）$$

2×19 年应计提的折耗额＝ 5 000 000×0.19 ＝ 950 000（元）

借：生产成本——累计折耗　　　　950 000

　　贷：累计折耗　　　　950 000

12.5　生产成本的归集、分配和结转

煤炭企业成本核算的基础是设置成本中心，通过成本中心对产品成本进行归集、分配和结转。煤炭企业成本中心可依据生产环节，也可按照井区（或生产车间）、队组等生产单元进行设置。

根据煤炭产品的生产特点，煤炭企业通常设置“生产成本”等会计科目，按照成本费用要素进行明细核算，通常设置“原材料”“应付职工薪酬”“燃料和动力”“制造费

用”4 个成本项目进行核算，如图 12–1 所示。

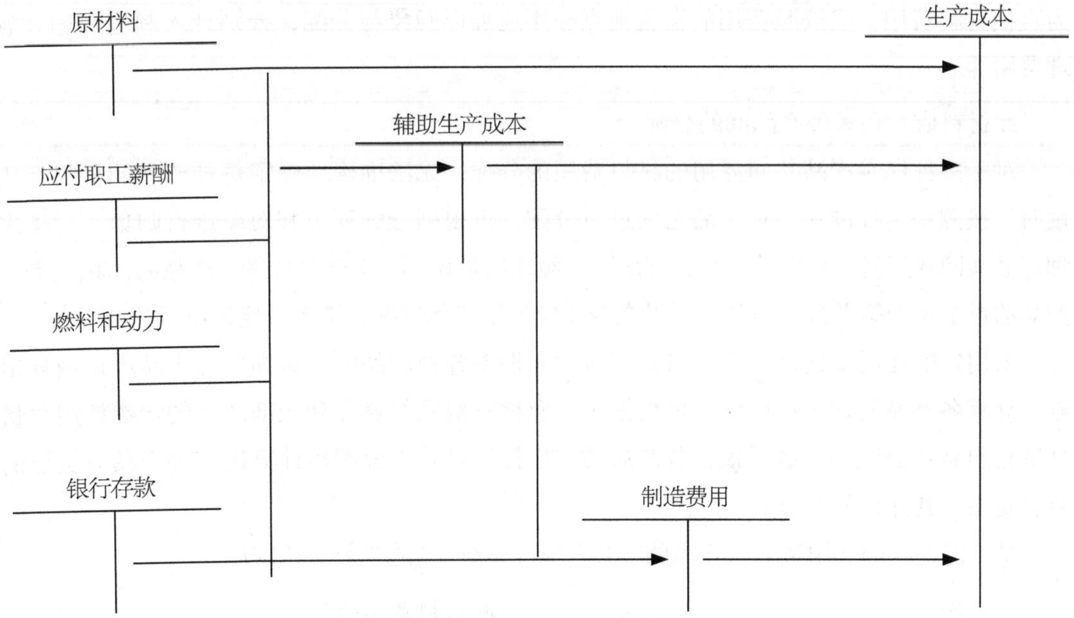

图 12–1　煤炭企业生产成本核算涉及的成本项目

12.5.1　材料成本的归集与分配

1. 一般情况下材料成本的归集与分配

煤炭企业的材料成本主要包括原料及主要材料、辅助材料、包装物及专用工具。对于生产煤炭产品所耗用材料成本的归集与分配，应遵循的基本原则是：凡属于某种产品或某种劳务耗用的直接材料费用，应直接记入“生产成本——基本生产成本——某产品（或劳务）”科目，或记入“生产成本——辅助生产成本——某产品（或劳务）”科目的直接材料费用项目。

生产煤炭产品使用的原料及主要材料，是指用于构成煤炭产品实体的材料，可采用移动加权平均等方法结转原料及主要材料成本，借记“生产成本”科目及所属明细科目，贷记“原材料”等相关科目，并在明细账中按“直接材料”进行列示。

生产煤炭产品使用的辅助材料是指有助于产品的形成，但不构成煤炭产品实体的材料，如维护生产设备使用的润滑油和防锈剂、洗煤所使用的煤油和起泡剂、煤矿用的坑木和支架等。对辅助材料成本的归集和分配，按照实际成本进行核算，根据生产中的实际消耗量或预计可使用寿命计算其成本，借记“生产成本——辅助生产成本”科目，贷记“原材料”等科目。

包装物主要包括包装本企业产品并准备随同产品一起出售的，或者在销售过程中租借给购货单位使用的各种包装用的物品，如桶、箱、坛、袋、瓶等。专用设备指煤炭生产专用的小型设备和工具，该类设备的使用年限较短，且数量较多，煤炭生产过程中更换频繁。煤炭企业应将包装物和该类专用设备作为材料进行核算。

但对于为维持、组织和管理生产而发生在车间、管理部门以及其他部门的材料不能视为直接材料费用，应按照费用的发生地点和用途加以归集与分配，分别计入制造费用和管理费用等。

2. 材料成本在多种产品间的分配

对于多种煤炭产品共同耗用的材料费用的分配，无法准确地确定每种产品的材料耗用量时，按照一定标准在各种产品之间进行分配，再根据分配环节和对象进行归集。对于多种产品共同耗用材料费用的情况，可采用定额耗用量比例、生产量比例、产品的体积比例、产品的重量比例等进行费用分配。煤炭企业应根据实际情况，选择一定的标准进行分配。

采用定额耗用量比例分配材料费用时，先根据各种产品的产量和各种产品单位消耗定额，计算各产品的定额耗用量；再根据应分配材料费用的合计和全部产品的定额耗用总量计算材料费用分配率；最后根据各产品的定额耗用量乘以分配率计算出该种产品应负担的材料费用。其计算公式如下。

某产品的定额耗用量＝该产品的实际产量 × 该产品的单位消耗定额

$$材料费用分配率=\frac{应分配材料费用合计}{全部产品定额耗用总量}$$

某产品应负担的材料费用 ＝ 该产品的定额耗用量 × 材料费用分配率

【例 12–2】A 煤炭企业某成本中心生产煤炭产品，领用原料 2 000 吨，单价 300 元，原料合计 600 000 元。该成本中心投产甲煤炭产品 200 吨，乙煤炭产品 400 吨。其中，甲煤炭产品的原料单位消耗定额为 1 吨，乙煤炭产品的原料单位消耗定额为 2 吨。

要求：将材料费用在甲煤炭产品和乙煤炭产品之间分配。

① 计算材料费用分配率。

甲产品的定额耗用量＝ 200×1 ＝ 200（吨）

乙产品的定额耗用量＝ 400×2 ＝ 800（吨）

$$材料费用分配率=\frac{600\ 000}{200+800}=600（元/吨）$$

② 计算产品应负担的材料费用。

甲产品应负担的材料费用＝ 200×600 ＝ 120 000（元）

乙产品应负担的材料费用＝ 800×600 ＝ 480 000（元）

③ 根据“材料费用分配表”，会计分录如下。

借：生产成本——基本生产成本——甲产品	120 000
——乙产品	480 000
贷：原材料	600 000

12.5.2 燃料和动力成本的归集、分配和结转

煤炭企业生产煤炭产品使用的外购或自产燃料和动力，主要指煤炭企业从外部或内部取得的用以产生热能、电能或风能的固体、液体和气体的燃料和动力。对煤炭企业而言，燃料和动力是煤炭生产的重要能源之一，在煤炭产品生产成本中占有较大的比重，故对其进行单独核算。

对燃料和动力的归集，应按照实际成本进行核算，根据相关数据确认其消耗量并计算其成本。一般情况下，煤炭企业各部门都有相应的仪器、仪表计量燃料和动力的消耗。归集所消耗的燃料和动力时，应根据仪器、仪表上记录的耗用数量和规定的价格进行归集。

企业发生的燃料和动力费用，应按用途和发生地点进行分配。直接用于产品生产的燃料和动力，根据消耗的燃料和动力的实际成本，借记“生产成本”及所属明细科目，贷记“银行存款”等科目，并在明细账中按“燃料和动力”进行列示。用于辅助生产的燃料和动力，记入“生产成本——辅助生产成本”科目；生产车间用于维持生产耗费的燃料和动力，记入“制造费用”科目；企业管理部门一般耗用的燃料和动力记入“管理费用”科目。

12.5.3 人工成本的归集、分配和结转

煤炭企业的人工成本，指为生产产品向职工提供的各种形式的报酬及各项附加费用，主要表现为企业为职工在职期间和离职后提供的全部货币性薪酬和非货币性薪酬。人工成本主要包括职工工资、奖金、津贴和补贴、社会保险费、住房公积金、补充养老保险（含年金）、补充医疗费用、职工福利费、工会经费、职工教育经费、按规定支付的商业人身险及其他劳动保险费、劳务费等。

煤炭企业的人工成本，按照发生地点和用途进行归集和分配。直接从事产品生产及为产品生产提供辅助的生产人员的人工成本，应分别借记“生产成本——基本生产成本”“生产成本——辅助生产成本”科目，贷记“应付职工薪酬”及其明细科目。为组织、管理、维持生产，支付给生产车间管理人员的薪酬，借记“制造费用”科目，贷记“应付职工薪酬”及其明细科目；支付给行政人员的薪酬，借记“管理费用”科目，贷记“应付职工薪酬”及其相应的明细科目。

12.5.4 制造费用的归集、分配和结转

煤炭企业为组织和管理产品生产而发生的各项间接费用，计入制造费用，通过“制造费用”科目进行归集。制造费用具体包括车间管理人员的工资、折旧费、折耗及摊销、安全生产费、维护及修理费、运输费、财产保险费、外委业务费、低值易耗品摊销、租赁费、机物料消耗、试验检验费、劳动保护费、排污费、信息系统维护费等。

制造费用的分配以成本中心为基础，成本中心发生的制造费用按照费用要素归集后，月末须全部分配转入产品的生产成本。如果成本中心仅生产一种产品，该成本中心的制造费用直接计入该产品的生产成本；如果成本中心生产多种产品，则需要将该成本中心发生

的制造费用在各产品中进行分配，分别计入各产品的成本。

煤炭企业应当根据实际情况，采用科学合理的方法，将制造费用分配到各产品中。一般以生产工人工时、机器工时、耗用原材料的数量或成本、产品产量等为基础对制造费用进行分配。制造费用分配方法一经确定，不得随意变更。

在具备产品实际生产工人工时相关资料的成本中心，可按实际生产工人工时的比例分配制造费用；在机械化程度较高的成本中心，制造费用可按照机器工时比例进行分配。生产工人工时比例法，是按照各种产品所用生产工人工时的比例分配制造的一种方法；机器工时比例法，是按照各种产品所用机器设备运转时间的比例分配制造费用的一种方法。其计算公式如下。

$$制造费用分配率 = \frac{制造费用总额}{各产品生产实际（定额）人工工时（或机器加工工时）之和}$$

某产品应负担的制造费用＝该产品实际工时数 × 制造费用分配率

【例 12–3】A 煤炭企业生产煤炭产品，假设某成本中心生产甲煤炭产品使用的实际人工工时为 30 000 小时，生产乙煤炭产品使用的实际人工工时为 60 000 小时。2×19 年 4 月，该成本中心共发生制造费用 450 000 元。要求在甲产品和乙产品之间按照实际人工工时比例分配制造费用，并编制相应的会计分录。

① 计算制造费用分配率。

$$制造费用分配率 = \frac{450\ 000}{30\ 000 + 60\ 000} = 5（元/小时）$$

② 计算各产品应负担的制造费用。

甲产品应负担的制造费用＝ 30 000×5 ＝ 150 000（元）

乙产品应负担的制造费用＝ 60 000×5 ＝ 300 000（元）

③ 编制会计分录。

借：生产成本——基本生产成本——甲产品　　150 000

——乙产品　　300 000

贷：制造费用　　450 000

12.5.5 辅助生产费用的归集、分配和结转

辅助生产费用的归集和分配，通过“生产成本——辅助生产成本”科目进行。辅助生产发生的直接材料成本、燃料和动力及人工成本，记入“生产成本——辅助生产成本”及其明细科目的借方；辅助生产发生的间接费用，应先记入“制造费用”科目，科目再从“制造费用”科目的贷方直接转入或分配转入“生产成本——辅助生产成本”科目的借方及其明细科目的借方。

辅助生产费用归集后，根据实际情况，采用直接分配法、交互分配法、顺序分配法等

将提供的产品和劳务分配到各受益单位。辅助生产部门之间相互提供产品或劳务的，应采用交互分配法进行分配；互相提供劳务不多的，可以不进行交互分配，采用直接分配法等进行分配。辅助生产成本的分配方法一经确定，不得随意变更。

12.6 安全及环境成本的归集、分配和结转

对于煤炭企业提取的安全生产费用的核算，可参照《企业会计准则解释第 3 号》的规定进行会计处理。高危行业按照国家规定提取的安全生产费，应当计入相关产品的成本或当期损益。对煤炭企业安全及环境成本的核算，在所有者权益科目增设“专项储备”科目，根据各项资金的用途，通常设置“安全成本”和“环境成本”二级科目。

煤炭企业按照规定，提取安全生产费和环境治理费用时，借记“生产成本”等科目，贷记“专项储备——安全成本（安全生产费）”“专项储备——环境成本（造育林费 / 环境治理恢复保证金）”等。

煤炭企业提取的安全生产费和环境治理费，属于费用性支出的，直接冲减专项储备，借记“专项储备——安全成本（安全生产费）”或“专项储备——环境成本（造育林费 / 环境治理恢复保证金）”，贷记“原材料”“应付职工薪酬”等相应科目。

煤炭企业提取的安全生产费、造育林费及环境治理恢复保证金等，形成企业资产的，应当予以资本化，在达到预定可使用状态时，将其确认为企业的固定资产。煤炭企业计提安全生产费和环境治理费时，通过“在建工程”科目归集所发生的各项支出，借记“在建工程”科目，贷记“银行存款”等科目。待固定资产达到可使用状态时，借记“固定资产”科目，贷记“在建工程”科目；同时，按照形成固定资产的成本冲减专项储备，并确认相同金额的累计折旧，借记“专项储备——安全成本（安全生产费）”或“专项储备——环境成本（造育林费 / 环境治理恢复保证金）”等科目，贷记“累计折旧”科目。该固定资产在以后期间不再计提折旧。

【例 12-4】2×19 年 5 月 1 日，A 煤炭企业按照国家规定，根据原煤实际产量的一定比例提取安全生产费 1 000 万元。2×19 年 6 月 1 日，支付安全生产检查费 60 万元；2×19 年 6 月 10 日，购入不需要安装的安全防护设备，取得增值税专用发票，注明价款为 5 000 万元、增值税为 650 万元。2×19 年 4 月 31 日，A 煤炭企业“专项储备——安全成本（安全生产费）”科目余额为 20 000 万元。

①2×19 年 5 月 1 日，计提安全生产费 1 000 万元的会计会录。

借：生产成本　　10 000 000

　　贷：专项储备——安全成本（安全生产费）　　10 000 000

②2×19 年 6 月 1 日，支付安全生产检查费 60 万元的会计会录。

借：专项储备——安全成本（安全生产费）　　600 000

　　贷：银行存款　　600 000

③ 2×19 年 6 月 10 日，购入不需要安装的安全防护设备的会计会录。

借：固定资产	50 000 000	
应交税费——应交增值税（进项税额）	6 500 000	
贷：银行存款		56 500 000
借：专项储备——安全成本（安全生产费）	56 500 000	
贷：累计折旧		56 500 000

12.7　其他成本的归集、分配和结转

12.7.1　维简费

煤炭企业的维简费（维持简单再生产费用），是指我国境内所有煤炭生产企业从成本中提取，专项用于维持简单再生产的资金。维简费不包括安全费用，但包括井巷费用。根据《企业会计准则解释第 3 号》的规定，企业提取的维简费和其他具有类似性质的费用，比照安全生产费的规定进行会计处理。

12.7.2　停工损失

停工损失，是指煤炭企业在停工期间发生的各种费用支出，包括停工期间的职工薪酬、燃料和动力费，以及应承担的制造费用等。季节性停工、修理期间的正常停工费用，应当计入煤炭产品成本；除上述正常停工费用以外的非正常停工费用，应当直接计入企业当期损益；如因自然灾害引起的停工损失，应作为营业外支出处理。

12.8　产品成本的计算

12.8.1　主产品成本的计算

如果煤炭企业仅生产一种煤炭产品，其生产过程中发生的全部生产费用，都可以直接归集至该煤炭产品的生产成本中，不存在产品成本在各产品对象之间分配的问题。如果企业生产多种煤炭产品，生产成本的归集与分配则需要按照成本计算对象开设并登记基本生产成本明细账，并选择一定的分配方法，计算各种产品的总成本和单位成本。

根据煤炭企业生产特点，煤炭产品成本的计算一般采用品种法。产品成本计算的品种法，也称简单法，是以产品品种为产品成本计算对象，归集和分配生产费用的方法。品种法主要适用于大量、大批的单步骤生产的企业。

品种法下，煤炭产品实际生产成本在各种煤炭产品品种之间的分配主要采用价格系数法等方法。采用价格系数法时，煤炭企业应当根据市场实际情况，将售价最高的品种折合系数确定为 1，按照分品种的售价（不含增值税）计算折合系数，将各种产品的实际产量折合为标准产量。计算公式如下。

$$分品种折合系数 = \frac{某品种售价}{售价最高的品种售价}$$

分品种折合量=分品种当月实际生产量 × 分品种折合系数

$$折合单位生产成本 = \frac{当月实际生产成本总额}{分品种折合量总量}$$

分品种当月实际生产成本 = 分品种折合量 × 折合单位生产成本

$$分品种当月实际单位生产成本 = \frac{分品种当月实际生产成本}{分品种当月实际生产量}$$

12.8.2 副产品成本的计算

副产品，是指煤炭企业在同一生产过程中，使用同种原料，在生产主产品的同时，附带生产出来的非主要产品，如对外销售或加工利用的洗矸石和煤灰等。

副产品的价值相对较低，且其在全部产品中比重较低，对副产品成本的计算可以采用简化方法。在分配主产品和副产品的成本时，一般采用可变现净值、固定价格等方法，先确定副产品的成本，然后将其从总成本中扣除，以此确定主产品的成本。

【例 12–5】A 煤炭企业的某成本中心生产的产品分为一级煤炭产品、二级煤炭产品和三级煤炭产品。一级煤炭产品产量 1 000 吨，售价（不包含增值税）为 120 元 / 吨；二级煤炭产品产量 1 500 吨，售价（不包含增值税）为 110 元 / 吨；三级煤炭产品产量 1 800 吨，售价（不包含增值税）为 100 元 / 吨。该成本中心实际生产成本为 392 000 元，其中副产品 1 000 吨，其可变现净值为 20 000 元。要求在一级、二级、三级煤炭产品之间对实际成本进行分配。

① 确定主产品成本。

主产品成本＝ 392 000−20 000 ＝ 372 000（元）

② 计算折合系数。

$$一级煤炭产品折合系数 = \frac{120}{120} = 1$$

$$二级煤炭产品折合系数 = \frac{110}{120} \approx 0.9167$$

$$三级煤炭产品折合系数 = \frac{100}{120} \approx 0.8333$$

③ 计算折合量。

一级煤炭产品折合量＝ 1 000 × 1 ＝ 1 000（吨）

二级煤炭产品折合量＝ 1 500 × 0.9167 ＝ 1375.05（吨）

三级煤炭产品折合量＝ 1 800 × 0.8333 ＝ 1499.94（吨）

煤炭产品折合量总量＝1 000 ＋ 1 375.05 ＋ 1499.94 ＝ 3 875.05（吨）

④ 计算折合单位生产成本。

$$折合单位生产成本=\frac{372\ 000}{3\ 875.05}\approx 96（元/吨）$$

⑤ 计算分品种实际生产成本。

一级煤炭产品当月实际生产成本＝1 000×96 ≈ 96 00（元）

二级煤炭产品当月实际生产成本＝1 375.05×96 ≈ 132 005（元）

三级煤炭产品当月实际生产成本＝1 499.94×96 ≈ 143 995（元）

⑥ 计算分品种单位生产成本。

$$一级煤炭产品单位生产成本=\frac{96\ 000}{1\ 000}=96（元/吨）$$

$$二级煤炭产品单位生产成本=\frac{132\ 005}{1\ 500}\approx 88（元/吨）$$

$$三级煤炭产品单位生产成本=\frac{143\ 995}{1\ 800}\approx 80（元/吨）$$

该成本中心产品生产成本分配表如表 12–1 所示。

表 12–1　产品生产成本分配表

产品	产量（吨）	单位售价（元/吨）	折合系数	折合产量（吨）	分配率	生产成本分配(元)	单位成本（元/吨）
一级	1 000	120	1.00	1 000		96 000	96
二级	1 500	110	0.9167	1 375.05		132 005	88
三级	1 800	100	0.8333	1 499.94		143 995	80
合计	4 300			3 875.05	96	372 000	

第 13 章
批发零售业企业成本会计核算

13.1 批发零售业企业成本核算概述

13.1.1 批发零售业的定义

批发业是指批发商向批发、零售单位及其他企业、事业、机关批量销售生活用品和生产资料的活动，以及从事进出口贸易和贸易经纪与代理的活动。批发商可以对所批发的货物拥有所有权，并以本单位、公司的名义进行交易活动；也可以不拥有货物的所有权，而以中介身份做代理销售商。批发业还包括各类商品批发市场中固定摊位的批发活动。

零售业指从工农业生产者、批发贸易业或居民购进商品，转卖给城乡居民作为生活消费和售给社会集团作为公共消费的商品流通企业。零售业活动是百货商店、超级市场、专门零售商店、品牌专卖店、售货摊等主要面向最终消费者（如居民等）的销售活动，包括以互联网、邮政、电话、售货机等为方式的销售活动，还包括在同一地点，后面加工生产、前面销售的店铺（如面包房）。

13.1.2 批发零售业的特征

1. 批发业的特征

① 批发业的交易额一般较大。批发业基本属于资本密集型行业，对于批发业而言，资金比劳动更为重要，资金问题往往是决定批发商经营成败的关键。

② 批发业商圈的范围比较大。中小批发业一般集中在地方性的中小城市，但经营范围会辐射到周围地区；大型批发业往往分布于全国性的大城市，其经营范围可以涵盖整个国内市场，有些还可以开展进出口业务，其商业圈还可以突破国界。

③ 服务项目相对而言较少、程序较为简单。由于批发业的服务对象主要是组织购买者而非个人消费者，因此相对而言，批发业的服务项目较零售业少。批发业着重于通信、储运、信息、融资等方面的服务，表现为组织对组织的服务，交易往往具有理性化的特征。

2. 零售业的特征

① 交易对象是为直接消费而购买商品的最终消费者，包括个人消费者和集团消费者。消费者从零售商处购买商品不是用于转卖或生产所用，而是为了自己消费。

② 零售贸易的标的物不仅有商品，还有劳务，即要为顾客提供各种服务，如送货、安

装、维修等。随着市场竞争的加剧，零售商提供的售前、售中与售后服务已成为重要的竞争手段或领域。

③ 零售贸易的交易量零星分散，交易次数频繁，每次成交额较小，未成交次数占有较大比重，这是零售应有的特征。因此，零售商必须严格控制库存量。

④ 零售贸易受消费者购买行为的影响比较大。零售贸易的对象是最终消费者，大多数消费者在购买商品时表现为无计划的冲动型或情绪型。面对这种随机性购买行为明显的消费者，零售商欲达到扩大销售之目的，需要激发消费者的购买欲望和兴趣，一定要有自己的经营特色，备货要充足，品种要丰富，花色、规格要齐全。

⑤ 零售贸易大多在店内进行，网点规模大小不一，分布较广。由于消费者的广泛性、分散性、多样性、复杂性，为了满足广大消费者的需要，在一个地区，仅靠少数几个零售点是根本不够的。零售网点无论从规模还是布局上都必须以满足消费者需要为出发点，满足消费者购物、观光、浏览、休闲等多种需要。

⑥ 零售贸易必须依靠周转速度取胜。相对于批发贸易，零售贸易每次的交易额小，因此必须注重提高成交率，提高贸易资本的周转速度，尽可能在同一时间内使贸易资本周转更快、更有效率，做到薄利多销，快买快卖。

13.1.3 批发业企业成本核算特征

批发业企业（以下简称“批发企业”）的成本核算，应当以实际支付货款时间和商品入库时间为核算购进入账时间。为了反映批发企业购进商品的采购成本，企业的财务部门应该设置“商品采购”账户，该账户是资产账户，用来核算企业购入商品的采购成本。企业购进的各种商品不论是否进入本企业仓库，凡是通过本企业结算货款的，都应通过该账户进行核算。该账户的借方登记按进价计算的商品采购成本，贷方登记按进价计算的已验收入库的商品采购成本，期末如有余额在借方，反映企业已采购但尚未验收入库的在途物资的采购成本。

为了反映库存商品的收入、发出和结存情况，企业的财务部门应设置“库存商品”账户。“库存商品”账户是资产账户，用来核算企业全部库存商品（成品、半成品、原材料等），包括存放在仓库、门市部和寄存在外库的商品及委托其他单位代管、代销的商品，以及陈列展览的商品等。该账户的借方登记商品的购进、调入、盘盈等，贷方登记商品的销售、调出、盘亏等，期末借方余额表示库存商品结存金额。由于库存商品既可以按进价核算也可以按售价核算，所以在具体运用该账户时，如果企业采用的是进价金额核算法，则在该账户中应按商品的进价计价登记；如果企业采用的是售价金额核算法，则应按商品的售价计价登记。

批发企业库存商品的核算一般采用进价金额核算法。因此，批发商品的销售成本，除某些特定商品外，实际上是已销商品的原进价。由于批发企业的进货渠道、进货批量、进货时间和付款条件等不同，同品种商品前后进货的单价也可能不同。除了能分清批次的商品可以直接按原进价来确定商品的销售成本外，在一般情况下，销售的商品都要采用一定的方法确定一个适当的进货原价，以计算商品销售成本和期末商品存货成本。已销售商品的单位进价成本确定后，即可确定商品销售成本和期末商品存货成本。商品销售成本和期末商品存货成本是一个问题的两个方面，可以先确定商品销售成本再确定期末商品存货成本，也可以先确定期末商品存货成本再计算商品销售成本。若先计算商品销售成本然后计算期末商品存货成本，则是顺算销售成本法；若先计算期末商品存货成本然后计算商品销售成本，即是倒算销售成本法。

① 顺算销售成本法的计算公式如下。

商品销售成本＝商品销售量 × 单位进价成本

期末商品存货成本＝期初商品存货成本＋本期购进商品成本 – 商品销售成本

② 倒算销售成本法的计算公式如下。

期末商品存货成本＝期末商品存货数量 × 单位进价成本

商品销售成本＝期初商品存货成本＋本期购进商品成本 – 期末商品存货成本

13.1.4 零售业企业成本核算特征

零售业企业（以下简称“零售企业”）商品购进过程的成本核算与批发企业商品购进过程的成本核算基本相同，设置和适用的账户也基本一样，在购进过程也设置“商品采购”账户和“库存商品”账户。但是零售企业对于一些商品往往会采用售价金额核算法进行成本核算，“库存商品”账户是按售价登记的，这样库存商品中的金额除包括商品的实际进价外，还包括未实现的进销差价。为了正确反映商品的采购成本，在按售价记入“库存商品”账户的同时，还必须把商品进价与售价之间的差额在另设的“商品进销差价”账户中进行反映。在购进商品入库时，一方面按售价在“库存商品”账户中登记，另一方面按进销差价在“商品进销差价”账户中登记。“库存商品”账户与“商品进销差价”账户金额相抵后即为商品的采购成本。“商品进销差价”账户是资产账户，也是“库存商品”账户的抵减账户。它的贷方登记售价大于进价的差额以及商品调价和商品溢余增值等因素增加的差额；借方登记售价小于进价的差额、销售商品已实现的差价以及商品短缺和调价减值等因素转销的差额，其余额表示实际库存商品的进销差价。

零售企业在商品销售以后，是通过“主营业务收入”账户和“主营业务成本”账户分别反映商品销售金额和已销售商品成本金额的。由于“库存商品”账户按售价登记，所以当商品销售后，贷记“主营业务收入”账户，借记“银行存款”“应收账款”“应收票据”等账户的同时，还应将按售价结转的销售成本记入“主营业务成本”账户，以便冲销库存商品，反映商品已被卖出。但平时反映的“主营业务成本”账户包含了已销商品进价成本和已实现的商品进销差价两部分内容。为了正确计算财务成果，每月末应将本月已实现的商品进销差价从售价记录的商品销售成本中转出，以求得已销商品的实际进价成本。因此，商品销售的核算及销售成本结转可按以下步骤进行。

① 销售商品时。

借：有关账户

　　贷：主营业务收入

同时编制如下分录。

借：主营业务成本（按售价）

　　贷：库存商品

② 月末计算已销商品的进销差价并结转时。

借：商品进销差价

　　贷：主营业务成本

13.2　产品成本核算项目和范围

产品成本核算项目包括进货成本、相关税费和采购费。

① 进货成本，是指商品的采购价款。

② 相关税费，是指购买商品发生的进口关税、资源税和不能抵扣的增值税等。

③ 采购费，是指运杂费、装卸费、保险费、仓储费、整理费、合理损耗以及其他可归属于商品采购成本的费用。采购费金额较小的，可以在发生时直接计入当期销售费用。

13.3　产品成本归集、分配和结转

13.3.1　毛利率法

毛利率法是指根据本期销售净额乘以企业上期实际（或本期计划）毛利率匡算本期销售毛利，并据以计算发出存货和期末结存存货成本的一种方法。

1. 适用性

这种计算方法适用于经营品种较多，月度计算成本确有困难的企业。这是一种简化的成本计算方法，但是由于全部（或大类）商品的综合毛利率受较多因素影响，其计算结果往往不够精确。一般只在季度的前两个月使用毛利率法，季末则必须用加权平均法等其他成本计算方法来计算和调整成本，以便使一个季度范围内的商品销售成本和期末结存商品成本符合实际。

毛利率法是用过去的销售毛利率（销售毛利与销售收入之比）或估计毛利率估计期末存货和本期销售成本的一种方法。这种方法基于毛利率在以前各期大致相同，采用毛利率法的关键在于毛利率的正确性。若影响毛利率的因素发生变化，则应调整毛利率。采用毛利率法简化了计算工作；但用过去的毛利率计算本期销售毛利，违背了实际成本原则，成本的可靠性受到影响。该方法主要适用于以下情况：采用定期盘存制的企业，在编制中期报表时可以采用；企业遭受火灾、水灾等意外灾害时，可借助毛利率法，估计灾害损失的

程度；审计人员利用毛利率法估计企业的销售成本和期末存货成本，并与企业财务报表中的相应数据相核对，检查其合理性；实行预算控制的企业，可利用毛利率法编制销售预算、成本预算、采购预算、现金预算等，并借助毛利率法检测、控制预算执行的情况。

2. 计算公式

毛利率＝销售毛利 ÷ 销售净额 ×100%

销售毛利＝销售净额 – 销售成本

销售净额＝销售收入 – 销售退回与折让

销售成本＝买入价＋为销售而产生的费用

期末结存存货成本＝期初结存存货成本＋本期购货成本 – 本期销售成本

这一方法常用于批发企业计算本期商品销售成本和期末库存商品成本。批发企业由于商品种类多，一般来讲，其同类商品的毛利率大致相同，采用毛利率法能减少工作量。

13.3.2 售价金额核算法

售价金额核算法又称“售价记账、实物负责制”，是指平时商品的购入、加工、收回、销售均按售价记账，售价与进价的差额通过“商品进销差价”科目核算。

1. 特点

① 企业需要针对全部商品建立实物负责制。企业将所经营的全部商品按品种、类别及管理的需要划分为若干实物负责小组，确定实物负责人，实行实物负责制度。实物负责人对其所经营的商品负全部经济责任。

② 企业需要遵循售价记账、金额控制制度。库存商品总账和明细账都按商品的销售价格记账，库存商品明细账按实物负责人或小组分户，只记售价金额、不记实物数量。

③ 单独设置“商品进销差价”科目。由于库存商品是按售价记账，对于库存商品售价与进价之间的差额应设置“商品进销差价”科目来核算，并在期末计算和分摊已售商品的进销差价。

④ 企业在每期期末定期实地盘点商品。实行售价金额核算法必须加强商品的实地盘点制度，通过实地盘点，对库存商品的数量及价值进行核算，并对实物负责人履行经济责任的情况进行检查。

2. 适用性

售价金额核算法主要适用于零售企业。这种方法的优点是把大量按各种不同品种开设的库存商品明细账归并为按实物负责人来分户的少量的明细账，从而简化了核算工作。

售价金额核算法适应了实物负责管理制度的需要，有利于加强商品零售企业的销售毛利控制，因而得到广泛应用。售价金额核算法在实务中的运用如下。

① 企业需要实行实物负责制。划分与实物相应的负责小组，建立岗位责任制，对商品的购进、销售、调拨、调价、削价、缺溢等建立相关的手续制度。

② 企业需要建立会计二级核算体系。划分二级核算单位，按实物负责小组设置库存商

品和商品进销差价明细分类账，按售价金额核算商品的进、销、存。

③ 执行规范的商品盘点制度。定期进行商品的全面盘点、账实核对，如遇实物负责人调动、商品调价等情况，应进行临时盘点。

3. 计算公式

商品进销差价率＝（期初库存商品进销差价＋本期购入商品进销差价）/（期初库存商品售价＋本期购入商品售价）× 100%

本期销售商品应分摊的商品进销差价＝本期商品销售收入 × 商品进销差价率

本期销售商品的成本＝本期商品销售收入－本期已销售商品应分摊的商品进销差价

期末结存商品的成本＝期初库存商品的进价成本＋本期购进商品的进价成本－本期销售商品的成本

13.3.3 进价金额核算法

进价金额核算法又称"进价记账、盘存计销"核算法，是指库存商品的总分类账和明细分类账都只反映进价金额、不反映实物数量的一种核算方法。由于这种方法不记录实物数量，所以必须通过对库存商品的实地盘点计算出期末结存金额，才能倒挤出已销商品的销售成本。

1. 特点

① 建立实物负责制，库存商品明细账都按实物负责人分户。

② 库存商品的总账和明细账都按商品进价记账，只记进价金额，不记数量。

③ 商品销售后按实收销货款登记销售收入，平时不计算、结转商品销售成本，也不注销库存商品。

④ 对于企业产品的升溢、损耗和所发生的价格变动，平时不做账务处理。

⑤ 定期实地盘点商品，期末按盘存商品的数量乘以最后一次进货单价或原进价，求出期末结存商品金额，再用"以存记销"的方法倒挤出商品销售成本并据以转账。

2. 适用范围

这种核算方法，一般为经营鲜活商品的零售企业所采用。鲜活商品包括鱼、禽、蛋、蔬菜和水果等。这是由鲜活商品的特点所决定的。首先，鲜活商品在经营过程中，一般需要经过精选整理，分等分级，按质论价；其次，随着商品鲜活程度的变化，随时需要调整零售价格，由此产生早晚不同的时价；再次鲜活商品交易频繁，且数量零星；最后，鲜活商品容易干耗、腐烂变质，损耗数量难以掌握。因此，在会计核算时难以控制其数量，一般只核算其金额。

3. 计算公式

期末库存余额＝∑最后进货单价 × 盘存数量

本期销售结转成本＝期初库存余额＋本期购进金额 – 期末库存余额

13.4 批发零售业企业成本核算案例

某商业零售企业购进商品一批，供应商出具的增值税专用发票上注明价款 200 万元，税额 26 万元。购进商品款项通过银行支付。该批商品当月到达并已验收入库，进销差价率为 10%，适用增值税税率为 13%。企业本月实现销售金额为 180.80 万元（含向购买者收取的销项税额），收到的货款已存入银行。该企业采用售价金额法核算商品成本。则相关会计分录如下。

① 购进商品。

借：商品采购　　2 000 000

　　应交税费——应交增值税（进项税额）　　260 000

　　贷：银行存款　　2 260 000

② 商品验收入库。

借：库存商品　　2 486 000[2 000 000×（1 + 10%）×（1 + 13%）]

　　贷：商品采购　　2 000 000

　　　　商品进销差价　　200 000（2 000 000×10%）

　　　　应交税费——应交增值税　　286 000

③ 确认销售收入。

借：银行存款　　1 808 000

　　贷：商品销售收入　　1 600 000

　　　　应交税费——应交增值税（销项税额）　　208 000

④ 结转成本。

借：商品销售成本　　1 600 000

　　应交税费——应交增值税　　208 000

　　贷：库存商品　　1 808 000

⑤ 结转进销差价。

企业在月末结转进销差价时，仍然采用《商品流通企业会计制度》规定的计算方法，但需注意的是，应将期末“库存商品”科目余额部分调整为不含税的余额来计算差价率，即商品进销差价率＝月末分摊前“商品进销差价”科目余额 ÷[本月“商品销售收入”科目贷方发生额＋月末“库存商品”科目余额 ÷（1 ＋适用增值税税率）]×100%。本月已销商品应分摊的商品进销差价＝本月“商品销售收入”科目贷方发生额 × 商品进销差价率。

假设本题无期初余额，则商品进销差价率＝ 20÷[160 ＋（248.6−180.8）÷（1 ＋ 13%）]×100%＝ 9.10%。本月销售商品应分摊的商品进销差价额＝ 160×9.10%＝ 14.56（万元），会计分录如下。

借：商品进销差价　　145 600

　　贷：商品销售成本　　145 600

第14章 建筑业企业成本会计核算

14.1 建筑业企业成本核算概述

14.1.1 建筑业的特征

建筑业是指专门从事土木工程、房屋建设、设备安装以及工程勘察设计等工作的生产部门，其产品包括工厂、矿井、铁路、道路、管线、住宅以及公共设施的建筑物、构筑物和设施等。建筑业是国民经济的重要物质生产部门和基层生产单位，与其他行业相比，建筑施工行业的生产经营有一定特殊性。

1. 流动性

建筑业的生产对象是工程。生产人员和机具根据施工对象所在的地理位置而流动；同一工程中工种存在差异，不同工种的生产人员根据其工种类别在不同岗位上流动；同一工程的不同部分存在相同工种，因此相同工种的生产人员在同一工程的不同部分间流动。可见，建筑业由于施工对象的地理差异和施工工种差异等因素，其生产人员在不同工程和工种间流动，整体的生产流动性较强。

2. 单件性

由于建筑产品的功能性需求、所处自然环境和社会经济因素的差异，每个产品有其独特的工程设计和施工节奏，因而产品的成本核算和定价等也单独进行。

3. 地区性

即使建筑产品的功能相同且采用同样的设计标准，但由于产品受所处地区的自然环境、技术水平和经济条件等因素制约，生产者可能对建筑产品的结构、室内设施和所用建筑材料等进行因地制宜的修改。

4. 周期长

工程项目通常体积庞大，施工过程可能受气候与工艺流程等因素的制约，使生产活动的空间和时间有限，因而较大工程的工期常以年计，并且在生产过程中占用大量的人力、物力和资金。

5. 受自然环境影响大

建筑产品的施工活动涉及大量的露天和高空作业，易受自然气候条件的影响，因而产品的质量与安全情况很关键。

6. 按承包合同进行生产

工程产品按照承包合同规定进行施工生产，产成品通常不面向市场，而是直接交付发包单位。

建筑企业是指从事建筑施工活动和各类安装活动的单位。其中建筑工程包括：各类房屋（如厂房、仓库等）及建筑物（如烟囱）、各种建筑工程预算内的管道（如污水和天然气管道等）、电路和通信线路，以及涵盖在房屋工程预算内的基础设备和装饰性工程；相关设备的基础和支柱等建筑工程，特殊炉的建筑和金属结构工程；施工前场地的准备和地质勘探等工程；矿井开凿、铁路、公路等修筑工程；水利工程和其他特殊工程；等等。安装工程主要包括：生产、起重和实验等设备的安装工程，以及附属的线路和装饰等工程；设备测试工作。

根据建筑企业的工作内容，企业类别包括建筑企业、设备安装企业、工程装饰企业与基础工程企业等。建筑企业俗称承包商，按照承包能力可划分为工程总承包企业、施工承包企业和专项分包企业。工程总承包企业是对建筑工程的谈判、施工和结算等总过程负责的智力型企业。施工承包企业仅负责建筑工程的施工工作。专项分包企业负责工程项目的部分施工工作和承包限额以下的小型工程。

14.1.2 建筑业企业成本核算特征

基于建筑业生产经营存在的上述特点，建筑业企业（以下简称“建筑企业”）成本核算在意义、核算对象、内容与流程等方面也存在一定的特殊性。如为了适应施工生产分散、流动性大的特点，建筑企业一般会根据项目管理的需要，形成以施工项目部为单独核算单位的财务管理体系，将会计核算与施工生产活动相结合，有效提高财务人员和施工团队的积极性、主动性与协调性。同时，施工生产的单件性、长期性和受自然环境影响大等特点，要求参与施工生产的各部门能有效协作。施工生产采用的项目管理模式和生产经营特点决定了施工项目的成本核算的独特性。

1. 单独计算每项工程成本

由于建筑企业的产品在功能性、结构设计和施工地点等方面存在差异，因而产品之间可比性较低，企业的产品成本核算、分析和控制无法根据可比产品的数据进行。同时，建筑企业不能根据一定时期内发生的全部生产费用和完成的工程数量来计算各项工程的各项成本。因此，单一产品的特殊性决定了成本核算对象的多变性，工程施工成本的归集和分配必须紧紧围绕确定的工程成本核算对象进行，严格遵循收入和费用配比的会计原则。

2. 成本开支受自然力影响

建筑产品由于位置固定且体积庞大，其生产过程中包含大量的露天、高空、地下和水下作业，自然环境对其成本核算的影响较大。有些施工机械和材料只能露天堆放，受自然侵蚀的影响很大。因此，成本核算要考虑风、雨、霜和雪等气候造成的停工损失。在对施工机械计提折旧时需考虑自然因素，各月使用机械时间不均衡时可采用台班折旧法计提折旧。在进行材料核算时，也要考虑自然损耗造成的损失。

3. 成本核算内容繁杂且周期长

建筑企业的工程成本，是指在施工过程中所耗费的生产资料转移价值和劳动者的必要劳动所创造的价值的货币形式，包括施工生产活动中发生的直接人工、直接材料、机械使用费、其他直接费用和间接费用。建筑产品通常施工周期较长，对于跨年度施工的工程，其成本核算不能等到工程全部竣工才进行，建筑企业需根据工程的完工进度采用完工百分比法，确定各年度的工程价款结算收入和施工费用。期末，在技术上处于一定成熟阶段的建筑安装工程或已完成工程预算定额规定中的组成部分的工程应视为“产品”或“已完工程”。

14.2 建筑业企业成本核算对象

合理确定成本核算对象，有利于建筑企业正确计算与分配项目成本，进而根据工程对价计算工程损益。在实际工作中，工程成本核算对象的确定应根据具体情况分别处理。

14.2.1 单项建造合同

建筑企业成本核算对象一般为单项建造合同，会计人员根据成本核算对象分别计量和确认单项建造合同的成本，并根据成本与预算情况，进一步分析工程损益。

14.2.2 合同分立后的单项资产

当一项建造合同中存在多项资产时，如果可以对各项资产分别进行商务谈判、工程施工和定价等活动，则这些资产可看作多项合同。同时具备下列条件的情况下，应将各项资产视为不同的成本核算对象。

① 每项资产均有单独的施工计划。

② 针对每项资产与客户进行商务谈判，并且谈判双方对与每项资产有关的合同条款进行表决。

③ 每项资产的收入和成本可以单独核算。

建造追加资产时，满足下列条件之一的，应视为单项合同。

① 追加的资产在产品设计、施工技术和产品功能等方面与原合同中的一项或多项资产存在重大差异。

② 对该追加资产进行定价时，不需考虑原合同的价款。

将满足上述条件之一的追加资产，视为单项资产进行成本核算，有助于正确分析每项资产的建造损益。

14.2.3 合同合并后的一组资产

一组施工合同可能对应单个或多个业主，如果这组资产在工程设计、施工技术和最终用途等方面存在密切关系，应当视为单项合同。当一组合同同时具备以下条件时，应当视为一个成本核算对象进行成本核算。

① 该组合同签订时即视为一揽子交易。

② 各项合同间联系紧密，且每项合同均是实现最终损益的组成部分。

③ 各项合同同时履行，或存在既定履行顺序。

当多项合同的施工地点和施工技术相同或相近，开、竣工时间相近时，建筑企业可对多项合同的员工安排、施工流程和质量监控等进行统一调控与管理，将符合上述条件的合同合并为单一成本核算对象，进而简化核算过程和有效节省时间。

成本核算对象一经确定，不得随意变更。若存在合理理由更改核算对象的，应确保核算部门与建筑企业其他相关部门及时获悉变更事项，确保核算口径一致。此外，财务部门应针对每个成本核算对象单独设置工程成本明细账，并按照成本核算对象归集所有原始凭证，保证每个核算对象的成本费用有账可依、有证可寻。

14.3 产品成本核算项目和流程

建筑企业在生产经营过程中，施工项目发生的各种资金或者物资耗费构成了施工费用，将施工费用按照特定的方式归集并分配到特定的工程成本核算对象，形成工程成本。这一过程中，建筑企业应选择合理的成本归集和分配方式，以确保成本核算的有效性和效率性。

14.3.1 建筑业企业成本核算项目

建筑企业可根据施工费用的形成方式与经济用途等，将费用划分为直接人工、直接材料、机械使用费、其他直接费用和间接费用等成本项目。建筑企业考虑到施工技术、自有资金和开、竣工日期等限制因素，将建造项目的部分内容分包时，可设置分包成本项目核算该部分工程成本。

1. 直接人工

直接人工（费用）是指是在工程建造过程中，建筑企业支付给直接参加施工活动的建筑安装工人以及辅助生产的工人的工资、奖金、补贴与福利等。直接人工具体包括：基本工资，可分为计时工资和计件工资，是员工的基本收入；经常性奖金，即按规定支付给职工的超额劳动报酬和增收节支的劳动报酬，如生产奖和节约奖等；津贴与补贴，指补充给职工的劳动消耗以及相关物价补贴等；特殊情况下支付的工资，即根据国家相关法律法规，在因职工病、工伤和产假等情况下，按照一定的工资标准支付给职工的工资。

2. 直接材料

直接材料（费用）是指在工程建造过程中，直接构成工程实体的主要材料成本，有助于实体形成的相关构件与机械配件的费用，以及施工使用的周转材料的租赁费与摊销等。直接材料的核算可运用计划成本法和实际成本法，但考虑到材料的市场价格波动幅度较大，会计实务中多采用实际成本法。

3. 机械使用费

机械使用费是指工程建造过程中使用施工机械和运输设备所带来的相关费用，包括使用自有机械发生的费用，租用外部单位的施工机械产生的租赁费，以及施工机械的安装、测试、拆卸和进出场费。机械使用费的构成要素包括：人工费，即支付给机械操作者的费用；燃料和动力费，指为实现机械的正常运行支付的燃料和制动成本；折旧及修理费，指当所使用机械为企业自有的，按照相关方法计提的折旧，以及施工期间的大修理、零部件更换和日常管理产生的费用；其他直接费用，包括机械润滑费用、养路费、港口费、机械安装和拆卸等直接费用；间接费用，指企业组织机械运行所发生的各项费用。

4. 其他直接费用

其他直接费用是指除了上述直接人工、直接材料和机械使用费以外的其他直接费用，包括施工期间的材料搬运、材料装卸和保管、工程定位复测和场地清理活动产生的费用，以及按规定可计入工程成本的差旅费和投标费等。

工程建造过程中发生的水、电、风和气等费用一般包含在预算范围内或机械项目之内，其他直接费用仅包括该预算范围外发生的费用。一般情况下，当施工期间的机械化程度较高时，可将现场发生的电费计入机械使用费。

5. 间接费用

间接费用是指施工单位为组织和管理施工生产活动所发生的各项非直接支出，如施工单位管理人员的工资、奖金、补贴和福利费用，管理部门的固定资产折旧与修理费用、物料消耗、取暖费、低值易耗品摊销、差旅费和劳动保护费，等等。

间接费用是建筑企业在生产经营过程中发生的制造成本，但由于一个施工单位和其管理部门往往负责多个施工项目的建造，无法直接将间接费用分配至单个成本核算对象，应按照一定的分配标准将其计入各项工程成本。

6. 分包成本

工程项目分包指的是在发包人与承包人签订建造合同后，承包人将该工程部分非主要或者技术专业性较强的工作分包给其他具有资质的承包人，并与其他承包人签订分包合同。分包成本是指承包单位支付给分包单位的工程价款，即由分包单位完成、由承包单位向分包单位结算并纳入承包单位工程总承包中的该部分成本。

14.3.2 科目设置和核算流程

建企业的科目设置和成本核算流程，是企业归集、分配和结转相关成本的一般顺序与核算基础。建筑企业为进行及时有效的成本核算，通常设置“工程施工”“机械作业”“辅助生产”等科目。

1.“工程施工”科目

该科目核算建筑企业在组织工程施工过程中发生的各项费用支出。其借方应登记各项施工费用的累计发生额与合同毛利，合同完成时，该科目的借方累积余额与“工程结算”科目贷方余额进行对冲。该科目按照成本核算对象设置明细账，并设置“合同成本”“合同毛利”和“间接费用”3 个二级科目，其中“合同成本”二级科目下再设置“直接材料”“直接人工”“其他直接费用”“机械使用”和“间接费用”等明细科目进行核算。“合同毛利”二级科目根据当期的合同收入与费用核算。进行成本核算时，对于施工期间发生的各项费用，应按照费用的来源、经济用途和发生地点进行归集：能够确定成本核算对象的费用，应直接计入该对象的成本；不能够确定成本核算对象或者需要单独考虑的费用，先按照发生地点归集，再根据特定的分配标准计入相应的成本核算对象。建筑企业为组织和管理施工生产活动所发生的各项间接费用，先在“工程施工——间接费用”科目中归集，期末再根据一定分配标准计入有关成本核算对象。

2.“辅助生产”科目

该科目核算企业非独立核算的辅助生产部门为施工活动、机械作业和专项工程等生产材料和提供劳务（如设备维修、固定资产清理、安装施工机械等）所发生的成本费用。该科目借方登记施工期间辅助生产部门所发生的实际成本，贷方则登记按照受益对象结转的产品或劳务的实际成本，期末余额表示在产品或未完成作业的实际成本。建筑企业内部的生产车间、单位或部门，如混凝土车间和运输队等，如果实行独立核算，则其发生的生产费用应作为工业性生产项目，设置“合同成本”或“机械作业”等科目核算，“辅助生产”科目仅归集非独立核算的辅助生产部门发生的费用。

3.“机械作业”科目

该科目核算企业及其内部独立核算的施工单位（如施工项目部）、机械站和运输队使用自有机械和运输设备进行机械作业（包括机械化施工和运输作业等）所发生的各项费用。其借方登记机械作业过程中实际发生的支出，贷方登记结转至受益对象的成本，期末通常无余额。

4.“工程结算”科目

该科目核算企业已办理工程价款结算的合同价款。办理工程结算时，借记“银行存款”等科目，贷记该科目。工程完工后，再将该科目余额与“工程施工”科目的余额对冲，该科目期末应无余额。

根据上述建筑企业成本核算的科目设置与核算流程，可将建筑企业成本核算程序概括如图 14–1 所示。

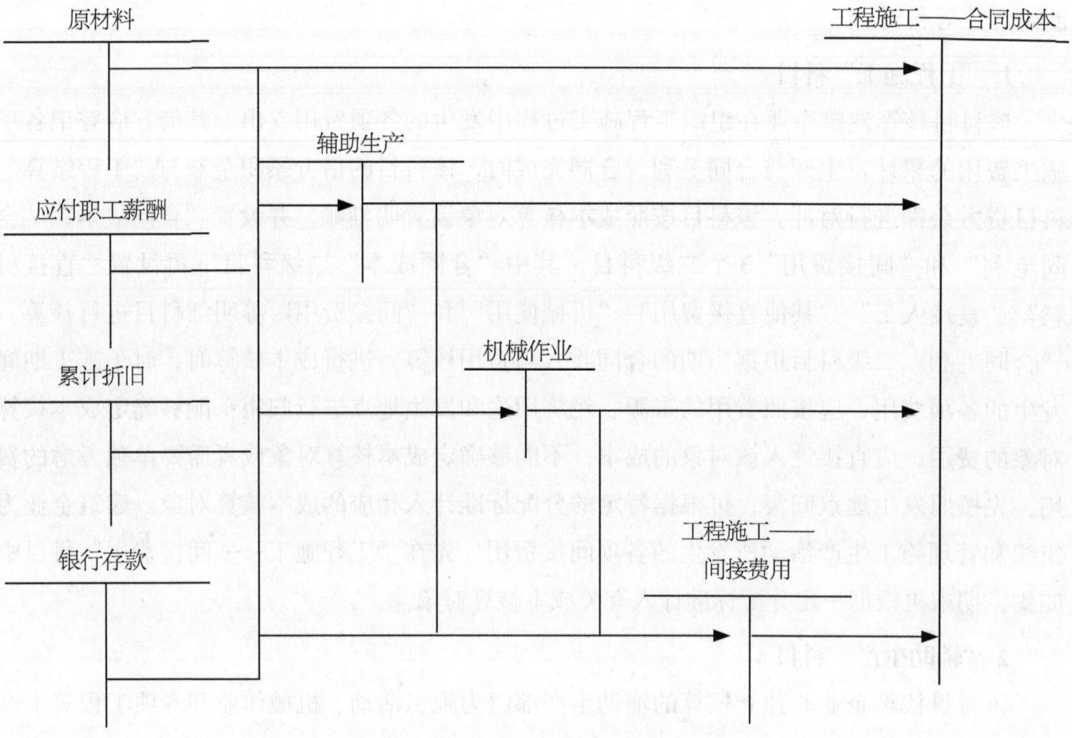

图 14-1　建筑企业成本核算程序

① 将本期发生的施工费用，按其发生地点和经济用途归集到“辅助生产”“工程施工”和“机械作业”等科目。

② 期末，按照“辅助生产”科目所属明细科目分别编制费用分配表，按照受益对象转入“工程施工”和“机械作业”等科目。

③ 期末，编制机械费用分配表，将归集在“机械作业”科目中的费用按照受益对象转入“工程施工”科目。

④ 根据建造合同结果能否可靠估计，选用不同方法确认合同的收入与费用。

14.4　产品成本归集、分配和结转

14.4.1　材料成本的归集、分配和结转

1. 材料费用的内容

材料费用是指在工程建造过程中，直接构成工程实体的主要材料成本和有助于实体形成的相关构件与机械配件的费用，以及施工使用的周转材料的租赁费用与摊销等。建筑企业的材料按照其功能与用途可以分为下述几类。

① 主要材料，即构成产品实体的各种材料，如钢材、木材和水泥等。

② 结构件，即经过安装或拼砌等手段可以构成产品实体的结构物和构件等。

③ 其他材料，即虽不直接构成建筑物实体，但在施工活动过程中，运用的其他有助于

施工活动进行的材料，如催化剂和燃料等。

④ 机械配件，即建筑企业对自有机械、租赁的外部机械与运输设备等进行替换与维修时，使用的相关零件与配件，如轴承、齿轮和阀门。

⑤ 周转材料，即建筑企业在进行施工活动时，多次周转使用的工具性材料，如模板和挡板等。

建筑企业外购材料的实际成本包括以下几项。

① 买价，根据销货单位开出的发票价格确定。

② 运杂费，即材料从销货单位运达本企业前发生的包装、运输、装卸、搬运等费用。

③ 流通环节缴纳的税金（如进口关税等）。

④ 采购保管费，即企业供应和保管材料的过程中所发生的各项费用。

此外，针对企业的自制材料，其实际成本包括生产过程中实际耗费的材料费、人工费和其他费用；针对委托加工材料，其实际成本包括被加工材料价值、加工费及相关运杂费等。

建筑企业的材料，一般用于施工工程、固定资产专项工程和其他非生产性耗用，其中仅直接用于施工工程的材料费用可以计入工程成本的直接材料费。因此，成本核算时，必须明确区分施工生产耗用和非生产性耗用的界限。

2. 材料费用的核算

由于建筑企业的材料种类繁多、数量巨大且领用次数多，因此，企业必须健全材料收发和业务核算的相关制度，统一定额领料单、大堆材料耗用计算单、集中配料耗用计算单、周转材料摊销分配表、退料单等自制原始凭证的格式。月末，财会部门应根据审核后的各种领料凭证、退料单、残料交库单等原始凭证，编制“发出材料汇总分配表”或“材料费用分配表”，据以确定各成本核算对象应分摊的材料费用。

施工项目部根据发出材料的情况，贷记“原材料”等科目。其中：直接用于工程施工、专设成本项目的各种材料，借记“工程施工———合同成本”中的“直接材料”项目；辅助生产单位使用的直接用于辅助生产、专设成本项目的各种材料，应借记“辅助生产”科目下的“燃料及动力”或“物料消耗”等项目；所属自有机械进行施工发生的各种燃料及配件等材料的消耗，借记“机械作业”科目下的“燃料及动力”或“折旧及修理”等项目；施工过程中发生的直接用于生产但没有专设成本项目的各种材料费用以及用于组织和管理生产活动的材料费用，借记“工程施工——间接费用”科目。

材料费用的归集与分配一般按照以下规则进行。

① 领料时能够确定数量和成本核算对象的，应在有关领料凭证上注明成本核算对象的名称，财会人员据此直接将材料费用记入该核算对象的工程成本明细账的“直接材料”项目。

② 领料时能够点清数量，但属于集配料或统一下料的，如木材、油漆和玻璃等，应在

领料凭证上注明“工程集中配料（下料）”字样，月末由领料部门或材料管理人员根据用料情况，结合材料消耗定额，编制“集中配料（下料）耗用分配表”，财会人员据此将材料费用分配计入各成本核算对象。

③ 领料时既不能点清数量，又难以确定成本核算对象的，如砖、瓦、砂、石等大堆材料，可根据实际情况，由材料管理部门或施工现场保管员验收保管，月末实地盘点结存数量，再根据月初结存数量和本月进料数量，倒轧出本月实际耗用数量，结合材料耗用定额，编制“大堆材料耗用计算表”，据此将材料费用计入各成本核算对象。

④ 周转使用的模板、脚手架等周转材料，应根据受益对象实际在用数量和规定的摊销方法，编制“周转材料摊销分配表”，据此材料费用计入各成本核算对象。对于企业租用的周转材料，根据当月支付或者分摊的租赁费，将材料费用直接计入或分配计入各受益对象。

⑤ 其他不能点清数量的材料，应采用适当的方法将材料费用记入各核算对象的工程成本明细账的“直接材料”项目。用于辅助生产部门、机械作业部门的各种材料，应将材料费用分别记在“辅助生产”“机械作业”科目的借方。

⑥ 成本计算期内已办理领料手续，但工程竣工后剩余的材料，应填写“退料单”或红字填写“领料单”，据此办理退料手续，同时冲减相关成本项目。按月结算工程成本时，对月末已办理领料手续，但尚未耗用的材料，下月能继续耗用的，应进行盘点并办理“假退库”手续。

⑦ 施工中发生的残次材料和包装物等，应尽量回收利用，并填制“废料交库单”估价入账，冲减工程材料费用。

⑧ 实行材料节约奖的，应按节约材料的数额直接计入成本核算对象。

上述各种材料，采用各自的方法进行归集和分配后，应根据有关分配计算表和材料部门提供的资料，汇总编制“材料分配表”，确定各受益对象分摊的直接材料费成本。

14.4.2 人工费用的归集、分配和结转

1. 人工费的内容

施工项目的人工费是指企业支付给直接从事工程施工的建筑安装工人，以及在施工现场从事运料、配料等工作的辅助工人的全部工资费用，具体包括基本工资、工资性补贴、生产工人辅助工资、职工福利费和生产工人劳动保护费等。

2. 人工费用的核算

每月终了，企业应将本月应付的工资按职工的工作部门和服务对象进行分配，并转入“工程施工”“机械作业”和“辅助生产”等科目。人工费用计入成本的方法，一般应根据企业实行的具体工资制度而定。

① 在实行计件工资制的情况下，所支付的工资通常能分清受益对象，可根据“工程任务单”和“工资结算汇总表”，将归集的工资直接记入各成本核算对象的“直接人工”

项目。

② 建筑企业采用计时工资制时，如果只有一个成本核算对象或者所支付的工资能够分清服务对象的，可以直接将工资记入成本核算对象的“直接人工”项目。工人同时为多个项目工作，则需将发生的工资在多个成本核算对象中分配，此时可编制“人工分配表”，据此分别计入成本核算对象的“直接人工”项目。计入成本的工资，一般可按照工资总额和实际用工日数计算日平均工资，再按各工程当月实际用工日数分配，计算公式如下。

某成本核算对象应分配的工资＝该成本核算对象实际用工日数 × 日平均工资

$$\text{建筑安装工人日平均工资}=\frac{\text{建筑安装工人工资总额}}{\text{实际用工日总数}}$$

14.4.3 机械使用费的归集、分配和结转

1. 机械使用费的内容

工程成本中的机械使用费，是指工程建造过程中所使用的施工机械和运输设备带来的相关费用，包括用自有机械发生的费用和租用外部单位的施工机械产生的租赁费，以及施工机械的安装、测试、拆卸和进出场费等。

2. 机械使用费的核算

针对企业租用机械和自有机械，有不同的成本核算方法。

① 租用机械的核算。从外部单位或者企业内部独立核算的机械供应站租用的施工机械，一般根据租用的台班数或完成工程数量，按既定的台班单价或结算价格支付租赁费。此时，财会人员一般根据“机械租赁费结算单”直接将租赁费记入“工程施工”中的“机械使用费”项目，不需通过“机械作业”科目核算。运用租用台班数计算机械使用费的公式如下。

$$\text{平均台班租赁费}=\frac{\text{支付的租赁费总额}}{\text{租入机械作业总台班数}}$$

② 自有机械的核算。施工项目使用自有机械和运输设备进行机械作业所发生的各项费用，应先通过“机械作业”科目进行归集。因此，财会部门应设置“机械作业”科目进行总分类核算，按机械类别或每台机械编码设置“机械作业明细账”进行明细核算，并按直接人工、直接材料、燃料及动力、折旧及修理费、替换工具及部件、其他直接费用和间接费用等项目归集成本。

为考核施工机械的使用效率和成本核算情况，建筑企业的随记人员必须逐日填写“机械使用记录”，月终再由机械管理部门汇总编制“机械使用月报”，以便跟踪在用机械的名称、运转台班、停置台班及停置原因等重要情况。根据“机械使用月报”和“机械作业明细账”等资料，以各成本核算对象使用的台班数或完成作业量等标准编制“机械使用费分配表”，据此登记“工程成本明细账”及有关费用明细账，同时进行总分类核算，借记

“工程施工——合同成本——机械使用费”科目，贷记“机械作业”科目。

机械使用费的分配方法主要有以下几种。

① 台班分配法，即根据各成本核算对象使用机械的实际台班数进行分配的方法。各种施工机械的使用费如果是按照单机或者班组进行核算的，一般可采用台班分配法，其计算公式如下。

$$\text{某种机械每台班实际成本}=\frac{\text{该种机械实际发生的作业成本}}{\text{该种机械实际完成的工作台班}}$$

某成本核算对象应分摊的某种机械使用费＝该种机械每台班实际成本 × 该成本核算对象实际使用台班数

② 作业量分配法，即根据各种机械所完成的作业量进行分配的方法。该方法适用于能够计算完成作业量的单位或某类机械，如汽车运输作业，按单辆或类别汽车运输的重量和距离计算作业量。其计算公式如下。

$$\text{某种机械单位作业量实际成本}=\frac{\text{该种机械实际发生的作业成本}}{\text{该种机械实际完成的作业量}}$$

某成本核算对象应分摊的某种机械使用费＝该种机械单位作业量实际成本 × 该成本核算对象实际使用该种机械完成的作业量

③ 预算分配法，即根据实际发生的机械使用费占预算定额的比例进行分配的方法。该方法适用于难以计算机械使用台班或者无机械使用台班的中小型机械使用费，如几个工程共同使用一台混凝土搅拌机。其计算公式如下。

$$\text{某类机械作业成本分配率}=\frac{\text{该类机械实际发生的作业成本}}{\text{各工程机械使用费预算成本之和}}$$

某成本核算对象应分摊的某种机械使用费＝该成本核算对象机械使用费的预算成本 × 某类机械作业成本分配率

辅助生产部门（如机修车间、运输队等）为施工生产提供的修理和运输等作业发生的各项费用，应先归集于“辅助生产”科目，再转入“机械作业”和“工程施工”科目。

14.4.4 其他直接费用的归集、分配和结转

1. 其他直接费用的内容

工程成本中的其他直接费用，是指不包括在上述直接人工、直接材料、机械使用费等项目中的现场施工直接耗用的水、电、风、气等费用，以及因场地狭小等特殊情况而发生的材料二次搬运费、临时设施摊销费、生产工具用具使用费、检验试验费、工程定位复测费、工程点交费、流动施工津贴、场地清理费以及冬雨季施工增加费和夜间施工增加费等。

一般建筑安装施工所需的水、电、风、气等都已包含在预算定额的材料费之内（如搅

拌混凝土的用水等），因此，其他直接费用仅是指在预算定额之外单独发生的费用。其他直接费用应记入“工程施工———合同成本”明细账中的“其他直接费用”项目。在发生时即能分清成本核算对象的其他直接费用，应直接计入该成本核算对象；应由几个成本核算对象共同承担的其他直接费用，则按照一定的分配标准计入相关成本核算对象，或先通过“辅助生产”科目归集，月末按一定的标准分配计入各成本核算对象。

2. 其他直接费用的核算

实际工作中，建筑企业所需的水、电、风、气或由外单位负责供应，或由本单位内部不实行独立核算的辅助生产车间提供，在会计核算上可分为下列两种情况对相关费用进行核算。

① 由外单位供应的情况下，建筑企业每月根据工程实际耗用量，按规定的价格进行结算，并将支付的费用直接计入工程成本。

在分配时应注意：如果建筑企业支付的费用既包括施工单位生产使用的部分，也包括管理行政等部门使用的部分，则应按照适当方式进行分摊；由施工单位生产使用的部分，能直接确认受益对象的，应直接计入该成本核算对象，不能直接确认受益对象的，应按各成本受益对象实际消耗量或其他有关标准进行分配。

② 由辅助生产单位供应情况下的核算。建筑企业为满足建筑安装活动的需要，通常在企业内部设立辅助单位以提供水、电、风、气等辅助资源。在中小建筑企业中，辅助生产部门通常不独立核算，他们向内部各单位提供的劳务不作为销售，在核算时不要求计算完整的成本，若对外提供劳务，则应按完整的成本进行核算。

对于辅助生产单位提供的实际成本，应专门设置“辅助生产”科目进行核算，该科目的具体核算方法详见 14.4.6 小节。

14.4.5 间接费用的归集、分配和结转

1. 间接费用的内容

间接费用是指在施工生产过程中，除直接材料、直接人工、机械使用费和其他直接费用外，施工单位为组织和管理施工生产活动所发生的各项非直接支出，包括施工单位管理人员的工资、奖金、补贴和福利费用，管理部门的固定资产折旧与修理费用、办公费、工程保修费、财产保险费、排污费、机物料消耗、取暖费、低值易耗品摊销、差旅费和劳动保护费，以及项目应负担的公会经费、教育经费、业务招待费、税金、劳保统筹费和利息支出等。

2. 间接费用的核算

对于按规定计费标准支付的外单位管理费，应以实际支付数计入受益对象。对外供应劳务和出租机械所负担的施工间接成本，通常按费用定额计算。难以分清受益对象的间接费用，应在“工程施工”科目下面设置“间接费用”明细科目，并按费用项目设置专栏归集本期发生的各种间接成本，借记“工程施工——间接费用”科目，贷记“应付职工薪酬”

和“累计折旧”等科目。期末根据一定分配标准计算分配各成本核算对象应负担的间接费用，借记“工程施工——合同成本”科目，贷记“工程施工——间接费用”科目。

间接费用是建筑企业在生产经营过程中发生的制造成本，但由于一个施工单位和其管理部门往往负责多个施工项目的建造，无法直接将间接费用分配至单个成本核算对象，因此应按照一定的分配标准，将其计入各项工程成本。

间接费用的分配标准应当与建筑安装工程管理费定额的计算基础一致，土建工程一般以工程成本中的直接成本为分配标准，安装工程一般以人工费用为分配标准。实际工作中，由于项目中通常包括土建工程和安装工程，有时辅助生产单位生产的产品和劳务还会对外销售。因此间接费用一般进行两次分配，第一次分配是在不同的工程、产品、劳务和作业等之间进行分配，第二次分配是在同类工程（或产品、劳务、作业等）的不同成本核算对象中进行分配。

间接费用的第一次分配一般以各类工程（或产品、劳务、作业等）成本中的人工费用为标准，计算公式如下。

$$\text{间接成本分配率}=\frac{\text{间接成本总额}}{\text{各类工程（或产品、劳务、作业等）成本中的人工费用总额}}$$

某类工程（或产品、劳务、作业等）应分配的间接成本）= 该类工程（或产品、劳务、作业等）成本中的人工费用）× 间接成本分配率

间接成本的第二次分配即将各类工程（或产品、劳务、作业等）中的间接成本分配到各个成本核算对象，可按如下规则进行分配。

① 土建工程一般的间接成本分配公式如下。

$$\text{间接成本分配率}=\frac{\text{土建工程分配的间接成本总额}}{\text{全部土建工程直接成本总额}}$$

某土建工程应分配的间接成本＝该土建工程直接成本 × 间接成本分配率

② 安装工程一般的间接成本分配公式如下。

$$\text{间接成本分配率}=\frac{\text{安装工程分配的间接成本总额}}{\text{全部安装工程人工费用总额}}$$

某安装工程应分配的间接成本＝该安装工程人工费用 × 间接成本分配率

14.4.6 辅助生产费用的归集、分配和结转

1. 辅助生产费用的内容

建筑企业的辅助生产费用是指企业内非独立核算部门，为施工生产提供服务而进行产品生产和劳务供应所发生的成本。其中，有的辅助生产部门只生产一种产品或只提供一种劳务，如供电、供水和供气等辅助生产；有的则生产多种产品或提供多种劳务，如从事机器设备的维修部门。

2. 辅助生产费用的核算

辅助生产部门发生的各项费用，应按成本核算对象和成本项目进行归集。建筑企业应在“辅助生产”科目下，按车间、部门、单位以及确定的成本核算对象设置辅助生产明细账，分别登记本期发生的辅助生产费用。发生的辅助生产费用，应借记“辅助生产”科目，贷记“应付职工薪酬”“原材料”或“银行存款”等相关科目。

归集在“辅助生产”科目借方的辅助生产费用，根据其生产的产品和提供的劳务不同，结转和分配的方法有所差异。

① 形成材料物资的情况下。辅助生产部门生产各种材料和结构件并完成验收入库的，应按实际成本借记“原材料”“低值易耗品”或“周转材料”等科目，贷记“辅助生产”科目。施工单位领用上述材料时，再借记“工程施工”相关科目，贷记上述材料科目。

② 提供劳务的情况下。辅助生产部门提供水、电、风、设备维修和机械设备安装等劳务所发生的费用，月末根据辅助生产明细账的记录编制“辅助生产费用分配表”，采用适当标准分配至受益对象。其中，对外单位提供的劳务，借记“其他业务成本”科目，贷记“辅助生产”科目；对本单位工程施工或机械作业等提供的劳务，借记“工程施工”“机械作业”等科目，贷记“辅助生产”科目。

③ 辅助生产部门之间相互提供劳务的情况下。如果企业内部多个辅助生产部门之间相互提供劳务，则需要在各辅助生产部门间分配辅助生产费用。一般采用直接分配法、一次交互分配法、计划（定额成本）分配法、顺序分配法等方法分配辅助生产费用，各种方法的具体阐述详见本书第 4 章。

14.5 建筑业企业成本核算案例

14.5.1 公司简介

A 公司是一家以工程承包为主，集设计、施工、设备安装和技术咨询于一体的公司。企业对工程项目实行项目经理负责制，各项目部均独立核算，设立专门的会计部门和会计人员。

2×19 年 4 月 1 日，A 公司中标 B 公司招标的京泽高速公路 D 段。A 公司设立京泽高速项目经理部作为项目管理机构，该项目部设隧道施工队、桥梁施工队、机械保障队和一个采石场，路基分包给 E 公司施工。京泽高速项目经理部设置路基、隧道、桥梁 3 个成本核算对象进行明细核算；机械保障队发生的生产成本通过“机械作业”科目核算；采石场发生的生产成本通过“辅助生产”科目核算。

14.5.2 经济业务

该工程项目包括一座 800 延米长的桥梁，一座 1 500 延米长的隧道及 3 000 米长的路基。合同总造价为 170 000 000 元，工期 28 个月。

其他资料如下。

①工程所需钢材和水泥由客户供应，其他材料自行采购。

②在建造合同能够可靠估计的情况下，采用完工百分比法。

③不考虑相关税费。

14.5.3 原始资料

2×19 年发生如下业务。

①5 月 1 日，该工程正式开工，A 公司于 5 月 10 日收到工程预付款 17 000 000 元。

②筹建项目部租用一栋房屋，2×19 年租金 20 000 元；从其他项目调入员工和设备，发生差旅费、运费分别为 27 800 元、35 000 元。上述费用以现金支付。以银行存款支付给项目管理人员相关补贴 103 600 元。

③以现金支付征地费用 150 000 元、青苗补偿费 50 000 元。

④搭建工程施工队的临时房屋耗费 1 050 000 元，本年分摊 300 000 元。

⑤全年发放工资 3 650 000 元，其中隧道直接施工人员工资 1 500 000 元，桥梁直接施工人员工资 1 200 000 元，机械保障队人员工资 600 000 元，采石场人员工资 150 000 元，经理部管理人员工资 200 000 元。此外，企业按比例计提公会经费、职工教育经费、统筹养老保险、住房公积金、失业保险和福利费等共计 1 843 250 元。

⑥分包的路基计价 20 000 000 元。

⑦工程所用模板成本 456 000 元，衬砌台车成本 748 000 元，定制的模板和衬砌台车均属特型，应在工期内摊销，根据实际统计，隧道应负担 80%，桥梁应负担 20%。

⑧当年施工的材料领用明细表如表 14–1 所示。

表 14–1　材料领用明细表

单位：元

项目	原材料	机械配件	燃料	其他材料	低值易耗品	合计
隧道队	13 850 000	0	272 000	1 050 000	1 200 000	16 372 000
桥梁队	10 800 000	0	250 000	1 200 000	1 280 000	13 530 000
机械保障队	200 000	4 200 000	3 400 000	380 000	250 000	8 430 000
采石场	400 000	0	0	130 000	100 000	630 000
经理部	90 000	54 000	52 000	60 000	0	256 000
合计	25 340 000	4 254 000	3 974 000	2 820 000	2 830 000	39 218 000

⑨隧道施工租用重型自卸车 6 辆，支付租金 800 000 元。桥梁施工租用钻桩机 4 台，支付租金 200 000 元。

⑩经理部为管理施工，发生差旅费、办公费、劳动保护费各 150 000 元、

100 000 元、160 000 元，以现金支付。

⑪ 当年共用银行存款支付电费 1 000 000 元，其中照明用电 50 000 元，机械保障队用电 950 000 元。

⑫ 提取固定资产折旧费 800 000 元，其中管理用固定资产折旧 80 000 元，机械保障队施工机械折旧 720 000 元。

⑬ 用银行存款支付施工机构调遣费 200 000 元，路基工程定位复测费 100 000 元，桥梁试验检验费 200 000 元，隧道施工发生材料二次倒运费 100 000 元。

⑭ 当年发生财务费用 100 000 元，其中银行贷款利息 150 000 元，存款利息 50 000 元。发生利息费用符合资本化条件。

⑮ 当年采石场开采片石 26 700 立方米，桥梁领用 8 700 立方米，隧道领用 18 000 立方米，计算并分配当年片石成本。

⑯ 年底，各施工队适用机械台班资料如表 14–2 所示，据此分配机械作业成本。

表 14–2 机械台班耗用记录表

单位：元

项目	运输车	装载机	输送泵	抽水机
计划台班单价	80	120	90	30
桥梁	35 500	3 200	4 960	2 400
隧道	66 800	640	10 600	4 800
合计	102 300	3 840	15 560	7 200

⑰ 按各成本核算对象的直接费用比例分配间接费用。

⑱ 年底，预期完成合同尚需发生成本 98 000 000 元。确认 2×19 年完工进度、合同收入与合同费用。

14.5.4 账务处理

① 收到工程预付款。

借：银行存款 17 000 000

贷：预收账款——预收工程款（B 公司） 17 000 000

② 确认或支付房屋租金、差旅费、设备运费和补贴等。

借：工程施工——间接费用 186 400

贷：库存现金 82 800

应付职工薪酬 103 600

借：应付职工薪酬 103 600

贷：银行存款 103 600

③ 支付征地与费用青苗补偿费。

借：工程施工——间接费用　200 000
　贷：库存现金　200 000

④ 分摊临时房屋耗费。

借：工程施工——间接费用　300 000
　贷：临时设施摊销　300 000

⑤ 发放工资、计提职工教育经费和福利费等。

借：工程施工——合同成本（隧道，直接人工费）　1 500 000
　　　　　——合同成本（桥梁，直接人工费）　1 200 000
　机械作业——机械保障队（工资及附加）　600 000
　辅助生产——采石场（人工费）　150 000
　工程施工——间接费用　200 000
　贷：应付职工薪酬　3 650 000

借：工程施工——合同成本（隧道，直接人工费）　757 500
　　　　　——合同成本（桥梁，直接人工费）　606 000
　机械作业——机械保障队（工资及附加）　303 000
　辅助生产——采石场（人工费）　75 750
　工程施工——间接费用　101 000
　贷：应付职工薪酬　1 843 250

⑥ 路基计价。

借：工程施工——合同成本（路基，分包费用）　20 000 000
　贷：应付账款——应付工程款（E公司）　20 000 000

⑦ 周转材料摊销。

月摊销额＝（456 000＋748 000）÷28＝43 000（元）

本年应分摊额＝43 000×8＝344 000（元）

借：工程施工——合同成本（隧道，直接材料费）　275 200
　　　　　——合同成本（桥梁，直接材料费）　68 800
　贷：周转材料—周转材料摊销　344 000

⑧ 领用材料。

借：工程施工——合同成本（隧道，直接材料费）　16 372 000
　　　　　——合同成本（桥梁，直接材料费）　13 530 000
　机械作业——机械保障队（燃料及动力）　8 430 000
　辅助生产——采石场（物料消耗）　630 000
　工程施工——间接费用　256 000

贷：原材料——主要材料 25 340 000

——机械配件 4 254 000

——燃料 3 974 000

——其他材料 2 820 000

周转材料——低值易耗品 2 830 000

⑨ 支付租用机械租金。

借：工程施工——合同成本（隧道，机械使用费） 800 000

——合同成本（桥梁，机械使用费） 200 000

贷：银行存款 1 000 000

⑩ 支付经理部费用。

借：工程施工——间接费用 410 000

贷：库存现金 410 000

⑪ 支付电费。

借：工程施工——间接费用 50 000

机械作业—机械保障队（燃料及动力） 950 000

贷：银行存款 1 000 000

⑫ 提取固定资产折旧。

借：工程施工——间接费用 80 000

机械作业—机械保障队（折旧及修理） 720 000

贷：累计折旧 800 000

⑬ 支付调遣费。

借：工程施工——间接费用 200 000

——合同成本（路基，其他直接费） 100 000

——合同成本（桥梁，其他直接费） 200 000

——合同成本（隧道，其他直接费） 100 000

贷：银行存款 600 000

⑭ 发生的利息费用无法直接转入成本核算对象，先归集到间接费用。

借：工程施工——间接费用 100 000

银行存款 50 000

贷：应付利息 150 000

⑮ 计算采石场片石单位成本分配，如表 14–3 所示。

辅助生产成本分配率＝（150 000 ＋ 75 750 ＋ 630 000）÷ 26 700 ≈ 32.05（元 / 立方米）

表 14-3　辅助生产成本分配表

金额单位：元

项目	耗用量（立方米）	分配率	应分配额（元）
桥梁	8 700	32.05	278 850*
隧道	18 000		576 900
合计	26 700		855 750

*为保持合计数与题目一致，本数为倒挤得出。

借：工程施工——合同成本（桥梁，直接材料费）　278 850
　　工程施工——合同成本（隧道，直接材料费）　576 900
　贷：辅助生产——采石场（人工费）　225 750
　　　辅助生产——采石场（物料消耗）　630 000

⑯ 机械保障队发生生产成本 11 003 000 元（工资及附加 903 000 元、燃料及动力 9 380 000 元、折旧及修理费 720 000 元），机械作业成本分配表如表 14-4 所示。

表 14-4　机械作业成本分配表

金额单位：元

成本核算对象	机械名称	使用台班（工时）	计算单价	计划成本	分配率	应分配额
隧道	运输车	66 800	80	5 344 000	—	5 730 371.2
	装载机	640	120	76 800	—	82 352.64
	抽送泵	10 600	90	954 000	—	1 022 974.2
	抽水机	4 800	30	144 000	—	154 411.2
	小计	—	—	6 518 800	—	6 990 109.24
桥梁	运输车	35 500	80	2 840 000	—	3 045 332
	装载机	3 200	120	384 000	—	411 763.2
	抽送泵	4 960	90	446 400	—	478 674.72
	抽水机	2 400	30	72 000	—	77 205.6
	小计	—	—	3 742 400	—	4 012 890.76*
合计	—	—	—	10 261 200	1.0 723	11 003 000

*为保持合计数与题目一致，本数为倒挤得出。

分配率＝11 003 000÷10 261 200 ≈ 1.0 723

借：工程施工——合同成本（隧道，机械使用费）　6 990 109.24

工程施工——合同成本（桥梁，机械使用费） 4 012 890.76

贷：机械作业——机械保障队 11 003 000

⑰ 按直接费用比例分配间接费用。路基项目对外分包，因此不分摊间接费用，间接费用分配表如表 14–5 所示。

表 14–5 间接费用分配表

金额单位：元

项目	直接成本	分配率	应分配额
隧道	27 371 709.24	0.0439	1 201 354.99
桥梁	20 096 540.76		882 045.01
合计	47 468 250	—	2 083 400

间接费用分配率＝2 083 400÷47 468 250 ≈ 0.0439

借：工程施工——合同成本（隧道，间接费用） 1 201 354.99

工程施工——合同成本（桥梁，间接费用） 882 045.01

贷：工程施工——间接费用 2 083 400

⑱ 运用完工百分比法，计算当年应确认的合同收入并编制分录。

由上述计算可得各成本核算对象已发生的成本费用：隧道 28 573 064.23 元、桥梁 20 978 585.77 元、路基 20 100 000 元。

已发生工程成本＝28 573 064.23 ＋ 20 978 585.77 ＋ 20 100 000 ＝ 69 651 650（元）

预计完工总成本＝69 651 650 ＋ 98 000 000 ＝ 167 651 650（元）

完工百分比＝69 651 650÷167 651 650×100% ＝ 41.55%

当年应确认的合同收入＝170 000 000×41.55% ＝ 70 635 000（元）

当年应确认的合同费用＝167 651 650×41.55% ＝ 69 659 260.58（元）

借：主营业务成本 69 659 260.58

工程施工——合同毛利 975 739.42

贷：主营业务收入 70 635 000

第 15 章 房地产企业成本会计核算

15.1 房地产企业成本核算概述

15.1.1 房地产企业的特征

房地产企业（以下简称“房地产企业）是从事房地产开发、销售或出租的企业。房地产企业的业务分为 4 类：土地开发；房屋开发；配套设施开发；代建工程开发。房地产企业既是房地产商品的生产者，又是房地产商品的经营者，其经营活动可以分为生产、流通和消费 3 个环节。

房地产企业的经营特点如下。

（1）经营对象的不可移动性

不管是房地产开发企业、中介服务企业还是物业管理企业，它们的经营对象都是不动产，具有固定性和不可移动性。这种特性对房地产企业经营活动的影响十分巨大，周围环境对其影响较大，因此企业经营绩效与所处区位状况关系密切。因为一般商品属于动产，具有实体的流动性，可以随时在地区之间甚至是不同国家之间流动，因而一般企业通常面对的市场竞争范围比较大。在不受一国对外贸易政策、国家安全等的影响下，一般商品的竞争范围是世界性的，企业要根据国际市场的情况进行决策，国际市场环境发生变化会对这类企业产生直接的影响。而对于房地产企业来说，不动产不具有实体的流动性，房地产企业提供的产品不可能移动，相关房地产服务的开展也附着于固定的房地产，因此房地产企业面对的市场竞争范围较小，主要是本地市场。当地市场的供求关系及其变化趋势对房地产企业经营绩效的影响较大。此外，由于房地产产品的价值高，资产转移需要经过较长时间，从而使市场竞争关系无法充分展开，受制于此，房地产企业经营成功的关键在于把握当地市场的需求。

（2）业务形态的服务性

无论是房地产开发企业、房地产中介咨询服务企业，还是物业管理企业，从其业务活动的性质来看，主要是提供某种服务。房地产开发企业从事的经营活动包括征地、拆迁、土地开发、土地出让转让、房屋开发、房屋出售、房屋出租、房屋转租、房地产抵押和房地产建设过程中必然产生的大量谈判、协调、筹划等劳务以及相应的法律事务，这些是房地产开发企业经营活动的主要内容。对于房地产中介服务企业和物业管理企业来说，其服务性特征就更加明显了。房地产中介服务企业就是围绕房地产产品进行一系列咨询、筹划、代理等服务活动，提供与房地产产品相关的各类信息，撮合买卖双方达成交易，节约交易各方的交易成本，并从节约的成本中获取佣金的企业房地产中介服务企业提供的是与房地产产品相关的各类服务。物业管理企业实际上就是对房地产物业及其设施和周边环境进行管理并提供各种保安、保洁、维修和保养服务的企业。这种特性决定了房地产企业的服务态度和服务质量至关重要。

（3）经营活动的资金和人才密集性

房地产企业在经营管理过程中需要大量的资金和人才。房地产开发企业的每个经营项目蕴涵的价值极大，需要大量资金的运筹，房地产开发企业是一种资金密集型的企业。例如，房地产开发前期的安置补偿费用、前期工作中的勘察设计费用及可行性研究费、建筑安装工程费、财务费用、销售费用等都需要大量资金，通常完全依靠自有资金进行房地产开发的企业很少，往往要依赖各种金融工具和金融手段筹集资金。房地产业与金融业的密切联系带来了两个方面的影响：一方面，房地产企业需要大量资金，这为银行等金融机构提供了一种风险较低的投资渠道；另一方面，二者结合使整体经济的抗风险能力下降，一旦房地产价格下跌或者房地产企业经营不善，可能会造成金融体系动荡，进而危及整个国民经济的安全。所谓人才密集是指在房地产开发、中介咨询、代理、物业管理过程中，需要大量、各种各样的专业人才，如建筑工程类、经济分析类、金融类等人才。房地产开发企业在实际经营活动中涉及建筑安装方面的技术活动，也涉及市场调研、项目管理等专业领域的活动，往往只有借助各类专业人员的协同合作才能完成房地产开发。对于普通房地产需求者而言，消费者或者不从事房地产行业的企业无法在短时间内掌握与房地产相关的专业知识，通常在交易过程中要依赖这些专业人士的协助，这样就为专业化的房地产中介服务企业提供了经营空间。

（4）经营活动过程的行业限制性

在房地产企业经营管理活动中，行业特征对其影响的表现十分明显。一是行业的市场规模较大，对企业发展起到十分巨大的推动作用。二是行业的竞争范围主要是本地市场，是面向区域的，全国及世界性的竞争主要来源于资金流动。三是目前房地产行业竞争者的数量较多，但有较大实力的企业数量则较少，市场竞争激烈，企业经营过程中面临的不确定性较大。四是房地产用户的数量较多，房地产市场是一个领域较为广阔的市场。房地产用户主要包括一般的住房消费者及其他需要房地产产品的集团购买者。五是房地产业领域进入障碍比较大：一方面，由于进入房地产业领域需要较大的启动资本，所以该市场存在较高的进入壁垒；另一方面，房地产的固定性也决定了退出房地产领域的转移成本也相当高。六是房地产企业由于其资金投入大、风险高，若企业经营得当，其盈利水平也会高一些，这种较高水平的盈利是对其承担的高风险的补偿，这也是吸引其他行业资金进入房地产领域的主要因素。

15.1.2 房地产企业成本核算特征

1. 开发经营的计划性

企业征用的土地和建设的房屋、基础设施、其他设施都应严格控制在国家建设部门核定的规划指标范围之内，按照规划、征地、设计、施工、配套、管理“六统一”原则和企业的开发计划、销售计划进行开发经营。

2. 开发产品的商品性

房地产开发企业的产品大部分（安置房、廉租房和自营商业用房除外）都作为商品进入市场，按照供需双方协议规定的价格或市场价格作价转让或销售。

3. 开发经营业务的复杂性

① 经营业务内容复杂。房地产企业除了土地和房屋开发外，还要建设相应的基础设施和公共配套设施，经营业务囊括了从征地、拆迁、勘察、设计、施工、销售到售后物业管理的全过程。

② 涉及面广，经济往来对象多。房地产企业不仅因购买设备、材料等与物资供应单位发生经济往来，而且因工程的发包和招标与勘察设计单位、施工单位发生经济往来，还会因受托代建开发产品、出租开发产品等与委托单位和承租单位发生经济往来。

4. 开发建设周期长、投资数额大

房地产企业的开发产品从规划设计开始，经过可行性研究、征地拆迁、安置补偿、七通一平、建筑安装、配套工程、绿化环卫工程等几个开发阶段，少则一年，多则数年才能全部完成。上述每一个开发阶段都需要投入大量资金，加上开发产品本身的造价很高，需要不断地投入大量的资金。

5. 经营风险大

房地产企业的开发产品单位价值高、建设用期长、负债经营程度高、不确定因素多，一旦决策失误，销路不畅，将造成大量开发产品积压，易造成资金链断裂，使企业陷入破产。

15.2 房地产企业成本核算对象

《企业产品成本核算制度（试行）》第十三条规定：房地产企业一般按照开发项目、综合开发期数并兼顾产品类型等确定成本核算对象。

合理确定成本核算对象，是正确组织企业开展产品成本核算的重要条件。开发产品的成本核算对象，就是在开发产品成本的计算过程中，为归集和分配费用而确定的费用承担者。对于小规模的开发，如单幢或几幢房屋的开发，这个问题比较容易解决，可以将全部开发量作为成本核算对象，设立一个成本核算单位。但是对于大规模的开发，如街坊改造或小区开发，就必须要科学地确定成本核算对象。成本核算对象如果划分过粗，不能反映独立开发项目的实际成本水平；如果划分过细，则会增加许多间接费用的分配，增加核算工作量，并影响成本的准确性。企业应该以房地产开发项目的工程内容和工期进度作为确定成本核算对象的主要依据。对于大的开发项目，应该适当分块，如将一个小区内不同类型的商品房按不同的开发期进行分块，这样既便于费用的归集和成本结算，又能充分发挥成本核算的作用。

根据建设规划的要求，在特定的固定地点进行开发经营的企业，在确定成本核算对象时，一般应结合开发工程的地点、用途、结构、装修、层高、施工队伍等因素来进行。

对于一般的开发项目，可以将每一独立编制的设计概（预）算，或每一独立的施工图预算所列的单项开发工程作为成本核算对象，便于分析概（预）算和施工合同的完成情况。如土地开发项目、房屋开发项目、配套设施开发项目、代建工程开发项目等。

对于开发地点、结构类型相同的群体开发项目，如果开工、竣工时间相近，并由同一施工单位施工，可以将其合并为一个成本核算对象，以简化核算手续。

对于个别规模较大、工期较长的开发项目，可以结合经济责任制的规定，按开发项目的一定区域或部分划分成本核算对象，便于及时反映开发成本。

15.3 产品成本核算项目和范围

15.3.1 土地征用费及拆迁补偿费

土地征用费及拆迁补偿费是指为取得土地开发使用权（或开发权）而发生的各项费用，主要包括土地买价或出让金、大市政配套费、契税、耕地占用税、土地使用费、土地闲置费、土地变更用途和超面积补交的地价及相关税费、拆迁补偿支出、安置及动迁支出、回迁房建造支出、农作物补偿费、危房补偿费等。

15.3.2 前期工程费

前期工程费是指项目开发前期发生的水文地质勘察、测绘、规划、设计、可行性研究、筹建、场地通平等前期费用。

15.3.3 建筑安装工程费

建筑安装工程费是指开发项目在开发过程中发生的各项建筑安装费用，主要包括开发项目建筑工程费和开发项目安装工程费等。

15.3.4 基础设施建设费

基础设施建设费是指开发项目在开发过程中所发生的各项基础设施支出，主要包括开发项目内道路、供水、供电、供气、排污、排洪、通信、照明等社区管网工程费和环境卫生、园林绿化等园林环境工程费。

15.3.5 公共配套设施费

公共配套设施费是指开发项目在开发过程中发生的独立的、非营利性的，且产权属于全体业主的，或无偿赠予地方政府、政府公用事业单位的公共配套设施支出。

15.3.6 开发间接费

开发间接费是指企业为直接组织和管理开发项目所发生的，且不能将其归属于特定成本核算对象的成本费用性支出主要包括管理人员工资、职工福利费、折旧费、修理费、办公费、水电费、劳动保护费、工程管理费、周转房摊销以及项目营销设施建造费等。

15.4 产品成本的归集、分配和结转

15.4.1 土地开发成本的归集、分配和结转

土地开发是房地产开发企业的主要业务之一，其开发产品为建设场地。城市用于建设的土地，由地方政府统一审批、统一征用和统一管理，由房地产开发企业进行土地开发。土地开发同时联结房地产开发的，属于一次性取得土地分期开发房地产的情况，其土地开发成本经商税务机关同意后可先按土地整体预算成本进行分配，待土地整体开发完毕再行调整。

为了分清转让、出租用土地开发成本和不能确定负担对象的自用土地开发成本，应将土地开发成本按土地开发项目的类别，分别设置“商品性土地开发成本”和“自用土地开发成本”两个二级科目，并按成本核算对象和成本项目设置明细科目。发生的土地征用及拆迁补偿费、前期工程费、基础设施费等土地开发支出，可直接计入各土地开发成本明细分类账，并记入“开发成本——商品性土地开发成本”或“开发成本——自用土地开发成本”科目的借方和“银行存款”“应付账款——应付工程款”等科目的贷方。发生的开发间接费用，应先在“开发间接费用”科目进行核算，月末再按一定标准，分配计入有关土地开发成本核算对象。应由商品性土地开发成本负担的开发间接费，应记入“开发成本——商品性土地开发成本”科目的借方和“开发间接费用”科目的贷方。

15.4.2 配套设施开发成本的归集、分配和结转

企业发生的各项配套设施支出，应在“开发成本——配套设施开发成本”科目进行核算，并按成本核算对象和成本项目进行明细分类核算。发生的土地征用及拆迁补偿费或批租地价、前期工程费、基础设施费、建筑安装工程费等支出，可直接计入各配套设施开发成本明细分类账的相应成本项目，并记入“开发成本——配套设施开发成本”科目的借方和“银行存款”“应付账款——应付工程款”等科目的贷方。有偿转让大配套设施分配的其他配套设施支出，应计入各大配套设施开发成本明细科目的“配套设施费”项目，并记入“开发成本——配套设施开发成本——××”科目的借方和“开发成本——配套设施开

发成本——××”科目的贷方。有偿转让大配套设施分配的开发间接费用，应记入各配套设施开发成本明细分类账的“开发间接费”项目，并记入“开发成本——配套设施开发成本”科目的借方和“开发间接费用”科目的贷方。对配套设施与房屋等开发产品不同步开发，或房屋等开发完成等待出售或出租，而配套设施尚未全部完成的，经批准后可接配套设施的预算成本或计划成本，预提配套设施费，记入房屋等开发成本明细分类账的“配套设施费”项目，并记入“开发成本——房屋开发成本”等科目的借方和其他应付款科目的贷方。因为一个开发小区的开发时间较长，有的需要几年，开发企业在开发进度安排上，有时先建房屋、后建配套设施，这样往往是房屋已经建成而有的配套设施可能尚未完成，或者是商品房已经销售，而配套消防设施等尚未完工的情况。这种房屋开发与配套设施建设的时间差，使得那些已具备使用条件并已出售的房屋应负担的配套设施费，无法接配套设施的实际开发成本进行结转和分配，只能以未完成配套设施的预算成本或计划成本为基数，计算出已出售房屋应负担的数额，用预提方式计入出售房屋等的开发成本。

15.4.3 房屋开发成本的归集、分配和结转

房屋开发和建设是房地产开发企业的主要经济业务。房屋开发的目的与用途主要有 4 个方面：一是为对外销售而开发的商品房；二是为出租经营而开发的经营房；三是为安置拆迁居民周转使用而开发的周转房；四是受其他单位委托代为开发建设的代建房。尽管开发的这些房屋用途不同，但其开发建设的特点和费用支出的内容及费用的性质都大致相同，其开发成本均应在“开发成本——房屋开发”明细账科目中核算。

企业在开发房屋过程中发生的土地征用及拆迁补偿费、前期工程费、基础设施费，能分清成本核算对象的，应直接记入该房屋成本核算对象的“土地征用及拆迁补偿费”“前期工程费”“基础设施费”等成本项目；如果费用发生时分不清成本核算对象，或应由两个或两个以上的成本核算对象负担的，应先通过“开发成本——土地开发”科目进行归集，待土地开发完成用于房屋建设时，再采用一定的方法结转记入“开发成本——房屋开发”科目。

在房屋建设过程中进行的建筑安装工程，有的采用出包方式，有的采用自营方式。采用出包方式的企业，其建筑安装工程费用，应根据承包企业提出的“工程价款结算单”所列工程价款，结算出承包工程款，记入“开发成本——房屋开发”科目的“建筑安装工程费”成本项目。采用自营方式的企业，即房地产开发企业组织自有的工程队进行施工的工程，发生的建筑安装工程费，一般可直接记入“开发成本——房屋开发”科目，但应用实际发生数入账，不得按预算价格入账。如果企业自行施工的工程比较大，可以设置“工程施工”和“施工间接费用”两个科目核算和归集发生的建筑安装工程费，并定期结转到“开发成本——房屋开发”科目的“建筑安装工程费”成本项目。

房屋开发成本中的配套设施费用，是指建设不能有偿转让的开发小区内公共配套设施发生的支出。其会计处理方法如下。

① 配套设施与商品房同步建设，发生的公共配套设施费能分清受益对象的，应直接记入“开发成本——房屋开发”科目的“公共配套设施费”成本项目；如果发生的配套设施费用不能分清受益对象的，应先在“开发成本——配套设施开发”科目的借方归集，待公共配套设施竣工时，再从其贷方结转记入“开发成本——房屋开发”科目的借方。

② 若公共配套设施与商品房没有同步建设，即商品房已建成出售，而配套设施尚在建设之中，未全部完成。为了及时结转已完成的商品房成本，对应负担的配套设施费，按规定报批后可预先计入商品房成本。待公共配套设施完工后，按配套设施工程的实际支出数，冲销已预提的配套设施费，并调整有关成本核算对象的成本。

房屋开发项目应负担的开发间接费用，平时通过“开发间接费用”科目归集，期末结转记入“开发成本——房屋开发”科目的“开发间接费用”成本项目。结转完工商品等开发产品成本时，贷记“开发成本——房屋开发”科目，借记“开发产品”科目。期末“开发成本——房屋开发”科目的余额，表示正在开发的房屋的成本。

15.4.4 共同分配成本的归集、分配和结转

企业内部独立核算单位为开发各种开发产品而发生的各项间接费用，应先通过“开发间接费用”科目进行核算，每月终了，按一定标准分配计入各有关开发产品成本。应由房屋开发成本负担的开发间接费用，应自“开发间接费用”科目的贷方转入“开发成本——房屋开发成本”科目的借方，并记入有关房屋开发成本核算对象的“开发间接费”成本项目。

共同分配成本应按受益的原则和配比的原则分配至各成本核算对象，具体分配方法有以下 4 种。

（1）占地面积法

占地面积法是指按已动工开发的成本核算对象的占地面积占开发用地总面积的比例进行分配的方法。

① 一次性开发的，按某一成本核算对象占地面积占全部成本核算对象占地总面积的比例进行分配。

② 分期开发的，首先按本期全部成本核算对象占地面积占开发用地总面积的比例进行分配，然后再按某一成本核算对象占地面积占期内全部成本核算对象占地总面积的比例进行分配。期内全部成本核算对象应负担的占地面积，为期内开发用地占地面积减除应由各期成本核算对象共同负担的占地面积。

（2）建筑面积法

建筑面积法是指按已动工开发成本核算对象的建筑面积占开发用地总建筑面积的比例进行分配的方法。

① 一次性开发的，按某一成本核算对象建筑面积占全部成本核算对象建筑面积的比例进行分配。

② 分期开发的，首先按期内成本核算对象建筑面积占开发用地计划建筑面积的比例进行分配，然后再按某一成本核算对象建筑面积占期内成本核算对象总建筑面积的比例进行分配。

（3）直接成本法

直接成本法是指按期内某一成本核算对象的直接开发成本占期内全部成本核算对象直接开发成本的比例进行分配的方法。

（4）预算造价法

预算造价法是指按期内某一成本核算对象预算造价占期内全部成本核算对象预算造价的比例进行分配的方法。

15.5 房地产企业成本核算案例

明光房地产开发公司于 2×19 年 5 月在玫瑰园开发一块土地，占地面积 50 000 平方米。开发完成后准备将其中的 40 000 平方米对外转让，其余的 10 000 平方米企业自行开发商品房。9 月末，玫瑰园土地开发工程完工。假设“开发成本——土地开发（玫瑰园）”科目归集的开发总成本为 40 700 000 元，则单位土地开发成本为 1 017.5 元 / 平方米。其中自用的 10 000 平方米土地尚未投入使用，其余 40 000 平方米土地已全部转让，月终结转本块土地的开发成本。自用的 10 000 平方米土地在开发完成后立即投入房屋开发工程的建设。（假设相关款项均通过银行存款支付）

所编制的会计分录如下。

① 支付土地出让金 30 000 000 元，编制如下会计分录。

借：开发成本——玫瑰园（土地征用及拆迁费）　　30 000 000

　　贷：银行存款　　30 000 000

② 支付拆迁补偿费 3 500 000 元，编制如下会计分录。

借：开发成本——玫瑰园（土地征用及拆迁费）　　3 500 000

　　贷：银行存款　　3 500 000

③ 支付勘察设计费 200 000 元，编制如下会计分录。

借：开发成本——玫瑰园（前期工程费）　　200 000

　　贷：银行存款　　200 000

④ 支付土石方费用 5 500 000 元，编制如下会计分录。

借：开发成本——土地玫瑰园（前期工程费）　　5 500 000

　　贷：银行存款　　5 500 000

⑤ 由某施工企业承包的地下管道安装工程已竣工，应支付价款 1 500 000 元，编制如下会计分录。

借：开发成本——玫瑰园（基础设施费）　　1 500 000

贷：应付账款——× 施工企业　　1 500 000

借：开发产品——土地玫瑰园　　8 140 000

主营业务成本——土地转让成本　　32 560 000

贷：开发成本——土地开发——玫瑰园　　40 700 000

⑥针对自用土地，企业可采用下面两种方法结转土地开发成本。

a. 采用归类集中结转法结转土地成本，编制如下会计分录。

借：开发产品——玫瑰园（土地征用及拆迁费）　　6 700 000

——玫瑰园（基础设施费）　　1 440 000

贷：开发成本——玫瑰园（土地征用及拆迁费）　　6 700 000

——玫瑰园（前期工程费）　　1 140 000

——玫瑰园（基础设施费）　　300 000

b. 采用分项平行结转法结转土地成本，编制如下会计分录。

借：开发产品——玫瑰园（土地征用及拆迁费）　　6 700 000

——玫瑰园（前期工程费）　　1 140 000

——玫瑰园（基础设施费）　　300 000

贷：开发成本——玫瑰园（土地征用及拆迁费）　　6 700 000

——玫瑰园（前期工程费）　　1 140 000

——玫瑰园（基础设施费）　　300 000

第 16 章 钢铁业企业成本会计核算

16.1 钢铁业企业成本核算概述

16.1.1 钢铁业的特征

钢铁业是指生产生铁、钢、钢材、工业纯铁和铁合金的工业，是国民经济的基础工业之一。钢产量是评价一个经济体工业化水平和经济实力的重要标准之一。钢铁业是以从事黑色金属矿物采选和黑色金属冶炼加工等工业生产活动为主的工业行业。钢铁业与基础性行业的共生性强，受经济周期波动的影响大，规模经济效应明显和外部不经济等是其显著特征。钢铁业与固定资产投资、房地产投资、机械工业、交通运输业等行业的关联度较大，这些行业的发展或衰退也直接影响着钢铁业的兴衰。钢铁业也具有顺周期性——经济繁荣期钢铁产品的需求量增加，经济衰退期钢铁业形势也会整体下滑。钢铁业集聚性的生产工艺使得大型化、规模化、专业化成为其主要发展方向。钢铁业的产品具有以下特征：原材料品种少、产成品品种多，联产品和副产品丰富；原材料成本和燃料消耗成本是产品生产的主要成本，对物料的控制成为生产过程中的重要工作；一道工序的完成质量往往影响到下一道工序产成品的质量，因此需要有较高的批次管理要求。

16.1.2 钢铁业企业成本核算特征

钢铁产品成本核算的基本步骤一般包括 4 步：确定合理的成本核算对象；依据企业实际需要，设置合适的成本中心；以成本中心为基础，对成本费用进行归集；对成本费用进行分配和结转，形成成本计算单。

钢铁业生产的一大特点在于成本随着生产过程的不断加深而逐步累积，成本消耗主要以直接材料、直接人工、制造费用等形式进入产品成本，生产过程中的在产品又是下一步生产所需的原料。钢铁业成本核算的具体特征总结为以下 4 点。

① 流程型生产和离散型生产相结合，成本核算复杂。冶炼、铸造等流程型生产和轧制、加工等离散型生产都是钢铁生产的主要组成部分。同时，原材料、在产品、产成品等多种产品并存，成本核算工作繁复。

② 原材料成本在产品成本中的比重颇大。无论是冶炼还是加工生产过程，原材料成本均占整个生产成本的 70% 以上，而直接人工和制造费用等占整个生产成本的 30% 不到。

③ 生产流向相互交织，逆生产流向引起的成本追溯时有发生。钢铁业一般的生产流程是从钢锭到钢坯再到钢材，然而由于钢铁生产工艺复杂、质量控制严格，经常有回炉、合炉等情况的发生，导致成本追溯相对困难。

④ 在产品种类繁多，库存变化频繁，成本核算难度大。从钢坯、钢锭到钢材、钢板，生产过程中存在各种形式的在产品，这些在产品又为企业的进一步生产提供支持。但是针对不同的生产工序，不同的在产品所做出的成本贡献不同，而且在产品的成本又在不断变化，致使成本核算难度加大。

16.2 钢铁业企业成本核算对象

钢铁企业（以下简称“钢铁企业）在确认成本核算对象时，一般以生产工序为基础，以相应工序的产出产品为核算对象。钢铁企业的生产工序一般由炼焦工序、烧结球团工序、炼铁工序、炼钢工序、轧钢工序、辅助工序 6 道工序组成。

16.2.1 炼焦工序

炼焦工序是指焦煤在一定条件下产生焦炭、焦炉煤气等产品的工艺过程。焦炭是高炉炼铁的燃料和还原剂，焦炉煤气是平炉和加热炉的气体燃料，因而炼焦是钢铁业的一个重要环节。在炼焦过程中，焦炭、焦炉、煤气和其他化学产品等都是这一工序的产品。在钢铁企业的成本核算中，焦炭一般是一项重要的成本核算对象。

16.2.2 烧结球团工序

烧结是把粉状物转变为致密体的工艺过程。这个过程要求高温条件，一般要在矿粉中掺入煤粉、焦粉及石灰等，混匀后在烧结机上点火燃烧，最终使矿粉成为块状，形成烧结矿。球团是指将粉状矿通过黏结、干燥、焙烧形成球团矿的工艺过程，固结而成的球团矿具有一定强度和冶金性能。烧结矿和球团矿作为含铁原料，是钢铁生产中所需的重要材料。

16.2.3 炼铁工序

炼铁工序是指通过冶炼将上述烧结矿与球团矿中的铁金属提炼出来的过程。这一工序产生的产品主要有炼钢生铁和铸造生铁。炼钢生铁和铸造生铁不仅是这一工序的成本核算对象，也是钢铁企业进行下一步生产的基础产品。

16.2.4 炼钢工序

炼钢工序是指通过一定工艺的熔炼将生铁转化为钢的过程。这一工序的主要产品包括连铸钢坯和模铸钢锭。

16.2.5 轧钢工序

轧钢工序是指通过压力加工的方式将钢坯和钢锭加工成一定形状的过程。这一工序的目的不仅在于使钢材变为一定的形状，而且在于改变钢材的内部质量。经过这一工序，钢铁生产企业就可以得到汽车板、管线钢、螺纹钢、钢筋等钢材产品。

16.2.6 辅助工序

辅助工序一般是指在钢材生产过程中不直接生产钢材，但对钢材生产起到辅助作用的生产工序，如耐火材料和冶金配件的生产等。在这一工序中，作为成本核算对象的产品可以是自制耐火材料、自制冶金配件和备品备件、燃料和动力，以及内部运输、检修劳务等。

16.3 产品成本核算项目和范围

16.3.1 钢铁业企业成本核算项目

钢铁企业成本核算所用的成本项目与一般生产性企业成本核算所用的成本项目基本类同，主要分为以下 5 类。

① 原料及主要材料，是指直接投入的构成主要产品实体的原材料及主要材料。对于钢铁企业来说，主要包括铁矿石、铁水、生铁块、铁合金、钢锭、钢坯等和作为再加工原料的热轧材、锌、锡、有机涂料等。

② 辅助材料，是指不能直接形成产品实体，但对产品形成起到帮助作用的材料。这些辅助材料主要包括耐火材料、熔剂、酸碱类、油脂类产品等。

③ 燃料和动力，是指生产过程中耗费的、成本归属对象明确的、一次性耗费受益的燃料和动力，主要包括钢铁生产中所消耗的外购或自制的煤炭及焦炭和助燃材料，以及水、电、风、压缩空气等动力。

④ 直接人工，是指直接从事产品生产人员的各种形式的报酬及各项附加费用，主要包括职工基本工资及各项津贴、职工福利费、工会经费、教育费附加、“五险一金”等。

⑤ 制造费用，是指以成本中心为基础，为组织和管理生产所发生的各项间接费用，主要包括车间管理人员工资、折旧费、运输费、修理费等。

16.3.2 钢铁业企业成本核算范围

① 原料及主要材料费，是指为生产产品所耗费的原料及主要材料的费用，主要包括生产钢材所需铁矿石和其他金属等材料所需的费用。

② 辅助材料费，是指为生产产品投入的辅助材料的费用，主要包括为辅助钢材生产投入的，起到耐火、熔解等作用的物料的费用。

③ 燃料和动力费，是指为生产产品而消耗的燃料和动力的费用，主要包括煤炭、焦炭、助燃剂，以及生产过程中产生的水、电、气等费用。

④ 人工费，是指向直接参与产品生产的职工提供的薪酬等，主要包括职工薪酬及各项津贴、福利费、工会经费、职工教育经费、社会保险费、住房公积金、商业人身险、其他

劳动保险及劳务费等。

⑤ 折旧费，是指为生产产品使用的机器设备、生产车间等计提的折旧。

⑥ 运输费，是指为生产产品提供运输服务发生的费用。

⑦ 维护及修理费，是指为使得产品生产能够正常运行，保证机器设备的生产能力水平，对机器设备和相关设施进行维护、修理所发生的费用，主要包括材料费、修理工时费、备品备件费等。

⑧ 财产保险费，是指为使产品生产能够顺利进行、能有效管理生产过程，企业向社会保险机构或其他机构投保的各项财产所支付的保险费用。

⑨ 办公费，是指为产品生产与管理专门发生的文具费、通信费、印刷费等办公性费用。

⑩ 差旅费，是指与产品生产与管理相关的，职工因公出差所发生的住宿费、交通费、出差补助等。

⑪ 会议费，是指为对产品生产进行监督管理，召开或参加会议所发生的费用。

⑫ 外委业务费，是指在产品生产过程中，委托外部单位提供服务发生的费用。

⑬ 低值易耗品摊销，是指为组织产品生产管理，耗用的不能作为固定资产的各种用具及物品的摊销。

⑭ 租赁费，是指为组织产品生产管理租入的各种资产，按照合同或协议的约定支付给出租方的租赁费用。

⑮ 机物料消耗，是指在产品生产过程中耗用的未作为原材料、辅助材料或低值易耗品管理使用的一般性材料支出。

⑯ 劳动保护费，是指为生产产品向职工提供劳动保护、防护等发生的费用。

⑰ 排污费，是指为生产产品负担的排污机构处理废气、废水、废渣等所发生的费用。

⑱ 信息系统维护费，是指为组织产品生产管理，在计算机信息系统建设完成后所发生的运行维护费用。

⑲ 其他费用，是指不能列入以上各项成本费用要素的费用。

16.4 产品成本的归集、分配和结转

16.4.1 材料成本的归集、分配和结转

根据钢铁企业生产工序连续生产、顺序加工的特点，其产品成本核算一般采用逐步结转分步法。基本生产工序的产品成本，按照向下游工序的实际运送量和实际成本，分步结转为下游工序在产品、半成品和产品的原料及主要材料。

钢铁企业的材料成本一般是指为了产出最终产品而消耗的原材料的成本。钢铁企业生产产品使用的原料及主要材料按照实际成本进行核算，可以根据具体的实物流转方式，采用加权平均法等方法结转原料及主要材料成本。

对于一种材料同时被几种钢铁产品共同耗用的情况，钢铁企业需要采取合适的方法将材料成本合理地分配到各个产品成本中。钢铁企业可以采取产品产量比例分配法等方法将材料费用在各产品之间进行分配。

16.4.2 人工成本的归集、分配和结转

直接从事产品生产人员的人工成本，直接计入基本（辅助）工序生产成本。企业车间组织和管理人员的人工成本计入制造费用，企业管理人员的人工成本则应计入管理费用。当直接从事产品生产的人员生产多种产品时，其人工成本要在各产品之间进行分配。

16.4.3 制造费用的归集、分配和结转

为组织和管理产品生产而发生的各项间接费用，计入制造费用。制造费用一般包括间接生产费用、未设专门成本项目的直接生产费用、车间发生的用于组织和管理生产的费用等。

每道工序（即成本中心）发生的制造费用在按照费用要素归集后，月末全部分配转入成本核算对象的生产成本。钢铁企业可以根据实际情况，选择以生产工人工时、机器工时、耗用原材料的数量或成本、产品产量等为基础对制造费用进行分配。生产工人工时分配法下按照各产品所实际消耗的工人工时的比例对制造费用进行分配；机器工时分配法下，按照各产品所用机器设备时间的比例分配制造费用。企业依据自身情况选择分配方法，分配方法一经确定，不得随意变更。

16.4.4 其他费用的归集、分配和结转

1. 含有联产品工序的成本核算

在炼焦工序中，产出品包括全焦、焦油、煤气等。对于焦油、煤气等联产品，钢铁企业一般采用“系数法”在钢铁产品和伴生（共生）金属产品中进行成本分配。“系数法”计算方法如下。

某产品成本积数＝某产品成本系数 × 产品产量

某产品总成本＝某产品成本积数 ÷ 全部产品成本积数之和 × 全部商品产品总成本

某产品单位成本＝某产品总成本 ÷ 某产品总产量

联产品系数，一般以产品生产工艺流程、产品结构、产品收率和市场价值为基础，采用经济比值法等方法进行确定。联产品系数的确定方法一经确定，不得随意改变。期末，将产成品成本按照产品品种进行结转。

2. 成本核算的其他事项

钢铁企业按照标准成本、计划成本、模拟市场价等非实际成本结转产成品成本的，应在每月末汇总实际成本与非实际成本的差异，将差异按受益原则分配至各工序的相应成本项目。

副产品是指钢铁企业在同一生产过程中，使用同种原料，在生产主产品的同时附带生

产出来的非主要产品。副产品成本一般采用可变现净值、固定价格等方法确定，并从主产品成本中扣除。

停工损失是指钢铁企业在停工期间发生的各种费用支出。季节性停工、修理期间的正常停工费用在钢铁产品成本核算范围内的，应当计入钢铁产品成本；非正常停工费用应当计入企业当期损益。

16.5 钢铁业企业成本核算案例

16.5.1 企业概况

A 钢铁企业（以下简称“A 企业”）是大批量、多步骤生产的钢铁股份有限公司，其主要生产产品为带钢、线材等钢产品，其生产过程主要由炼焦、烧结、炼铁、炼钢、轧钢 5 部分组成，这 5 个生产步骤分别由炼焦部门、选烧部门、炼铁部门、炼钢部门、轧钢部门独立完成。

16.5.2 企业成本核算方法选择

A 企业的生产流程较长，以铁矿石为原料，要经过炼铁、炼钢、轧钢等工序才能形成最终产品，各道工序半成品成本要在各工序之间进行结转，大批量、连续性生产方式加上半成品也可以作为产品销售的特点使得逐步结转分配法成为 A 企业成本核算方法的最佳选择。而针对每个独立的生产部门，每一道工序的生产产品都可以作为独立的生产对象，基于这样的考虑，A 企业也综合运用了品种法和分类法进行成本核算。

16.5.3 分部门的成本核算

1. 炼焦部门的成本核算

对于炼焦部门而言，其主要生产产品为焦炭，同时在生产过程中也产生了焦炉煤气、焦油等产品，A 企业运用系数法对生产过程中的焦炭、焦炉煤气、焦油等产品的成本进行分配。A 企业通过对联产品产量和市场价格的综合考虑，确定了焦炭、焦炉煤气、焦油、粗苯、硫酸、硫铵的成本系数及其产量，如表 16–1 所示。

表 16–1 成本系数及产量明细表

产品名称	焦炭	焦炉煤气	焦油	粗苯	硫酸	硫铵
成本系数	1	0.2	0.1	0.05	0.05	0.05
年产量	100 万吨	4 万立方米	4 000 千克	1 000 千克	500 千克	500 千克

以焦炭为例，利用系数法可以求出生产焦炭的总成本。焦炭成本积数等于焦炭成本系数乘以产品产量，即 $1\times100=100$；焦炭总成本等于焦炭成本系数与总成本系数之比乘以部门总成本，即 $1\div(1+0.2+0.1+0.05+0.05+0.05)\times200\approx138$（万元）。依次

类推，确定其他联产品的成本。

2. 选烧部门的成本核算

选烧部门的主要生产产品为烧结矿和球团矿，两种产品的共同耗费需要在烧结矿和球团矿之间进行分配，A 企业选烧部门将烧结矿和球团矿作为成本核算对象，并设置“生产成本——基本生产成本”“生产成本——辅助生产成本”制造费用”等科目进行成本核算。

（1）直接材料成本的归集和分配

共同耗用材料成本汇总表如表 16–2 所示。

表 16–2 共同耗用材料成本汇总表

项目	耗用（万元）	所占比例
铁料	3 578.5	68.11%
熔剂	1 675.5	31.89%
合计	5 254	100%

共同耗用单位材料成本定额表如表 16–3 所示。

表 16–3 共同耗用单位材料成本定额表

单位：万元 / 吨

项目	烧结矿	球团矿
铁料	1.5	2
熔剂	0.5	0.75
合计	2	2.75

选烧部门共得到烧结矿 300 吨和球团矿 450 吨，直接材料成本的分配如下。

烧结矿的定额费用＝ 2 × 300 ＝ 600（万元）

球团矿的定额费用＝ 2.75 × 450 ＝ 1 237.5（万元）

材料成本分配率＝ 5 254 ÷（600 ＋ 1 237.5）≈ 2.859 3

烧结矿应分配的材料成本＝ 600 × 2.859 3 ＝ 1 715.58（万元）

球团矿应分配的材料成本＝ 1 237.5 × 2.859 3 ＝ 3 538.38（万元）

（2）直接人工成本的归集和分配

选烧部门工人每天工作 8 小时，每月工作 28 天，共有烧结工人 200 人，球团工人 300 人，工人工资总额为 112 万元。直接人工成本的分配计算如下。

人工成本分配率＝ 1 120 000 ÷（8 × 28 × 500）＝ 10

烧结矿应分配的直接人工成本＝ 10 × 200 × 28 × 8 ＝ 448 000（元）

球团矿应分配的直接人工成本＝ 10 × 300 × 28 × 8 ＝ 672 000（元）

（3）辅助生产费用的归集和分配

选烧部门共有维修车间和机运车间两个辅助生产部门，维修车间领用原材料 100 万元，管理人员工资 5 万元，其他费用 15 万元；机运车间领用原材料 20 万元，管理人员工资 2 万元，其他费用 13 万元。

维修车间提供的劳务量为 50 小时，机运车间提供的劳务量为 100 吨 / 千米。采用交互分配法对辅助生产成本进行分配，各车间劳务的交互分配率计算如下。

维修车间交互分配率＝ 120 ÷ 50 ＝ 2.4

机运车间交互分配率＝ 35 ÷ 100 ＝ 0.35

辅助生产费用分配表如表 16–4 所示。

表 16–4　辅助生产费用分配表

金额单位：万元

项目		维修车间			机运车间			合计
		劳务量（小时）	单位成本	分配金额	劳务量（吨 / 千米）	单位成本	分配金额	
待分配费用		50	2.4	120	100	0.35	35	155
交互分配	辅助生产——维修			34	–40		–14	20
	辅助生产——机运	–20		–48	20		7	–41
对外分配辅助生产费用		30	3.53	106	60	0.82	49	155
对外分配	基本生产——烧结	10		35.3	25		20.5	
	基本生产——球团	10		35.3	15		12.3	
	制造费用	5		17.65	10		8.2	
	管理费用	5		17.75	10		8	
	合计	30		106	60		49	155

（4）制造费用的归集和分配

A 企业选烧部门运用生产工时比例法对制造费用进行分配，选烧部门制造费用总额为 840 万元，其制造费用的分配计算如下。

制造费用分配率＝ 8 400 000 ÷（8 × 28 × 500）＝ 75

烧结矿应分配的制造费用＝ 75 × 200 × 8 × 28 ＝ 336（万元）

球团矿应分配的制造费用＝ 75 × 300 × 8 × 28 ＝ 504（万元）

（5）燃料和动力费的归集和分配

燃料和动力费为 112 000 元，按照生产工时比例法进行分配，烧结矿分配到的燃料和动力费为 44 800 元，球团矿分配到的燃料和动力费为 67 200 元。

（6）结转成本

对选烧部门的烧结矿产品而言，烧结机面积固定，期末停留在烧结机上的在产品数量较少，故无须对生产成本在完工产品和在产品之间进行分配。对球团矿产品而言，本期完工产品 1 000 吨，在产品 600 吨，平均完工程度为 50%。原材料在开始生产时一次性投入，其他费用按约当产量法确定。期初在产品及本期费用汇总表如表 16–5 所示。

表 16–5　期初在产品及本期费用汇总表

单位：万元

项目	期初在产品	本月耗用	合计
直接材料	14 000	58 000	72 000
直接人工	2 000	6 000	8 000
燃料和动力费	3 500	6 700	10 200
制造费用	5 800	11 000	16 800

① 直接材料成本在完工产品与在产品之间的分配计算如下。

直接材料成本分配率＝ 72 000 ÷（1 000 ＋ 600）＝ 45

完工产品直接材料成本＝ 1 000 × 45 ＝ 45 000（万元）

在产品直接材料成本＝ 600 × 45 ＝ 27 000（万元）

② 按照约当产量法，600 吨在产品按照 50% 的完工程度折合为在产品为 300 吨。直接人工成本在完工产品与在产品之间的分配计算如下。

直接人工成本分配率＝ 8 000 ÷（1 000 ＋ 300）≈ 6.1 538

完工产品直接人工成本＝ 1 000 × 6.1538 ＝ 6 153.8（万元）

在产品直接人工成本＝ 300 × 6.1538 ＝ 1 846.2（万元）

③ 燃料和动力费用在完工产品与在产品之间的分配计算如下。

燃料和动力费用分配率＝ 10 200 ÷（1 000 ＋ 300）≈ 7.8462（万元 / 吨）

完工产品燃料和动力费用＝ 1 000 × 7.8462 ＝ 7 846.2（万元）

在产品燃料和动力费用＝ 300 × 7.8462 ＝ 2 353.8（万元）

④ 制造费用在完工产品与在产品之间的分配计算如下。

制造费用分配率＝ 16 800 ÷（1 000 ＋ 300）≈ 12.9231

完工产品制造费用＝ 1 000 × 12.9231 ＝ 12 923.1（万元）

在产品制造费用＝ 300 × 12.9231 ＝ 3 876.9（万元）

球团矿的完工产品总成本＝ 45 000 ＋ 6 153.8 ＋ 7 846.2 ＋ 12 923.1 ＝ 71 923.1（万元）

球团矿的在产品总成本＝ 27 000 ＋ 1 846.2 ＋ 2 353.8 ＋ 3 876.9 ＝ 35 076.9（万元）

3. 炼铁部门的成本核算

A 企业炼铁部门的主要工作是把上一生产环节生产的铁矿石与适当熔剂送入高炉，投入燃料进行加热、还原、熔化、脱硫等加工工序，最终形成炼钢用铁和铸造铁。

炼铁部门主要产品是炼钢用铁和铸造铁，两种产品的共同耗费在两种产品中按比例分配，其维修车间与运输车间两个辅助生产车间所产生的辅助生产成本同样使用交互分配法进行分配。炼铁部门的成本核算与选烧部门的成本核算的不同在于，在炼铁过程中产生了中型炉回收净煤气和大高炉回收粗煤气等副产品。A 企业对副产品收入按照副产品实际回收量和公司计划出售价格在炼钢用铁和铸造铁之间进行分配，并将收入从炼钢用铁和铸造铁的燃料和动力费用中扣除。炼钢用铁和铸造铁的成本核算一般步骤与选烧部门的产品成本核算步骤类同，此处不再赘述。

A 企业在完成对直接材料、直接人工、制造费用等的归集和分配后，需要将副产品收入在炼钢用铁和铸造铁之间进行分配。这一生产工序中产生的副产品收入主要有煤气收入、压缩空气收入、水渣收入和 TRT 发电收入。副产品收入汇总表如表 16–6 所示。

表 16–6　副产品收入汇总表

项目	产量	单价（计划价格）	收入总额
煤气	3 000 000 立方米	0.5 元 / 立方米	1 500 000 元
压缩空气	100 000 立方米	0.2 元 / 立方米	20 000 元
水渣	1 000 吨	20 元 / 吨	20 000 元
TRT 发电	5 000 000 千瓦时	0.4 元 / 千瓦时	2 000 000 元

炼铁部门本期生产炼钢用铁 30 万吨，生产铸造铁 10 万吨，副产品收入要冲减炼钢用铁和铸造铁的燃料和动力费用。副产品收入分配冲减表如表 16–7 所示。

表 16–7　副产品收入分配冲减表

项目	产量	比例	分配额
炼钢用铁	30 万吨	75%	265.5 万元
铸造铁	10 万吨	25%	88.5 万元

除了对副产品收入进行冲减的处理不同于选烧部门，其余成本核算流程与选烧部门的成本核算流程基本一致。

4. 炼钢部门的成本核算

炼钢过程是指通过氧化反应将生铁中的杂质除去，熔炼出钢铁。炼钢部门的主要生产原料为上一生产部门生产的炼钢用铁和铸造铁。其主要生产车间是连铸车间和模铸车间，配有供水车间和供电车间两个辅助生产车间。炼钢部门的生产成本和制造费用在连铸车间和模铸车间之间按产量比例进行分配，其生产成本按品种法进行核算，具体成本核算方法和程序如表 16–8 所示。

表 16–8 炼钢部门成本核算方法和程序

项目	内容
成本核算对象	连铸钢坯、模铸钢锭
成本核算方法	品种法
核算科目设置	基本生产成本、辅助生产成本、制造费用等
成本项目设置	原材料、辅助材料、直接人工、燃料及动力、制造费用等
辅助生产成本分配	交互分配法
制造费用分配	直接转入“制造费用”科目
在产品与产成品成本的分配	约当产量法
副产品收入回收	废钢收入按 A 企业计划价格计价，以生产量为基础分配，冲减原材料成本；回收转炉煤气按 A 企业计划价格计价，按生产量比例进行分配，冲减燃料和动力费用

5. 轧钢部门的成本核算

轧钢部门的主要生产产品为带钢和螺纹钢，分别由带钢车间和螺纹钢车间进行生产。带钢产品主要有 3.5 毫米 ×145 毫米、4 毫米 ×165 毫米、4.5 毫米 ×195 毫米 3 种规格，螺纹钢产品有 ϕ12、ϕ14、ϕ16 三种规格，故轧钢部门的成本核算适合采用品种法。A 企业轧钢部门生产的带钢产品的具体成本核算如下。

A 企业带钢产品的直接材料成本按照各产品的原材料系数进行分配，原材料系数按直接材料定额成本确定；直接人工按各产品定额工时系数分配。带钢产品中以 3.5 毫米 ×145 毫米规格产品为标准产品。单位产品直接材料消耗定额和计划单价如表 16–9 所示。

表 16–9 单位产品直接材料消耗定额和计划单价表

产品类别	产品规格（毫米 × 毫米）	直接材料名称	消耗定额（千克）	计划单价（元）
带钢产品	3.5 × 145	钢坯 1 号	90	1
		钢坯 2 号	50	1.4
		钢锭 1 号	20	1.5
	4 × 165	钢坯 1 号	75	1
		钢坯 2 号	40	1.4
		钢锭 1 号	22	1.5
	4.5 × 195	钢坯 1 号	69	1
		钢坯 2 号	60	1.4
		钢锭 1 号	50	1.5

产量和工时定额如表 16–10 所示。

表 16-10 产量和定额工时

产品类别	产品规格（毫米 × 毫米）	产量（吨）	单位产品工时定额
甲类	3.5×145	500	110
	4×165	400	165
	4.5×195	120	154

带钢产品成本计算单如表 16-11 所示。

表 16-11 带钢产品成本计算单

项目	直接材料	直接人工	制造费用	合计
在产品成本	3 140	2 850	5 380	11 370
本月发生成本	403 080	119 330	107 007	629 417
合计	406 220	122 180	112 387	640 787
完工产品成本	391 560	119 192	107 780	618 532
在产品成本	14 660	2 988	4 607	22 255

直接材料成本系数计算表如表 16-12 所示。

表 16-12 直接材料成本系数计算表

产品类别	产品规格直接材料名称	单位产品直接材料成本			直接材料成本系数	定额工时系数
		消耗定额（吨）	计划单价（元）	定额成本（元）		
带钢产品	3.5 毫米 ×145 毫米	90	1	90	1	1
	钢坯 2 号	50	1.4	70		
	钢锭 1 号	20	1.5	30		
	小计			190		
	4 毫米 ×165 毫米	75	1	75	171/190 = 0.9	165/110 = 1.5
	钢坯 2 号	45	1.4	63		
	钢锭 1 号	22	1.5	33		
	小计			171		
	4.5 毫米 ×195 毫米	69	1	69	228/190 = 1.2	154/110 = 1.4
	钢坯 2 号	60	1.4	84		
	钢锭 1 号	50	1.5	75		
	小计			228		

带钢完工产品成本计算表如表 16–13 所示。

表 16–13 带钢完工产品成本计算表

项目	产量（吨）	直接材料成本系数	直接材料成本总系数	定额工时系数	定额工时总系数	应分配的费用				单位成本（元）
						直接材料（元）	直接人工（元）	制造费用（元）	合计（元）	
1	2	3	4 = 2×3	5	6 = 2×5	7 = 4×分配率	8 = 6×分配率	9 = 6×分配率	10 = 7 + 8 + 9	11 = 10/2
分配率						390	94	85		
3.5 毫米 ×145 毫米	500	1	500	1	500	195 000	47 000	42 500	284 500	569
4 毫米 ×165 毫米	400	0.9	360	1.5	600	140 400	56 400	51 000	247 800	619.5
4.5 毫米 ×195 毫米	120	1.2	144	1.4	168	56 160	15 792	14 280	86 232	718.6
合计	—	—	1 004	—	1 268	391 560	119192	107 780	618 532	—

轧钢部门生产工序产生的精轧废料、毛边带、氧化皮等副产品收入处理与炼铁部门副产品收入处理类同，此处不再赘述。

下面以 A 企业的炼铁工序和炼钢工序为例，说明 A 企业在成本核算中综合结转分步法的应用。

炼铁部门生产出炼钢用铁，交由炼钢用铁仓库验收，炼钢部门按照所需炼钢用铁数量从仓库领用，所耗用炼钢用铁成本按照加权平均单位成本计算。炼铁部门和炼钢部门期末在产品均按照定额成本计价，本期成本核算有关资料如下。

期初在产品成本、本期成本费用发生额、期末在产品成本、本期产成品已经登记在各部门成本计算单中，期末结存半成品数量、期初结存半成品成本已经登记在半成品明细账中。

炼铁部门炼钢用铁产品成本计算单如表 16–14 所示。

表 16–14 炼铁部门炼钢用铁产品成本计算单

单位：元

项目	直接材料	直接人工	制造费用	合计
期初在产品成本	3 060	2 700	4 280	10 040
本期成本费用发生额	5 080	3 010	6 600	14 690

续表

表 16–14　炼铁部门炼钢用铁产品成本计算单

合计	8 140	5 710	10 880	24 730
本期产成品	5 040	3 110	6 480	14 630
期末在产品成本	3 100	2 600	4 400	10 100

将第一步骤半成品成本转入下一步骤的成本中，其成本计算单如表 16–15 所示。

表 16–15　炼钢部门带钢产品成本计算单

单位：元

项目	炼钢用铁（半成品）	直接人工	制造费用	合计
期初在产品成本	5 980	1 345	2 805	10 130
本期成本费用发生额		2 800	5 925	8 725
本期上一步转入费用	14 630			14 630
合计	20 610	4 145	8 730	33 485
本期产成品	14 220	2 900	6 015	23 135
期末在产品成本	6 390	1 245	2 715	10 350

如果炼钢部门的产品是整个生产过程的最终产品，那么可以将库存商品入库，编制如下会计分录。

借：库存商品——带钢　　　　23 135

　　贷：生产成本——基本生产成本（炼钢部门）　　　　23 135

在综合结转法下，是将上一步骤中，包括直接材料、直接人工、制造费用在内的综合半成品成本转入下一步骤的产品成本明细账，以致很难考察最终生产步骤中包含的直接材料、直接人工和制造费用各是多少。因此，为了呈现成本的真实构成情况，需要进行成本还原，如表 16–16 所示。

在炼铁与炼钢这一连续生产步骤中，成本还原的对象是炼钢工序中半成品的本期产成品，其成本为 14 220 元。成本还原就是将成本分解为直接材料、直接人工、制造费用等项目。其计算公式如下。

半成品成本还原分配率＝本期产成品所耗用上一步骤半成品成本 ÷ 本期上一步骤所产半成品成本总额

本步骤半成品成本项目还原费用＝本期上一步骤所产半成品成本总额 × 半成品成本还原分配率

还原后产品总成本＝半成品成本项目还原费用＋最后步骤完工产品成本中其他成本费用

对成本费用进行还原，其还原分配率计算如下。

成本还原分配率＝ 14 220 ÷ 14 630 ≈ 0.971 975

表 16–16 还原分配表

金额单位：元

项目	还原前产成品成本	本期产成品成本	产成品成本中半成品成本还原	还原后产成品成本
列次	1	2	3	4 ＝ 1 ＋ 3
成本还原分配率			0.971 975	
半成品	14 220		–14 220	0
直接材料		5 040	4 898.75	4 898.75
直接人工	2 900	3 110	3 022.84	5 922.84
制造费用	6 015	6 480	6 298.41	12 313.41
合计	23 135	14 630	0	23 135

第 17 章 交通运输业企业成本会计核算

17.1 交通运输业企业成本核算概述

17.1.1 交通运输业企业的特征

交通运输业企业（以下简称“交通运输企业”）具有以下特征。

① 交通运输企业的营运过程具有高度的流动性、分散性。除机场、港口、车站等场地相对固定外，交通运输企业的营运活动范围和空间十分广阔，流动方向分散。

② 交通运输企业的生产营运方式具有多样性和相互替代性。按交通运输企业的运输方式分为铁路运输、公路运输、水路运输、航空运输等类型，各种运输方式具有各自不同的优势和特点，同时彼此之间在某些情况下可以相互替代。

③ 交通运输企业的生产经营过程也是销售过程，生产和销售同时进行。运输业务的完成意味着旅客、货物的运输劳务已提供，企业的销售业务同时宣告完成；运输产品无法储存，无在产品，也无销售过程；取得劳务报酬在前，提供劳务服务在后。

④ 交通运输企业的生产经营过程仅消耗劳动资源。交通运输企业的营运生产过程不会改变劳动对象的属性和形态，不会产生新的实物形态的物质产品。交通运输企业以旅客、货物为劳动对象，其目的是达到劳动对象空间位置的移动，满足社会生产生活的交换、消费需要。在企业的生产营运过程中会发生劳动资源的消耗，如集装箱车辆、轮船、飞机等各种运输设备的损耗。

17.1.2 交通运输业企业成本核算特征

1. 成本核算对象多样化

交通运输企业的成本核算对象是其运输的各类业务，以及构成各类业务的具体项目，如公路运输企业是以旅客运输业务和货物运输业务作为成本核算对象，对公路旅客运输和货物运输进行运输成本的计算。相应地，其成本核算对象既可以是承接运输的各类业务及构成各类业务的具体业务项目，如运输业务、装卸业务、代理业务等，又可以是承担运输任务的各类运输工具及具体运行情况，如客运大巴、远洋货轮、集装箱卡车、运行线路、班次等。

2. 运输成本计算与产品制造成本计算基本相同

营运过程中发生的各项耗费先归集，然后再按照一定的方法分配计入各业务的营运成本。交通运输企业的成本费用由两部分构成，即运营成本和期间费用。

运营成本是指经营运输过程中实际发生的与营运直接相关的各项耗费，包括以下 3 方面内容。

① 直接参与营运业务的各类消耗性物料，如运输用燃油、润滑剂、备品配件、低值易耗品、材料、轮胎等。

② 直接从事营运业务人员的职工薪酬。

③ 营运过程中发生的间接营运费，如运输工具及固定资产的折旧费、修理费、租赁费、保险费、劳动保护费、季节性和修理期间的停工损失及事故净损失等。

交通运输企业的期间费用主要包括管理费用和财务费用。其基本内容除与制造企业相同部分外，还包括铁路线路绿化费、铁路线路灾害防护费、各种港口使用费（引水费、港务费、拖轮费、停泊费、代理费、理货费等）、公路运输管理费、路桥费、飞行训练费、乘客紧急救护费等。

3. 营运成本与应计入当期成本的耗费一致

交通运输企业的成本按月定期计算，并且生产经营与销售合二为一，无在产品，也没有储存环节，因此不存在运输成本与销售成本之分，实际发生的营运成本一般是当期应计入的成本，运输过程发生的各项实际消耗支出便构成当期的运营成本，可以据此直接计算成本，并于期末结转入当期损益。

4. 成本计量采用复合计量 单位

不同业务类别的交通运输企业由于运输工具、运输时间、运输距离的不同，在全面、综合反映运输成本时一般采用运输数量和距离相结合的复合计量单位进行成本计量，如吨千米（海里）、人千米（海里）及千人换算吨千米（海里）等。

17.2 交通运输业企业成本核算对象和科目设置

17.2.1 交通运输业企业成本核算对象

《企业产品成本核算制度（试行）》第二十八条规定：交通运输企业一般设置营运费用、运输工具固定费用与非营运期间费用等成本项目。

营运费用，是指企业在货物或旅客运输、装卸、堆存过程中发生的营运费用，包括货物费、港口费、起降及停机费、中转费、过桥过路费、燃料和动力、航次租船费、安全救生费、护航费、装卸整理费、堆存费等。铁路运输企业的营运费用还包括线路等相关设施的维护费等。

运输工具固定费用，是指运输工具的固定费用和共同费用等，包括检验检疫费、车船税、劳动保护费、固定资产折旧、租赁费、备件配件、保险费、驾驶及相关操作人员薪酬及其伙食费等。

非营运期间费用，是指受不可抗力制约或行业惯例等原因暂停营运期间发生的有关费用等。

17.2.2 交通运输业企业科目设置

1.“主营业务成本——运输支出”科目

该科目核算沿海、内河、远洋和汽车运输企业经营旅客运输、货物运输业务所发生的各项费用支出。

该科目一般按运输工具类型或单车、单船设置明细科目进行明细核算。如“货车运输支出”“客车运输支出”等，并按规定的成本项目进行明细核算。

2.“主营业务成本——装卸支出”科目

该科目核算海、河港口企业和汽车运输企业经营装卸业务所发生的各项费用支出。该科目一般按专业区域或按货种和规定的成本项目设置明细科目。

3.“辅助营运费用”科目

该科目核算运输、港口企业发生的辅助船舶费用和企业辅助生产部门生产产品和供应劳务所发生的辅助生产费用，包括工资、福利费支出、燃料、折旧费用、劳动保护费、事故损失及其他等。

该科目应按单船和辅助生产部门及其他成本核算对象设置明细科目，进行明细核算。

4.“营运间接费用”科目

该科目核算企业在营运过程中所发生的不能直接计入成本核算对象的各种间接费用，（但不包括企业管理费用），包括人事费用和营运费用两部分。

5.“其他业务成本”科目

该科目核算除营运业务以外的其他业务所发生的各项支出，包括相关的成本、费用、税金及附加等。

该科目应按其他业务的种类和规定的成本项目设置的明细科目进行明细核算。

17.3 产品成本的归集、分配和结转

17.3.1 直接成本的归集、分配和结转

企业所发生的原材料、职工薪酬等直接成本，能确定由某一成本核算对象负担的，应当按照所对应的产品成本项目类别，直接计入产品成本核算对象的生产成本；由几个成本核算对象共同负担的，应当选择合理的分配标准分配计入各成本核算对象的生产成本。企业应当根据生产经营特点，以正常生产能力水平为基础，按照资源耗费方式确定合理的分

配标准。企业应当按照权责发生制的原则，根据产品的生产特点和管理要求结转成本。

17.3.2 其他费用的归集、分配和结转

《企业产品成本核算制度（试行）》第四十五条规定：交通运输企业发生的营运费用，应当按照成本核算对象归集。交通运输企业发生的运输工具固定费用，能确定由某一成本核算对象负担的，应当直接计入成本核算对象的成本；由多个成本核算对象共同负担的，应当选择营运时间等符合经营特点的、科学合理的分配标准分配计入各成本核算对象的成本。交通运输企业发生的非营运期间费用，比照制造业季节性生产企业处理。

17.4 交通运输企业成本核算案例

泰丰公司向职工结算本月工资，其中应付职工工资总额 675 100 元，代扣个人所得税 13 800 元，代扣养老保险 58 200 元，代扣医疗保险 62 000 元，代扣失业保险 8 500 元，代扣住房公积金 70 885.5 元，实发工资 461 714.5 元，直接用银行存款将实发工资转入职工个人账户。对运输车辆按行驶里程计提折旧，其中客运车辆每 1 000 千米应提折旧额 350 元，货运车辆每 1 000 千米应提折旧额 420 元。本月客运车辆运行 1 150 000 千米，货运车辆运行 1 450 000 千米。此外，公司的其他固定资产按年限平均法计提折旧，月折旧率为 1.2%。修理车间固定资产原值 380 万元，车场固定资产原值 235 万元，管理部门固定资产原值 700 万元。

修理车间本月除发生上述工资薪酬、燃料费、折旧费外，还发生材料费 18 915 元，系从公司材料库领用；另发生水电费 17 800 元，办公费 2 400 元，均用银行存款支付。

车场本月除发生的上述职工薪酬、燃料费、折旧费外，还发生办公费 2 300 元，水电费 8 640 元，差旅费 1 800 元。上述费用，水电费已用银行存款支付，其他均用库存现金支付。同时，按照营运车日比例分配营运间接费用。本月车场发生营运间接费用 200 000 元，根据派车记录，本月客车营运 4 500 车日，货车营运 5 100 车日。

应编制如下会计分录。

借：应付职工薪酬——工资	675 100	
贷：应交税费——应交个人所得税		13 800
应付职工薪酬——社会保险（养老保险）		58 200
——社会保险（医疗保险）		62 000
——社会保险（失业保险）		8 500
——住房公积金		70 885.5
银行存款		461 714.5
借：运输支出——客运	402 500	
——货运	609 000	
贷：累计折旧		1 011 500

借：制造费用	45 600	
其他业务成本	28 200	
管理费用	84 000	
贷：累计折旧		157 800
借：辅助营运费用	39 115	
贷：原材料		18 915
银行存款		20 200
借：营运间接费用	12 740	
贷：银行存款		8 640
库存现金		4 100
借：运输支出——客运	93 750	
——货运	106 250	
贷：营运间接费用		200 000

第 18 章
文化业企业成本会计核算

18.1 文化业企业成本核算概述

18.1.1 文化业的特征

文化业即文化产业，其具有以下特征。

① 文化产业中的“文化”不是指一般的文化，也不是指精英文化，而是指大众文化和通俗文化。也就是说，文化产业提供的内容首先是要面向大众消费的。

② 文化产业强调“内容为王”，因而必须重视内容，包括节目、活动交流、创意和明星。

③ 文化产业是工业，是工业化的批量生产。因此，它是企业主导的市场行为，是要从消费需求来反向思考的产业。

④ 文化产业是由许多产业构成的，而不是一个单一产业。因此，它要求共享内容资源，并且打造产业链。文化产业更强调内在性的产业关联，也更需要通过产业链经营来实现规模效益和附加价值的提升。

⑤ 文化产业当中的各个行业之间存在竞争关系。比如，现在的新媒体和传统媒体之间存在着竞争关系，网络阅读可能冲击印刷媒体的阅读，产业之间的相互竞争不可避免。

⑥ 在知识经济的时代，文化产业将成为龙头性、驱动性的产业。其他产业和文化产业之间存在密切联系，文化产业可以推动制造业的结构升级，也可以拉动其他产业的消费。

18.1.2 文化业企业成本核算特征

文化业企业的成本核算特征如表 18–1 所示。

表 18–1　文化业企业成本核算特征

行业	成本核算特征
出版业	1．出版物提成差价。出版单位应在“存货跌价准备”科目下设置“出版物提成差价”明细科目，核算对图书、期刊、音像制品、电子出版物、投影片（含缩微制品）等的呆滞损失提取的呆滞损失准备。当出版物经批准报废时，可在出版物提成差价中列支 2．生产成本的核算。（1）编录经费是指按照合理的分配方法分配计入生产成本的、出版单位编录部门所发生的、无法直接计入某一种出版物成本的各项间接生产费用，如人员工资、办公费、编录用品等费用。编录经费中能直接确定为某种出版物费用的，直接计入其生产成本中；不能直接确定为某种出版物费用的，先按编录部门归集分摊，期末按总印张或总定价、总出版字数、盒数、总印数等一种方法或多种方法在当期完工产品中进行分配。（2）出版单位期末归集当期完工产品生产成本时（出版物已入库、已发货或已销售），按照权责发生制原则，根据合同、付印通知单、协议工价、市场材料价、稿酬计算标准等计算的应计入生产成本但尚未结算的款项，需要设置“应计生产成本”科目进行核算，并根据权责发生制原则，将应计入本期完工产品生产成本转入“生产成本”科目
发行业	1．发行业的库存商品可以按照进价核算，也可以按照码洋核算 2．关于出租商品的核算，发行企业需在“库存商品——出租商品”明细科目下，设置“出租商品售价／进价”（根据不同的核算方式）和“出租商品摊销”三级明细科目，进行明细核算 3．关于受托代销商品的核算，发行企业按照寄销方式接受外单位委托，代其销售出版物的，可根据发行企业是否承担受托代销商品所有权上主要风险和报酬的情形，分为“买断式”代销及“收取手续费”方式代销
报业	1．特殊项目：文化事业建设费、宣传文化发展专项资金或新闻出版发展基金、社会公益往来、采编费、记者站经费 2．增值税留抵税额的处理：由于图书、报纸、杂志适用的增值税税率为 9%，而纸张等原材料适用的增值税税率为 13%，应缴纳增值税的报纸发行收入只是报社总收入的一部分，导致销项税通常远小于进项税，所以“应交税费——应交增值税”科目长期为借方余额。此种情况下，就涉及该借方余额如何进行账务处理和在资产负债表中如何列报的问题
书刊、报纸印刷业	1．印刷：为统一印刷产品的计量单位，企业计算分类产品单位成本时，应采用实物产量，个别不便统计产量的特殊产品可用百元产值；计算分批产品的单位成本和几种单位成本时，应采用实物产量 2．音像电子出版物复制：复制企业生产过程中发生的各项生产费用，按照生产步骤进行归集，分别按成本项目设置专栏进行归集登记
电影制作业	1．合作摄制中收到的制片款的处理：应区分为联合摄制业务、受托摄制业务、委托摄制业务和协作摄制业务 4 种情况，不同情况下的处理方法有所区别 2．预售电影播映权的处理：企业在此类预售业务活动中已收到的预售款项，应先记入“预收账款”科目；待影片完成摄制并按合同约定提供给预付款人使用时，再将预售款项转作销售收入 3．制片资助款的核算：企业在影片的创作生产活动中，接受有关方面、企事业单位、社会团体、个人所提供的款项，以及给予指定影片专项资助的款项，应先作为负债，记入“制片资助款”科目，在结转入库时，将该款项转作影片库存成本的备抵，并在结转销售成本时予以冲抵 4．结转影片成本：企业结转影片成本时，应当遵循配比原则和谨慎性原则 5．电影行业播映权收入的确认（许可方）：来源于电影行业播映权（即电影在电影院上映和在电视上放映的许可）的收入，应根据会计准则所确立的关于收入确认的一般原则予以确认
广播电视业	1．成本的计量。播放许可权作为无形资产应当按照成本进行初始计量。当价款超过正常信用条件延期支付时，初始成本应以购买价款的现值为基础确定。播放许可权的后续计量，应采用“成本模式”，按其经济利益的预期实现方式（如按照节目播放的估计次数）进行摊销 2．收入的确认。企业向其顾客提供广告服务以换取该顾客向其提供广告服务，这样的易货交易只有在所交换的广告服务不相同或相似，而且符合收入确认条件时，才能确认收入

18.2 电影企业会计核算

18.2.1 电影制片、洗印企业会计核算

1. 电影制片、洗印企业定义

① 电影制片企业，指从事故事片（含艺术片、舞台片、戏剧片等）、纪录片（含风光旅游片等）、科教片（含杂志片）、美术片（含动画片、木偶片、剪纸片等）、译制片、专题片和其他电视剧片、广告片等各种影片生产的企业。

② 电影洗印企业，指专门从事影片的拷贝、播映带或其他载体物的冲印、制作、加工、字幕印制等生产活动的企业。

母公司、制片企业内部专门从事影片洗印生产业务的后期制作部门、车间等，应视同电影洗印企业进行有关会计核算。

2. 会计科目的补充及使用说明

（1）制片备用金

① 本科目核算企业摄制组为影片拍摄所需的差旅费、劳务费、零星采购等开支，经批准而预支的备用金。本科目可按影片的片名设置明细科目，进行明细核算。

经核准拨付给企业内各管理部门、材料和物资采购部门等定额周转用的备用金，以及非电影拍摄所需而短期临时借用的备用金，应通过“其他应收款——备用金”科目核算。

② 经批准拨付制片备用金时，按领用金额，借记本科目，贷记“库存现金”“银行存款”等科目。经审核后批准报销时，按核准的应报销金额，借记“生产成本”科目，贷记本科目。应报销金额大于已领用金额需补足差额的，按应补差额，借记本科目，贷记“库存现金”“银行存款”科目；应报销金额小于已领用制片备用金需收回差额时，按收回差额，借记“库存现金”“银行存款”科目，贷记本科目。

③ 对已经查明原因和处理后确实无法收回的制片备用金，属于摄制组管理和当事人的过失造成的，在减去过失人等赔款后，借记“生产成本”科目，贷记本科目；属于自然灾害等非人为过失造成的，借记“营业外支出——非常损失”科目，贷记本科目。

④ 本科目期末借方余额，反映企业尚未收回的制片备用金款。

（2）预付制片款

① 本科目核算企业在委托和联合摄制业务中，按照合同规定预付给代为制作并负责成本核算的受托方的款项。本科目应当按合作摄制的影片的片名设置明细科目，进行明细核算。

② 企业因委托或联合摄制而预付款项时，按预付金额，借记本科目，贷记“银行存款”科目。

③ 企业委托或联合摄制的影片制作完成时，按企业应承担的实际成本进行如下处理：

a. 影片已经审查通过并取得电影片公映许可证或电视剧发行许可证（以下简称“许可

证”）时，按企业应承担的实际成本，借记“库存商品”科目，贷记本科目。

b.影片尚未审查通过和取得发行、放（播）映许可证时，按企业应承担的实际成本，借记“生产成本”科目，贷记本科目，待审查通过并取得发行、放（播）映许可证时，再按其实际成本，借记“库存商品”科目，贷记“生产成本”科目。

④在委托或联合摄制影片业务中，由于合同变更、索赔、奖励等原因，发生企业应承担的实际成本大于初始预付制片款，需补付差额时，借记本科目，贷记“银行存款”科目；若企业应承担的实际成本小于初始预付制片款，在收回差额时，借记“银行存款”科目，贷记本科目。

⑤企业预付制片款项后，如因受托方破产或政策性调整等非常原因导致停拍且不能续拍时，应将已预付的拍片款项转入“其他应收款”科目，借记“其他应收款——预付制片款转入”科目，贷记本科目。

⑥本科目期末借方余额，反映企业因委托或联合摄制影片而实际预付给受托方的款项。

（3）影视剧本

①本科目核算企业计划提供拍摄电影或电视剧的文学剧本的实际成本。本科目应当按文学剧本的剧名设置明细科目，进行明细核算。

文学剧本的成本，包括剧本策划、组稿、创作过程中发生的原著版权费、剧本稿酬，编剧和编辑人员的工资、福利费、其他劳务补贴费，以及为组织剧本而发生的审稿费、退稿费、差旅费、办公费、印刷费等各项支出。

在企业下达投产通知或生产令，进入影片拍摄准备阶段后，导演和主创人员为编写、修改分镜头剧本所发生的各项费用，应直接记入“生产成本——剧本费及酬金”科目，不在本科目核算。

②发生文学剧本创作的各项成本、费用支出，或为取得其他单位或个人的剧本版权、使用权和改编权而支付转让费时，按实际支付的金额或合同规定应支付的金额，借记本科目，贷记“库存现金”“银行存款”或“应付账款”等科目。

③文学剧本定稿和审查通过，并按企业下达的投产通知或生产令投入影片拍摄使用时，按该投拍文学剧本的账面价值，借记“生产成本——剧本费及酬金”科目，贷记本科目。

④企业向其他单位或个人有偿转让文学剧本时，应按合同规定的转让价格，借记“银行存款”“应收账款”等科目，贷记“主营业务收入——影视剧本转让收入”科目；按被转让剧本的账面价值，借记“主营业务成本——影视剧本转让成本”科目，贷记本科目。

⑤文学剧本在定稿前因故废止、未获审查通过而作废以及已经审查通过已满3年仍未投拍的，应当进行报废处理，按其账面价值，借记“管理费用——剧本损失费”科目，贷记本科目。

⑥本科目期末借方余额，反映企业储备的或尚未定稿的文学剧本的实际成本。

（4）预收制片款

① 本科目核算企业在联合摄制、受托摄制、协作摄制等合作摄制业务中，按合同约定预收其他合作方应承担的摄制成本款项。本科目应当按合作摄制的影片的片名设置明细科目，进行明细核算。

② 企业在收到合作方预付的摄制成本款项时，按实际收到的金额，借记“银行存款”科目，贷记本科目。

③ 企业合作摄制业务的影片，在摄制完成并经审查通过取得发行、放（播）映许可证后，应及时向其他合作方出具该影片摄制成本、费用的结算凭据或报表，并据以办理有关转账和结算手续。

a. 企业联合摄制的影片，在按实际成本结转入库时，借记“库存商品”科目，贷记“生产成本”科目。同时，应按该片合作方应承担的成本金额，借记本科目，贷记“库存商品——成本备抵”科目。

b. 企业受托摄制的影片，采用差额收费办法的，在将影片提供给委托方时，按应收委托方拍片款金额，借记本科目，按实际发生的成本，贷记“生产成本”科目，按应确认的收入，贷记“主营业务收入”科目。采用收取固定承制费办法的，在将影片提供给委托方时，按应收委托方拍片款金额，借记本科目，按实际发生的成本，贷记“生产成本”科目；同时，按应确认的收入，借记“银行存款”或“应收账款”科目，贷记“主营业务收入”科目。

④ 本科目期末贷方余额，反映企业在合作拍片业务中，向拍片合作方或委托方预收的款项。期末如为借方余额，则反映应由付款方补付的款项。

（5）制片资助款

① 本科目归集和核算企业实际收到的有关方面、企事业单位、社会团体、个人无偿提供给指定影片的资助款项。

企业收到的未指定片目的资助款、按国家规定先征后返的增值税、国家财政扶持而直接给予企业的定额补贴、对重点制片基地的设备和技术改造的借款或资助，以及收到其他合作方应承担的合作拍片成本的款项，不在本科目核算。

② 本科目应当按照资助单位等设置明细科目，并按受资助影片的片名等进行归集和核算。

③ 企业接受以货币资金方式资助的，按实际收到的资助金额，借记“银行存款”科目，贷记本科目；企业接受以非货币方式资助的，应按照《企业会计制度》有关接受捐赠资产价值的规定确定其实际成本，借记“原材料”“低值易耗品”“库存商品”“固定资产”等有关科目，贷记本科目。

④ 企业在接受资助的影片摄制完成结转入库时，按该片发生的全部成本，借记“库存商品”科目，贷记“生产成本”科目；按该片接受资助款的金额，借记本科目，贷记“库存商品——成本备抵”科目。

⑤ 本科目期末贷方余额，反映企业已收到尚未结转的影片摄制成本资助款。

（6）库存商品

① 本科目下应补充设置“电影片”“电视片”“成本备抵”等明细科目，核算企业电影片、电影拷贝及其后产品、电视剧等各种产成品的实际成本。企业应当按影片的片名，以及各种产成品的名称等设置明细科目，进行明细核算。

② 企业库存商品的核算。

a. 企业自制的影片，在完成摄制入库时，按实际生产成本，借记本科目，贷记“生产成本”科目。

b. 企业以联合摄制或接受资助方式所摄制的影片，在完成摄制入库时，按实际生产成本，借记本科目，贷记“生产成本”科目。同时，按合作方应承担的出资额或接受资助的金额，借记“预收制片款”或“制片资助款”科目，贷记本科目（成本备抵）。

c. 企业以委托摄制或联合摄制方式，委托受托方进行制作和核算成本的影片，在完成摄制入库时，按企业应承担的实际成本，借记本科目，贷记“预付制片款”科目。

d. 企业其他影片产品的核算，按照《企业会计制度》中“库存商品”科目的使用说明，进行有关会计处理。

③ 企业在影片发行和销售时，按《电影制片、洗印企业会计核算办法》说明中有关影片销售成本的结转方法，进行结转。

a. 企业自制的影片，在结转销售成本时，按应结转的实际成本，借记“主营业务成本”科目，贷记本科目。

b. 企业接受资助和联合摄制的影片，在结转销售成本时，按影片应结转的实际成本扣除其成本备抵额后的差额，借记“主营业务成本”科目，按应结转成本备抵额，借记本科目（成本备抵），按应结转实际成本额，贷记本科目。

④ 已经审查通过和取得电影电视行政主管部门颁发的发行、放（播）映许可证，并已入库的影视片及其产品，如果发生补拍、修改、删剪、印制等情况而形成新的成本和费用时，应按实际发生额对该影片库存账面成本进行追加调整。

如果影片被禁止发行或放（播）映，企业应当将该影片进行报废处理。在报废处理时，按该影片实际库存的账面价值，借记“营业外支出——影视片损失”科目，贷记本科目。

若按禁止决定已进行报废处理的影片，又重新获准公开发行、放（播）映时，则企业应按正常发行、销售影片处理。

（7）生产成本

① 本科目核算企业在影片制片、译制、洗印等生产过程所发生的各项生产费用。

② 企业发生的各项生产费用，应按成本核算对象的名称和成本项目进行归集与分配。

a. 本科目按故事片的成本项目应当设置以下明细科目。

“剧本费及酬金”——用于归集摄制组所用文学剧本的成本，以及分镜头剧本等所发生的有关费用和酬金。

“基本人员工资及劳务”——用于归集摄制组支付给导演、翻译、摄影、制片、剧（场）务、录音、照明、置景、道具、服装、美术、化妆、烟火、剪接、会计（核算）等人员的工资、劳务费和酬金。

“演员劳务及酬金”——用于归集摄制组支付给主、配角演员，以及其他临时、群众、特技、替身、武打、舞蹈、配音等演员的工资、劳务费和酬金。

“临时协助人员费”——用于归集摄制组临时聘用的辅助工，以及向社会管理部门、场景提供单位临时外请协助人员所支付的各种津贴、报酬等。

“食宿费”——用于归集摄制组在拍片期间，为演职人员提供的伙食，或者按规定办法和标准发放伙食费补贴、津贴和防暑防寒所需饮料，以及住宿等费用。

“差旅费”——用于归集摄制组在拍片期间，演职人员因采景、体验生活、拍摄、送审等发生的各种交通、住宿、补贴等费用。

“胶片”——用于归集摄制组拍片耗用的彩色与黑白底片、正片、声片等各类胶片费用。

“磁片及磁带”——用于归集摄制组拍片及制作中耗用的各类磁片、磁带等费用。

“化妆费”——用于归集摄制组直接购买或领用所消耗的化妆用材料、用品、工器具，以及造型作业等发生的费用。

“服装费”——用于归集摄制组为拍片所需服装进行设计、加工、购置、租赁、损耗等发生的费用。

“道具费”——用于归集摄制组为拍片所需，进行道具设计、制作、加工、维修、购置、租赁、损耗等所发生的费用。

“布景费”——用于归集摄制组为拍片所需，进行布景和场景设计、搭置、加工、维修等所发生的各种费用。

“烟火枪械费”——用于归集摄制组为拍片所需耗用的烟火材料与弹药以及租赁、维修、赔偿枪械等所发生的费用。

“车辆运输费”——用于归集摄制组在拍片期间，因运输而发生的各种费用。

“场租费”——用于归集摄制组为拍片所需，租（借）用各种场所、场地所发生的各种费用。

“摄影费”——用于归集摄制组使用各类摄影专用的器材及消耗物品等所发生的各种费用。

“录音费”——用于归集摄制组在摄制期间使用的录音场地和录音用器材、设备、音频工作站、材料消耗物品等所发生的费用。

“剪接费”——用于归集摄制组使用各类剪接器材、设备、材料、视频工作站、胶转磁设备和消耗物品等所发生的费用。

“照明费”——用于归集摄制组在拍摄现场使用各类照明器材、设备、发电车、材料和消耗物品等所发生的费用。

“常规特技费”——用于归集摄制组拍摄常规特技（非计算机数码制作）镜头而使用的有关摄影器材、设备、材料（不包括胶片、磁片和特技烟火材料）、场棚和消耗物品等所发生的费用。

“数码特技费”——用于归集摄制组委托计算机数码制作单位加工影片数码特技镜头所支付的各种费用。

“音乐费”——用于归集摄制组为影片作词作曲、配制音乐，聘请乐队、指挥、独奏演员、歌唱演员，以及取得音乐作品使用权等所发生的费用。

“放映费”——用于归集摄制组因观摩学习和后期制作审查样片、双片、完成片放映所支付的放映费用。

“剧照费”——用于归集摄制组为拍片选景和制作剧照所耗用的照相器材、设备、胶卷，以及冲印、放扩照片所发生的费用。

“字幕费”——用于归集摄制组为所拍摄的影片加工、制作片头和片中字幕所发生的费用。

“洗印费”——用于归集摄制组为洗印彩色和黑白的底片、正片、声片、中间片等发生的各种洗印加工费用。

“军事费”——用于归集摄制组经申报批准，由军队、武警部队提供人员、武器、弹药、军车（舰、机）、军械、场地和器材设备等协助拍摄，按剧用军事预算所支付的费用。

“剧杂费”——用于归集摄制组在拍片期间，所发生的文具用品、资料打印和复印、邮电通信、书报杂志、学习观摩等各种费用。

“赔偿费”——用于归集摄制组因影片拍摄需要，导致所租用的场所、场地、设备、器材、服装、道具、物品等发生毁损或失灭，经协商支付的各种赔（补）偿费用。

“其他费用”——用于归集摄制组在拍片期间，所发生的不属于以上各明细科目核算的其他费用。

b. 译制片、纪录片、科教片、专题片的成本项目，企业可以结合自身片种的译、摄制业务特点，参照故事片成本项目选择确定。

c. 美术片的成本项目，企业除参照故事片成本项目进行选用外，可增加以下项目。

“外加工费”——用于归集摄制组委托外单位或个人进行部分动画片段、木偶等设计、绘制、制作、加工，按合同规定所支付的各种费用。

“绘制费”——用于归集动画、描线、上色、木偶和剪纸等制作（含计算机制作）车间等，为摄制组提供的各种劳务费用。

“辅助材料费”——用于归集摄制组在美术片摄制中，为制作人物、服装、道具、布景等，购入和耗用的纸张、颜料、布料、木料、五金零配件等所发生的各种费用。

d. 影片洗印的成本项目设置以下明细科目。

“工资及附加”——用于归集支付给直接从事印制影片及其拷贝生产人员的工资、加班工资和津贴、职工福利费等工资性附加的各种费用。

"胶片及磁带"——用于归集印制影片底片、正片、声片、发行拷贝等所耗用的各种彩色、黑白胶片，以及磁片、磁带等所发生的费用。

"药料"——用于归集影片印制生产中，耗用的各种化学药料所发生的费用（可采用分摊方法计入产品成本）。

"燃料及动力"——用于归集影片印制生产中，消耗的水、电和各种燃料、动力所发生的费用。

"制造费用"——用于归集影片印制生产中，消耗的清洁用具和物品、零配部件等各种辅助物料等，每月按规定分配方法计算后，转入应由产品成本承担的各种费用。

③ 企业发生各项生产费用的核算。

a. 制片企业，按发生的实际金额，借记本科目，贷记"库存现金""银行存款""应付职工薪酬""原材料""低值易耗品""制片备用金""影视剧本"等有关科目。

b. 洗印企业，按发生的实际金额，借记本科目（基本生产成本、辅助生产成本），贷记"库存现金""银行存款""应付职工薪酬""原材料""低值易耗品"等有关科目。

为影片洗印提供环保处理、水电动力、机械维修，以及化学药品、胶片供应等辅助生产车间或部门发生的直接费用，应当在本科目"辅助生产成本"明细科目核算后，再转入本科目"基本生产成本"明细科目。各辅助生产车间或部门，为基本生产车间、企业管理部门和其他部门提供的物品和劳务等，月度终了，按照一定的分配标准分配给各受益对象时，借记"生产成本——基本生产成本""管理费用""其他业务支出""在建工程"等科目，贷记本科目（辅助生产成本）。

c. 企业在影片拷贝（载体）销售过程中，所需的片箱、片盒、片夹、片轴、塑料（纸）袋等包装物，不应计入影片的生产成本中。随同影视片拷贝（载体）销售且不单独计价的包装物，按实际成本，借记"销售费用"科目，贷记"包装物"科目。企业单独计价出售的包装物，则应按收到的金额，借记"银行存款"科目，贷记"其他业务收入"科目。同时，按出售包装物的实际成本，借记"其他业务成本"科目，贷记"包装物"科目。

d. 企业在影片创作生产或影片拷贝洗印过程中，已经耗用和计入生产成本的胶片，以及从电影洗印废水（定影液）中电解而提取的白银等，其出售处理所回收的款项，可以采用直接或分摊方法冲减生产成本，借记"库存现金""银行存款"等科目，贷记本科目或本科目（辅助生产成本）。

④ 企业摄制完成并已取得许可证的影片，按实际成本结转入库。结转时，借记"库存商品"科目，贷记本科目。

⑤ 制片企业在影片投产开拍后，中途因故停拍且以后不再续拍，以及影片已经摄制完成，经审查后未通过的，须将该影片进行报废处理。经核准报废时，按其账面价值，借记"营业外支出——影视片损失"科目，贷记本科目。

⑥ 本科目所补充的明细科目期末借方余额，反映企业尚未完成影片的各种成本。

（8）主营业务收入

① 本科目下应补充设置“电影片收入”“电视片收入”“剧本转让收入”“拷贝洗印收入”“影视基地服务收入”“其他媒体业务收入”“音像制品收入”“影片后产品收入”等明细科目，用于核算企业在影片发行和销售、剧本转让、洗印加工、影视基地服务和其他与电影主业有关的业务中形成的收入。

“电影片收入”——核算企业在电影片发行和销售活动中取得的收入。

“电视片收入”——核算企业在电视片发行和销售活动中取得的收入。

“剧本转让收入”——核算企业在向外单位出售或有偿转让影视剧本中取得的收入。

“拷贝洗印收入”——核算企业在提供电影底片、正片、声片、发行拷贝印制、加工等经营和劳务活动中取得的收入。

“影视基地服务收入”——核算企业附属影视基地在提供器材、场地租赁或人员劳务服务等活动中取得的收入。

“其他媒体业务收入”——核算企业在电影频道和互联网络业务中，提供广告制作、插播，影片的收费点播和下载，以及接受其他网站链接等相关销售、服务活动中取得的收入。

“音像制品收入”——核算企业销售录像带、CD、VCD、DVD 等音像制品所取得的收入。

“影片后产品收入”——核算企业销售除音像制品外，与影片相关的电影形象产品等取得的收入。

② 企业主营业务收入的核算。

a. 符合确认条件的本期主营业务收入，应按实际收到或应收的金额，借记“银行存款”“应收账款”“应收票据”“预收账款”“待结算业务收入”等科目，贷记本科目。

b. 企业委托其他制作（代理）方销售的影片收入，应当根据受托（代理）方出具的有关结算凭据和清单，按应实现的收入，借记“银行存款”“应收账款”科目，贷记本科目；按应承担的销售费用，借记“销售费用”科目，贷记有关科目。

（9）主营业务成本

① 本科目下应补充设置“电影片成本”“电视片成本”“剧本转让成本”“拷贝洗印成本”“影视基地服务成本”“其他媒体业务成本”“音像制品成本”“影片后产品成本”等明细科目，用于核算企业在影片发行、剧本转让、洗印加工、影视基地服务和其他与电影主业有关的业务中发生的实际成本。

“电影片成本”——核算企业在电影片剧目、电影广告片等发行和销售活动中发生的实际成本。

“电视片成本”——核算企业在电视片剧目、电视广告片等发行和销售活动中发生的实际成本。

“剧本转让成本”——核算企业转让的影视剧本的实际成本。

"拷贝洗印成本"——核算企业在提供电影底片、正片、声片、发行拷贝印制、加工等经营和劳务活动中发生的实际成本。

"影视基地服务成本"——核算企业在提供影视基地服务中发生的实际成本。

"其他媒体业务成本"——核算企业在电影频道和互联网络业务中，提供广告制作、插播，影片的收费点播和下载，以及接受其他网站链接等销售、服务活动中发生的实际成本。

"音像制品成本"——核算企业因出售各种音像制品而发生的实际成本。

"影片后产品成本"——核算企业销售除音像制品外，与影片相关的电影形象产品等发生的实际成本。

② 期末，企业应当根据本月影片和其他产品的销售收入，以及提供影片制作、洗印、加工的各种劳务等的实际成本，计算出应结转的主营业务成本，借记本科目，贷记"待结算业务支出""库存商品""影视剧本""生产成本""劳务成本"等科目。

企业委托其他制片（代理）方销售的影片成本和销售费用，应当根据受托方出具的有关结算凭据或报表，按应实现的收入，借记"银行存款""应收账款"科目，贷记"主营业务收入"科目；按应承担的销售费用，借记"销售费用"科目，贷记有关科目；同时，按《电影制片、洗印企业会计核算办法》有关影片销售成本结转的规定，计算应结转的销售成本，借记本科目，贷记"库存商品"科目。

18.2.2 电影发行、放映企业会计核算

1. 电影发行、放映企业的定义

① 电影发行企业，指以分账、买断、代理等方式取得境内外影片的发行权，并在规定时期和范围内从事为放映企业或电视台等放（播）映单位提供影片的拷贝、播映带（硬盘、光碟）、网络传输等业务活动的企业。

② 电影放映企业，指拥有符合国家规定标准的电影放映设备和相应的放映场所，从事营业性电影放映业务的企业，包括采取向社会公众售票或包场方式进行电影放映的专业电影院、兼映的影剧院、文化宫（馆）以及对外开放的礼堂、俱乐部等单位。

2. 企业收入

电影发行、放映企业的收入主要是发行收入、放映收入，是企业的主营业务收入。

① 发行收入是指以影片发行权、放映权、播映权、网络传播权等为销售对象而取得的各种收入，包括分账收入、买断收入、片租收入、代理费收入、播映权转让收入、网络传播权转让收入等。

② 放映收入是指直接公开再现影片而取得的各种收入，包括影院票房收入以及其他直接以社会公众为受众的收入，不包括影片在电视、网络等媒介上的播映收入。

企业的广告收入、附设的"小商店"销售收入、出租场地收入等与电影没有直接关系的收入通过"其他业务收入"核算。

3. 结算方式

（1）结算方式的分类

企业与提供影片的制作方、发行权方及其他权利方（统称“供片方”）进行影片片款的结算方式有以下 4 种。

① 分账结算，指企业按合同、协议约定的比例，将影片发行、放映业务中取得的收入和发生的费用进行分配，与供片方共同分享和分担的结算方式。

② 片租结算，指企业按合同、协议约定的租价或定额，向供片方交付片款的结算方式。

③ 买断结算，指企业按合同、协议约定的价款，向供片方买取一定时期和范围内的影片发行权、放映权，取得的收入无须与他人分享的结算方式。包括以下两种交易结算方式。

a. 发行权交易结算，即企业仅买取影片的发行权、放映权，所需拷贝等载体由企业自行定制并承担费用的结算方式。

b. 单拷贝交易结算，即企业按包括发行权和放映权在内的单个电影拷贝计价，向供片方购买电影拷贝的结算方式。

④ 代理结算，指企业仅收取固定代理费，影片的收益和费用均由供片方享有和承担的结算方式。

（2）不同结算方式下的会计处理

① 企业以分账、片租及代理结算方式取得的片款或发生的支出，按合同、协议约定需与供片方进行分配或分担的，应先在“待结算业务收入”和“待结算业务支出”科目中归集，然后再按合同、协议的约定，在本企业与供片方之间进行结算。

发行企业应当依据放映企业提供的营业报表和每部影片结算单（简称“片结单”），或者依据接受供片的发行企业提供的影片发行收入结算表，办理有关影片收入的结算。

② 企业以买断结算方式取得影片成本的结转应当遵循配比原则和谨慎性原则。

a. 合同、协议约定了发行、放映期限的，从符合收入确认条件之日起，在剩余合同、协议约定期限和 24 个月孰短的期间内，采用零毛利法、计划收入比例法、固定比例法将其全部实际成本逐笔（期）结转销售成本。采用零毛利法时，如果取得的收入大于剩余成本，应将剩余成本一次结转完毕，如果预计在成本结转期内不能完全转销该影片的库存成本，则应在到期前最后一次结转时将剩余成本全部结转计入销售成本。采用计划收入比例法、固定比例法时，企业应按谨慎性原则进行会计估计，合理确定预计收入总额、成本结转比例，按期结转销售成本。

以上方法和结转比例一经确定，不得随意变更，如需变更，应当在会计报表附注中予以披露。

b. 合同、协议未约定发行、放映期限的，应从符合收入确认条件之日起 24 个月内，按照上述方法和原则结转销售成本。

c. 企业以单拷贝交易结算方式购入的影片，再以单拷贝交易结算方式向其他发行、放映企业出售的，应当在确认收入的同时将其购入的实际成本一次性结转销售成本。如果采用分期收款销售方式的，按照《企业会计制度》的规定执行。

企业以单拷贝交易结算方式购入的影片，如有规定场次定额的，可依据所购电影拷贝或其他载体的场次定额，采取按实际放映场次计算、结转销售成本的方法。

d. 企业在尚拥有影片著作权时，可在“库存商品”科目中象征性保留 1 元余额。

4. 企业改建、装修电影院发生支出的核算

企业改建、装修电影院发生的支出，应分为以下两种情况进行核算。

① 企业对自有电影院（厅）进行装修所发生的固定资产装修费用，符合资本化条件的，应当在“固定资产”科目下单设“固定资产装修”明细科目核算，并在两次装修期间与固定资产尚可使用年限两者孰短的期间内，采用年限平均法单独计提折旧。

② 企业以经营租赁方式租入房屋或场地，改建、装修为电影院（厅）发生的租入固定资产改良支出，应单独设置“经营租入固定资产改良”科目进行核算，并在剩余租赁期与租赁资产尚可使用年限两者孰短的期间内，采用年限平均法计提折旧。

企业在改建或装修电影院（厅）的过程中，用于电影放映专用设备（包括电影放映设备、舞台设备、空调设备、座椅等）的支出，应单独作为固定资产核算和管理，并按照《企业会计制度》和《电影发行、放映企业会计核算办法》附录《电影企业固定资产折旧方法和折旧年限表》的有关规定执行。

5. 会计科目的补充及使用说明

（1）待结算业务支出

① 本科目核算企业采用分账结算、片租结算、代理结算等方式发行或放映的影片，款项已经支付，但尚需按合同、协议约定与供片方结算和分担的各种支出。

企业以买断结算方式取得的影片，所发生的各种无须由其他单位承担的支出，不在本科目核算。

② 本科目应当设置“影片发行支出”“影片放映支出”“电视剧片发行支出”“税金及附加支出”“电影专项资金支出”等明细科目，并按影片的片名进行归集和核算。

③ 企业发生按合同、协议约定需要与供片方分别承担的费用支出时，按实际支付的金额，借记本科目，贷记“库存现金”“银行存款”科目。

企业依据有关规定计提税金及附加时，按应交税金及附加的金额，借记本科目（税金及附加支出），贷记“应交税金”“其他应交款”等科目。

企业按规定计提国家电影事业发展专项资金时，借记本科目（电影专项资金支出），贷记“应交电影专项资金”科目。

④ 月度终了，企业应将本科目中各明细科目的合计发生额，依据合同、协议的约定，计算出由本企业和供片方各自应承担的金额，并进行相应的结转。结转时，按本企业应承担的金额，借记“主营业务成本”“业务税金及附加”“电影专项资金”等科目；按供片

方应承担的金额，借记“应收账款——××供片方”科目；按本科目当月合计发生额，贷记本科目。

⑤本科目期末结转后，应无余额。

（2）应交电影专项资金

①本科目核算企业按国家规定提取并应缴纳的国家电影事业发展专项资金。

②提取应缴纳的国家电影事业发展专项资金时，借记“电影专项资金”或“待结算业务支出”科目，贷记本科目。

③缴纳时，按实际金额借记本科目，贷记“银行存款”科目。

④本科目期末贷方余额，反映企业提取的尚未缴纳的国家电影事业发展专项资金。

（3）待结算业务收入

①本科目核算企业采用分账结算、片租结算、代理结算方式发行或放映的影片，已经取得但尚需按合同、协议约定与供片方结算和分享的各种收入。

企业以买断结算方式取得的影片，所发生的各种无须由供片方分享的收入，不在本科目核算。

②本科目下应当设置“影片发行收入”“影片放映收入”“电视剧片发行收入”等明细科目，并按影片的片名进行明细核算。

③企业取得电影发行或放映收入时，应对发行或放映企业提供的营业报表或片结单，按影片的片名进行核对、归集和汇总，计算和确认待结算业务收入。按确认的收入，借记“银行存款”“应收账款——××单位”等科目，贷记本科目。

④月度终了，企业应将本科目中各明细科目的合计发生额，依据合同、协议的约定，计算出由本企业和供片方各自应分享的收入，并进行相应的结转。结转时，按本科目当月合计发生额，借记本科目，按本企业应得的金额，贷记“主营业务收入”科目，按供片方应得的金额，贷记“应付账款——××供片方”科目。

⑤本科目期末结转后，应无余额。

（4）电影专项资金

①本科目核算企业应缴纳的按国家规定提取的国家电影事业发展专项资金。

②企业应当按照《国家电影事业发展专项资金管理办法》的规定，进行有关款项的核算。

a. 企业提取国家电影事业发展专项资金时，借记本科目或“待结算业务支出”科目，贷记“应交电影专项资金”科目。

b. 月度终了，在结转“待结算业务支出”科目发生额时，应将其中依据合同约定由本企业承担的金额，借记本科目，由供片方应承担的金额，借记“应收账款——××供片方”科目，贷记“待结算业务支出”科目。

c. 期末，应将本科目余额转入“本年利润”科目，结转后本科目应无余额。

（5）影片业务支出

① 本科目核算企业在发行、放映业务中发生的首映活动费、宣传推介费、宣传品制作费，以及在上述活动中发生的劳务费、交通费等支出。

本科目核算内容不包括企业为自身形象宣传所发生的费用。企业为出售而制作的电影形象商品成本在“库存商品”科目核算。

② 本科目按影片名称、支出项目设置明细科目，进行明细核算。

③ 企业实际发生上述支出时，借记本科目，贷记“库存现金”“银行存款”科目。

④ 期末，应将本科目的余额转入“本年利润”科目，结转后本科目应无余额。

（6）库存商品

① 本科目下应补充设置“库存影视片”“音像制品”“影片后产品制品”等明细科目，并按影片的片名、各种产品的名称等进行归集和核算。

“库存影视片”——核算企业以买断结算方式购入的影片的实际成本。采用发行权交易结算方式所支付给供片方的影片节目发行权费，应当与企业定制的电影拷贝（或其他载体）的成本合并后记入本科目。

“音像制品”——核算企业购入影片的录像带、CD、VCD、DVD 等可供播映的音像制品，所支付给制作方或供货方的实际成本。

“影片后产品制品”——核算企业在电影促销业务中，定制或购入的各种电影形象产品等的实际成本。

② 企业购入的影片或商品到达验收入库后，按供片或供货方开具的发票，并经仓库管理人员验收、核准的实际支付（进价）成本，借记本科目，贷记“银行存款”“应付账款”等科目。

③ 企业在结转影片发行、放映或销售商品等业务活动的实际成本时，借记“主营业务成本”科目，贷记本科目。

④ 企业购入的影片在合同、协议约定的发行放映期限内未实现销售，应在期满之日进行资产损失处理。在处理时，按购入影片的实际成本，借记“管理费用”科目，贷记本科目。

⑤ 如果影片被禁止发行或放（播）映，企业应当将该影片进行报废处理。在处理时，按该影片实际库存的账面价值，借记“营业外支出——影视片损失”科目，贷记本科目。

（7）固定资产

① 本科目下应补充设置“固定资产装修”明细科目，核算企业自有电影院（厅）所发生的装修、装饰工程的实际成本。

② 企业发生装修、装饰等工程支出时，应先将有关款项通过“在建工程”科目进行归集，待固定资产达到预定可使用状态时，再将全部工程成本结转入本科目。结转时，按固定资产装修、装饰所发生的实际成本，借记本科目（固定资产装修），贷记“在建工程”科目。

③ 企业发生的固定资产装修支出，应在两次装修期间与固定资产尚可使用年限两者孰短的期间内，采用年限平均法计提折旧。计提折旧时，借记“销售费用”“管理费用”“其他业务成本”等科目，贷记“累计折旧”科目。

如果企业重新对固定资产进行装饰、装修并符合资本化条件时，相关“固定资产装修”明细科目尚有余额的，将该余额一次全部计入当期损益，借记“营业外支出”科目，贷记本科目。再将装修工程的完工成本转入本科目。

（8）经营租入固定资产改良

① 本科目核算企业以经营租赁方式租入房屋或场地，为改建、装修电影院（厅）所发生的改建、装修等改良工程的实际支出。

② 经营租赁固定资产改良工程，在施工过程中发生的各项改良支出，应先通过“在建工程”科目进行归集，待改良工程完工交付使用时，再结转到本科目。

③ 企业以经营租赁方式租入的固定资产发生的改良支出，转入本科目核算后，应当在剩余租赁期与租赁资产尚可使用年限两者孰短的期间内，采用年限平均法计提折旧。计提折旧时，借记“销售费用”“管理费用”“其他业务成本”等科目，贷记本科目。

如果企业在经营租赁期内重新对租入电影院（厅）进行全面装修、改良，应将本科目尚未摊完的余额，一次性全部计入当期损益，借记“营业外支出”科目，贷记本科目。再将发生的改良工程支出转入本科目，并在剩余租赁期与租赁资产尚可使用年限两者孰短的期间内，采用年限平均法计提折旧。

经营租赁期内发生的其他维修、装饰、装修等不能予以资本化的支出，应直接计入当期损益，不在本科目核算。

④ 本科目期末借方余额，反映企业经营租赁固定资产改良成本的账面价值。

（9）主营业务收入

① 本科目下应补充设置“电影发行收入”“电影放映收入”“音像制品收入”“影片后产品收入”等明细科目，并按影片的片名、产品的名称等进行明细核算。

“电影发行收入”——核算发行企业在发行影片业务中取得的各种归属于企业的营业收入，包括分账收入、买断收入、片租收入、播映权转让收入、网络传播权转让收入、后电影开发权转让收入、影片代理收入等。

“电影放映收入”——核算放映企业通过放映影片取得的各种归属于企业的营业收入，包括分账收入、片租收入、包场放映费收入、出租场地加映影片收入等。

“音像制品收入”——核算企业销售录像带、CD、VCD、DVD 等音像制品所取得的各种收入。

“影片后产品收入”——核算企业销售除音像制品外，与影片相关的电影形象产品等取得的收入。

② 企业实现的主营业务收入，按实际收到或应收的金额入账。

a. 企业采用分账结算、片租结算、代理结算方式取得的影片，按合同、协议约定与供片方结算后的收入，结转时，借记“待结算业务收入”科目，贷记本科目。

b. 企业以买断结算方式取得的影片，在发行中取得的各种无须与供片方分享的收入，可直接借记“银行存款”“应收账款”等科目，贷记本科目。

c. 放映企业发售的可兑换卡券，在兑换电影票时，借记“预收账款”科目，贷记本科目。

③ 期末，应将本科目的余额转入“本年利润”科目，结转后本科目应无余额。

（10）主营业务成本

① 本科目下应补充设置“电影发行成本”“电影放映成本”“音像制品成本”“影片后产品成本”等明细科目，并按影片的片名、各种产品的名称等，进行明细核算。

“电影发行成本”——核算企业发行影片而应结转的库存影片等的实际成本。

“电影放映成本”——核算放映企业放映影片而应结转的库存影片等的实际成本。

“音像制品成本”——核算企业因销售各种音像制品而发生的实际成本。

“影片后产品成本”——核算企业销售除音像制品外，与影片相关的电影形象产品等发生的实际成本。

② 月度终了，企业应当根据本月电影发行、放映业务取得的主营业务收入，按照《电影发行、放映企业会计核算办法》有关结转销售成本的规定和办法，计算和结转主营业务成本。结转时，借记本科目，贷记“库存商品”“待结算业务支出”等科目。

其他商品主营业务成本的结转，按照《企业会计制度》的规定执行。

③ 期末，应将本科目的余额转入“本年利润”科目，结转后本科目应无余额。

18.3 相关会计实务

18.3.1 相关会计分录

1. 收入的核算

取得广告收入或代理广告收入时，借记“库存现金”“银行存款”“应收账款”等科目，贷记“主营业务收入——广告收入”科目；取得其他收入时（可根据具体收入设置相应明细科目进行核算），借记“库存现金”“银行存款”等科目，贷记“主营业务收入——其他收入”科目。

2. 成本的核算

因取得广告收入或代理广告收入而发生的相关广告成本或代理成本时，借记“主营业务成本——广告成本”科目，贷记“库存现金”“银行存款”“应付账款”等科目；因取得其他服务收入而发生的相关其他服务成本时，借记“主营业务成本——其他服务成本”科目，贷记“库存现金”“银行存款”“应付账款”等科目。

3. 费用的核算

发生有关的费用时，借记“销售费用”科目，贷记“库存现金”“银行存款”等科目。

4. 相关税费的核算

计提城市维护建设税时，借记“税金及附加”科目，贷记“应交税费——应交城市维护建设税”科目；缴纳城市维护建设税时，借记“应交税费——应交城市维护建设税”科目，贷记“库存现金”或“银行存款”科目。

计提企业所得税时，借记“所得税费用”科目，贷记“应交税费——应交企业所得税”科目；缴纳企业所得税时，借记“应交税费——应交企业所得税”科目，贷记“库存现金”或“银行存款”科目。

计提教育费附加时，借记“税金及附加”科目，贷记“应交税费——应交教育费附加”科目；缴纳教育费附加时，借记“应交税费——应交教育费附加”科目，贷记“库存现金”或“银行存款”科目。

计提堤围费及文化建设费时，借记“销售费用——综合管理费”科目，贷记“其他应付款——应交堤围费或应交文化建设费”科目；缴纳堤围费及文化建设费时，借记“其他应付款——应交堤围费或应交文化建设费”科目，贷记“库存现金”或“银行存款”科目。

计提个人所得税时，借记“应付职工薪酬”“其他应收款”等科目，贷记“应交税费——应交个人所得税”科目；缴纳个人所得税时，借记“应交税费——应交个人所得税”科目，贷记“库存现金”或“银行存款”科目。

18.3.2 相关税费的计算

1. 有关概念

收入总额＝广告收入总额＋其他收入

广告收入总额＝广告收入＋代理广告收入

广告收入净额＝广告收入总额－代理广告成本

收入净额＝广告收入净额＋其他收入

2. 企业所得税计算

企业所得税＝收入总额×核定的税率（以核定方式征收）

企业所得税＝利润总额×所得税税率（以查账方式征收）

3. 城市维护建设税及教育费附加计算

城市维护建设税＝（增值税＋消费税）×适用税率（按所在地区类别确定）

教育费附加＝（增值税＋消费税）×3%

地方教育附加＝（增值税＋消费税）×1%

4. 文化建设费计算

文化建设费＝广告收入净额×3%

5. 个人所得税计算

个人工资、薪金所得按《中华人民共和国个人所得税法》计算。

18.4 文化业企业成本核算案例

甲公司为国内某知名电影、电视制片公司，该公司在 2×19 年上半年拍摄了 A、B 两部影片，均已全部完成。为了制作这两部电影，甲公司前期的投入主要在于影片的策划，总计支出 80.5 万元，其中包含信息收集费、调研交通费、通信费、专题会议费、开发人员职工薪酬；影片后期的投入主要在于影片的拍摄和剪辑，包括剧本费、演员等职工薪酬、胶片及磁片等原材料、化妆费、布景费、道具费、场地租赁费、剪接费、洗印费和设备折旧费，总计支出 1 240.5 万元。完成 A 影片总耗时 2 个月，B 影片总耗时 3 个月。影片具体的支出情况如表 18–2 所示。

表 18–2 甲公司 A、B 两部影片具体的支出情况表

单位：元

<table>
<tr><th>费用分类</th><th>A 电影</th><th>B 电影</th></tr>
<tr><td>信息收集费</td><td>20 000</td><td>20 000</td></tr>
<tr><td>调研交通费</td><td>10 000</td><td>20 000</td></tr>
<tr><td>通信费</td><td>2 000</td><td>2 000</td></tr>
<tr><td>专题会议费</td><td>35 000</td><td>46 000</td></tr>
<tr><td>开发人员职工薪酬</td><td>200 000</td><td>450 000</td></tr>
<tr><td>剧本费</td><td>200 000</td><td>310 000</td></tr>
<tr><td>演员等职工薪酬</td><td>3 000 000</td><td>7 000 000</td></tr>
<tr><td>胶片及磁片等费用</td><td>100 000</td><td>200 000</td></tr>
<tr><td>化妆费</td><td>30 000</td><td>80 000</td></tr>
<tr><td>布景费</td><td>20 000</td><td>60 000</td></tr>
<tr><td>道具费</td><td colspan="2">60 000</td></tr>
<tr><td>场地租赁费</td><td colspan="2">300 000</td></tr>
<tr><td>剪接费</td><td colspan="2">60 000</td></tr>
<tr><td>洗印费</td><td colspan="2">60 000</td></tr>
<tr><td>设备折旧费</td><td colspan="2">120 000</td></tr>
</table>

其成本核算过程如下。

对于电影、电视制片企业来说，其产品成本核算应当参照财政部颁布的《企业产品成本核算制度（试行）》的规定进行。

第一步，按照产品的批次来确定其成本核算对象。对于该案例，应当以 A 电影和 B 电影作为成本核算对象，采用分批成本核算方法进行成本核算。

第二步，在某影片拍摄期间发生的成本费用，可设置“开发成本”和“制作成本”两个成本项目，用来归集各种成本费用，并将由某一成本核算对象负担的费用，直接计入该成本核算对象。本例中，由 A 电影承担的成本费用直接计入其成本，由 B 电影承担的成本费用直接计入 B 电影的成本。根据案例提供的信息，参照《企业产品成本核算制度（试行）》的规定，对于可直接计入成本核算对象的成本应当编制直接成本表，如表 18–3 所示。

表 18–3　甲公司 A、B 两部影片直接成本表

单位：元

	A 电影	B 电影
开发成本：		
信息收集费	20 000	20 000
调研交通费	10 000	20 000
通信费	2 000	2 000
专题会议费	35 000	46 000
开发人员职工薪酬	200 000	450 000
合计：	267 000	538 000
制作成本：		
剧本费	200 000	310 000
演员等职工薪酬	3 000 000	7 000 000
胶片及磁片等费用	100 000	200 000
化妆费	30 000	80 000
布景费	20 000	60 000
合计	3 350 000	7 650 000

第三步，对于无法直接计入具体成本核算对象而由几个成本核算对象共同负担的成本，即共同费用，根据《企业产品成本核算制度（试行）》的规定，应当选择人员比例、工时比例、材料耗用比例等合理的分配标准分配计入成本核算对象。根据该案例提供的资料，共同费用应该按照总耗工时比例进行分配。

①A 影片。

道具费 = 60 000 ÷ 5 × 2 =24 000（元）

场地租赁费 =300 000 ÷ 5 × 2 =120 000（元）

剪接费 = 60 000 ÷ 5 × 2 =24 000（元）

洗印费 = 60 000 ÷ 5 × 2=24 000（元）

设备折旧费 =120 000 ÷ 5 × 2 =48 000（元）

由 A 影片分担的共同费用 =24 000 + 120 000 + 24 000 + 24 000 + 48 000 = 240 000（元）

②B 影片。

道具费 = 60 000 ÷ 5 × 3 = 36 000（元）

场地租赁费 = 300 000 ÷ 5 × 3 = 180 000（元）

剪接费 = 60 000 ÷ 5 × 3 = 36 000（元）

洗印费 = 60 000 ÷ 5 × 3 = 36 000（元）

设备折旧费 = 120 000 ÷ 5 × 3 = 72 000（元）

由 B 影片分担的共同费用 =36 000 + 180 000 + 36 000 + 36 000 + 72 000 = 360 000（元）

③A、B 影片总成本。

A 影片成本 =267 000 + 3 350 000 + 240 000 = 3 857 000（元）

B 影片成本 =538 000 + 7 650 000 + 360 000 = 8 548 000（元）

待电影完工后，将其实际成本按批次分别结转入库。

第19章 石油石化业企业成本会计核算

19.1 石油石化业企业成本核算概述

19.1.1 石油石化业的特征

石油又称原油，主要由各种烷烃、环烷烃、芳香烃的混合物构成，是远古海洋及湖泊中的生物遗体经过沉淀和演化形成的产物，是一种常见的化学燃料。现代技术下石油主要被炼制为当今世界上非常重要的一次能源——燃料油和汽油。目前，石油是世界一次能源消费中比重最大的消费品，超过一次能源消费总量的30%。并且，很大一部分化学产品都以石油为重要的生产原料，如溶剂、化肥、塑料等。目前，整个石油开采量的近90%被用于炼制燃料，余下的石油开采量主要作为化工工业的原料。石油石化行业主要由3个业务模块组成，分别是石油和天然气勘探开发与生产、石油炼制与油品销售、石化产品生产及销售。石油石化行业的特点在于通过整个行业的生产活动，能够将石油和天然气等自然能源转化为种类繁多又与日常生活息息相关的各类石油化工产品，正因如此，石油价格对整个经济社会的影响不可小觑。

同时，外部事件的影响会使石油的供给和价格的波动更加剧烈，规模不大的石油公司难以应对错综复杂的外部影响，因此在世界范围内，石油石化行业呈现出明显的集中化趋势。1998年后，世界石油行业掀起了一波以巨型公司合并为主要特点的并购重组浪潮，行业集中度和企业的大型化趋势不断显现，特别是炼油和石化行业，资金和技术都在不断向巨型企业集中，炼油与石油化工的一体化趋势也日渐明显。但值得注意的是，石油的不可再生性引发的石油资源不断枯竭和价格的高企，使得很多国家都将目光投向替代能源领域，并且随着世界范围内环境保护呼声的提高，对石油石化行业环境责任的关注也逐渐增多。

石油石化行业在广义上属于采矿业，其行业特征也呈现采矿业所具有的普遍特性。

① 石油资源所在地决定油田建设选址，建设选址的选择受限。石油资源的形成有其独特的地理地质环境特点，因此石油资源产区很有可能在人烟稀少、交通不便的地区，这样在进行油田建设过程中，建设施工工程量无可避免会增大，建设投资同样也会受到影响。

② 石油资源所在位置（地理层次）多样，加大了开采工作难度。在不同的地理层次中分别储存着不同类型的石油资源，石油的开采随着地理层次的变化而变化。开采作业方式多样，每类开采工作的工作重点也不尽相同，这就要求在开采工作中加强油田管理，并及

时调整生产强度。

③ 油品降级和采量损失是石油开采和运输过程中难以避免的问题，开采过程中的工作重点就包含降低损失率，运输过程中也要提高装运技术，降低油品的降级率。

④ 石油作为一种不可再生资源，随着开采工作的进行，油田中的石油蕴藏量也在不断降低，这无疑会加大开采工作难度，增加开采工作的工作量，进而影响到成本控制。

⑤ 石油企业以石油资源为工作对象，但油田的服务年限也会随着油田石油资源的彻底枯竭而结束，油田服务年限结束后的相关弃置费用也是石油企业的一项重要成本。

19.1.2 石油石化业企业成本核算特征

① 成本递增性。石油石化业企业的生产对象是自然界矿物，自然界矿物经过采掘加工等过程形成最终产品。鉴于石油资源的不可再生性，在采掘加工过程中生产场地向更深方向深入、向更远范围扩大，开采难度加大、运输费用增多，其生产成本必然呈现逐步上升的趋势。

② 辅助成本高。石油作为一种自然资源，其自然形成的特点导致其所有的生产耗费均不构成产品实体。石油是自然的产物，作为一种生产对象，其生产过程中的采掘及其他辅助过程中产生的耗费均不构成石油这一产品实体。油田企业的主要生产耗费是注水注气费、井下作业费、油气处理费等辅助生产成本，而不是材料成本。

③ 循环利用性。生产过程中的大量材料可以进行多次回收利用，如支护用品、专用工具、大型材料等都可以在下一次生产过程中进行循环利用。但重点在于回收利用次数多少的确定，主要取决于油田的生产管理水平。

④ 补偿费用高。在采掘石油天然气的过程中，地表的植被、土壤等遭到破坏，造成植被荒芜、地面塌陷等现象。在项目结束时，油田开采企业需要对环境进行修复，这增加了企业的成本费用。同时，生产过程中产生的废气、废水的排放等对环境造成污染，油田开采企业对环境污染的补偿也使生产成本增加，这是石油石化业企业成本核算的独特特点。

19.2 石油石化业企业成本核算对象

19.2.1 油气产品成本核算对象

油气产品成本核算以油气产品为核算对象。油气产品通常包括原油、天然气、凝析油和液化气等，具体释义如下。

① 原油，是指在采至地面后的正常压力和温度下，未经加工的、已脱气的呈液态或半固体状态的石油。一般按照密度对原油进行分类。原油按照密度可以划分为轻质原油、中质原油、重质原油（稠油）、超重原油（沥青）等；按照硫含量可以划分为微含硫原油、低硫原油、中含硫原油、高硫原油等；按照含蜡量可以划分为低蜡原油、含蜡原油、高蜡原油等。

② 天然气，是指以气态碳氢化合物为主的各种气体组成的混合物。根据来源不同，天然气可分为常规天然气和非常规天然气。常规天然气主要指气层气、溶解气等，非常规天然气主要指煤层气、页岩气、致密气等。

③ 其他主要油气产品，主要包括凝析油和液化气等。凝析油，是指在地层条件下的气态烃类物质，在采出到地面的过程中，随着温度和压力的降低，从气相中析出的由戊烷和以上重烃组分组成的液态混合物。液化气以甲烷为主要成分，同时含有少量的乙烷、丙烷、氮或天然气中常见的其他组分。

19.2.2 炼化产品成本核算对象

炼化产品成本核算以炼化产品为核算对象。炼化产品通常包括石油燃料类产品、石油溶剂类产品、化工原料类产品等 15 种产品，具体释义如下。

① 石油燃料类产品，主要包括原油经过减压蒸馏在一定温度条件下切割，或二次加工调和取得的汽油、煤油、柴油、重油、液化石油气等产品。

② 石油溶剂类产品，主要包括以原油经过蒸馏所得的直馏汽油馏分或以催化重整的抽余油为原料，经精制、分馏、切割出一定馏分取得的溶剂油、航空洗涤汽油等。

③ 化工原料类产品，主要包括原油经过初馏、常压蒸馏在一定温度条件下蒸出的轻馏分，或二次加工而得到的石脑油、轻烃、加氢尾油、直馏柴油等化工原料。

④ 润滑油类产品，主要包括润滑油基础油以及基础油加入适当添加剂调制的润滑油。润滑油按照用途不同可分为齿轮油、内燃机用油、汽轮机用油、液压系统用油四大类。

⑤ 石蜡类产品，主要包括半精炼石蜡、全精炼石蜡、粗石蜡、皂化蜡、食品用石蜡等。

⑥ 石油焦类产品。

⑦ 石油沥青类产品，主要包括以原油经过蒸馏等不同工序生产的建筑石油沥青、道路石油沥青、重交道路石油沥青、电缆沥青、橡胶沥青、防腐沥青等各种种类的沥青产品。

⑧ 有机化工原料类产品，主要包括以石脑油、加氢裂化尾油、炼厂轻烃、油田液化气、油田轻烃等为原料的乙烯、丙烯、混合碳四、裂解汽油、氢气等裂解产物，以及其后续加工生产的甲烷、碳四、乙炔、丁二烯、丁烯、裂解汽油、苯、甲苯、二甲苯、甲基叔丁基醚、丙酮、丁醇、辛醇、苯乙烯等液体化工产品。

⑨ 合成树脂类产品，主要包括在引发剂或催化剂的作用下，乙烯、丙烯等原料发生聚合反应而生成的高压低密度聚乙烯、低压高密度聚乙烯、线性低密度聚乙烯、聚丙烯、聚苯乙烯等高分子聚合物产品。

⑩ 合成纤维原料类产品，主要包括以丙烯、液氨为原料生产的丙烯腈及以苯二甲酸二甲酯、乙二醇、精对苯二甲酸为原料生产的聚酯切片等产品。

⑪ 合成纤维类产品，是指通过对聚酯、丙烯腈、丙烯等合成纤维原料进行深加工，生产相应的高分子聚合物，经纺丝等后加工而制得的纤维。根据化学组成的不同，合成纤维

可分为涤纶、腈纶、丙纶、锦纶、氨纶等。

⑫ 合成橡胶类产品，是指在引发剂所提供的自由基和乳化剂的作用下，丁二烯、苯乙烯、丙烯腈等原料发生聚合反应生成的丁苯橡胶、顺丁橡胶、丁腈橡胶、乙丙橡胶等产品。

⑬ 化肥类产品，主要包括以天然气、石脑油、重油、煤、硝酸、硫酸等为原料生产的液氨、尿素、硫酸铵、硝酸铵等产品。

⑭ 动力类产品，是指为保证炼油化工生产需要，由辅助生产装置生产，供基本生产装置（部门）消耗或对外销售的新鲜水、循环水、脱盐水、除氧水、软化水、冷凝水、电、蒸汽、氮气、氧气、风等产品。

⑮ 辅助劳务类产品，是指为保证炼油化工生产需要，由辅助生产装置（部门）为基本生产和辅助生产装置提供或对外提供的排污、化验、仓储、运输等辅助劳务。

19.3 产品成本核算项目和范围

19.3.1 油气产品成本核算要素

油气产品的成本主要由作业操作成本和折旧损耗摊销成本等组成。其中，作业操作成本包括油气生产过程中发生的直接材料、直接人工、燃料和动力费等各项生产费用支出，核算程序可以选择作业成本法或者根据成本类别对成本费用要素进行归集。依据发生的成本费用的性质，油气产品成本核算要素一般分为以下类别。

① 材料费，是指油田为生产油气产品而消耗的日常用料、油管、抽油杆、抽油泵、机泵配件及管阀、仪器仪表以及各类化学药剂等材料的成本费用。

② 燃料费，是指为生产油气产品耗用的原油、汽油、柴油、天然气、液化气等各类燃料的费用。

③ 水费，是指为生产油气产品所耗用的水产生的费用。

④ 电费，是指为生产油气产品所耗用的电产生的费用。

⑤ 人工费，是指为生产油气产品向职工提供的各种形式的报酬及各项附加费用，主要包括职工工资及各项津贴、福利费、工会经费、职工教育经费、社会保险费、住房公积金、商业人身险、其他劳动保险和劳务费等。

⑥ 折旧折耗及摊销，是指根据有关企业会计准则的规定，予以资本化的矿区权益成本、油气勘探成本、油气开发成本和弃置义务成本等可以分摊至油气产品成本的折耗，以及其他固定资产和长期资产的折旧和摊销。

⑦ 运输费，是指为油气产品生产提供运输服务发生的费用。

⑧ 维护及修理费，是指为维持油气产品生产的正常运行，保障设施设备生产能力，对设施设备进行维护和修理所发生的费用，主要包括因井站设施维修、管网维修、设备维修、油气田道路养护、电力设施维护等产生的费用。

⑨ 外委业务费，是指在油气产品生产过程中，委托外部单位提供服务发生的费用。

⑩ 财产保险费，是指为组织油气产品生产管理所承担的、向社会保险机构或其他保险机构投保各项财产所支付的保险费用等。

⑪ 办公费，是指为组织油气产品生产管理，发生的文具费、邮电费、通信费、印刷费等办公性质费用。

⑫ 差旅费，是指为组织油气产品生产管理，发生的职工因公外出交通费、住宿费、出差补助等费用。

⑬ 会议费，是指为组织油气产品生产管理，召开会议或参加会议发生的费用。

⑭ 低值易耗品摊销，是指为组织油气产品生产管理所耗用的不能作为固定资产的各类用具物品的摊销。

⑮ 图书资料费，是指为组织油气产品生产管理，购买技术图书、报纸杂志等资料所发生的费用。

⑯ 租赁费，是指为组织油气产品生产管理，租入的有形或无形资产，按照合同或协议的约定支付给出租方的租赁费用。

⑰ 取暖费，是指为组织油气产品生产管理发生的取暖费用。

⑱ 物业管理费，是指为组织油气产品生产管理支付的物业管理费用。但已售住宅的物业管理费，不得列支产品成本。

⑲ 技术服务费，是指在油气产品生产过程中，为取得外部单位的技术服务所产生的费用。

⑳ 机物料消耗，是指在油气产品生产过程中，耗用的未作为原材料或低值易耗品管理使用的一般性材料支出。

㉑ 试验检验费，是指在油气产品生产过程中，产生的对材料、产品进行的分析、试验、化验、检验、容器检定等费用。

㉒ 劳动保护费，是指在油气产品生产过程中，为职工提供的劳动保护、防护等发生的费用。

㉓ 信息系统维护费，是指为组织油气产品生产管理，在计算机信息系统建设完成后所发生的运行维护费用。

不能列入以上各成本费用要素项目的，列入其他费用。

19.3.2 炼化产品成本核算项目

炼化产品成本包括基本生产成本和辅助生产成本。

基本生产成本，是指直接将原料生产加工成炼化产品过程中发生的成本；辅助生产成本，是指为生产炼化产品提供动力产品和辅助劳务的生产装置（部门）发生的成本，也包括部分对外销售动力产品或提供劳务过程中发生的成本。基本生产成本和辅助生产成本下设置炼化产品成本项目，归集各成本费用要素。

炼化产品成本项目主要包括以下 6 项。

① 原料及主要材料，是指经过加工构成炼化产品实体的各种原料及主要材料，主要包括原油、天然气、液化气、轻烃等。

② 辅助材料，是指炼化产品生产过程中投入的有助于产品形成但不构成产品实体的材料，主要包括各种催化剂、引发剂、助剂、化工添加剂，以及包装材料和生产过程中使用的净化材料等。

③ 燃料，是指炼化产品生产过程中直接耗用的各固体、液体、气体燃料主要包括天然气、干气、液化气、瓦斯、柴油、重油、煤等。

④ 动力，是指炼化产品生产耗用的各种水、电、汽、风、氮气等。

⑤ 直接人工，是指炼化产品生产企业直接从事产品（劳务）生产人员的各种形式的报酬及附加费用，主要包括职工工资及津贴、福利费、工会经费、职工教育经费、社会保险费、住房公积金、商业人身险、其他劳动保险及劳务费等。

⑥ 制造费用，是指生产炼化产品的基本生产车间（部门）和辅助生产车间（部门）为组织和管理生产所发生的各项间接费用。

19.3.3 炼化产品成本核算范围

炼化产品成本费用要素一般按照成本费用性质分类，主要分为以下类别。

① 原料及主要材料费，是指为生产炼化产品投入的原料及主要材料的成本。

② 辅助材料费，是指为生产炼化产品投入的辅助材料的成本。

③ 其他直接材料费，是指为生产炼化产品投入的不能列入上述两个项目的其他直接材料的成本。

④ 燃料费，是指为生产炼化产品耗用的燃料发生的费用。

⑤ 动力费，是指为生产炼化产品直接耗用的各种水、电、汽、风、氮气等发生的费用。

⑥ 人工费，是指为生产炼化产品向职工提供的各种形式的报酬及各项附加费用，主要包括职工工资及各项津贴、福利费、工会经费、职工教育经费、社会保险费、住房公积金、商业人身险、其他劳动保险及劳务费等。

⑦ 折旧及摊销，是指对炼化产品生产过程中使用的生产装置、厂房、附属机器设备等计提的折旧，以及其他长期资产的摊销。

⑧ 运输费，是指为生产炼化产品提供运输服务发生的费用。

⑨ 水费，是指为生产炼化产品间接耗用水所产生的费用。

⑩ 电费，是指为生产炼化产品间接耗用电所产生的费用。

⑪ 办公费，是指为组织炼化产品生产管理，发生的文具费、邮电费、通信费、印刷费等办公性费用。

⑫ 差旅费，是指为组织炼化产品生产管理，发生的职工因公外出住宿费、交通费、出差补助等费用。

⑬ 会议费，是指为组织炼化产品生产管理，召开或参加会议发生的费用。

⑭ 低值易耗品摊销，是指为组织炼化产品生产管理，耗用的不能作为固定资产的各种用具物品的摊销。

⑮ 图书资料费，是指为组织炼化产品生产管理，购买技术图书、报纸杂志等资料所发生的费用。

⑯ 租赁费，是指为组织炼化产品生产管理，租入的有形和无形资产，按照合同或协议的约定支付给出租方的租赁费用。

⑰ 财产保险费，是指为组织炼化产品生产管理，承担的向社会保险机构或其他机构投保各项财产所支付的保险费用等。

⑱ 取暖费，是指为组织炼化产品生产管理，发生的取暖费用。

⑲ 物业管理费，是指为组织炼化产品生产管理，支付的物业管理费用。已售住宅的物业管理费，不得列支产品成本。

⑳ 机物料消耗，是指在炼化产品生产过程中耗用的未作为原材料或低值易耗品管理使用的一般性材料支出。

㉑ 试验检验费，是指在炼化产品生产过程中，对材料、产品进行的分析、实验、化验、检验、压力容器检定等所发生的费用。

㉒ 劳动保护费，是指在炼化产品生产过程中，为职工提供的劳动保护、防护等发生的费用。

㉓ 排污费，是指为生产炼化产品负担的排污机构处理废气、废水、废渣等所发生的费用。

㉔ 合同能源管理费，是指为开展炼化产品合同能源管理发生的节能支出及其他有关费用。

㉕ 信息系统维护费，是指为组织炼化产品生产管理，在计算机信息系统建设完成后所发生的运行维护费用。

不能列入以上各成本费用要素项目的，列入其他费用。

19.4 产品成本的归集、分配和结转

19.4.1 油气产品成本的归集、分配和结转

油气产品生产流程包括矿权取得、油气勘探、油气开发、油气生产和油气资产弃置的全过程。油气产品生产过程如图 19–1 所示。

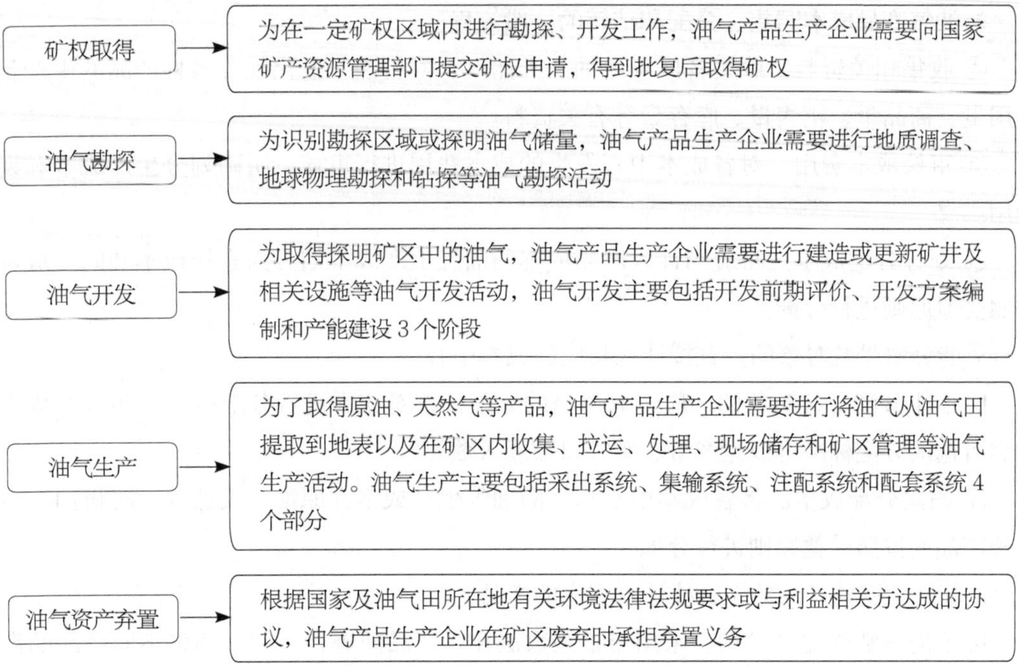

图 19-1　油气产品生产过程

油气产品生产企业的成本按照成本中心进行归集，并且按照成本费用要素进行分类。油气产品按照受益原则采用当量系数法对产品成本进行分配和结转。采用作业成本法进行管理或采用重点成本类别进行核算的油气产品生产企业，可以增加作业过程维度和重点成本类别，对油气产品成本进行归集、分配和结转。

1. 油气产品生产企业成本中心设置

油气产品生产企业要根据企业自身需求设置成本中心，通常包括以下 3 种方式。

（1）按照行政组织架构设置成本中心

按照行政组织架构设置成本中心，可以将一个行政部门或者相对独立的区域设置为独立的成本中心，如工厂或矿区等；也可以将多个规模较小的行政部门合并为一个成本中心组，如将矿井组、采掘站点等合并为一个成本中心组。

（2）按照矿区设置成本中心

油气产品生产企业可以按照油藏经营管理单元设置成本中心或成本中心组，在设置时应遵循成本中心与企业储量、产量统计单元相对应的原则。

（3）按照区块设置成本中心

按照区块设置成本中心实质上是矿区成本中心的补充和细化。设置矿区成本中心后可以按照区块再次设置成本中心，划分区块的原则有以下几种：以一个油（气）藏为一个区块；以多个相邻且地质地理条件相近的油（气）藏为一个区块；以一个独立的采集运输计量系统为一个区块；将采用重大或新型采油技术的区域划为一个区块。并且，针对某一大型油（气）藏的几个单独的采集运输计量系统，可以分别划分区块。

2. 油气产品成本归集、分配和结转的一般流程

① 收集相关资料。收集各区块原油、天然气、凝析油、液化气等各种产品的生产量、自用量、商品量、销售量、库存量等有关资料。

② 审核成本费用。对各成本中心发生的成本费用进行审核，明确划分生产成本和期间费用。

③ 划分分配成本。将应当计入产品成本的油气生产成本划分为直接成本和间接成本，按照受益原则进行分配。

a. 能分清受益对象的，直接计入相应的成本中心。

b. 不能分清受益对象的，应选取适当的分配标准对成本进行分配后计入相应的成本中心。可选的分配标准可以是产量、矿井口数或人数等。

④ 归集分配成本。将各成本中心归集的油气生产成本在原油、天然气、凝析油、液化气等产品间按照受益原则进行分配。

a. 能分清受益产品的，直接计入相应的产品。

b. 不能分清受益产品的，采用当量系数法在各产品间进行分配。即将不同产品的商品量全部折合为油气当量，按照各产品油气当量占总油气当量的比例分配油气生产成本，最终计入相应的产品。确定油气当量系数时，通常按照热值将天然气的产量折算为原油产量，按照密度确定原油的吨桶换算系数。

⑤ 计算结转成本。根据各产品商品量计算各产品的单位生产成本，并据此将产成品成本结转至“库存商品”科目。

3. 作业成本法下油气成本的归集、分配和结转

作业成本法在石油石化行业得到广泛应用。在作业成本法下，企业仍然进行成本中心成本的核算。但在此基础上，企业按照生产过程中的各项作业归集和核算作业成本，并且根据作业成本与成本核算对象的关系将作业成本追溯到相关的成本核算对象，进而完成成本核算过程。企业运用作业成本法对成本进行归集、分配和结转的步骤如下。

（1）确定各作业过程对应的作业单元

根据油气生产过程划分作业类型，分析各作业设施、组织机构及业务类型与作业过程的关系，确定各作业过程对应的作业单元。

作业是一件有特定目的的工作或任务。按不同作业归集成本就形成了不同的作业成本库。在作业成本法下，作业是归集成本的第一对象。油气产品生产企业作业过程及对应作业单元通常划分如下。

① 采出作业，是指直接生产单位将油气从井底提升到地面后送达联合站的生产过程。主要作业单元包括采油队、采油井区、采油站、采油井、集气站、配气站、采气井等。这一生产作业中主要发生的成本费用包括原材料费用及主要材料费用、人工费用、燃料和动力费、运输费等。

② 驱油物注入作业，是指为了提高采收率，对底层注入气体或其他物质的作业过程。主要作业单元包括注水队、注水站、注气站等。这一生产作业中发生的成本费用主要包括原材料及主要材料费、燃料费、电费、人工费用、折旧折耗、运输费等。

③ 稠油热采作业，是指为了获取稠油、高凝油等产品，向地层注入蒸汽的造汽、注汽和保温的过程。主要作业单元包括采油单位的热注大队及其他相同类别的工作队等。作业成本主要包括发生的材料费用、燃料和动力费、人工费用及运输费用等。

④ 油气处理作业，是指将油、气、水分离，并且对油气进行提纯、净化的工艺流程。主要作业单元包括采油单位油气产品集输大队、联合站等。这一生产作业中发生的成本费用主要包括材料费用、燃料和动力费、人工费用、折旧折损及运输费用等。

⑤ 轻烃回收作业，是指经冷却、稳定、压缩等工艺流程将凝析油和液化气从原油和天然气中回收的过程。主要作业单元包括采油采气单位的轻烃回收装置等。这一生产作业中发生的成本费用主要包括直接材料费用、人工费用、燃料和动力费、折旧费等。

⑥ 井下作业，是指对油气井、水井等进行修井的过程，修井主要是为了维护油气井、水井的正常生产，对油气层进行的改造。主要作业单元包括采油采气单位的井下作业等。井下作业主要分为两类：一类是措施作业，是指以实现产量的增加或发现新的地质成果为主要目的的修井作业；另一类是维护作业，是指以保证油气井、水井正常生产为主要目的的修井作业。井下作业的作业成本主要包括油管、抽油杆、电泵、电缆等材料费用、化学制剂费用、施工单位的劳务费等。

⑦ 测井试井作业。测井试井作业的主要目的在于取得油气田地下油气水的分布动态和井下情况资料。测井试井作业的作业单元主要包括采油采气单位测试大队、技术检测中心等。主要的作业成本包括材料费用、人工费用、燃料和动力费、折旧费、运输费等。

⑧ 天然气净化作业，是指利用天然气处理装置对天然气进行净化的过程。主要作业单元包括采气单位净化厂的机关、净化车间、水热车间、环保车间、电仪车间、化验室等。主要的作业成本包括材料费用、人工费用、燃料和动力费、折旧费、运输费等。

⑨ 厂矿管理作业，是指厂、矿两级组织进行厂矿油气生产管理的过程。主要作业单元包括采油采气单位厂级机关、工艺所、地质所、作业区级机关及巡护队、集输大队机关及附属机构等。主要的作业成本包括材料费用、人工费用、燃料和动力费、青苗补偿费等。

⑩ 其他辅助作业，是指辅助生产单位为生产及管理提供产品和劳务的过程。主要作业单元包括采油采气单位所属的水电、运输、维修、海工、海港管理和车管等。主要的作业成本包括材料费用、人工费用、燃料和动力费、折旧费用等。

（2）将各作业单元发生的成本费用归集到对应的作业过程

在作业类型确定后，要将各作业单元发生的成本费用分配到各作业过程中。这一分配依赖于正确的资源动因。确立资源动因的原则是：如果某一项成本费用的发生能直观确定为某一特定作业过程消耗，则可直接将该项成本费用分配至该作业过程；如果某一项成本费用从最初消耗上呈现混合消耗的状态，则需要选择合适的量化依据将资源分解分配到各作业单元，这个量化依据就是需要确定的资源动因。依照合理的资源动因，能够将各作业单元发生的成本费用准确地归集到相应的作业过程中。

（3）将作业过程的成本直接归集或按照受益原则分配到对应的成本中心

将作业过程中的成本分类，得到应当计入产品成本的油气生产成本的直接成本和间接成本，再按照受益原则进行分配。能分清受益对象的，直接计入相应的成本中心；不能分清受益对象的，按照产量、开井口数或人数等适当的标准进行分配后，再计入相应的成本中心。

（4）将各作业过程归集的油气生产成本在产品间进行分配

通常产出量的多少决定着作业的耗用量。将作业过程中归集的油气生产成本在原油、天然气、凝析油、液化气等产品间按照受益原则进行分配。能分清受益对象的，直接计入相应的产品；不能分清受益对象的，则按照当量系数法在各产品间进行分配。即将不同产品的商品量全部折合为油气当量，按照各产品油气当量占总油气当量的比例分配油气生产成本，计入相应的产品。

（5）结转各产品的单位生产成本

产品完工后，将产品成本明细账中所归集的生产费用全部加总，除以产量，得到该产品的单位生产成本，再依据单位生产成本将完工产品成本结转至“库存商品”科目，会计分录如下。

借：库存商品——××商品

　　贷：基本生产成本——×产成品

（6）其他辅助作业成本的分配和结转

辅助作业成本以受益对象的受益工作量为基础进行分配。水电部门发生的费用，以各成本中心和作业过程接受的电量和水量为主要分配标准；运输、车管部门发生的费用，以各受益部门接受的运输台班、车次等为分配标准；维修部门发生的费用，以受益部门接受的维修工作量为分配标准；海工部门、海港管理部门发生的费用以各受益部门接受的工作量为分配标准。费用分别计入相应类型的成本中心和作业过程。

编制辅助作业部门对外分配费用的会计分录如下。

借：制造费用——第一矿区

　　制造费用——第二矿区

　　管理费用

　　贷：辅助生产成本——供水部门

　　　　辅助生产成本——运输部门

　　　　辅助生产成本——维修部门

　　　　辅助生产成本——海工部门

　　　　辅助生产成本——海港管理部门

4. 重点成本类别核算方法下的成本费用归集、分配和结转

重点成本类别核算方法，是指将油气田作业成本中的主要组成部分划分为不同的成本费用类型，按照重点成本类别对油气产品成本费用进行归集、分配和结转。

在按照重点成本类别归集的过程中，先要依据企业成本管理的实际情况，设置重点成本类别，然后对油气生产作业中发生的各项成本和费用按照重点成本类别进行归集。在进行分配和结转时，首先要将按重点成本类别归集的生产成本按照一定的原则（如直接归集或受益原则）分配到相应的成本中心；其次将各成本中心的成本费用在原油、天然气、凝析油、液化气等产品之间，按照受益原则、采用当量系数法进行分配；最后计算各产品的单位生产成本，并将产成品成本结转到库存商品。

19.4.2 炼化产品成本的归集、分配和结转

炼化产品生产流程包括炼油产品生产流程和化工产品生产流程。分别如图 19–2 和图 19–3 所示。

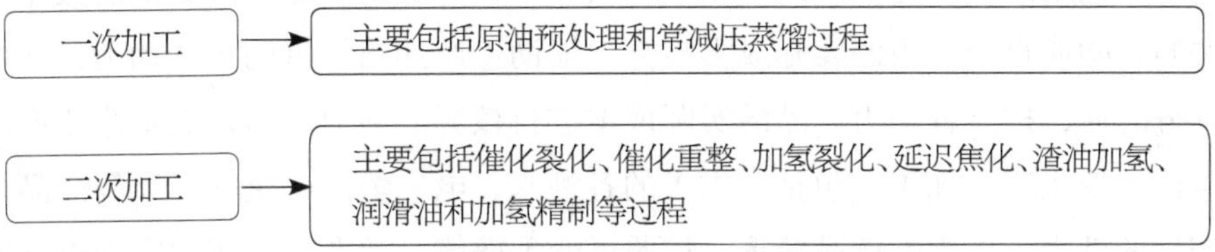

图 19–2 炼油产品生产流程

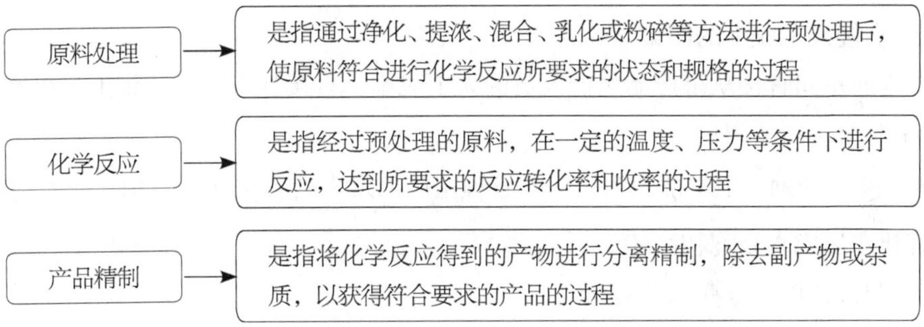

图 19–3 化工产品生产流程

炼化产品生产企业一般按照成本中心或成本项目对炼化产品成本进行归集、分配和结转。

1. 炼化产品成本中心

炼化产品生产企业通常按生产装置设置成本中心或成本中心组，也可以按车间（部门）等生产管理单元设置成本中心或成本中心组。

2. 炼化产品成本归集

（1）原料及主要材料成本的归集

炼化生产使用的原料及主要材料按照实际成本进行核算，采用加权平均等方法结转原料成本。根据计划统计部门提供的资料，确认原油及外购原（料）油的进厂量、加工量，采

用加权平均等方法核算本期加工的各类原（料）油成本。

（2）辅助材料成本的归集

炼化生产使用的辅助材料按照实际成本核算，按照装置实际消耗量计算辅助材料成本。对于一次添加、使用期限超过一年的催化剂等材料，按照使用周期逐月平均摊销或按照实际消耗计入辅助材料成本。对于一次装填、使用期限在一年以内的催化剂等材料，按照使用期限分月平均摊销或按照实际消耗计入辅助材料成本。对于金额较小或没有明确使用周期的，直接计入辅助材料成本。

（3）燃料成本的归集

炼化生产使用的外购燃料按照实际成本进行核算，本装置自产自用的燃料按照固定价格或其他合理方式进行核算，其他装置耗用的自用燃料按照实际成本核算，采用加权平均等方法进行结转。

（4）动力成本的归集

炼化生产耗用的水、电、蒸汽、氮气、风等动力，根据统计部门提供的数据，确认消耗量，按照外购或自产动力的实际成本核算。辅助生产部门提供的自产动力，在辅助部门之间交互分配后，按照各动力产品的实际成本进行核算。动力产品，是指炼化产品生产企业辅助生产装置生产、加工（包括转供）的各种水、电、蒸汽、氮气、风等产品。基本生产装置产生的动力，作为副产品核算，按照可变现净值、标准成本或固定价格从成本中扣除，但本装置产生的动力类副产品不得直接抵扣本装置的动力消耗。

（5）直接人工成本的归集

属于生产车间直接从事产品生产人员的人工成本，直接计入基本（辅助）生产成本。

（6）制造费用的归集

属于基本（辅助）生产部门为组织和管理生产而发生的各项间接费用，计入制造费用。

3. 炼化产品成本分配和结转

（1）制造费用的分配和结转

基本（辅助）生产部门发生的制造费用归集后，月末全部分配转入基本（辅助）生产成本。制造费用按照产品产量、直接材料比例、固定资产原值比例等方法进行合理分配。适当分配标准的选择原则是：分配标准的资料必须容易取得，并且与制造费用之间存在着客观的因果比例关系。常用的分配标准还有产品生产工时、生产工人工资和机器工时等。通常与资产有关的制造费用按照固定资产原值比例分配，与人员有关的制造费用按照人工成本比例分配。分配方法一经确定，不得随意变更。制造费用的分配方式通常有实际分配率分配法、预计分配率分配法等。

实际分配率分配法下，制造费用的分配程序如下。

① 计算制造费用分配率。

$$制造费用分配率=\frac{制造费用总额}{分配标准之和}$$

② 计算制造费用分配额。

各产品应分配的制造费用=该产品的分配标准 × 制造费用分配率

③ 编制制造费用分配会计分录。

借：基本生产成本

贷：制造费用

预计分配率分配法下，制造费用的分配程序与实际分配率分配法下的相似，区别在于月末需要对制造费用的预计发生额和实际发生额之间的差异进行调整转出。

（2）辅助生产费用的分配和结转

辅助生产费用是辅助生产部门在一定时期内为企业的基本生产和行政管理部门提供辅助劳务或产品而发生的各种耗费。辅助劳务，是指炼化产品生产企业辅助生产装置（部门）为保证基本生产装置、辅助生产装置生产运行而提供的排污、化验、运输、仓储等劳务。辅助生产费用归集后，按照一定的分配标准将提供的劳务和产品分配到各受益对象。只有在辅助生产的劳务或产品的成本确定以后，才能确定基本生产部门发生的全部制造费用，并计算出各主要产品成本。

辅助生产部门对内，即对辅助生产部门提供的劳务和产品，按照实际成本或标准成本进行分配；辅助生产部门对外，即对基本生产部门、生产管理部门和其他部门等提供的劳务和产品，按照辅助生产部门交互分配后的实际费用进行分配。

如果一个辅助生产部门只提供一种产品或劳务，对外分配率的计算过程如下。

① 计算各辅助生产部门的交互分配率。

$$交互分配率=\frac{各部门直接发生的辅助生产费用额}{该部门提供的产品或劳务总量}$$

② 计算各辅助生产部门的交互分配额。

交互分配额=辅助生产部门接受其他辅助生产部门的产品或劳务量 × 其他辅助生产部门的交互分配率

③ 计算各辅助生产部门对外分配的辅助生产实际费用。

对外分配的辅助生产实际费用=各辅助生产部门直接发生的辅助生产费用+交互分配转入的费用－交互分配转出的费用

④ 计算各辅助生产部门费用对外分配率。

$$对外分配率=\frac{各辅助生产部门对外分配的辅助生产实际费用}{本部门提供的产品或劳务总量-其他辅助生产部门耗用的产品或劳务数量}$$

例如，某企业的供水部门和供电部门之间按照交互分配法对辅助生产费用进行分配，其辅助生产费用分配表如表 19–1 所示。

表 19–1　辅助生产费用分配表

金额单位：元

项目		供水部门			供电部门			合计
		耗用量	分配率	分配额	耗用量	分配率	分配额	
提供劳务总量和直接发生费用的总额		260 000		26 400	2 400		5 880	32 280
交互分配率			0.1015			2.45		
交互分配	供水部门				300		735	
	供电部门	20 000		2 030				
对外分配的实际费用		240 000	0.1046	25 105	2 100	3.4167	7 175	32 280
对外分配	第一矿区	80 000		8 368	600		2 050.02	10 418.02
	第二矿区	100 000		10 460	1 200		4 100.04	14 560.04
	第三矿区	50 000		5 230	300		1 024.94	6 254.94
	管理部门	10 000		1 047				1 047
	合计			25 105			7 175	32 280

根据辅助生产费用分配表的分配结果，编制交互分配费用的会计分录如下。

借：辅助生产成本——供水部门　735

　　辅助生产成本——供电部门　2 030

　　贷：辅助生产成本——供电部门　735

　　　　辅助生产成本——供水部门　2 030

编制对外分配费用的会计分录如下。

借：制造费用——第一矿区　10 418.02

　　制造费用——第二矿区　14 560.04

　　制造费用——第三矿区　6 254.94

　　管理费用　1 047

　　贷：辅助生产成本——供水部门　25 105

　　　　辅助生产成本——供电部门　7 175

如果一个辅助生产部门提供两种以上产品或劳务，先按照一定的方法将成本在各产品或劳务之间进行分配，如按照各产品或劳务的系数进行分配，计算出每种产品或劳务的单位成本，然后再分配到对应的受益对象。

（3）产成品的成本分配和结转

炼化生产装置具有连续生产、顺序加工的特点，故其产品成本核算更适合采用逐步结转分步法"，即首先核算上游装置产品成本，然后依据下游装置的消耗量按实际成本逐步结转半成品和产成品的成本。其中，自制半成品按照实际成本或固定成本结转。基本生产成本归集完毕后，需要根据计划部门提供的盘点资料确认产品和半成品的产量，计算出产品总成本和各品种单位成本。确定各品种产品成本时，单一产品装置应采用品种法，联产品应采用系数法核算。

① 品种法。

本期商品产品总成本＝原料及主要材料成本＋制造加工费＋期初半成品成本－期末半成品成本－（自用燃料油、燃料气、生产装置自产蒸汽＋供其他专业系统自用产品＋来料加工费用等）

② 系数法。

联产品是指使用同一种原材料，经过同一生产过程，同时生产出具有同等经济地位的两种或两种以上的主要产品。例如原油经过催化可以生产出汽油、轻柴油、重柴油、煤油等多种联产品。在联产品的生产过程中，有一个关键的点叫作"分离点"。在分离点上，各联产品发生分离。有些联产品在分离后即可出售，有些则需要继续加工。分离点之前的成本称为联合成本，分离后继续加工发生的成本称为可归属成本。联产品成本的计算包括共同成本中属于该联产品的部分以及后续加工中所发生的可归属成本。

联合成本的计算方法多种多样，常用的方法有系数法。系数法是将各种联产品的实际数量按照规定的系数折算成标准产量，然后将联合成本按照各联产品的产量比例进行分配。系数法计算公式如下。

$$\text{某产品成本积数}=\text{某产品成本系数}\times\text{产品产量}$$

$$\text{某产品总成本}=\frac{\text{某产品成本积数}}{\text{全部产品成本积数和}}\times\text{全部产品总成本}$$

$$\text{某产品单位成本}=\frac{\text{某产品总成本}}{\text{某产品产量联产品系数}}$$

联产品系数一般以产品生产工艺流程、产品结构、产品收率和市场价值为基础，采用经济比值法、产品总成本法、产品比重法等方法进行确定。联产品系数的确定方法一经确定，不得随意变更。期末，将产成品成本分品种结转至"库存商品"科目。

4. 特殊项目成本的确认

（1）副产品

副产品，是指使用同种原材料，在生产主要产品的过程中附带生产出的非主要产品，如原油在生产加工过程中得到的沥青原料油和渣油。副产品与联产品的生产过程是相同的，所耗用的材料或资源以及工艺也是相同的，因此不能按照品种类别归集各项成本费用；但二者的经济价值不同。联产品的经济价值往往较高；副产品的经济价值则较低，在企业整体收入中所占的份额不大，对企业利润水平的影响小。

由于副产品是伴随主产品的生产而产生的，价值低、数量少，通常采用可变现净值、固定价格等方法确定副产品成本。基本生产装置产出的燃料及动力，按照副产品核算。

（2）停工损失

停工损失，是指炼化产品生产企业的生产车间在停工期间发生的各种费用支出，包括停工期间发生的原材料费用、人工费用和制造费用等。应由过失单位或保险公司负担的赔款，应从停工损失中扣除。季节性停工、修理期间的正常停工费用属于可以预见的费用，在炼化产品成本核算范围内，应当计入炼化产品成本；非正常停工费用应当计入企业当期损益。单独核算停工损失的企业，应增设“停工损失”科目，在成本项目中增设“停工损失”项目；不单独核算停工损失的企业中，不设置“停工损失”科目，直接反映在“制造费用”等科目中。辅助生产一般不单独核算停工损失。

① 正常停工费用的会计分录。

借：停工损失

　　贷：原材料

　　　　应付职工薪酬

　　　　制造费用

② 应收赔偿款的会计分录。

借：其他应收款

　　贷：停工损失

③ 结转停工损失的会计分录。

借：生产成本

　　贷：停工损失

④ 非正常停工费用的会计分录。

借：营业外支出

　　贷：原材料

　　　　应付职工薪酬

　　　　制造费用

停工损失成本核算程序如图 19–4 所示。

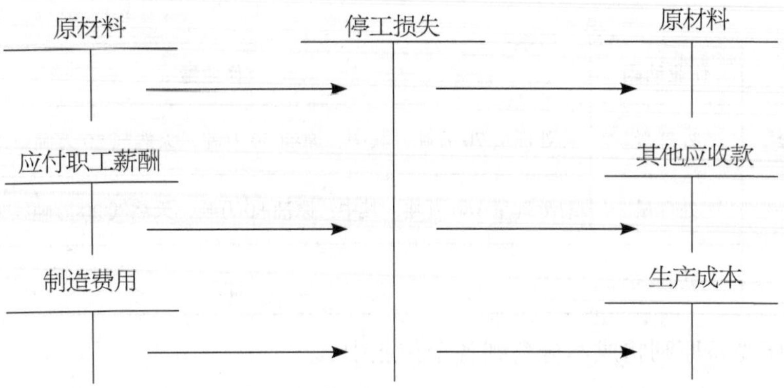

图 19-4 停工损失成本核算程序

（3）厂际（装置）互供

厂际（装置）互供是指炼化产品生产企业内部各分厂及装置之间互相提供产品。厂际（装置）互供主要分两种情况：一种是同板块互供，互供主体在同一生产范围内，互供的产品按照实际成本结转；另一种是跨板块互供，互供主体分属不同的业务范围，这种互供根据管理需要可视为内部销售，产品提供方可以确认主营业务收入和主营业务成本，主营业务收入按照内部结算价格确认，主营业务成本按照实际成本确认。内部结算价格原则上应该以市场价格为基础进行确定。

19.5 石油石化业企业成本核算案例

益美石油企业生产原油、天然气两种产品。本月原油产量 8 万吨，天然气产量 6 万吨。原油生产直接材料消耗单价 240 元 / 吨，天然气生产直接材料消耗单价 130 元 / 吨。本月生产费用合计 9 760 万元，其中原料及主要材料 2 700 万元、电费 2 520 万元、人工费用 1 042 万元、折旧折耗 1 920 万元、购买的其他服务 1 578 万元。该企业两种产品的生产过程基本一致，并采用作业成本法计算产品成本。

（1）分析并确定作业、作业动因及作业量

通过对益美石油企业生产过程的分析，可以将其生产过程划分为 7 个作业，并找到相应的作业动因和作业量，据此归集各作业单元的成本消耗，如表 19-2 所示。

表 19-2 作业单元明细

作业	作业动因	作业量
提液作业	采出液量	原油 80 万吨，天然气 40 万吨
注水、注气作业	注水、注气量	原油 60 万吨，天然气 20 万吨
原油处理与集输	处理量	原油 50 万吨，天然气 30 万吨
天然气加工与集输	处理量	原油 20 万吨，天然气 60 万吨

续表

作业	作业动因	作业量
轻烃存储与外输	处理量	总处理量 70 万吨，其中：原油 30 万吨，天然气 20 万吨，未耗用量 20 万吨
污水处理	处理量	总处理量 160 万吨，其中：原油 80 万吨，天然气 20 万吨，未耗用量 60 万吨
生产管理	动因复杂	

（2）按照受益原则将成本分配到各个作业中

原材料等直接费用直接归集，间接费用按照受益原则根据相应的作业动因进行分配。根据益美石油企业的实际情况，主要按照用电量、人工数、服务次数等标准进行分配，分配情况如表 19–3 所示。

表 19–3　资源消耗分配表

	电费（工业用电 0.6 元 / 千瓦时）		人工费用			折旧折耗（万元）	购买其他服务费用		合计（万元）
	用电量（千瓦时）	金额（万元）	职工数（人）	月工资额（万元）	作业月工资额（万元）		购买次数(次)	金额（万元）	
提液作业	1 200	720	960	0.2	192	360	110	330	1 602
注水、注气作业	1 000	600	900	0.2	180	320	108	324	1 424
原油处理与集输	700	420	1 040	0.25	260	410	124	372	1 462
天然气加工与集输	400	240	560	0.25	140	340	76	228	948
轻烃存储与外输	200	120	600	0.25	150	200	60	180	650
污水处理	400	240	480	0.2	96	180	48	144	660
生产管理	300	180	120	0.2	24	110	0	0	314
合计	4 200	2 520	4 660	—	1 042	1 920	526	1 578	7 060

（3）根据分配结果计算原油、天然气产品成本

由于“生产管理”成本动因复杂，所以在最后进行计算。首先根据各作业确定的成本动因计算确定各作业动因分配率，接着根据分配率计算原油、天然气耗用的作业成本，最后按照“生产管理”作业成本占其他各项作业所耗用资源成本之和的比例分配计算“生产管理”作业资源成本。最终完成原油、天然气总成本和单位成本的计算。作业成本分配表如表 19–4 所示。

表 19–4 作业成本分配表

作业项目	作业动因分配率			原油耗用作业成本（不含生产管理作业）		天然气耗用作业成本（不含生产管理作业）	
	作业成本（万元）	作业量（万吨）	作业动因分配率	作业量（万吨）	作业成本分配额（万元）	作业量（万吨）	作业成本分配额（万元）
提液作业	1 602	120	13.35	80	1 068	40	534
注水、注气作业	1 424	80	17.8	60	1 068	20	356
原油处理与集输	1 462	80	18.275	50	913.75	30	548.25
天然气加工与集输	948	80	11.85	20	237	60	711
轻烃存储与集输	650	50	13	30	390	20	260
污水处理	660	100	6.6	80	528	20	132
合计	6 746	—	—	—	4 204.75	—	2 541.25

本案例中，按照原油、天然气实际消耗“生产管理”作业成本占其他各项作业所耗用资源成本之和的比例分配计算“生产管理”作业资源成本。人员及设施利用率为80%，原油、天然气实际消耗“生产管理”作业成本为251.2万元（314 × 80%），“生产管理”作业成本分配率＝251.2 ÷（4 204.75 ＋ 2 541.25）＝ 0.0372。原油实际消耗生产管理作业成本＝ 4 204.75 × 0.0372＝156.42 万元，天然气实际消耗生产管理作业成本＝2 541.25 × 0.0372 ＝ 94.53 万元。原油、天然气实际消耗资源价值汇总表，未耗用资源汇总表，以及原油、天然气成本计算表分别如表 19–5、表 19–6、表 19–7 所示。

表 19–5 原油、天然气实际消耗资源价值汇总表

作业项目	作业动因分配率	实际耗用作业动因数（万吨）			实际耗用资源价值（万元）	
		原油	天然气	合计	原油	天然气
提液作业	13.35	80	40	120	1 068	534
注水、注气作业	17.8	60	20	80	1 068	356
原油处理与集输	18.275	50	30	80	913.75	548.25
天然气加工与集输	11.85	20	60	80	237	711
轻烃存储与外输	13	30	20	50	390	260
污水处理	66	80	20	100	52.8	132
生产管理	0.0372	4 204.75	2 541.25	6 747	156.42	94.53
合计					4 050.49	2 513.71

表 19-6 未耗用资源汇总表

作业项目	分配率	未耗用作业动因数（万吨）	未耗用资源成本（万元）
轻烃存储与外输	13	20	260
污水处理	6.6	60	396
生产管理			62.8（314 × 20%）
合计			718.8

表 19-7 原油、天然气成本计算表

单位：万元

作业项目	耗用资源价值	原油		天然气		未耗用资源价值
		单位成本	总成本	单位成本	总成本	
直接材料	2 700	240	1 920	130	780	
提液作业	1 662	133.5	1 068	89	534	0
注水、注气作业	1 424	133.5	1 068	59.33	356	0
原油处理与集输	1 402	114.22	913.75	91.38	548.25	0
天然气加工与集输	948	29.63	237	118.5	711	0
轻烃存储与外输	650	34.84	278.7	30.97	185.8	185.8
污水处理	660	41.25	330	13.75	82.5	247.5
生产管理	314	19.37	155.04	16.02	96.16	62.8
合计	9 760	746.31	5 970.49	548.95	3 293.71	496.1

原油总成本＝直接材料费用＋原油消耗各项作业成本之和＝ 8 × 240 ＋ 4 050.49 ＝ 5 970.49 万元；原油单位成本＝ 5 970.49 ÷ 8 ＝ 746.31（元 / 吨）。天然气总成本＝直接材料费用＋天然气消耗各项作业成本之和＝ 6 × 130 ＋ 2 513.71 ＝ 3 293.71（万元）；天然气单位成本＝ 3 293.71 ÷ 6 ＝ 548.95（元 / 吨）。

第 20 章
专项成本会计

20.1 环境成本会计

20.1.1 环境成本的定义

环境成本是一个特殊的经济学概念，它的特殊性在于可以从多个角度对其进行分析。国内外专家学者对环境成本有多个研究领域，包括经济学领域、管理学领域、会计学领域等。建立在不同的出发点、理论和目标基础上的环境成本研究，得出的对环境成本定义的内涵和外延是不尽相同的。在会计学领域，对环境成本的定义一直存在争议，难以达成一致。环境成本的定义是环境成本会计研究的基础，因此对环境成本的定义是完善环境成本会计的前提。

微观意义上的环境成本概念是目前国内外会计学界普遍采用的定义。它是指企业自身在环境方面的实际消耗，主要是指企业承担的影响其财务状况、经营成果的，与环境相关的直接支出和间接支出（包括现金与非现金支出）。联合国国际会计和报告标准政府间专家工作组第 15 次会议（1998 年）文件《环境会计和财务报告的立场公告》中对环境成本的定义为：本着对环境负责的原则，为管理企业活动对环境造成的影响而被要求采取的措施的成本，以及因企业执行环境目标和要求所付出的其他成本。比如，避免和处置废物、清除泄漏油料、去除建筑物中的石棉、开发更有利于环境的产品、开展环境审计和检查等方面的成本。这种成本可以纳入目前企业的会计系统并分配到产品成本中，或作为期间费用抵减企业当期的利润。罚款、罚金、赔偿等将被视为与环境相关的成本，不属于该环境成本的定义范围但应予以披露。环境成本以明确企业的环保责任为中心，将企业对环境的影响负荷费用和预防开支列入核算对象，提出环境成本的目标是管理企业活动对环境造成的影响及执行环境目标所应达到的要求。

20.1.2 构建环境成本会计的理论依据

1. 社会总成本理论

传统会计意义上的成本是指企业为生产商品所耗费的物化劳动和活劳动的货币表现。它由物化劳动和活劳动中的必要劳动价值构成，是企业维持简单生产的补偿尺度。企业的成本核算主要是企业在生产产品过程中的生产成本核算，包括直接材料、直接人工和制造费用。但是，生产各种实际产品的过程中企业对自然环境施加了不同程度的影响。人类对自然资源的利用越来越充分，导致自然资源存量的急剧下降及全球生态环境的全面恶化。企业为了维持、修复其所破坏的自然环境必然发生一定的环境成本。从理论上说，产品的生产成本和环境成本都是企业为获得经济收益的一种价值补偿，两者的有机结合共同创造了企业的实际经济收益。但是，对于一般企业而言，往往只将生产成本纳入会计核算范围，而忽略了对环境成本的核算。企业在进行决策时，如果仅仅考虑生产成本，而不将环境成本纳入决策范围，往往会做出错误的决策，不利于企业的长远发展。

19 世纪初，人们提出了社会总成本理论。社会总成本是从整个社会物质的循环过程来看待企业的发生成本，它不仅考虑人类劳动耗费的经济补偿，而且考虑自然界的多种物质资源的消耗、破坏的补偿以及更新或恢复，使自然界保持其原有的良好状态，达到可持续发展的目标所需各种耗费的补偿。社会总成本理论是对自然资源在人类活动下的整个环境系统、物质系统的循环过程进行研究，定义成本的特性、范围和内容的一种成本理论。它研究人类赖以生存的自然界、人类劳动的耗费，而且更侧重于环境资源的成本计量问题，使人们从更广阔的空间和时间上考虑成本的因素和计量方法，以便合理计量环境资源的耗费，解决产品成本真实性问题。

将社会总成本理论运用于企业环境成本会计研究分析中，可以较为准确地确定企业具体的产品成本，为调整国民经济核算体系确定真实可靠的标准；同时，将企业的环境成本作为产品成本的一部分，使产品带着环境成本进入市场，资源价值得以参与社会再生产过程，环境资源耗费也从实现的产品收入中获得相应的补偿，有利于自然环境的良性循环。

2. 外部性理论

外部性的概念是由剑桥大学的马歇尔和庇古在 20 世纪初提出的。经济学理论对于外部性在污染控制的政策设计方面论述比较完全，因为环境污染在很多情况下实质上是一种环境外部性的表现。外部性是指个人或企业的行为影响了其他人或企业的福利，却没有很好的机制来约束或者激励使产生影响的个人或企业在进行经济决策时加以考虑。如果政府对企业生产给周围环境造成的污染不进行干预，企业一般不会将环境成本计入产品成本。

对于现实社会来说，外部性的一个突出的问题是“资源共享”问题。资源被两个或多个经济单位共享将导致资源的低效利用甚至无效利用或市场失灵。在产权不明晰和资源利用不受法律约束的条件下，资源的使用者根据其利润最大化原则确定最佳资源使用量。这样将造成资源的过度利用，并影响到企业的可持续发展。在明确共享资源的产权的情况下，可通过产权转移避免资源耗费。科斯也曾提出，如果资源产权被适当地明确，市场失灵就不会发生。他认为在一个信息充足、低交易成本和严格履行合同的世界里，由外部性所引起的市场失灵可以通过明确资源的产权来解决。而在不能界定产权的情况下，可将资源的产权收归社会，由政府采用各种手段来规定资源的利用方式。外部性理论说明，解决外部性问题主要可以通过以下两种途径：一是外部效应内部化，使企业生产中对外部社会所产生的效应纳入生产者的经济行为中，利用经济杠杆或市场机制有效地控制外部不经济，扩大外部经济；二是通过政府行为或法律手段控制外部不经济的发生，鼓励对社会产生额外效应的生产行为。显然第一种途径就要求我们进行环境会计的处理，即把企业对环境产生的外部影响纳入会计核算体系，核算环境成本，并进行追踪与分配，从而为企业环境管理提供有价值的信息；而第二种途径则要求我们加快环保立法进程，通过法律法规来规范企业行为，充分发挥政府与法律的作用。

3. 可持续发展理论

1987 年，由挪威首相布伦特兰组织和领导的世界环境与发展委员会，在《我们共同的未来》报告中提出了可持续发展的定义，它是指既满足当前需要，又不对子孙后代满足其需要的能力构成危害的发展。可持续发展不是一种单纯的经济增长过程，而是一种全面的社会进步和社会变革过程。可持续发展理论承认资源具有价值，它要求建立资源核算体系，合理进行资源定价；要求人类放弃传统的高消耗、高污染的粗放型生产方式，尽可能地少投入、多产出、多利用、少排放；纠正过去以牺牲环境为代价来实现发展的做法，而应可持续地利用自然资源和尽量减少对环境的破坏。

可持续发展理论孕育了环境成本会计。传统会计只把会计主体局限在没有生态问题的环境中，只反映企业主体之间与企业内部的经济关系，只承认那些能以货币计量的、能以价值确认的物质，没有将资源和环境的损耗计入成本；仅计算企业的经济成本，没有计算企业的环境成本。在可持续发展理论的指引下，经济活动的环境成本是在环境的自净能力被超过时出现的，环境遭受的破坏必须得到偿还。会计主体的经济活动和相应的生态循环都应反映到会计模式中，计量和揭示会计主体的活动给社会所带来的经济后果。环境成本会计能提供比传统会计更全面的信息，能使企业更合理地承担社会经济责任，更公平地计算成本。同时，企业在进行生产时会更多地关注资源、环境问题，利用更清洁、更有效的技术。环境成本会计核算工作的实施，使得企业不得不考虑其对环境的影响，将环境保护活动纳入其会计核算的范围，促进企业实现可持续发展的目标。可持续发展理论可以说是整个环境会计研究的理论基础，更是环境成本研究不可或缺的基石。

20.1.3　环境成本会计的核算内容

环境成本是与企业环境责任活动相关的责任成本。按照现行企业复式记账要求，可以将环境成本划分为环境资本支出、环境费用支出和环境恶性支出。企业会计中的成本、费用理论和实践，同样适用环境会计中的成本、费用。这里说的环境成本既包括费用化的环境责任支出，也包括资本化的环境责任支出。以企业环境设施为例，如果这些环境设施直接服务于企业的产品生产或经营，则应当作为企业产品生产和经营中的必要成本，通过制造费用核算，计入产品或经营业务的成本，在产品销售时转为营业成本，或在发生时计入当期费用；有些同类项目则不用计入生产经营成本，而是作为管理费用、销售费用等计入当期损益，如环保用无形资产、递延资产的摊销等；维持环保设施正常运转和发挥功效的环保辅助材料成本，可以直接计入制造费用，进入生产成本或经营成本；用于生产环保副产品的环境费用，在发生时可能通过生产成本形成环保工作的副产品成本，在副产品销售时才转化为其他业务成本，如环保副产品生产消耗的有关材料、环保副产品生产工人工资等；环境罚款和赔款通过管理费用等项目核算。对于一般企业来说，企业的环境罚款与赔款不是企业生产经营和环保活动的目标，且和企业的环保价值取向相背离，但是企业的经营管理者应该能够合理预计可能承担的环境保护责任。如果不能根据现行环境政策和环境法规的要求合理预计可能承担的环境罚款和赔款，并争取在后续生产经营中避免这些可能的损失，则应当视其为企业经营管理在环境上的失败。对于现有的某些可以预见的环境罚款和赔款，企业往往会有不同的对策选择。应当注意，将各项环保收入、费用纳入现行会计核算体系过程中，要按照收入、费用的性质和用途归集到对口项目中。为了保证提供合理的环境财务信息，必须合理、科学地设置对应的环境成本明细科目。

20.1.4 环境成本的确认与计量

1. 科目设置

（1）设置专门科目

关于环境成本的科目设置，建议设置专门的环境成本科目。例如，根据环境成本的分类，按其性质和权责发生制原则，对内部环境成本设置相应的成本费用类科目，如“环境研究费用”“环境预防费用”“环境治理费用”“环境补偿费用”“环境发展费用”“环境破坏成本”“环境机会成本”等科目，分别核算企业生产经营过程中发生的各项环境费用。

（2）在原科目基础上设置二级科目

目前我国的环境成本会计仍然处于不成熟的阶段，因此在现行制度下采取在传统会计科目设置中添加二级科目的方式更适合我国环境会计发展现状。另外在应用作业成本法和产品生命周期法核算环境成本时，需要在会计核算中应用的不仅有成本、费用类科目，还包括资产、负债类科目，举例如下。

①“固定资产——环保固定资产”科目，主要核算购置环保设施的支出，即用于购买控制废水、废气、废渣、噪声污染的设备支出。

②“无形资产——环保无形资产”科目，主要核算绿色产品标志认证费，降低污染和改善环境的研究与开发支出可以资本化的部分，外购的排污许可证费用。

③“原材料——环保材料”科目，主要核算环保材料的成本。

④“管理费用——环保支出”科目，主要核算排污费，厂区、矿区进行零星绿化的费用，环境管理机构经费支出、环境监测支出，以及与本期经营活动有关的清理成本，包括已经发生的污染现场清理支出和目前计提的预计将要发生的污染清理支出。

⑤“营业外支出——环保罚款（停工损失、环保资产减值准备等）”科目，主要核算企业由于不遵守环境法规而造成的罚款以及由于环境污染和损害造成损失或伤害而对第三

方的赔偿。停工损失，即政府环境管理机关勒令停产限期治理所发生的生产经营损失和计提的环保设备减值准备。

⑥“税金及附加——环境影响税金”科目，主要核算企业缴纳的与保护生态环境有关的税金，如资源税、城镇土地使用税等。

⑦“其他应付款——应付环保负债”科目，主要核算应付环保费、应支付的单位排污费、个人排污费、包装物排污费、应付环保税、环保统筹基金及其他应付款。

⑧“长期应付款——应付环保负债”科目，主要核算预计发生的环境恢复支出等长期应付款。

⑨“预计负债——预计环保债务”科目，主要核算为净化环境而预计发生的各项支出而形成的负债。

⑩“或有负债——或有环境事项引起的负债”，主要核算对环境造成损害可能承担的环境治理支出，这种由环境问题导致的债务在某些方面具有一定的不确定性。

2. 环境成本会计的计量

环境成本计量是指对企业予以确认的环境成本进行量化的过程，亦指在环境成本确认的基础上，对经济业务或事项按其特征，采用一定的计量单位和属性，进行数量和金额认定、计算和最终入账的过程。环境成本的计量属性一般包括历史成本和现行成本，计量单位主要是货币。

环境成本与企业的传统成本一样，都面临计价问题。随着现代经济的发展，企业的环境事项也逐渐增多，涉及的环境成本的种类也越来越繁杂，不仅仅是环保设施的成本分摊、环境罚款的处置，还将涉及更多、更复杂的环境成本确认和计量问题。因此环境成本的计价将成为环境成本会计面临的首要问题，它关系到企业能否准确、公允地披露环境会计信息。

（1）采用宏观环境成本的计价方法

对于一次消耗的环境资源，其成本的计算公式为如下。

自然资源耗减成本＝自然资源开采量（或消耗量）× 单位自然资源净价（或租金）

对于多次消耗性资源，由于其可再生与循环利用的性质，只要资源利用的速率小于资源的更新或再生的速率，就不会引起环境状态的恶化，对企业而言也就不会发生环境成本；而一旦资源利用速率超过了它们更新或再生的速率，自然资源不仅会出现量的减少，还会出现质的退化。如果环境状态发生异化的极限值为 a，则将超过 a 值的整个社会环境资源量的减少、质的退化都归属为环境成本。按照环境成本随资源利用率变化的轨迹，以利用率为横轴、环境成本为纵轴，可以拟合一条从 a 值出发的二阶导数大于零的递增的曲线，实际中为了便于操作，可把它改造成阶跃函数。于是，就可直接根据阶跃函数得出环境资源的耗减；也可将其作为调整系数，和市场价格结合得出环境成本，其计算公式如下。

多次消耗性资源超过 a 值时的耗减价值＝（资源利用价值 $-a$ 值前资源利用价值）× 调整系数

这种环境成本的计价方法应用到微观环境成本中，就是对直接利用环境资源的成本计价，宏观环境成本和微观环境成本对这部分成本的计价方法是一致的。而对于环境退化成本，则可以参考宏观环境退化成本的计算方法。

目前，普遍采用的计算环境污染成本的方法有两种：一种是从维护成本的角度出发，计算企业维护环境不发生污染需要花费的治理成本；另一种是从污染损失的角度出发，计量环境污染后企业需要承担的损失的经济价值。其中，第一种方法运用污染排放数据与单位治理成本计算为治理所有要排放的污染物应该花费的成本。采用这种方法，暗含了治理污染的成本与污染排放造成的危害相等的假设，它仅指防止环境功能退化所需的治理成本，是污染物排放可能造成的最低环境退化虚拟成本，并不是实际造成的环境退化成本。采用第二种方法需要进行专门的污染损失调查，采用一定的技术方法，确定污染排放对当地环境质量产生影响的货币价值，最终确定污染所造成的环境退化成本。但其中涉及经济、精神、社会、物质等各个方面，核算的主观性很大，技术性很强，且对国内生产总值（GDP）的调整仅限于总量层次，要分解到产生污染排放的各个部门有一定的困难。

与多次消耗性资源相同的是，环境系统自身具有一定的降解和净化污染物的能力，经济、社会、人体健康以及生态系统等对污染有一定的免疫和承受能力，因此，可构造类似多次消耗性资源耗减的阶跃函数。其纵轴为单位环境质量恢复成本，横轴为污染物浓度，污染物浓度小于极限值 a 时的单位环境质量恢复成本为零。可根据以下公式计算环境污染治理成本。

环境污染治理成本＝ Σ 污染物超标总量 × 单位污染物预计治理成本

污染物超标总量＝污染物排放总量－浓度低于 a 值时的污染物排放量

把污染物按性质和污染程度分别进行分类，单位污染物治理成本与污染物浓度相对应，由相应的阶跃函数得出，然后予以合计。这种方法是维护成本法和污染损失估计法的综合，扬其长而避其短，更为科学合理。

需要说明一点，计算环境退化成本时用到的污染治理成本，是指在目前的治理水平下，处理生产和消费过程中所产生废弃物实际已发生的治理成本，因此应归属为中间成本，不作为环境成本。

（2）机会成本法

在资源不存在市场公允价格的情况下，资源使用的成本可以用替代资源的经济收入来估算。如禁止砍伐树木的价值，不是直接用保护资源所得到的效益来衡量，而是用为保护而牺牲的最大替代选择的价值去衡量。机会成本法涉及自然系统的最优选择应用。自然系统的某些应用方案与系统的延续性存在一定的矛盾，其后果是不可逆的。以对某一自然资源的保护或开发为例，两种方案是互相排斥的，必须选择其中之一。开发工程可能使一个地区发生巨大的变化，以至于破坏了原有的自然系统，并使原有的自然系统不能恢复原状。在这种情况下，开发工程的机会成本是在未来一段不定的时期内保护原有的自然系统得到的净效益的现值。反过来说，保护自然系统的机会成本是开发工程的效益的现值。

（3）市场价值法

企业排放的各种废弃物对周边地区的环境造成一定的污染，导致农作物或渔场等产出水平下降等所产生的损失，可以用市场价值法计算企业应该承担的费用，如减少的农作物的产量乘以其单位价格即为企业的环境成本。

（4）市场调查分析法

在缺乏市场价格数据而无法使用市场价值法估算企业的环境成本时，通常采用向专家或环境利用者做调查的方法结算企业的环境成本。市场调查分析法是指通过对那些享受了企业效益或承担了环境成本的个人或组织进行调查，收集有关信息，通过对信息的分析来确定环境效益或环境成本数值的方法。其核心内容是当环境物品的供给数量发生变化时，人们愿意支付或接受补偿的金额，根据调查结果，对环境资源损失价值或保护措施效益进行评价。

（5）恢复费用法

恢复费用法是指按估计恢复或更新由于环境污染而被破坏的生产性资产所需的费用进行环境成本计量的方法。如有些企业将固体废弃物、有害材料堆放于某块场地，或将液体有害物质存放于地下，长期存放势必影响土壤、地下水等资源的质量，在其产生明显危害时，必然要求企业采取某种措施予以恢复或更新，这自然会使企业发生一定的支出。这种未来的恢复支出应在污染开始产生时估计，其金额可根据技术要求予以预提。

3. 环境成本会计的账务处理

一般来说，关于企业环境成本的账务处理，在发生时借记“环境成本”科目，贷方则存在以下几种情况。

① 本期发生的与本期相关的环境支出，贷记“银行存款”“应付职工薪酬”“原材料”等相关科目。

② 当企业估计造成的污染在将来可能会发生赔偿和治理义务而预先提取环境成本但尚未支付时，贷记“预提费用”科目。待实际支付时，借记“预提费用”，贷记“银行存款”等相关科目。

③ 当企业先根据政府环保机关或其他有关部门拟订的治理预算方案支付了治理费用，待摊期在一个会计年度以内，发生时借方记“预付账款——环境支出”科目，贷记“银行存款”等相关科目；摊销时借记“环境成本”科目，贷记“预付账款——环境支出”科目。

④ 当与环境有关、将来可能支付的费用能够被合理可靠地计量时，借记“环境成本——环境损害成本”科目，贷记“环保准备金”等科目。

20.2 人力资源成本会计

20.2.1 人力资源成本会计的定义

人力资源成本是指企业雇佣劳动者所花费的全部代价。人力资源对于整个社会而言是一种稀缺资源，企业要想获得所需要的合适人力资源，显然要付出一定的经济代价。按照人力资源的稀缺程度与适用程度，在市场机制的自发作用下，量化的货币便形成了人力资源的成本。人力资源成本也有广义和狭义之分，广义的人力资源成本包括劳动力受雇前成本和劳动力受雇后成本两大内容。劳动力受雇前成本是指劳动者在被企业雇佣之前为了培养、提高自身的劳动能力所花费的成本，劳动力受雇后成本是指企业在员工招聘、培训和人力资源开发等方面所花费的成本。狭义的人力资源成本仅指劳动力受雇后的成本。

20.2.2 人力资源成本的构成

1. 人力资源成本项目

按照人力资源从流入到退出企业的整个过程而言，人力资源成本具体划分为以下 5 个成本项目。

① 人力资源的取得成本，是指企业为取得所需要的适用的人才，在初期招募和录用职工环节所发生的实际支出，主要包括招募成本、选拔成本、录用和安置成本等。

② 人力资源的开发成本，是指企业为使员工尽快适应工作环境或更好地适应工作岗位而对员工进行教育培训等工作所发生的实际支出，主要包括岗前教育支出、岗位培训成本、脱产培训成本、职业技能培训成本等。

③ 人力资源的使用成本，是指企业为补偿或恢复员工在具体工作中体力、脑力消耗，进行劳动力再生产而需要支付给员工的费用，包括工资薪金支出（含维持成本、奖励成本）、调剂成本等。

④ 人力资源的保障成本，是指是企业为保障人力资源在暂时或长期丧失使用价值时的生存条件而必须付出的费用，包括劳动事故保障成本、健康保障成本、退休养老保障成本、失业保障成本等。

⑤ 人力资源的离职成本，是指职工离开企业而产生的成本，包括离职补偿成本、离职前低效成本、空职成本等。

2. 人力资源成本分类

根据成本管理与核算的要求，人力资源成本按照一定的标准，从不同角度可分为以下几类。

（1）直接计入成本和间接计入成本

人力资源的直接计入成本，是指能够直接计入各类人力资源的有关支出。

人力资源的间接计入成本，是指不能直接计入各类人力资源成本中，而需要企业选择一定的分配标准和分配方法分配计入各类人力资源中的成本。

（2）现实成本与机会成本

人力资源的现实成本与机会成本是从人力资源成本是否实际发生的角度来划分的。

人力资源的现实成本是取得、开发和使用人力资源时企业实际支出的成本，它意味着货币资源真正流出了企业，产生了支出项目。

人力资源的机会成本是指随着人力资源的取得、开发、使用而失去取得、开发、使用其他人力资源可能为企业带来的经济利益，它不是实际支出而是可能意义上的企业获得的收益项目。

20.2.3 人力资源成本的确认

1. 人力资源成本的确认原则

与资产确认条件相似的是，要想确认人力资源成本，首先人力资源必须是企业的一项资产，人力资源确认的基本原则包括以下 3 点。

第一，人力资源能够被企业拥有或控制。人力资源作为企业的一项资产是由企业拥有或控制的。

第二，人力资源成本可以用货币进行计量。在取得、开发、使用人力资源等环节中会发生相应的费用，这些费用都可以采用货币进行计量。

第三，人力资源成本可以得到补偿。人力资源的使用环节可以为企业带来经济利益的流入。一般而言，企业经济效益的高低，往往取决于人力资源利用程度的高低。

2. 人力资源成本项目的确认

人力资源成本项目的确认，就是需要确定企业有关人力资源投资成本各项目的范围，它是企业进行人力资源成本会计核算的基础和前提，是人力资源成本计量的价值尺度。按照人力资源成本会计的任务，凡是涉及人力资源的取得、开发、使用、保障和离职等投入成本的都必须在企业的账簿中加以反映。前面我们已经知道，按照人力资源由流入企业到退出企业的过程，人力资源成本具体可以分为人力资源的取得成本、人力资源的开发成本、人力资源的使用成本、人力资源的保障成本、人力资源的离职成本这 5 个成本项目。由于实务中可能发生的人力资源成本支出较为繁杂，而且这些成本支出该不该计入人力资源成本、应该计入哪一成本项目、何时计入成本项目等问题都需要我们解决，所以有必要对发生在人力资源方面的费用和支出进行确认，明确该费用或支出应该计入哪一项人力资源成本项目。

20.2.4 人力资源成本的计量

人力资源历史成本计量基础即实际成本计量基础，是以取得、开发、使用人力资源时发生的实际支出来计量人力资源成本的方式，反映了企业对人力资源的原始投资。其优点是取得的数据较客观，具有可验证性，较易为人们理解和接受；缺点是人力资源的实际价值可能大于其原始成本，人力资源的增值和摊销与人力资源的实际能力增减无直接联系等。

在历史成本下，人力资源会计的计量可以从三个方面进行分析。

1. 取得成本的计量

人力资源的取得成本是企业在招募和录取职工的过程中发生的成本，具体包括招募成本、选拔成本、录用成本和安置成本。

（1）招募成本

招募成本是企业为吸引和确定本企业所需内外部人力资源而发生的实际支出，主要包括招募人员的直接劳务费用、直接管理费用、直接业务费用（如招聘洽谈会议费、差旅费、代理费、广告费、宣传材料费、办公费、水电费等）、间接费用（如行政管理费、临时场地及设备使用费）等。招募成本既包括企业内部或外部招募新职员的费用，又包括吸引未来可能成为企业职员的费用。

（2）选拔成本

选拔成本是企业为选择合格的职工而发生的实际支出，包括各选拔环节（如初选、面试、测试、调查、评论、体检等环节）中发生的一切与录取有关的支出。一般而言，选拔成本随着行业的不同而有所不同。一般来说，选拔企业外部人员的成本比选拔企业内部现有职员的成本要高，选拔专业技术人员比选拔普通操作人员的成本要高，选拔专业管理人员的成本比选拔一般技术人员的成本要高。总之，企业的选拔成本随着被选拔人员的职位增高、专业技术水平的提升以及对企业影响的加大而增加。

（3）录用成本

录用成本是企业为获得录用职工的合法使用权而发生的实际支出，包括录取手续费、调动补偿费、搬迁费等由录用引起的有关费用。在企业内部录用职工仅是工作岗位的调动，一般不会再发生额外的录用成本，因此一般情况下录用成本是企业的直接成本。

（4）安置成本

安置成本是指企业将被录取的职工安排在确定工作岗位上的各种行政管理费用、录用部门为安置人员所耗费的时间费用、为新职工提供工作所需装备的费用、从事特殊工种按人员配备的专用工具或装备费用、录用部门安排人员的劳务费等。在企业大批录用人员时，这种成本会较高，所以一般情况下安置成本是间接成本。

2. 开发成本的计量

人力资源的开发成本是企业为提高职工的生产技术能力、专业技术水平，为增加企业人力资源的价值而发生的费用。其具体包括以下 3 项成本。

（1）上岗前教育成本

上岗前教育成本是企业在职工上岗前对其在思想政治、规章制度、基本知识、基本技能、专业素养等方面进行教育培训所发生的实际支出。职工的任职前教育成本包括教育与受教育者的工资、教育与受教育者离岗的人工损失费用、教育管理费用、资料费用和教育设备折旧、场地费用、电费等。良好的岗前教育和专业定向有利于增强职工的适应能力，并帮助其迅速熟悉周围的环境和工作条件，具备上岗前的各种必需的知识和技能。

（2）岗位培训成本

岗位培训成本是企业为使职工达到工作岗位的要求，对其进行教育培训所发生的实际支出。岗位培训成本是在职工不离开其工作岗位的前提下，对职工进行的一种培训。岗位培训成本包括职工上岗教育培训成本和岗位再教育培训成本。上岗教育培训成本是为使职工上岗后能够快速达到岗位熟练职工技能的要求所必须支出的培训费用，包括培训和被培训人员的工资福利费用、培训人员离岗损失费用、被培训人员技术不熟练给生产造成的损失费用、因培训而消耗的材料等物资费用，以及由于新职工与熟练职工工作能力的差异给企业生产带来的损失费用等。岗位再培训成本是岗位技能要求提高后对职工进行的再教育培训费用，包括为培训而消耗的材料费用和人工费用，以及在培训过程中因被培训人员占用时间学习新技术等而给生产造成的损失费用。

（3）脱产培训成本

脱产培训成本是企业根据实际的产品生产和工作的需要，允许职工脱离工作岗位进行短期（1 年内）或长期（1 年以上）教育培训而发生的成本，其目的是为企业培养高层次的管理人员或专业的技术人员。脱产培训主要有委托外部单位培训和企业内部自行组织培训这两种形式。脱产培训成本分为企业外部脱产培训成本及企业内部脱产培训成本。企业外部脱产培训成本，包括培训机构收取的培训费、被培训人员工资及福利费、差旅费、资料费等；企业内部脱产培训成本，包括培训所需聘任教师或专家的工资及福利费用、被培训人员的工资及福利费、培训资料费、企业专设培训机构的各种管理费用等。同时，无论是在企业内部还是外部进行培训，都还会发生被培训人员的离岗损失费用。

（4）人力资源的使用成本

人力资源的使用成本是指企业为补偿或恢复企业员工在从事劳动的过程中其体力、脑力的消耗而直接或间接地向劳动者支付的费用。具体包括：

① 维持成本

维持成本是保证人力资源维持其劳动力生产和再生产所需要的费用，是员工的劳动报酬，包括工资、津贴、福利费、年终分红等。

② 奖励成本

奖励成本是企业为了奖励员工更好的发挥其作用，而对其超额劳动或者特别贡献所支付的奖金，是对人力资源主体所拥有的能力的超常发挥做出的补偿。

③ 调剂成本

调剂成本是企业调剂员工的工作与生活节奏，使其消除疲劳，稳定员工队伍并吸引外部员工进入企业所支出的费用。

20.3 精益成本会计

20.3.1 精益成本会计的含义

在精益会计体系中，财务控制职能内置于各价值流中，有助于及时发现价值流中存在的问题，并迅速反馈给价值流管理者，可以保证价值流的持续改进和不断完善。

精益会计指标以未来为导向，从而与传统的以历史业绩和成本削减为导向的业绩评估指标有着根本的不同。

在精益会计方法下，传统的年度预算也失去了意义，因为年度预算耗费很大，但是提供的信息却很少具有相关性，这与精益思想是格格不入的。

精益会计下的销售、运营及财务预算更为灵活，同时能更有效地监控企业的发展状况。

20.3.2 精益成本会计的基本内容

1. 精益成本会计的目标

精益成本会计的目的就是消除企业不必要的浪费及追求最小价值流成本。精益成本会计是以为客户创造价值为前提、以价值流成本最小为目标，最终实现整个企业的价值流的过程。在企业价值流的各个过程环节中，不断地减少或消除不产生客户增值的作业，杜绝资源浪费，从而实现降低价值流成本、提高价值流效率的目标，最大程度地为客户提供特殊化、多样化的服务，使整个企业的市场竞争力不断增强、市场地位不断提升。因此，如何实现企业价值流成本最小，如何正确地确认和计量价值流成本，对企业而言十分重要。总体而言，价值流成本应是企业为保证价值流的正常运作而支付的各种成本和费用的总和。企业价值流成本所包含的内容十分广泛，国外学者认为企业的价值流成本应包括取得成本、运行成本、培训成本、维护成本、仓储成本、环境成本和回收成本。这种价值流成本划分方法主要基于价值流作业过程进行的，但是没有考虑不同类型成本对企业的价值流成本产生的影响和重要程度是不同的，不利于企业价值流成本中关键性成本的控制和管理，从而难以实现最低价值流成本的目标。鉴于这一原因，在考虑价值流成本作业过程相关性的同时，对关键性的影响价值流竞争力、客户满意度的成本应予以足够的重视，价值流成本包括采购成本、设计成本、生产成本、物流成本和服务成本等。

2. 精益成本会计的核心

按照精益生产的观念，产品成本随着产量和产品组合的不同而变化，制造费用以整体形式与价值流发生关系而不与个别产品所耗劳动时间发生关系。某种产品的成本，主要取决于它在整个价值流中的流动速度，特别是在价值流中的瓶颈环节的流动速度。成本核算、分析和管理的重点是产品在价值流中的流动速度问题而不是资源使用、个人效率或制造费用分配的问题。因此精益成本会计需要采用的是价值流成本法而不是完全成本法。

20.3.3 精益成本会计的优势

1. 消除财务会计流程中的浪费

在精益成本会计的初期，供应商认证计划还未在企业内部实施，存货和采购的看板控制并未得到推广。为了将企业内部的会计人员从日常经济交易与事项的记录和行政事务中解脱出来，企业必须消除那些无用的日常交易，这样一旦价值流就位，会计人员才有时间、精力、能力来参与价值流的精益改进。一般而言，企业会计人员的大部分时间用于簿记工作，现在企业可利用这些会计人员进行价值流的精益控制。在精益组织中，会计人员承担着重要职责，他们成为精益团队中变革的领导者。为了承担起这种角色，他们必须被释放出来，消除无用的簿记工作便可实现这一点。

2. 消除不必要的系统、交易和控制

一般企业转变为精益企业的关键在于摒弃传统会计体系所追求的大规模制造交易系统。传统制造业通常会安排基本生产车间的经营运行进度，追踪车间内的员工和原料信息，以确保流程中的每项作业与车间生产经营运行进度和年度财务预算保持一致。然而对于精益制造商而言，生产某种产品的时间只需几天或几周，它以客户需求为基础，依赖看板或其他拉动方式对生产过程进行控制。在这种新型的制造方法下使用原有的跟踪机制会形成浪费。

3. 更好地制定企业决策方法

在建立并实施精益成本会计的过程中，很多传统的成本和管理会计方法由于不能发挥作用而被摒弃。这时我们不再使用传统的标准成本会计系统，而选择使用较为简便且可靠性、相关性更高的成本核算方法。

在精益成本会计方法下制定企业经济决策方法时，了解企业的价值流生产过程，以及这些决策对价值流的盈利能力和贡献的影响是重中之重。价值流成本理解起来比较容易，因为它们的计算方法较为简单。此时，我们不再关注由不真实的标准成本法计算得出的企业或产品的利润率，而是关注价值流环节的变革将如何影响价值流的长短期盈利能力贡献程度。我们不能简单地认为，根据精益成本会计制定的相关经济决策就是完全正确的，而应结合企业战略、长远目标等做出判断。精益成本会计方法虽然只是提供这些决策的财务结果，但是这些方法使用起来比较迅速、简便，使我们能够把精力放在正确的事情上，从精益思想的角度考察这些决策的财务结果。

4. 关注客户价值

客户价值是精益成本会计管理的首要原则，但是大多数企业把会计制度的重点放在了控制企业内部成本上。精益成本会计重视客户的价值需求，利用目标成本法和业绩考核指标等确定客户价值而非企业的内部成本。随着企业在精益制造和精益思想方面逐渐成熟，企业价值流应以客户需求价值创造为起点，真正推动企业的长久发展。

20.3.4 精益成本会计管理基本框架

1. 成本的预算决策

企业的成本管理一般都是先从成本的预算决策开始的，它包括成本预算和成本决策两部分。

（1）成本预算

成本预算是指企业处于预算阶段时对特定的生产、经营情况进行统计汇编，对企业在未来一段时间内的经营、财务和资本等各方面的收入、支出、现金流进行总体层面的规划。对生产成本进行预算，可以使企业的经营管理层了解企业在未来一段时间内将会发生的成本大小及其组成状况，对企业的财务状况有一个基本的预估。预算编制是企业成本预算的重要环节，该项工作不可或缺的部分是确定生产成本的控制重点。编制预算的主要过程是要发现生产成本的重点控制对象，重点关注成本控制存在疏漏的地方，整理出对本年度成本预算的控制要求。

（2）成本决策

成本决策是指企业经营管理层选择对企业而言最优成本方案的过程，它是在已经编制好的成本预算的基础上，结合其他相关成本资料所做出的最优经济选择。成本决策存在于企业生产经营的每个环节，每个环节的运行都需要进行相关决策。企业整体成本决策是否达到最优，依赖于每个生产环节的决策是否合理。

企业成本决策主要有以下内容：合理生产批量的成本决策；是否接受追加独立核算订单的成本决策；效益亏损的部分是否要继续生产的成本决策；零部件自制或外购的成本决策；产品转产的成本决策；自制半成品进一步加工或出售的成本决策；产品薄利多销的成本决策；产品定价决策；等等。

精益成本会计管理下通常会利用企业价值流成本来制定相关的管理决策，如产品定价、自制或外购决策和其他产品盈利能力决策等。根据这些决策对企业的价值流现金利润产生的影响，决定是否采纳并实施。传统的成本决策会更加关注产品本身，而精益成本会计管理是基于价值流管理的成本决策，它更强调为客户创造更多价值。这种决策方法更加真实、准确，因为价值流成本几乎反映的就是真实成本，而传统的成本决策由于复杂的费用分摊会造成信息的失真，进而影响决策的准确性。

2. 成本的计划管控

成本的计划管控是成本管理过程中的控制性环节，包括成本计划与成本控制。

（1）成本计划

成本计划属于企业生产经营预算的一个组成部分，是降低成本方案的书面表达。企业在收集大量的成本信息后，根据实际生产情况制订适当的成本计划，并在实际生产中随时分析实际成本与计划成本之间的差异及产生差异的原因，对企业制订的成本计划进行及时修订、改进，实现最优价值流目标。成本计划同时也是为了评价企业内部相关部门的工作业绩而确定的最优考核标准，对企业的长期良好发展起着重要的作用。精益成本会计管理要求成本计划要和各精益指标挂钩，要符合有关各项目标成本降低的相关规定；同时要计划出各种直接材料的消耗定额和直接人工的工时定额；收集并统计上期成本计划与实施情况的所有资料。将实际成本与计划成本进行比较，找出产生差异的原因，总结、改善结果：对于改善情况较好的要继续保持，对于那些超出计划成本较多的要重点关注，并给予改进方案，重新制订成本计划，持续改善。

（2）成本控制

成本控制是企业经营管理层在某段时期内提前建立的企业成本管理目标，是在生产经营过程中对各个成本因素和条件采取提前管理和调控的举措，最终保证成本管理目标的顺利实现。降低企业生产经营过程中成本的浪费，提高人员工作效率和资源的利用率，并尽力保持已达到的低成本水平，这些都是开展成本控制活动的主要目的。

3. 成本的核算分析

成本核算分析是日常成本管理中的一个重要环节，它将企业发生的各种生产成本首先归集并加以分析，以得出每个产品的总成本和单位成本。成本核算结果的准确性，将会对企业其他成本管理环节造成很大影响，因为成本核算信息通常会在成本计划、决策、考核等环节中使用，进而影响到企业的整体发展。

（1）成本核算

成本核算的主要内容：首先，统计出企业在生产经营过程中发生的所有支出；其次按照一定的标准将统计出的支出进行分配与归类统计，并按其工作性质和发生地点进行分类、核算，合计各项支出发生的总额；最后，将上述支出计入不同产品的产品成本，计算出产品的总成本与单位成本。

精益成本会计管理主要使用的是价值流成本核算方法。为了减少不必要的浪费，该方法摒弃了与传统成本会计相关的很多交易。企业管理人员可以通过价值流成本核算及时得到相关的信息，这种方式相对来说比较简单，可以使每个人都能清楚地了解财务信息来源及其含义。使用这种核算方法，可以消除很多无用的信息跟踪工作，财务信息的收集和报告主要是以价值流为单位，而不是以生产作业或产品为单位。

（2）成本分析

以成本核算为基础进行企业的成本分析，是找到降低企业成本的最优途径与方法。它是依据一定规则和方法控制企业的实际成本支出，找到成本增减的原因，来实现用更少的投入创造出更多的价值的过程。

成本分析主要有以下 3 项任务。

① 进行深层次成本构成分析，以核算得出的结果为基础，在企业成本计划上对运行情况进行精准评价，以增强企业内部职工的归属感和工作积极性。

② 需要找到使成本变化的每一个因素及其内在原因提高企业的管理能力与绩效。

③ 制定降低成本的相关具体措施，解决成本管理中出现的问题。

精益成本会计管理过程中主要应用的方法是价值流成本分析法，资源在价值流内的耗费情况是其主要内容。要分析价值流中的各个关键环节，如对资源的属性进行鉴别，需要将生产性资源、非生产性资源和其他可利用资源进行分析和统一调配管理。